I0137787

LES TROIS
MOUSQUETAIRES

PREMIÈRE PARTIE

PARIS. — IMPRIMERIE DE ÉDOUARD BLOT, RUE SAINT-LOUIS, 46, AU MARAIS

LES TROIS
MOUSQUETAIRES

PAR

ALEXANDRE DUMAS

ILLUSTRÉS PAR J. A. BEAUCÉ, F. PHILIPPOTEAUX, ETC.

PREMIÈRE||PARTIE

PARIS

LÉCRIVAIN ET TOUBON, LIBRAIRES

5, RUE DU PONT-DE-LODI, 5

LES TROIS MOUSQUETAIRES.

PRÉFACE

DANS LAQUELLE IL EST ÉTABLI QUE MALGRÉ LEURS NOMS EN *OS* ET EN *IS*, LES HEROS DE L'HISTOIRE QUE NOUS ALLONS AVOIR
L'HONNEUR DE RACONTER A NOS LECTEURS N'ONT RIEN DE MYTHOLOGIQUE.

Il y a un an à peu près que, en faisant à la Bibliothèque royale des recherches pour mon Histoire de Louis XIV, je tombai par hasard sur les *Mémoires de M. d'Artagnan* (1), imprimés à Amsterdam, chez Pierre Rouge, comme la plus grande partie des ouvrages de cette époque, où les auteurs tenaient à dire la vérité sans aller faire un tour plus ou moins long à la Bastille. Le titre me séduisit; je les emportai chez moi avec la permission de M. le conservateur, bien entendu, et je les dévorai.

Mon intention n'est pas de faire ici une analyse de ce curieux ouvrage, et je me contenterai d'y renvoyer ceux de mes lecteurs qui apprécient les tableaux d'époque. Ils y trouveront des portraits crayonnés de main de maître, et, quoique ces esquisses soient pour la plupart du temps tracées sur des portes de casernes et sur des murs de cabaret, ils n'y reconnaitront pas moins, aussi ressemblantes que dans l'histoire de M. Anquetil, les images de Louis XIII, d'Anne d'Autriche, de Richelieu, de Mazarin et de la plupart des courtisans de l'époque.

Mais, comme on le sait, ce qui frappe l'esprit capricieux

(1) Ou *d'Artaignan*, comme on écrivait alors.

1

du poëte n'est pas toujours ce qui impressionne la masse des lecteurs. Or, tout en admirant, comme les autres les admireront sans doute, les détails que nous avons signalés, la chose qui nous préoccupa le plus est une chose à laquelle bien certainement personne avant nous n'avait fait la moindre attention.

D'Artagnan raconte qu'à sa première visite à M. de Tréville, capitaine des mousquetaires du roi, il rencontra dans son antichambre trois jeunes gens servant dans l'illustre corps où il sollicitait l'honneur d'être reçu, et ayant noms *Athos*, *Porthos* et *Aramis*.

Nous l'avouons, ces trois noms étranges nous frappèrent, et il nous vint aussitôt à l'esprit qu'ils n'étaient que des pseudonymes à l'aide desquels d'Artagnan avait déguisé des noms peut-être illustres, si toutefois les porteurs de ces noms d'emprunt ne les avaient pas choisis eux-mêmes le jour où, par caprice, par mécontentement ou par défaut de fortune, ils avaient endossé la simple casaque de mousquetaire

Dès lors, nous n'eûmes plus de repos que nous n'eussions retrouvé dans les ouvrages contemporains une trace quelconque de ces noms extraordinaires qui avaient si fort éveillé notre curiosité.

Le seul catalogue des livres que nous lûmes pour arriver à ce but remplirait un feuilleton tout entier, ce qui serait peut-être fort instructif, mais à coup sûr peu amusant pour nos lecteurs. Nous nous contenterons donc de leur dire qu'au moment où, découragé de tant d'investigations infructueuses, nous allions abandonner notre recherche, nous trouvâmes enfin, guidé par les conseils de notre illustre et savant ami Paulin Paris, un manuscrit in-folio coté sous le n° 4772 ou 4773, nous ne nous le rappelons plus bien, et ayant pour titre :

« Mémoire de M. le comte de la Fère, concernant quel-

ques-uns des événements qui se passèrent en France vers « la fin du règne du roi Louis XIII et le commencement du « règne de Louis XIV. »

On devine si notre joie fut grande lorsqu'en feuilletant ce manuscrit, notre dernier espoir, nous trouvâmes à la vingtième page le nom d'Athos, à la vingt-septième le nom de Porthos, et à la trente et unième le nom d'Aramis.

La découverte d'un manuscrit complétement inconnu dans une époque où la science historique est poussée à un si haut degré, nous parut une trouvaille presque miraculeuse. Aussi nous hâtâmes-nous de solliciter la permission de le faire imprimer, dans le but de nous présenter un jour avec le bagage des autres à l'Académie des inscriptions et belles-lettres, si nous n'arrivons pas, chose fort probable, à entrer à l'Académie française avec notre propre bagage, trop considérable peut-être pour passer par les portes.

Cette permission, nous devons le dire, nous fut gracieusement accordée, ce que nous consignons ici, pour donner un démenti public aux malveillants qui prétendent que nous vivons sous un gouvernement assez médiocrement disposé à l'endroit des gens de lettres qui lui demandent quelque chose, et encore plus mal disposé à l'égard de ceux qui ne lui demandent rien.

Or, c'est la première partie de ce précieux manuscrit que nous offrons aujourd'hui à nos lecteurs, en changeant son titre en celui des *Trois Mousquetaires;* prenant l'engagement, si, comme nous n'en doutons pas, cette première partie obtient le succès qu'elle mérite, de publier incessamment la seconde.

En attendant, comme le parrain est un second père, nous invitons nos lecteurs à s'en prendre à nous, et non au comte de la Fère, de leur plaisir ou de leur ennui.

Cela posé, passons à notre histoire.

LES TROIS

MOUSQUETAIRES

CHAPITRE Ier.

Le premier lundi du mois d'avril 1626, le bourg de Meung, où naquit l'auteur du *Roman de la Rose*, semblait être dans une révolution aussi entière que si les huguenots en fussent venus faire une seconde Rochelle. Plusieurs bourgeois, voyant s'enfuir les femmes le long de la grande rue, entendant les enfants crier sur le seuil des portes, se hâtaient d'endosser la cuirasse, et, appuyant leur contenance quelque peu incertaine d'un mousquet ou d'une pertuisane, se dirigeaient vers l'hôtellerie du *Franc-Meunier*, devant laquelle s'empressait, en grossissant de minute en minute, un groupe compacte, bruyant et plein de curiosité.

En ce temps-là les paniques étaient fréquentes, et peu de jours se passaient sans qu'une ville ou l'autre enregistrât sur ses archives quelque événement de ce genre. Il y avait les seigneurs qui guerroyaient entre eux; il y avait le cardinal qui faisait la guerre au roi et aux seigneurs; il y avait l'Espagnol qui faisait la guerre aux seigneurs, au cardinal et au roi. Puis, outre ces guerres sourdes ou publiques, secrètes ou patentes, il y avait encore les voleurs, les mendiants, les huguenots, les loups et les laquais, qui faisaient la guerre à tout le monde. Les bourgeois s'armaient toujours contre les voleurs, contre les loups, contre les laquais; — souvent contre les seigneurs et les huguenots; — quelquefois contre le roi; — mais jamais contre le cardinal et l'Espagnol. Il résulta donc de ces habitudes prises, que, ce susdit premier lundi du mois d'avril 1626, les bourgeois entendant du bruit, et ne voyant ni le guidon jaune et rouge, ni la livrée du duc de Richelieu, se précipitèrent du côté de l'hôtel du *Franc-Meunier*.

Arrivé là, chacun put reconnaître la cause de cette rumeur.

Un jeune homme... — traçons son portrait d'un seul trait de plume : — figurez-vous don Quichotte à dix-huit ans; don Quichotte décorcelé, sans haubert et sans cuissard; don Quichotte revêtu d'un pourpoint de laine, dont la couleur bleue s'était transformée en une nuance insaisissable de lie de vin et d'azur céleste. Visage long et brun; la pommette des joues saillante, signe d'astuce; les muscles maxillaires énormément développés, indice infaillible où l'on reconnaît le Gascon, même sans béret, et notre jeune homme portait un béret orné d'une espèce de plume; l'œil ouvert et intelligent; le nez crochu, mais finement dessiné; trop grand pour un adolescent, trop petit pour un homme fait, et qu'un œil exercé eût pris pour un fils de fermier en voyage, sans la longue épée qui, pendue à un baudrier de peau, battait les mollets de son propriétaire quand il était à pied, et le poil hérissé de sa monture quand il était à cheval.

Car notre jeune homme avait une monture, et cette monture était même si remarquable, qu'elle fut remarquée : c'était un bidet du Béarn, âgé de douze ou quatorze ans, jaune de robe, sans crins à la queue, mais non pas sans javarts aux jambes, et qui, tout en marchant la tête plus bas que les genoux, ce qui rendait inutile l'application de la martingale, faisait encore galamment ses huit lieues par jour. Malheureusement les qualités cachées de ce cheval étaient si bien cachées sous son poil étrange et sous son allure incongrue, que, dans un temps où tout le monde se connaissait en chevaux, l'apparition du susdit bidet à Meung, où il était entré, il y avait un quart d'heure à peu près, par la porte de Beaugency, produisit une sensation dont la défaveur rejaillit jusqu'à son cavalier.

Et cette sensation avait été d'autant plus pénible au jeune d'Artagnan (ainsi s'appelait le don Quichotte de cet autre Rossinante), qu'il ne se cachait pas le côté ridicule que lui donnait, si bon cavalier qu'il fût, une pareille monture. Aussi avait-il fort soupiré en acceptant le don que lui en avait fait M. d'Artagnan père : il n'ignorait pas qu'une pareille bête valait au moins vingt livres. Il est vrai que les paroles dont le présent avait été accompagné n'avaient pas de prix.

— Mon fils, avait dit le gentilhomme gascon, dans ce pur patois du Béarn dont Henri IV n'avait jamais pu parvenir à se défaire, — mon fils, ce cheval est né dans la maison de votre père, il y a tantôt treize ans, et y est resté depuis ce temps-là, ce qui doit vous porter à l'aimer. Ne le vendez jamais, laissez-le mourir tranquillement et honorablement de vieillesse, et, si vous faites campagne avec lui, ménagez-le comme vous ménageriez un vieux serviteur. A la cour, continua M. d'Artagnan père, si toutefois vous avez l'honneur d'y aller, honneur auquel, du reste, votre vieille noblesse vous donne des droits, soutenez dignement votre nom de gentilhomme, qui a été porté dignement par vos ancêtres depuis plus de cinq cents ans; pour vous et pour les vôtres, — par *les vôtres*, j'entends vos parents et vos amis, — ne supportez jamais rien que de M. le cardinal et du roi. C'est par son courage, entendez-vous bien, par son courage seul, qu'un gentilhomme fait son chemin aujourd'hui. Quiconque tremble une seconde, laisse peut-être échapper l'appât que, pendant cette seconde justement, la fortune lui tendait. Vous êtes jeune, vous devez être brave par deux raisons :

la première, c'est que vous êtes Gascon, et la seconde, c'est que vous êtes mon fils. Ne craignez pas les occasions et cherchez les aventures. Je vous ai fait apprendre à manier l'épée ; vous avez un jarret de fer, un poignet d'acier, battez-vous à 'tout propos ; battez-vous, d'autant plus que les duels sont défendus, et que, par conséquent, il y a deux fois du courage à se battre. Je n'ai, mon fils, à vous donner que quinze écus, mon cheval et les conseils que vous venez d'entendre. Votre mère y ajoutera la recette d'un certain baume qu'elle tient d'une bohémienne, et qui a une vertu miraculeuse pour guérir toute blessure qui n'atteint pas le cœur. Faites votre profit du tout, et vivez heureusement et longtemps.

Je n'ai plus qu'un mot à ajouter, et c'est un exemple que je vous propose, non pas le mien, car je n'ai, moi, jamais paru à la cour, et n'ai fait que les guerres de religion en volontaire : je veux parler de M. de Tréville, qui était mon voisin autrefois, et qui a eu l'honneur de jouer tout enfant avec notre roi Louis XIIIᵉ, que Dieu conserve. Quelquefois leurs jeux dégénéraient en batailles, et dans ces batailles le roi n'était pas toujours le plus fort. Les coups qu'il en reçut lui donnèrent beaucoup d'estime et d'amitié pour M. de Tréville. Plus tard M. de Tréville se battit contre d'autres : dans son premier voyage à Paris, cinq fois ; depuis la mort du feu roi jusqu'à la majorité du jeune, sans compter les guerres et les sièges, sept fois ; et depuis cette majorité jusqu'aujourd'hui, cent fois peut-être ! — Aussi, malgré les édits, les ordonnances et les arrêts, le voilà chef de mousquetaires, c'est-à-dire chef d'une légion de Césars dont le roi fait un très-grand cas, et que M. le cardinal redoute, lui qui ne redoute pas grand'chose, comme chacun sait. De plus, M. de Tréville gagne dix mille écus par an ; c'est donc un fort grand seigneur. — Il a commencé comme vous ; allez le voir avec cette lettre, et réglez-vous sur lui, afin de faire comme lui.

Sur quoi M. d'Artagnan père remit à son fils une lettre qu'il avait préparée, lui ceignit sa propre épée, l'embrassa tendrement sur les deux joues et lui donna sa bénédiction.

En sortant de la chambre paternelle, le jeune homme trouva sa mère qui l'attendait avec la fameuse recette dont les conseils que nous venons de rapporter devaient nécessiter un assez fréquent emploi. Les adieux furent de ce côté plus longs et plus tendres qu'ils ne l'avaient été de l'autre, non pas que M. d'Artagnan n'aimât son fils, qui était sa seule progéniture, mais M. d'Artagnan était un homme, et il eût regardé comme indigne d'un homme de se laisser aller à son émotion, tandis que madame d'Artagnan était femme, et de plus était mère. — Elle pleura abondamment, et, disons-le à la louange de M. d'Artagnan fils, quelques efforts qu'il tentât pour rester ferme comme devait l'être un futur mousquetaire, la nature l'emporta, et il versa force larmes, dont il ne parvint à grand'peine à cacher la moitié.

Le même jour, le jeune homme se mit en route, muni des trois présents paternels, qui se composaient, ainsi que nous l'avons dit, de quinze écus, du cheval et de la lettre pour M. de Tréville ; comme on le pense bien, les conseils avaient été donnés par-dessus le marché.

Avec un pareil *vade mecum*, Artagnan se trouva, au moral comme au physique, une copie exacte du héros de Cervantes, auquel nous l'avons si heureusement comparé lorsque nos devoirs d'historien nous ont fait une nécessité de tracer son portrait. Don Quichotte prenait les moulins à vent pour des géants et les moutons pour des armées ; Artagnan prit chaque sourire pour une insulte et chaque regard pour une provocation. Il en résulta toujours qu'il eut le poing fermé depuis Tarbes jusqu'à Meung, et que l'un dans l'autre il porta la main au pommeau de son épée dix fois par jour : toutefois, le poing ne descendit sur aucune mâchoire, et l'épée ne sortit point du fourreau. Ce n'est pas que la vue du malencontreux bidet jaune n'épanouît bien des sourires sur les visages des passants ; mais, comme au-dessus du bidet sonnait une épée de taille respectable, et qu'au-dessus de cette épée brillait un œil plutôt féroce que fier, les passants réprimaient leur hilarité, ou, si l'hilarité l'emportait sur la prudence, ils tâchaient au moins de ne rire que d'un seul côté, comme les masques antiques. D'Artagnan demeura donc majestueux et intact dans sa susceptibilité jusqu'à cette malheureuse ville de Meung.

Mais là, comme il descendait de cheval à la porte du

Franc-Meunier sans que personne, hôte, garçon ou palefrenier, fût venu lui tenir l'étrier, d'Artagnan avisa à une fenêtre entr'ouverte du rez-de-chaussée un gentilhomme de belle taille et de haute mine, quoique au visage légèrement renfrogné, lequel causait avec deux personnes qui paraissaient l'écouter avec déférence. D'Artagnan crut tout naturellement, selon son habitude, être l'objet de la conversation et tendit l'oreille. Cette fois d'Artagnan ne s'était trompé qu'à moitié : ce n'était pas de lui qu'il était question, mais de son cheval. Le gentilhomme paraissait énumérer à ses auditeurs toutes les qualités de l'animal, et, comme, ainsi que je l'ai dit, les auditeurs semblaient avoir une grande déférence pour le narrateur, ils éclataient de rire à tout moment. Or, comme un demi-sourire suffisait pour éveiller l'irascibilité du jeune homme, on comprend quel effet produisit sur lui tant de bruyante hilarité.

Cependant d'Artagnan voulut d'abord se rendre compte de la physionomie de l'impertinent qui se moquait de lui. Il fixa son regard fier sur l'étranger, et reconnut un homme de quarante à quarante-cinq ans, aux yeux sombres et perçants, au teint pâle, au nez fortement accentué, à la moustache noire et parfaitement taillée : il était vêtu d'un pourpoint et d'un haut-de-chausses violet avec des aiguillettes de même couleur, sans aucun ornement que les crevés habituels par lesquels passait la chemise. Ce haut-de-chausses et ce pourpoint, quoique neufs, paraissaient froissés comme le sont les habits de voyage longtemps renfermés dans un portemanteau. D'Artagnan fit toutes ces remarques avec la rapidité de l'observateur le plus minutieux, et sans doute par un sentiment instinctif qui lui disait que cet inconnu devait avoir une grande influence sur sa vie à venir.

Or, comme au moment où d'Artagnan fixait son regard sur le gentilhomme au pourpoint violet, le gentilhomme faisait à l'endroit du bidet béarnais une de ses plus savantes et de ses plus profondes démonstrations, ses deux auditeurs éclatèrent de rire, et, lui-même, laissa visiblement, contre son habitude, errer, si l'on peut parler ainsi, un pâle sourire sur son visage. Cette fois, il n'y avait plus de doute : d'Artagnan était réellement insulté. Aussi, plein de cette conviction, enfonça-t-il son béret sur ses yeux, et, tâchant de copier quelques-uns des airs de cour qu'il avait surpris en Gascogne chez des seigneurs en voyage, il s'avança une main sur la garde de son épée et l'autre appuyée sur la hanche. Malheureusement, au fur et à mesure qu'il avançait, la colère l'aveuglait de plus en plus, et, au lieu du discours digne et hautain qu'il avait préparé pour formuler sa provocation, il ne trouva plus au bout de sa langue qu'une personnalité grossière qu'il accompagna d'un geste furieux.

— Eh ! monsieur, s'écria-t-il, monsieur, qui vous cachez derrière ce volet ; oui, vous ! dites-moi donc un peu de quoi vous riez, et nous rirons ensemble.

Le gentilhomme amena lentement les yeux de la monture au cavalier, comme s'il lui eût fallu un certain temps pour comprendre que c'était à lui que s'adressaient de si étranges paroles ; puis, lorsqu'il ne put plus conserver aucun doute, ses sourcils se froncèrent, et, après une longue pause, avec un accent d'ironie et d'insolence impossible à décrire, il répondit à d'Artagnan.

— Je ne vous parle pas, monsieur !

— Mais je vous parle, moi ! s'écria le jeune homme exaspéré de ce mélange d'insolence et de bonnes manières, de convenance et de dédain.

L'inconnu le regarda encore un instant avec son léger sourire, et, se retirant de la fenêtre, sortit lentement de l'hôtellerie pour venir, à deux pas de d'Artagnan, se planter en face du cheval. Sa contenance tranquille et sa physionomie railleuse avaient redoublé l'hilarité de ceux avec lesquels il causait, et, qui, eux, étaient restés à la fenêtre.

D'Artagnan, le voyant à sa portée, tira son épée d'un pied hors du fourreau.

— Ce cheval est décidément ou plutôt a été dans sa jeunesse bouton d'or, reprit l'inconnu, continuant les investigations commencées et s'adressant à ses auditeurs de la fenêtre, sans paraître aucunement remarquer l'exaspération de d'Artagnan. C'est une couleur fort connue en botanique, mais jusqu'à présent fort rare chez les chevaux.

— Tel rit du cheval qui n'oserait pas rire du maître ! s'écria l'émule de Tréville furieux.

— Je ne ris pas souvent, monsieur, reprit l'inconnu, ainsi

que vous pouvez le voir vous-même à l'air de mon visage; mais je tiens cependant à conserver le privilège de rire quand il me plaît.

— Et moi, s'écria d'Artagnan, je ne veux pas qu'on rie quand il me déplaît, et surtout quand c'est à mes dépens qu'on rit.

— En vérité, monsieur? continua l'inconnu, plus calme que jamais. Eh bien! c'est parfaitement juste; et, tournant sur ses talons, il s'apprêta à rentrer dans l'hôtellerie par la grande porte, sous laquelle en arrivant d'Artagnan avait remarqué un cheval tout sellé.

Mais d'Artagnan n'était pas de caractère à lâcher ainsi un homme qui avait eu l'insolence de se moquer de lui. Il tira son épée entièrement du fourreau et se mit à sa poursuite en criant:

— Tournez, tournez donc, monsieur le railleur, que je ne vous frappe point par derrière!

— Me frapper, moi! dit l'autre en pivotant sur ses talons et en regardant le jeune homme avec autant d'étonnement que de mépris. Allons donc, mon cher, vous êtes fou! Puis, à demi-voix, et comme s'il se fût parlé à lui-même: quelle trouvaille pour Sa Majesté, qui cherche des braves de tous côtés pour recruter ses mousquetaires. Il est fâcheux, continua-t-il, qu'elle ne connaisse pas celui-là.

Il achevait à peine, que d'Artagnan lui allongea un si furieux coup de pointe, que, s'il n'eût fait vivement un bond en arrière, il est probable qu'il eût plaisanté pour la dernière fois. L'inconnu vit alors que la chose passait la raillerie, tira son épée, salua son adversaire, et se mit gravement en garde. Mais au même moment ses deux auditeurs, accompagnés de l'hôte, tombèrent sur d'Artagnan à grands coups de bâtons, de pelles et de pincettes. Cela fit une diversion si rapide et si complète à l'attaque, que l'adversaire de d'Artagnan, pendant que celui-ci se retournait pour faire face à cette grêle de coups, rengainait avec la même précision, et d'acteur qu'il avait manqué d'être, redevenait spectateur du combat, rôle dont il s'acquitta avec son impassibilité ordinaire, tout en marmottant néanmoins.

— La peste soit des Gascons! Remettez-le sur son cheval orange, et qu'il s'en aille.

— Pas avant de t'avoir tué, lâche! criait d'Artagnan, tout en faisant face du mieux qu'il pouvait et sans reculer d'un pas à ses trois ennemis, qui le moulaient de coups.

— Encore une rodomontade! murmura le gentilhomme. Sur mon honneur, ces Gascons sont incorrigibles. Continuez donc la danse, puisqu'il le veut absolument. Quand il sera las, il dira qu'il en a assez.

Mais l'inconnu ne savait pas à quel genre d'entêté il avait affaire: d'Artagnan n'était pas homme à jamais demander merci. Le combat continua donc quelques minutes encore; cependant d'Artagnan, épuisé, laissa échapper son épée, qu'un coup de bâton brisa en deux morceaux; enfin un autre coup lui entama le front et le renversa en même temps tout sanglant et presque évanoui.

C'est à ce moment que de tous côtés on accourut sur le lieu de la scène; mais l'hôte, craignant du scandale, emporta avec l'aide de ses garçons le blessé dans la cuisine, où quelques soins lui furent accordés.

Quant au gentilhomme, il était revenu prendre sa place à sa fenêtre, et regardait avec une certaine impatience toute cette foule qui semblait, en demeurant là, lui causer une vive contrariété.

— Eh bien! comment va cet enragé? demanda-t-il en se retournant au bruit de la porte qui s'ouvrait et en s'adressant à l'hôte qui venait s'informer de sa santé.

— Votre Excellence est saine et sauve? demanda l'hôte.

— Oui, parfaitement saine et sauve, mon cher hôtelier, et c'est moi qui vous demande ce qu'est devenu notre jeune homme.

— Il va mieux, dit l'hôte, il s'est évanoui tout à fait.

— Vraiment? fit le gentilhomme.

— Mais, avant de s'évanouir, il a rassemblé toutes ses forces pour vous appeler et vous défier en vous appelant.

— Mais c'est donc le diable en personne, que ce gaillard-là! s'écria l'inconnu.

— Oh! non, Votre Excellence; ce n'est pas le diable, reprit l'hôte avec une grimace de mépris, car pendant son évanouissement nous l'avons fouillé, et il n'a dans son paquet qu'une chemise, et dans sa bourse que onze écus, ce qui ne

l'a pas empêché de dire en s'évanouissant que si pareille chose était arrivée à Paris, vous vous en repentiriez tout de suite, tandis que, la chose étant arrivée ici, vous ne vous en repentirez que plus tard.

— Alors, dit froidement l'inconnu, c'est quelque prince du sang déguisé.

— Je vous dis cela, mon gentilhomme, reprit l'hôte, afin que si besoin est, vous vous teniez sur vos gardes.

— Et il n'a nommé personne dans sa colère?

— Si fait, il frappait sur sa poche, et il disait: — Nous verrons ce que M. de Tréville pensera de cette insulte faite à son protégé.

— M. de Tréville! dit l'inconnu en devenant attentif; il frappait sur sa poche en prononçant le nom de M. de Tréville!... Voyons, mon cher hôte, pendant que votre jeune homme était évanoui, vous n'avez pas été, j'en suis bien sûr, sans regarder aussi dans cette poche-là. Qu'y avait-il?

— Une lettre adressée à M. de Tréville, capitaine des mousquetaires.

— En vérité?

— C'est comme j'ai l'honneur de vous le dire, Excellence.

L'hôte, qui n'était pas doué d'une grande perspicacité, ne remarqua point l'expression que ses paroles avaient donnée à la physionomie de l'inconnu. Celui-ci quitta le rebord de la croisée sur lequel il était toujours resté appuyé du bout du coude, et fronça le sourcil en homme inquiet.

— Diable! murmura-t-il entre ses dents; Tréville m'aurait-il envoyé ce Gascon. Il est bien jeune! Mais un coup d'épée est un coup d'épée, quel que soit l'âge de celui qui le donne, et l'on se défie moins d'un enfant que de tout autre; il suffit parfois d'un faible obstacle pour contrarier un grand dessein.

Et l'inconnu tomba dans une réflexion qui dura quelques minutes.

— Voyons, l'hôte, dit-il, est-ce que vous ne me débarrasserez pas de ce frénétique? En conscience, je ne puis le tuer, et cependant, ajouta-t-il avec une expression froidement menaçante, cependant il me gêne. Où est-il?

— Dans la chambre de ma femme, où on le panse, au premier étage.

— Ses hardes et son sac sont avec lui? Il n'a pas quitté son pourpoint?

— Tout cela, au contraire, est en bas, dans la cuisine. Mais, puisqu'il vous gêne, ce jeune fou...

— Sans doute. Il cause dans votre hôtellerie un scandale auquel d'honnêtes gens ne sauraient s'associer. Montez chez vous, faites mon compte et avertissez mon laquais.

— Quoi! monsieur nous quitte déjà?

— Vous le savez bien, puisque je vous avais donné l'ordre de seller mon cheval. Ne m'a-t-on point obéi?

— Si fait, et, comme Votre Excellence a pu le voir, son cheval est sous la grande porte, tout appareillé pour partir.

— C'est bien; faites ce que je vous ai dit alors.

— Ouais! se dit l'hôte, aurait-il peur du petit garçon?

Mais un coup d'œil impératif de l'inconnu vint l'arrêter court. Il salua humblement et sortit.

— Il ne faut pas que milady (1) soit aperçue de ce drôle, continua l'étranger: elle ne doit pas tarder à passer; déjà même elle est en retard. Décidément mieux vaut que je monte à cheval et que j'aille au-devant d'elle... Si seulement je pouvais savoir ce que contenait cette lettre adressée à Tréville!

Et l'inconnu, tout en marmottant, se dirigea vers la cuisine.

Pendant ce temps, l'hôte, qui ne doutait pas que ce fût la présence du jeune garçon qui chassât l'inconnu de son hôtellerie, était remonté chez sa femme et avait trouvé d'Artagnan maître enfin de ses esprits. Alors, tout en lui faisant comprendre que la police pourrait bien lui faire un mauvais parti pour avoir été chercher querelle à un grand seigneur, car, à l'avis de l'hôte, l'inconnu ne pouvait être qu'un grand seigneur, il le détermina, malgré sa faiblesse, à se lever et à continuer sa route.

(1) Nous savons très-bien que cette locution de *milady* n'est usitée qu'autant qu'elle est suivie du nom de famille. Mais nous la trouvons ainsi dans le manuscrit et nous ne voulons point prendre sur nous de la changer.

à continuer son chemin. D'Artagnan, à moitié abasourdi, sans pourpoint et la tête tout emmaillotée de linges, se leva donc et, poussé par l'hôte, commença de descendre; mais, en arrivant à la cuisine, la première chose qu'il aperçut fut son provocateur, qui causait tranquillement avec une dame au marchepied d'un lourd carrosse attelé de deux gros chevaux normands.

Son interlocutrice, dont la tête apparaissait encadrée par la portière, était une femme de vingt à vingt-deux ans. Nous avons déjà dit avec quelle rapidité d'investigation d'Artagnan embrassait toute une physionomie; il vit donc du premier coup d'œil que la femme était jeune et belle. Or, cette beauté le frappa d'autant plus qu'elle était parfaitement étrangère aux pays méridionaux que jusque-là d'Artagnan avait habités. C'était une pâle et blonde personne, aux longs cheveux bouclés, tombant sur ses épaules, aux grands yeux bleus languissants, aux lèvres rosées et aux mains d'albâtre; elle causait tres-vivement avec l'inconnu.

— Ainsi, Son Eminence m'ordonne... disait la dame.

— De retourner à l'instant même en Angleterre, et de la prévenir directement si le duc quittait Londres, ou l'avait déjà quitté.

— Et quant à mes autres instructions? demanda la belle voyageuse.

— Elles sont renfermées dans cette boîte, que vous n'ouvrirez que de l'autre côté de la Manche.

— Très-bien; et vous, que faites-vous?

— Moi, je retourne à Paris.

— Sans châtier cet insolent petit garçon? demanda la dame.

L'inconnu allait répondre; mais, au moment où il ouvrait la bouche, d'Artagnan, qui avait tout entendu, s'élança sur le seuil de la porte.

— C'est cet insolent petit garçon qui châtie les autres, s'écria-t-il, et j'espère bien que cette fois-ci celui qu'il doit châtier ne lui échappera pas comme la première.

— Ne lui échappera pas? reprit l'inconnu en fronçant le sourcil.

— Non, devant une femme, vous n'oseriez pas fuir, je présume.

— Songez, s'écria milady en voyant le gentilhomme porter la main à son épée, songez que le moindre retard peut tout perdre.

— Vous avez raison, répondit le gentilhomme; partez donc de votre côté; moi, je pars du mien.

Et, saluant la dame d'un signe de tête, il s'élança sur son cheval, tandis que le cocher du carrosse fouettait vigoureusement son attelage. Les deux interlocuteurs partirent donc au galop, s'éloignant chacun par un côté opposé de la rue.

— Eh! votre dépense! vociféra l'hôte, dont l'affection pour son voyageur se changeait en un profond dédain en voyant qu'il s'éloignait sans solder ses comptes.

— Paye, maroufle, cria le voyageur, toujours galopant, à son laquais, lequel jeta au pied de l'hôte deux ou trois pièces d'argent et se mit à galoper après son maître.

— Ah! lâche! ah! misérable! ah! faux gentilhomme! cria d'Artagnan, s'élançant à son tour après le laquais.

Mais le blessé était trop faible encore pour supporter une pareille secousse. A peine eut-il fait dix pas, que ses oreilles tintèrent, qu'un éblouissement le prit, qu'un nuage de sang passa sur ses yeux, et qu'il tomba au milieu de la rue en criant encore:

— Lâche! lâche! lâche!

— Il est, en effet, bien lâche, murmura l'hôte en s'approchant de d'Artagnan, et essayant par cette flatterie de se raccommoder avec le pauvre Gascon, comme le héron de la fable avec son limaçon du soir.

— Oui, bien lâche, murmura d'Artagnan, mais elle, bien belle!

— Qui elle? demanda l'hôte.

— Milady, balbutia d'Artagnan, qui avait entendu le gentilhomme prononcer ce nom; et il s'évanouit une seconde fois.

— C'est égal, dit l'hôte, j'en perds deux, mais il me reste celui-là, que je suis sûr de conserver au moins quelques jours. C'est toujours onze écus de gagnés.

On sait que onze écus faisaient juste la somme qui restait dans la bourse de d'Artagnan.

L'hôte avait compté, comme on voit, sur onze jours de

maladie à un écu par jour; mais il avait compté sans son voyageur. Le lendemain, dès cinq heures du matin, d'Artagnan se leva, descendit lui-même à la cuisine, demanda, outre quelques autres ingrédients dont la liste n'est pas parvenue jusqu'à nous, du vin, de l'huile, du romarin, et, la recette de sa mère à la main, se composa un baume dont il oignit ses nombreuses blessures, renouvelant ses compresses lui-même et ne voulant admettre l'adjonction d'aucun médecin. Grâce sans doute à l'efficacité du baume de Bohême, et peut-être aussi un peu grâce à l'absence de tout docteur, d'Artagnan se trouva sur pied dès le soir même, et à peu près guéri le lendemain.

Mais, au moment de payer ce romarin, cette huile et ce vin, seule dépense du maître, qui avait gardé une diète absolue, tandis qu'au contraire le cheval jaune, au dire de l'hôtelier du moins, avait mangé trois fois plus qu'on n'eût raisonnablement pu le supposer pour sa taille, d'Artagnan ne trouva plus dans sa poche que sa petite bourse de velours râpé, ainsi que les onze écus qu'elle contenait; mais, quant à la lettre adressée à M. de Tréville, elle avait disparu.

Le jeune homme commença par chercher cette lettre avec une grande patience, tournant et retournant vingt fois ses poches et ses goussets, fouillant et refouillant dans son sac, ouvrant et refermant sa bourse; mais, lorsqu'il eut acquis la conviction que la lettre était introuvable, il entra dans un troisième accès de rage, qui faillit lui occasionner une nouvelle consommation de vin et d'huile aromatisés; car, en voyant cette jeune mauvaise tête s'échauffer et menacer de tout casser dans l'établissement si l'on ne retrouvait pas sa lettre, l'hôte s'était déjà saisi d'un épieu, sa femme d'un manche à balai, et son garçon des mêmes bâtons qui avaient servi la surveille.

— Ma lettre de recommandation! s'écriait d'Artagnan, ma lettre de recommandation, ou, sangdieu! je vous embroche tous comme des ortolans!

Malheureusement une circonstance s'opposait à ce que le jeune homme accomplît sa menace: c'est que, comme nous l'avons dit, son épée avait été, dans sa première lutte, brisée en deux morceaux, ce qu'il avait parfaitement oublié. Il en résulta que lorsque d'Artagnan voulut, en effet, dégaîner, il se trouva purement et simplement armé d'un tronçon d'épée de huit ou dix pouces à peu près, que l'hôte avait soigneusement renfoncé dans le fourreau. Quant au reste de la lame, le chef l'avait adroitement détourné pour s'en faire une lardoire.

Cependant cette déception n'eût probablement pas arrêté notre fougueux jeune homme, si l'hôte n'avait réfléchi que la réclamation que lui adressait son voyageur était parfaitement juste.

— Mais, au fait, dit-il en abaissant son épieu, où est cette lettre?

— Oui, où est cette lettre? cria d'Artagnan. D'abord, je vous en préviens, cette lettre est pour M. de Tréville, et il faut qu'elle se retrouve, ou, si elle ne se retrouve pas, il saura bien la faire retrouver, lui!

Cette menace acheva d'intimider l'hôte. Après le roi et M. le cardinal, M. de Tréville était l'homme dont le nom peut-être était le plus souvent répété par les militaires et même par les bourgeois. Il y avait bien le père Joseph, c'est vrai, mais son nom, à lui, n'était jamais prononcé que tout bas, tant était grande la terreur qu'inspirait l'éminence grise, comme on appelait alors le familier du cardinal.

Aussi, jetant son épieu loin de lui et ordonnant à sa femme d'en faire autant de son manche à balai et à ses valets de leurs bâtons, il donna le premier l'exemple en se mettant lui-même à la recherche de la lettre perdue.

— Est-ce que cette lettre renfermait quelque chose de précieux? demanda l'hôte au bout d'un instant d'investigations inutiles.

— Mordioux! je le crois bien, s'écria le Gascon, qui comptait sur cette lettre pour faire son chemin à la cour; elle contenait ma fortune.

— Des bons sur l'Espagne? demanda l'hôte inquiet.

— Des bons sur la trésorerie particulière de Sa Majesté, répondit d'Artagnan, qui, comptant entrer au service du roi grâce à cette recommandation, croyait pouvoir faire, sans mentir, cette réponse quelque peu hasardée.

— Diable! fit l'hôte tout à fait désespéré

— Mais il n'importe, continua d'Artagnan avec l'aplomb national, il n'importe, l'argent n'est rien, et cette lettre était tout. J'eusse mieux aimé perdre mille pistoles que de la perdre.

Il ne risquait pas davantage à dire vingt mille, mais une certaine pudeur juvénile le retint.

Un trait de lumière frappa tout à coup l'esprit de l'hôte, qui se donnait au diable, ne trouvant rien.

— Cette lettre ne s'est point perdue! s'écria-t-il.

— Ah! fit d'Artagnan.

— Non : elle vous a été prise.

— Prise! et par qui?

— Par le gentilhomme d'hier. Il est descendu à la cuisine, où était votre pourpoint. Il y est resté seul. Je gagerais que c'est lui qui l'a volée.

— Vous croyez? répondit d'Artagnan, peu convaincu, car il savait mieux que personne l'importance toute personnelle de cette lettre, et n'y voyait rien qui pût tenter la cupidité. Le fait est qu'aucun des valets, aucun des voyageurs présents, n'eût rien gagné à posséder ce papier.

— Vous dites donc, reprit d'Artagnan, que vous soupçonnez cet impertinent gentilhomme?

— Je vous dis que j'en suis sûr, continua l'hôte; lorsque je lui ai annoncé que votre seigneurie était le protégé de M. de Tréville, et que vous aviez même une lettre pour cet illustre gentilhomme, il a paru fort inquiet, m'a demandé où était cette lettre, et est descendu immédiatement à la cuisine, où il savait qu'était votre pourpoint.

— Alors, voilà mon voleur trouvé, répondit d'Artagnan. Je m'en plaindrai à M. de Tréville, et M. de Tréville s'en plaindra au roi. Puis il tira majestueusement deux écus de sa poche, les donna à son hôte, qui l'accompagna, le chapeau à la main, jusqu'à la porte; remonta sur son cheval jaune, qui le conduisit sans autre accident jusqu'à la porte Saint-Antoine, à Paris, où, malgré la recommandation paternelle, son propriétaire le vendit trois écus, ce qui était fort bien payé, attendu que d'Artagnan l'avait fort surmené pendant la dernière étape. Aussi le maquignon auquel d'Artagnan le céda moyennant les neuf livres susdites ne cacha-t-il point au jeune homme qu'il n'en donnait cette somme exorbitante qu'à cause de l'originalité de sa couleur.

D'Artagnan entra donc dans Paris à pied, portant son petit paquet sous son bras, et marcha jusqu'à ce qu'il trouvât à louer une chambre qui convînt à l'exiguïté de ses ressources. Cette chambre fut une espèce de mansarde, sise rue des Fossoyeurs, près le Luxembourg.

Aussitôt le denier à Dieu donné, d'Artagnan prit possession de son logement, passa le reste de la journée à coudre à son pourpoint et à ses chausses des passementeries que sa mère avait détachées d'un pourpoint presque neuf de M. d'Artagnan père, et qu'elle lui avait données en cachette; puis il alla, quai de la Ferraille, faire remettre une lame à son épée; après quoi il revint au Louvre s'informer, au premier mousquetaire qu'il rencontra, de la situation de l'hôtel de M. de Tréville. Cet hôtel était situé rue du Vieux-Colombier, c'est-à-dire justement dans le voisinage de la chambre arrêtée par d'Artagnan; circonstance qui lui parut d'un heureux augure pour le succès de son voyage.

Alors, entièrement satisfait de la façon dont il s'était conduit à Meung, sans remords dans le passé, confiant dans le présent et plein d'espérance dans l'avenir, il se coucha et s'endormit du sommeil du brave.

Ce sommeil, tout provincial encore, le conduisit jusqu'à neuf heures du matin, heure à laquelle il se leva pour se rendre chez ce fameux M. de Tréville, le troisième personnage du royaume d'après l'estimation personnelle

—◦◊◦—

CHAPITRE II.

L'ANTICHAMBRE DE M. DE TRÉVILLE.

M. de Troisville, comme s'appelait encore sa famille en Gascogne, ou M. de Tréville, comme il avait fini par s'ap-

peler lui-même à Paris, avait réellement commencé comme d'Artagnan, c'est-à-dire sans un sou vaillant, mais avec ce fonds d'audace, d'esprit et d'entêtement qui fait que le plus pauvre gentillâtre gascon reçoit souvent plus en ses espérances de l'héritage paternel que le plus riche gentilhomme périgourdin ou berrichon ne reçoit en réalité. Sa bravoure insolente, son bonheur plus insolent encore dans un temps où les coups pleuvaient comme grêle, l'avaient hissé au sommet de cette échelle difficile qu'on appelle la faveur de cour, et dont il avait escaladé quatre à quatre les échelons.

Il était l'ami du roi, lequel honorait fort, comme chacun sait, la mémoire de son père Henri IV. Le père de M. de Tréville l'avait si fidèlement servi dans ses guerres contre la Ligue, qu'à défaut d'argent comptant, — matière qui toute la vie manqua au Béarnais, lequel paya constamment ses dettes avec la seule chose qu'il n'eût jamais besoin d'emprunter, c'est-à-dire avec de l'esprit, — qu'à défaut d'argent comptant, disons-nous, il l'avait autorisé, après la reddition de Paris, à prendre pour armes un lion d'or passant sur gueules, avec cette devise : *Fidelis et fortis*. C'était beaucoup pour l'honneur, mais c'était médiocre pour le bien-être. Aussi, quand l'illustre compagnon du grand Henri mourut, il laissait pour seul héritage à M. son fils son épée et sa devise. Grâce à ce double don et au nom sans tache qui l'accompagnait, M. de Tréville fut admis dans la maison du jeune prince, où il se servit si bien de son épée et fut si fidèle à sa devise, que Louis XIII, une des bonnes lames du son royaume, avait l'habitude de dire que, s'il avait un ami qui se battît, il lui donnerait le conseil de prendre pour second, lui d'abord, et Tréville après, et peut-être même Tréville avant lui.

Aussi Louis XIII avait-il un attachement réel pour Tréville, attachement royal, attachement égoïste, c'est vrai, mais qui n'en était pas moins un attachement. C'est que, dans ce temps malheureux, on cherchait fort à s'entourer d'hommes de la trempe de celui-là. Beaucoup pouvaient prendre pour devise l'épithète de *forts*, qui faisait la seconde partie de son exergue; mais peu de gentilshommes pouvaient réclamer l'épithète de *fidèles*, qui en formait la première. Tréville était un de ces derniers; c'était une de ces rares organisations, à l'intelligence obéissante comme celle du dogue, à la valeur aveugle, à l'œil rapide, à la main prompte, à qui l'œil n'avait été donné que pour voir si le roi était mécontent de quelqu'un, et la main que pour frapper ce déplaisant quelqu'un, un Besme, un Maurevers, un Poltrot de Méré, un Vitry. Enfin, à Tréville, il n'avait manqué jusque-là que l'occasion; mais il la guettait, et il se promettait bien de la saisir par ses trois cheveux si jamais elle passait à la portée de sa main. Aussi Louis XIII fit-il de Tréville le capitaine de ses mousquetaires, lesquels étaient à Louis XIII, pour le dévouement ou plutôt pour le fanatisme, ce que ses quarante-cinq étaient à Henri III et ce que sa garde écossaise était à Louis XI.

De son côté, et sous ce rapport, le cardinal n'était pas en reste avec le roi. Quand il avait vu la formidable élite dont Louis XIII s'entourait, ce second ou plutôt ce premier roi de France avait voulu, lui aussi, avoir sa garde. Il eut donc ses mousquetaires, comme Louis XIII avait les siens, et l'on voyait ces deux puissances rivales trier pour leur service, dans toutes les provinces de France, et même dans tous les États étrangers, les hommes célèbres par leurs grands coups d'épée. Aussi Richelieu et Louis XIII se disputaient souvent, en faisant leur partie d'échecs le soir, au sujet du mérite de leurs serviteurs. Chacun vantait la tenue et le courage des siens, et, tout en se prononçant tout haut contre les duels et contre les rixes, ils les excitaient tout bas à en venir aux mains, et concevaient un véritable chagrin ou une joie immodérée de la victoire des leurs. Ainsi, du moins, le disent les Mémoires d'un homme qui fut dans quelques-unes de ces défaites et dans beaucoup de ces victoires.

Tréville avait pris son maître par le côté faible, et c'était à cette adresse qu'il devait la longue et constante faveur d'un roi qui n'a pas laissé la réputation d'être très-fidèle à ses amitiés. Il faisait parader ses mousquetaires devant le cardinal Armand Duplessis, avec un air narquois qui hérissait de colère la moustache grise de Son Éminence. Tréville entendait admirablement la guerre de cette époque, où, quand on ne vivait pas aux dépens de l'ennemi, on vivait aux dépens de ses compatriotes : ses soldats formaient une légion de diable-à-quatre, indisciplinée pour tout autre que pour lui.

Débraillés, avinés, écorchés, les mousquetaires du roi, ou plutôt ceux de M. de Tréville, s'épandaient dans les cabarets, dans les promenades, dans les jeux publics, criant fort, retroussant leurs moustaches, faisant sonner leurs épées, heurtant avec volupté les gardes de M. le cardinal, quand ils les rencontraient, puis dégainant en pleine rue, avec mille plaisanteries ; tués quelquefois, mais sûrs en ce cas d'être pleurés et vengés ; tuant souvent, et sûrs alors de

ne pas moisir en prison, M. de Tréville étant là pour les réclamer. Aussi M. de Tréville était-il loué sur tous les tons, chanté sur toutes les gammes par ces hommes qui l'adoraient, et qui, tout gens de sac et de corde qu'ils étaient, tremblaient devant lui comme des écoliers devant leur maître, obéissant au moindre mot, et prêts à se faire tuer pour laver le moindre reproche.

M. de Tréville avait usé de ce levier puissant, pour le roi d'abord et les amis du roi, — puis pour lui-même et pour ses amis. Au reste, dans aucun des Mémoires de ce temps,

Arrivée d'Artagnan à Meung. — Page 5

qui a laissé tant de Mémoires, on ne voit pas que ce digne gentilhomme ait été accusé, même par ses ennemis, et il en avait autant parmi les gens de plume que chez les gens d'épée ; nulle part, on ne voit, disons-nous, que ce digne gentilhomme ait été accusé de se faire payer la coopération de ses séides. Avec un rare génie d'intrigue qui le rendait l'égal des plus forts intrigants, il était resté honnête homme. Bien plus, en dépit des grandes estocades qui déhanchent et des exercices pénibles qui fatiguent, il était devenu un des plus galants coureurs de ruelles, un des plus fins damerets, un des plus alambiqués diseurs de phœbus de son époque ; on parlait des bonnes fortunes de Tréville comme on avait

parlé, vingt ans auparavant, de celles de Bassompierre, et ce n'était pas peu dire. Le capitaine des mousquetaires était donc admiré, craint et aimé, ce qui constitue l'apogée des fortunes humaines.

Louis XIV absorba tous les petits astres de sa cour dans son vaste rayonnement ; mais son père, soleil *pluribus impar*, laissa sa splendeur personnelle à chacun de ses favoris, sa valeur individuelle à chacun de ses courtisans. Aussi, outre le lever du roi et celui du cardinal, on comptait alors à Paris plus de deux cents petits levers un peu recherchés. Parmi les deux cents petits levers, celui de M. de Tréville était un des plus courus.

La cour de son hôtel, situé rue du Vieux-Colombier, ressemblait à un camp, et cela dès six heures du matin en été, et dès huit heures en hiver. Cinquante à soixante mousquetaires, qui semblait s'y relayer pour présenter un nombre toujours imposant, s'y promenaient sans cesse armés en guerre et prêts à tout. Le long d'un de ces grands escaliers sur l'emplacement desquels notre civilisation moderne bâtirait une maison tout entière, montaient et descendaient les solliciteurs de Paris qui couraient après une faveur quelconque, les gentilshommes de province avides d'être enrôlés, et les laquais chamarrés de toutes couleurs, qui venaient apporter à M. de Tréville les messages de leurs maîtres ou de leurs maîtresses. Dans l'antichambre, sur de longues banquettes circulaires, reposaient les élus, c'est-à-dire ceux qui étaient convoqués. Un bourdonnement durait là depuis le matin jusqu'au soir, tandis que M. de Tréville,

dans son cabinet contigu à cette antichambre, recevait les visites, écoutait les plaintes, donnait ses ordres, et, comme le roi à son balcon du Louvre, n'avait qu'à se mettre à sa fenêtre pour passer la revue des hommes et des armes.

Le jour où d'Artagnan se présenta, l'assemblée était imposante, surtout pour un provincial arrivant de sa province; il est vrai que ce provincial était Gascon, et que, surtout à cette époque, les compatriotes de d'Artagnan avaient la réputation de ne point facilement se laisser intimider. En effet, une fois qu'on avait franchi la porte massive, chevillée de longs clous à tête quadrangulaire, on tombait au milieu d'une troupe de gens d'épée qui se croisaient dans la cour, s'interpellant, se querellant et jouant entre eux. Pour se frayer un passage au milieu de toutes ces vagues tourbillonnantes, il eût fallu être officier, grand seigneur ou jolie femme.

Ce fut donc au milieu de cette cohue et de ce désordre

Les Mousquetaires chez M. de Tréville.— PAGE 12.

que notre jeune homme s'avança le cœur palpitant, rangeant sa longue rapière le long de ses jambes maigres, et tenant une main au rebord de son feutre avec ce demi-sourire du provincial embarrassé qui veut faire bonne contenance. Avait-il dépassé un groupe, alors il respirait plus librement; mais il comprenait qu'on se retournait pour le regarder, et, pour la première fois de sa vie, d'Artagnan, qui, jusqu'à ce jour, avait eu une assez bonne opinion de lui-même, se trouva ridicule.

Arrivé à l'escalier, ce fut pis encore: il y avait sur les premières marches quatre mousquetaires qui se divertissaient à l'exercice suivant, tandis que dix ou douze de leurs camarades attendaient sur le palier que leur tour vînt de prendre place à la partie.

Un d'eux, placé sur le degré supérieur, l'épée nue à la main, empêchait ou du moins s'efforçait d'empêcher les trois autres de monter.

Ces trois autres s'escrimaient contre lui de leurs épées

fort agiles. D'Artagnan prit d'abord ces fers pour des fleurets d'escrime, et les crut boutonnés; mais il reconnut bientôt à de certaines égratignures que chaque arme, au contraire, était affilée et aiguisée à souhait, et à chacune de ces égratignures non-seulement les spectateurs, mais encore les acteurs, riaient comme des fous.

Celui qui occupait le degré en ce moment tenait merveilleusement ses adversaires en respect. On faisait cercle autour d'eux. La condition portait qu'à chaque coup le touché quitterait la partie, en perdant son tour d'audience au profit du toucheur. En cinq minutes trois furent effleurés, l'un au poignet, l'autre au menton, l'autre à l'oreille, par le défenseur du degré, qui, lui-même, ne fut pas atteint; adresse qui lui valut, selon les conventions arrêtées, trois tours de faveur.

Si difficile, non pas qu'il fût, mais qu'il voulût être à étonner, ce passe-temps étonna notre jeune voyageur: il avait vu dans sa province, cette terre où s'échauffent cependant si promptement les têtes, un peu plus de préliminaires aux duels, et la gasconnade de ces quatre joueurs lui parut la plus forte de toutes celles qu'il avait ouïes jusqu'alors, même en Gascogne. Il se crut transporté dans ce fameux pays des géants où Gulliver alla depuis et eut si grand'peur , et cependant il n'était pas au bout : restait le palier et l'antichambre.

Sur le palier, on ne se battait plus, on racontait des histoires de femmes, et dans l'antichambre des histoires de cour. Sur le palier, d'Artagnan rougit; dans l'antichambre, il frissonna. Son imagination éveillée et vagabonde, qui, en Gascogne, le rendait redoutable aux jeunes femmes de chambre et même quelquefois aux jeunes maîtresses, n'avait jamais rêvé, même dans ses moments de délire, la moitié de ces merveilles amoureuses et le quart de ces prouesses galantes, rehaussées des noms les plus connus et des détails les moins voilés. Mais, si son amour pour les bonnes mœurs fut choqué sur le palier, son respect pour le cardinal fut scandalisé dans l'antichambre. Là, à son grand étonnement, d'Artagnan entendait critiquer tout haut la politique qui faisait trembler l'Europe, et la vie privée du cardinal, que tant de hauts et puissants seigneurs avaient été punis d'avoir tenté d'approfondir; ce grand homme, révéré de M. d'Artagnan père, servait de risée aux mousquetaires de M. de Tréville, qui raillaient ses jambes cagneuses et son dos voûté; quelques-uns chantaient des noëls sur madame de Combalet, sa nièce, tandis que les autres liaient des parties contre les pages et les gardes du cardinal-duc, toutes choses qui paraissaient à d'Artagnan de monstrueuses impossibilités.

Cependant, quand le nom du roi intervenait parfois tout à coup et à l'improviste au milieu de tous ces quolibets cardinalesques, une espèce de bâillon calfeutrait pour un moment toutes ces bouches moqueuses; on regardait avec hésitation autour de soi, et l'on semblait craindre l'indiscrétion de la cloison du cabinet de M. de Tréville; mais bientôt une allusion ramenait la conversation sur Son Éminence, et alors les éclats reprenaient de plus belle et la lumière n'était ménagée sur aucune de ses actions.

— Certes, voilà des gens qui vont tous être embastillés et pendus, pensa d'Artagnan avec terreur, et moi, sans doute, avec eux, car, du moment où je les ai écoutés et entendus, je serai tenu pour leur complice. Que dirait monsieur mon père, qui m'a si fort recommandé le respect du cardinal, s'il me savait dans la société de tels païens?

Aussi, comme on s'en doute sans que je le dise, d'Artagnan n'osait se livrer à la conversation; seulement, il regardait de tous ses yeux, écoutant de toutes ses oreilles, tendant avidement ses cinq sens pour ne rien perdre, et, malgré sa confiance dans les recommandations paternelles, se sentant porté par ses goûts et entraîné par ses instincts à louer plutôt qu'à blâmer les choses inouïes qui se passaient là.

Cependant, comme il était absolument étranger à la foule des courtisans de M. de Tréville, et que c'était la première fois qu'on l'apercevait en ce lieu, on vint lui demander ce qu'il désirait. A cette demande, d'Artagnan se nomma fort humblement, s'appuya du titre de compatriote, et pria le valet de chambre qui était venu lui faire cette question de demander pour lui à M. de Tréville un moment d'audience, demande que celui-ci promit d'un ton protecteur de transmettre en temps et lieu.

D'Artagnan, un peu revenu de sa surprise première, eut donc le loisir d'étudier les costumes et les physionomies.

Au centre du groupe le plus animé, était un mousquetaire de grande taille, d'une figure hautaine et d'une bizarrerie de costume qui attirait sur lui l'attention générale. Il ne portait pas, pour le moment, la casaque d'uniforme, qui, au reste, n'était pas absolument obligatoire dans cette époque de liberté moindre, mais d'indépendance plus grande, il portait un justaucorps bleu de ciel, tant soit peu fané et râpé, et sur cet habit un baudrier magnifique, en broderies d'or, et qui reluisait comme les écailles dont l'eau se couvre au grand soleil. Un manteau long de velours cramoisi tombait avec grâce sur ses épaules, découvrant par devant seulement le splendide baudrier, auquel pendait une gigantesque rapière.

Ce mousquetaire venait de descendre de garde à l'instant même, se plaignait d'être enrhumé et toussait de temps en temps avec affectation. Aussi avait-il pris le manteau, à ce

qu'il disait autour de lui, et, tandis qu'il parlait du haut de sa tête, en frisant dédaigneusement sa moustache, on admirait avec enthousiasme le baudrier brodé, et d'Artagnan plus que tout autre.

— Que voulez-vous, disait le mousquetaire, la mode en vient; c'est une folie, je le sais bien, mais c'est la mode. D'ailleurs, il faut bien employer à quelque chose l'argent de sa légitime.

— Ah! Porthos! s'écria un des assistants, n'essaye pas de nous faire croire que ce baudrier te vient de la générosité paternelle : il t'aura été donné par la dame voilée avec laquelle je t'ai rencontré l'autre dimanche vers la porte Saint-Honoré.

— Non, sur mon honneur, et foi de gentilhomme, je l'ai acheté moi-même, et de mes propres deniers, répondit celui qu'on venait de désigner sous le nom de Porthos.

— Oui, comme j'ai acheté, moi, dit un autre mousquetaire, cette bourse neuve, avec ce que ma maitresse avait mis dedans la vieille.

— Vrai, dit Porthos, et la preuve, c'est que je l'ai payé douze pistoles.

L'admiration redoubla, quoique le doute continuât d'exister.

— N'est-ce pas, Aramis? fit Porthos se tournant vers un autre mousquetaire.

Cet autre mousquetaire formait un contraste parfait avec celui qui l'interrogeait et qui venait de le désigner sous le nom d'Aramis : c'était un jeune homme de vingt-deux à vingt-trois ans à peine, à la figure naïve et doucereuse, à l'œil noir et doux et aux joues roses et veloutées comme une pêche en automne; sa moustache fine dessinait sur sa lèvre supérieure une ligne d'une rectitude parfaite; ses mains semblaient craindre de s'abaisser de peur que leurs veines ne se gonflassent, et, de temps en temps, il se pinçait le bout des oreilles pour les maintenir d'un incarnat tendre et transparent. D'habitude il parlait peu et lentement, saluait beaucoup, riait sans bruit en montrant ses dents, qu'il avait belles, et dont, comme du reste de sa personne, il semblait prendre le plus grand soin. Il répondit par un signe de tête affirmatif à l'interpellation de son ami.

Cette affirmation parut avoir fixé tous les doutes à l'endroit du baudrier; on continua donc de l'admirer, mais on n'en parla plus, et, par un de ces revirements rapides de la pensée, la conversation passa tout à coup à un autre sujet.

— Que pensez-vous de ce que raconte l'écuyer de Chalais? demanda un autre mousquetaire sans interpeller directement personne, mais s'adressant au contraire à tout le monde.

— Et que raconte-t-il? demanda Porthos d'un ton suffisant.

— Il raconte qu'il a trouvé à Bruxelles Rochefort, l'âme damnée du cardinal, déguisé en capucin : ce Rochefort maudit, grâce à ce déguisement, avait joué M. de Laigues comme un niais qu'il est.

— Comme un vrai niais, dit Porthos, mais la chose est-elle sûre?

— Je la tiens d'Aramis, répondit le mousquetaire.

— Vraiment?

— Eh! vous le savez bien, Porthos, dit Aramis, je vous l'ai racontée à vous-même hier, n'en parlons donc plus.

— N'en parlons plus, voilà votre opinion à vous, reprit Porthos. N'en parlons plus! Peste, comme vous concluez vite. Comment! le cardinal fait espionner un gentilhomme, fait voler sa correspondance par un traître, un pendard; fait, avec l'aide de cet espion et grâce à cette correspondance, couper le cou à Chalais, sous le stupide prétexte qu'il a voulu tuer le roi et marier Monsieur avec la reine! Personne ne savait un mot de cette énigme, vous nous l'apprenez hier, à la grande stupéfaction de tous, et, quand nous sommes encore tout ébahis de cette nouvelle, vous venez nous dire aujourd'hui : N'en parlons plus!

— Parlons-en donc, voyons, puisque vous le désirez, reprit Aramis avec patience.

— Ce Rochefort, s'écria Porthos, si j'étais l'écuyer du pauvre Chalais, passerait avec moi un vilain moment.

— Et vous, vous passeriez un triste quart d'heure avec le duc Rouge, reprit Aramis.

— Ah! le duc Rouge! bravo, bravo, le duc Rouge! répondit Porthos en battant des mains et en approuvant de la tête.

Le duc Rouge est charmant. Je répandrai le mot, mon cher, soyez tranquille. A-t-il de l'esprit, cet Aramis! Quel malheur que vous n'ayez pas pu suivre votre vocation, mon cher, quel délicieux abbé vous eussiez fait!

— Oh! ce n'est qu'un retard momentané, reprit Aramis, un jour je le serai; vous savez bien, Porthos, que je continue d'étudier la théologie pour cela.

— Il le fera comme il le dit, reprit Porthos, il le fera tôt ou tard.

— Tôt, dit Aramis.

— Il n'attend qu'une chose pour se décider tout à fait et pour reprendre sa soutane, qui est pendue derrière son uniforme, reprit un mousquetaire.

— Et quelle chose attend-il? demanda un autre.

— Il attend que la reine ait donné un héritier à la couronne de France.

— Ne plaisantons pas là-dessus, messieurs, dit Porthos; grâce à Dieu, la reine est encore d'âge à le donner.

— On dit que M. de Buckingham est en France, reprit Aramis avec un rire narquois qui donnait à cette phrase, si simple en apparence, une signification passablement scandaleuse.

— Aramis, mon ami, pour cette fois vous avez tort, interrompit Porthos, et votre manie d'esprit vous entraîne toujours au delà des bornes; si M. de Tréville vous entendait, vous seriez malvenu de parler ainsi.

— Allez-vous me faire leçon, Porthos? s'écria Aramis, dans l'œil doux duquel on vit passer comme un éclair.

— Mon cher, soyez mousquetaire ou abbé, soyez l'un ou l'autre, mais pas l'un et l'autre, reprit Porthos. Tenez, *Athos* vous l'a dit encore l'autre jour : vous mangez à tous les râteliers. Ah! ne nous fâchons pas, je vous prie, ce serait inutile, vous savez bien ce qui est convenu entre vous, Athos et moi. Vous allez chez madame d'Aiguillon, et vous lui faites la cour; vous allez chez madame de Bois-Tracy, la cousine de madame de Chevreuse, et vous passez pour être fort avant dans les bonnes grâces de la dame. Oh! mon Dieu, n'avouez pas votre bonheur, on ne vous demande pas votre secret, on connaît votre discrétion. Mais, puisque vous possédez cette vertu, que diable, faites-en usage à l'endroit de Sa Majesté. S'occupe qui voudra et comme il voudra du roi et du cardinal; mais la reine est sacrée, et, si l'on en parle, que ce soit en bien.

— Porthos, vous êtes prétentieux comme Narcisse. Je vous en préviens, répondit Aramis, vous savez que je hais la morale, excepté quand elle est faite par Athos. Quant à vous, mon cher, vous avez un trop magnifique baudrier pour être bien fort là-dessus. Je serai abbé s'il me convient; en attendant, je suis mousquetaire; en cette qualité, je dis ce qu'il me plaît, et en ce moment il me plaît de vous dire que vous m'impatientez.

— Aramis!

— Porthos!

— Eh! messieurs! messieurs! s'écria-t-on autour d'eux.

— M. de Tréville attend monsieur d'Artagnan, interrompit le laquais en ouvrant la porte du cabinet.

A cette annonce, pendant laquelle la porte demeurait ouverte, chacun se tut, et, au milieu du silence général, le jeune Gascon traversa l'antichambre dans une partie de sa longueur, et entra chez le capitaine des mousquetaires, se félicitant de tout son cœur d'échapper aussi à point à la fin de cette bizarre querelle.

---◦◊◦---

CHAPITRE III.

L'AUDIENCE.

M. de Tréville était pour le moment de fort méchante humeur; néanmoins, il salua poliment le jeune homme, qui s'inclina jusqu'à terre, et il sourit en recevant son compliment, dont l'accent béarnais lui rappela à la fois sa jeunesse et son pays, double souvenir qui fait sourire l'homme à tous les âges. Mais, se rapprochant presque aussitôt de

l'antichambre et faisant à d'Artagnan un signe de la main, comme pour lui demander la permission d'en finir avec les autres avant de commencer avec lui, il appela trois fois, en grossissant la voix à chaque fois, de sorte qu'il parcourut tous les tons intervallaires entre l'accent impératif et l'accent irrité :

— Athos! Porthos! Aramis!

Les deux mousquetaires avec lesquels nous avons déjà fait connaissance et qui répondaient aux deux derniers de ces trois noms, quittèrent aussitôt les groupes dont ils faisaient partie, et s'avancèrent vers le cabinet, dont la porte se referma derrière eux dès qu'ils en eurent franchi le seuil. Leur contenance, bien qu'elle ne fût pas tout à fait tranquille, excita cependant, par son laisser-aller à la fois plein de dignité et de soumission, l'admiration de d'Artagnan, qui voyait dans ces hommes des demi-dieux, et dans leur chef un Jupiter olympien armé de toutes ses foudres.

Quand les deux mousquetaires furent entrés, quand la porte fut refermée derrière eux, quand le murmure bourdonnant de l'antichambre, auquel l'appel qui venait d'être fait avait sans doute donné un nouvel aliment, eut recommencé, quand enfin M. de Tréville eut trois ou quatre fois arpenté, silencieux et le sourcil froncé, toute la longueur de son cabinet, passant chaque fois devant Porthos et Aramis, roides et muets comme à la parade, il s'arrêta tout à coup en face d'eux, et les couvrant des pieds à la tête d'un regard irrité :

— Savez-vous ce que m'a dit le roi, s'écria-t-il, et cela pas plus tard qu'hier au soir ; le savez-vous, messieurs?

— Non, répondirent après un instant de silence les deux mousquetaires; non, monsieur, nous l'ignorons.

— Mais j'espère que vous nous ferez l'honneur de nous le dire, ajouta Aramis de son ton le plus poli et avec la plus gracieuse révérence.

— Il m'a dit qu'il recruterait désormais ses mousquetaires parmi les gardes de M. le cardinal.

— Parmi les gardes de M. le cardinal! et pourquoi cela? demanda vivement Porthos.

— Parce qu'il voyait bien que sa piquette avait besoin d'être ragaillardie par un mélange de bon vin.

Les deux mousquetaires rougirent jusqu'au blanc des yeux. D'Artagnan ne savait où il en était et eût voulu être à cent pieds sous terre.

— Oui, oui, continua M. de Tréville en s'animant, oui, et Sa Majesté avait raison, car, sur mon honneur, il est vrai que les mousquetaires font triste figure à la cour. M. le cardinal racontait hier au jeu du roi, avec un air de condoléance qui me déplut fort, qu'avant-hier ces damnés mousquetaires, ces diable-à-quatre, et il appuyait sur ces mots avec un accent ironique qui me déplut encore davantage ; ces pourfendeurs, ajoutait-il en me regardant de son œil de chat-tigre, s'étaient attardés rue Férou, dans un cabaret, et qu'une ronde de ses gardes. j'ai cru qu'il allait me rire au nez, avait été forcée d'arrêter les perturbateurs. Morbleu! vous devez en savoir quelque chose! Arrêter des mousquetaires! Vous en étiez, vous autres, ne vous en défendez pas, on vous a reconnus, et le cardinal vous a nommés. Voilà bien ma faute, oui, ma faute, puisque c'est moi qui choisis mes hommes. Voyons, vous, Aramis, pourquoi diable m'avez-vous demandé la casaque quand vous alliez être si bien sous la soutane? Voyons, vous, Porthos, n'avez-vous un si beau baudrier d'or que pour y suspendre une épée de paille! Et Athos? je ne vois pas Athos. Où est-il?

— Monsieur, répondit tristement Aramis, il est malade, fort malade.

— Malade, fort malade, dites-vous? et de quelle maladie?

— On craint que ce ne soit de la petite vérole, monsieur, répondit Porthos, voulant mêler à son tour un mot à la conversation, ce qui serait fâcheux, en ce que très-certainement cela gâterait son visage.

— De la petite vérole! Voilà encore une glorieuse histoire que vous me contez là, Porthos! — Malade de la petite vérole à son âge? — Non pas!... Mais blessé sans doute, tué peut-être. — Ah! si je le savais!... Sangdieu, messieurs les mousquetaires, je n'entends pas que l'on hante ainsi les mauvais lieux, qu'on se prenne de querelle dans la rue et qu'on joue de l'épée dans les carrefours. Je ne veux pas enfin qu'on prête à rire aux gardes de M. le cardinal, qui sont de braves gens, tranquilles, adroits, qui ne se mettent jamais dans le cas d'être arrêtés, et qui, d'ailleurs, ne se laisseraient pas arrêter, eux! — j'en suis sûr.— Ils aimeraient mieux mourir sur la place que de faire un pas en arrière. — Se sauver, détaler, fuir, c'est bon pour les mousquetaires du roi, cela!

Porthos et Aramis frémissaient de rage. Ils auraient volontiers étranglé M. de Tréville si, au fond de tout cela, ils n'avaient pas senti que c'était le grand amour qu'il leur portait qui le faisait leur parler ainsi. Ils frappaient le tapis du pied, se mordaient les lèvres jusqu'au sang et serraient de toute leur force la garde de leur épée. Au dehors, on avait entendu appeler, comme nous l'avons dit, Athos, Porthos et Aramis, et l'on avait deviné, à l'accent de la voix de M. de Tréville, qu'il était parfaitement en colère. Dix têtes curieuses étaient appuyées à la tapisserie et pâlissaient de fureur, car leurs oreilles, collées à la porte, ne perdaient une seule syllabe de ce qui se disait, tandis que leurs bouches répétaient au fur et à mesure les paroles insultantes du capitaine à toute la population de l'antichambre. En un instant, depuis la porte du cabinet jusqu'à la porte de la rue, tout l'hôtel fut en ébullition.

— Ah! les mousquetaires du roi se font arrêter par les gardes de M. le cardinal! continua M. de Tréville, aussi furieux à l'intérieur que ses soldats, mais saccadant ses paroles et les plongeant une à une pour ainsi dire et comme autant de coups de stylet dans la poitrine de ses auditeurs. Ah! six gardes de Son Éminence arrêtent six mousquetaires de Sa Majesté! Morbleu! j'ai pris mon parti. Je vais de ce pas au Louvre; je donne ma démission de capitaine du roi pour demander une lieutenance dans les gardes du cardinal, et, s'il me refuse, morbleu! je me fais abbé.

A ces paroles, le murmure de l'extérieur devint une explosion : partout on n'entendait que jurons et blasphèmes. Les morbleu! les sangdieu! les morts de tous les diables! se croisaient dans l'air. D'Artagnan cherchait une tapisserie derrière laquelle se cacher, et se sentait une envie démesurée de se fourrer sous la table.

— Eh bien! mon capitaine, dit Porthos hors de lui, la vérité est que nous étions six contre six, mais nous avons été pris en traîtres, et, avant que nous eussions eu le temps de tirer nos épées, deux d'entre nous étaient tombés morts, et Athos, blessé grièvement, n'en valait guère mieux. Car vous le connaissez, Athos; eh bien! capitaine, il a essayé de se relever deux fois, et il est retombé deux fois. Cependant nous ne nous sommes pas rendus, non! l'on nous a entraînés de force. En chemin, nous nous sommes sauvés. Quant à Athos, on l'avait cru mort, et on l'a laissé bien tranquillement sur le champ de bataille, ne pensant pas qu'il valût la peine d'être emporté. Voilà l'histoire. Que diable! capitaine, on ne gagne pas toutes les batailles. Le grand Pompée a perdu celle de Pharsale, et le roi François Ier celle de Pavie.

— Et j'ai l'honneur de vous assurer que j'en ai tué un avec sa propre épée, dit Aramis, car la mienne s'est brisée à la première parade; — tué ou poignardé, monsieur, comme il vous sera agréable.

— Je ne savais pas cela, reprit M. de Tréville d'un ton un peu radouci. M. le cardinal avait exagéré, à ce que je vois.

— Mais, de grâce, monsieur, continua Aramis, qui, voyant son capitaine s'apaiser, osait hasarder une prière; de grâce, monsieur, ne dites pas qu'Athos est blessé. Il serait au désespoir que cela parvînt aux oreilles du roi, et, comme la blessure est des plus graves, attendu qu'après avoir traversé l'épaule, elle pénètre dans la poitrine, il serait à craindre...

Au même instant, la portière se souleva, et une tête noble et belle, mais affreusement pâle, parut sous la frange.

— Athos! s'écrièrent les deux mousquetaires.

— Athos! répéta M. de Tréville lui-même.

— Vous m'avez mandé, monsieur, dit Athos à M. de Tréville d'une voix affaiblie, mais parfaitement calme; vous m'avez mandé, à ce que m'ont dit nos camarades, et je m'empresse de me rendre à vos ordres. Me voilà, monsieur; que me voulez-vous?

Et, à ces mots, le mousquetaire, en tenue irréprochable, sanglé comme de coutume, entra d'un pas assez ferme dans le cabinet. M. de Tréville, ému jusqu'au fond du cœur de cette preuve de courage, se précipita vers lui.

— J'étais en train de dire à ces messieurs, ajouta-t-il,

que je défends à mes mousquetaires d'exposer leurs jours sans nécessité, car les braves gens sont bien chers au roi, et le roi sait que ses mousquetaires sont les plus braves gens de la terre. Votre main, Athos.

Et, sans attendre que le nouveau venu répondît à cette preuve d'affection, M. de Tréville saisit sa main droite, et la lui serra de toutes ses forces, sans s'apercevoir qu'Athos, quel que fût son empire sur lui-même, laissait échapper un mouvement de douleur et pâlissait encore, ce que l'on aurait pu croire impossible.

La porte était restée entr'ouverte, tant l'arrivée d'Athos, dont, malgré le secret gardé, la blessure était connue de tous, avait produit de sensation. Un brouhaha de satisfaction accueillit les derniers mots du capitaine, et deux ou trois têtes, entraînées par l'enthousiasme, apparurent par les ouvertures de la tapisserie. Sans doute M. de Tréville allait réprimer par de vives paroles cette infraction aux lois de l'étiquette, lorsqu'il sentit tout à coup la main d'Athos se crisper dans la sienne, et, en portant les yeux sur lui, il s'aperçut qu'il allait s'évanouir. Au même instant, le mousquetaire, qui avait rassemblé toutes ses forces pour lutter contre la douleur, vaincu enfin par elle, tomba sur le parquet comme s'il fût mort.

— Un chirurgien! cria M. de Tréville, le mien, celui du roi, le meilleur! Un chirurgien! ou, sangdieu! mon brave Athos va trépasser.

Aux cris de M. de Tréville, tout le monde se précipita dans son cabinet sans qu'il songeât à en fermer la porte à personne, chacun s'empressant autour du blessé. Mais tout cet empressement eût été inutile si le docteur demandé ne se fût trouvé dans l'hôtel même; il fendit la foule, s'approcha d'Athos toujours évanoui, et, comme tout ce bruit et tout ce mouvement le gênaient fort, il demanda comme première chose et comme la plus urgente que le mousquetaire fût emporté dans une chambre voisine. Aussitôt M. de Tréville ouvrit une porte et montra le chemin à Porthos et à Aramis, qui emportèrent leur camarade dans leurs bras. Derrière ce groupe marchait le chirurgien, et derrière le chirurgien la porte se referma.

Alors le cabinet de M. de Tréville, ce lieu si ordinairement respecté, devint momentanément une succursale de l'antichambre. Chacun discourait, pérorait, parlait haut, jurant, sacrant, donnant le cardinal et ses gardes à tous les diables.

Un instant après, Porthos et Aramis rentrèrent; le chirurgien et M. de Tréville seuls étaient restés près du blessé.

Enfin M. de Tréville rentra à son tour. Le blessé avait repris connaissance; le chirurgien déclarait que l'état du mousquetaire n'avait rien qui pût inquiéter ses amis, sa faiblesse ayant été purement et simplement occasionnée par la perte du sang.

Puis M. de Tréville fit un signe de la main, et chacun se retira, excepté d'Artagnan, qui n'oubliait point qu'il avait audience, et qui, avec sa témérité de Gascon, était demeuré à la même place.

Lorsque tout le monde fut sorti et que la porte fut refermée, M. de Tréville se retourna, et se trouva seul avec le jeune homme. L'événement qui venait d'arriver lui avait quelque peu fait perdre le fil de ses idées. Il s'informa donc de ce que lui voulait l'obstiné solliciteur. D'Artagnan alors se nomma, et M. de Tréville, se rappelant d'un seul coup tous ses souvenirs du présent et du passé, se trouva au courant de la situation.

— Pardon, lui dit-il en souriant, pardon, mon cher compatriote, mais je vous avais parfaitement oublié. Que voulez-vous! un capitaine n'est rien qu'un père de famille chargé d'une plus grande responsabilité qu'un père de famille ordinaire. Les soldats sont de grands enfants; mais, comme je tiens à ce que les ordres du roi, et surtout ceux de M. le cardinal, soient exécutés...

D'Artagnan ne put dissimuler un sourire. A ce sourire, M. de Tréville jugea qu'il n'avait point affaire à un sot, et, venant droit au fait, en changeant de conversation :

— J'ai beaucoup aimé M. votre père, dit-il. Que puis-je faire pour son fils? Hâtez-vous, mon temps n'est pas à moi.

— Monsieur, dit d'Artagnan, en quittant Tarbes et en venant ici, je me proposais de vous demander, en souvenir de cette amitié dont vous n'avez pas perdu mémoire, une casaque de mousquetaire; mais, après tout ce que je vois depuis deux heures, je comprends qu'une telle faveur serait énorme, et je tremble de ne point la mériter.

— C'est une faveur en effet, jeune homme, répondit M. de Tréville; mais elle peut ne pas être si fort au-dessus de vous que vous le croyez ou que vous avez l'air de le croire. Toutefois, une décision de Sa Majesté a prévu ce cas, et je vous annonce avec regret qu'on ne reçoit personne mousquetaire avant l'épreuve préalable de quelques campagnes, de certaines actions d'éclat, ou d'un service de deux ans dans quelque régiment moins favorisé que le nôtre.

D'Artagnan s'inclina sans rien répondre. Il se sentait encore plus avide d'endosser l'uniforme de mousquetaire depuis qu'il y avait de si grandes difficultés à l'obtenir.

— Mais, continua Tréville en fixant sur son compatriote un regard si perçant, qu'on eût dit qu'il voulait lire jusqu'au fond de son cœur; mais, en faveur de votre père, mon ancien compagnon, comme je vous l'ai dit, je veux faire quelque chose pour vous, jeune homme. Nos cadets du Béarn ne sont ordinairement pas riche, et je doute que les choses aient fort changé de face depuis mon départ de la province. Vous ne devez donc pas avoir de trop, pour vivre, de l'argent que vous avez apporté de chez vous.

D'Artagnan se redressa d'un air fier qui voulait dire qu'il ne demandait l'aumône à personne.

— C'est bien, jeune homme, c'est bien, continua Tréville, je connais ces airs-là; je suis venu à Paris avec quatre écus dans ma poche, et je me serais battu avec quiconque m'aurait dit que je n'étais pas en état d'acheter le Louvre.

D'Artagnan se redressa de plus en plus; grâce à la vente de son cheval, il commençait sa carrière avec quatre écus de plus que M. de Tréville n'avait commencé la sienne.

— Vous devez donc, disais-je, avoir besoin de conserver ce que vous avez, si forte que soit cette somme; mais vous devez avoir aussi besoin de vous perfectionner dans les exercices qui conviennent à un gentilhomme. J'écrirai dès aujourd'hui une lettre au directeur de l'Académie royale, et dès demain il vous recevra sans rétribution aucune. Ne refusez pas cette petite douceur. Nos gentilshommes les mieux nés et les plus riches la sollicitent quelquefois sans pouvoir l'obtenir. Vous apprendrez le manège du cheval, l'escrime et la danse; vous y ferez de bonnes connaissances, et de temps en temps vous reviendrez me voir pour me dire où vous en êtes et si je puis faire quelque chose pour vous.

D'Artagnan, tout étranger qu'il fût encore aux façons de cour, s'aperçut de la froideur de cet accueil.

— Hélas! monsieur, dit-il, je vois combien la lettre de recommandation que mon père m'avait remise pour vous me fait défaut aujourd'hui.

— En effet, répondit M. de Tréville, je m'étonne que vous ayez entrepris un aussi long voyage sans ce viatique obligé, notre seule ressource, à nous autres Béarnais.

— Je l'avais, monsieur, et, Dieu merci, en bonne forme, s'écria d'Artagnan, mais on me l'a perfidement dérobé.

Et il raconta toute la scène de Meung, dépeignit le gentilhomme inconnu dans ses moindres détails, le tout avec une chaleur, une vérité qui charmèrent M. de Tréville.

— Voilà qui est étrange, dit ce dernier en méditant; vous aviez donc parlé de moi tout haut?

— Oui, monsieur, sans doute j'avais commis cette imprudence. Que voulez-vous, un nom comme le vôtre devait me servir de bouclier en route. Jugez si je me suis souvent mis à couvert.

La flatterie était fort de mise alors, et M. de Tréville aimait l'encens comme un roi ou comme un cardinal. Il ne put donc s'empêcher de sourire avec une visible satisfaction; mais ce sourire s'effaça bientôt, et revenant de lui-même à l'aventure de Meung:

— Dites-moi, continua-t-il, ce gentilhomme n'avait-il pas une légère cicatrice à la joue?

— Oui, comme le ferait l'éraflure d'une balle.

— N'était-ce pas un homme de belle mine?

— Oui.

— Pâle de teint et brun de poil?

— Oui, oui, c'est cela. Comment se fait-il, monsieur, que vous connaissiez cet homme? Ah! si jamais je le retrouve, et je le retrouverai, je vous le jure, fût-ce en enfer...

— Il attendait une femme? continua Tréville.

— Il est du moins parti après avoir causé un instant avec celle qu'il attendait.

— Vous ne savez pas quel était le sujet de leur conversation?

— Il lui remettait une boîte; lui disait que cette boîte contenait ses instructions, et lui recommandait de ne l'ouvrir qu'à Londres.

— Cette femme était anglaise?

— Il l'appelait milady.

— C'est lui! murmura Tréville, c'est lui! Je le croyais encore à Bruxelles.

— Oh! monsieur, si vous savez quel est cet homme, s'écria d'Artagnan, indiquez-moi qui il est et d'où il est; puis je vous tiens quitte de tout, même de votre promesse de me faire entrer dans les mousquetaires, car, avant toute chose, je veux me venger.

— Gardez-vous-en bien, jeune homme! s'écria Tréville; si vous le voyez venir, au contraire, d'un côté de la rue, passez de l'autre; ne vous heurtez pas à pareil rocher, il vous briserait comme verre.

— Cela n'empêche pas, dit d'Artagnan, que si jamais je le retrouve...

— En attendant, reprit Tréville, ne le cherchez pas, si j'ai un conseil à vous donner.

Tout à coup Tréville s'arrêta frappé d'un soupçon subit. Cette grande haine que manifestait si hautement ce jeune voyageur pour cet homme, qui, chose assez peu vraisemblable, lui avait dérobé la lettre de son père, cette haine ne cachait-elle pas quelque perfidie? ce jeune homme n'était-il pas envoyé par Son Éminence? ne venait-il pas pour lui tendre un piège? ce prétendu d'Artagnan n'était-il pas un émissaire du cardinal qu'on cherchait à introduire dans sa maison, et qu'on plaçait près de lui pour surprendre sa confiance et pour le perdre plus tard, comme cela s'était mille fois pratiqué? Il regarda d'Artagnan plus fixement encore cette seconde fois que la première. Il fut médiocrement rassuré par l'aspect de cette physionomie pétillante d'esprit astucieux et d'humilité affectée.

— Je sais bien qu'il est Gascon, pensa-t-il; mais il peut l'être aussi bien pour le cardinal que pour moi. Voyons, éprouvons-le. Mon ami, lui dit-il lentement, je veux, comme au fils de mon ancien ami, car je tiens pour vraie l'histoire de cette lettre perdue, je veux, dis-je, pour réparer la froideur que vous avez d'abord remarquée dans mon accueil, vous découvrir les secrets de notre politique. Le roi et le cardinal sont les meilleurs amis du monde; leurs apparents démêlés ne sont que pour tromper les sots. Je ne prétends pas qu'un compatriote, un joli cavalier, un brave garçon, fait pour avancer, soit la dupe de toutes ces feintises et donne comme un niais dans le panneau, à la suite de tant d'autres qui s'y sont perdus. Songez bien que je suis dévoué à ces deux maîtres tout-puissants, et que jamais mes démarches sérieuses n'auront d'autre but que le service du roi et celui de M. le cardinal, un des plus illustres génies que la France ait produits. Maintenant, jeune homme, réglez-vous là-dessus, et, si vous avez, soit de famille, soit par relations, soit d'instinct même, quelqu'une de ces inimitiés contre le cardinal, telles que nous les voyons éclater chez nos gentilshommes, dites-moi adieu et quittons-nous. Je vous aiderai en mille circonstances, mais sans vous attacher à ma personne. J'espère que ma franchise, en tout cas, vous fera mon ami, car vous êtes, jusqu'à présent, le seul jeune homme à qui j'aie parlé comme je le fais.

Tréville se disait à part lui:

— Si le cardinal m'a dépêché ce jeune renard, il n'aura certes pas manqué, lui qui sait à quel point je l'exècre, de dire à son espion que le meilleur moyen de me faire la cour est de me dire pis que pendre de lui; aussi, malgré mes protestations, le rusé compère va-t-il me répondre bien certainement qu'il a l'Éminence en horreur.

Il en fut tout autrement que s'y attendait Tréville. D'Artagnan répondit avec la plus grande simplicité:

— Monsieur, j'arrive à Paris avec des intentions toutes semblables. Mon père m'a recommandé de ne souffrir rien que du roi, de M. le cardinal et de vous, qu'il tient pour les trois premiers de France.

D'Artagnan ajoutait M. de Tréville aux deux autres, comme on peut s'en apercevoir; mais il pensait que cette adjonction ne devait rien gâter.

— J'ai donc la plus grande vénération pour M. le cardinal, continua-t-il, et le plus profond respect pour ses actes. Tant mieux pour moi, monsieur, si vous me parlez, comme vous le dites, avec franchise, car alors vous me ferez l'honneur d'estimer cette ressemblance de goût; au contraire, si vous avez eu quelque défiance, bien naturelle d'ailleurs, je sens que je me perds en disant la vérité; mais, tant pis, vous ne laisserez pas que de m'estimer, et c'est à quoi je tiens plus qu'à toute chose au monde.

M. de Tréville fut surpris au dernier point. Tant de pénétration, tant de franchise, enfin, lui causaient de l'admiration, mais ne levaient pas entièrement ses doutes. Plus ce jeune homme était supérieur aux autres jeunes gens, plus il était à redouter s'il se trompait. Néanmoins, il serra la main à d'Artagnan, et lui dit :

— Vous êtes un honnête garçon; mais, dans ce moment, je ne puis faire ce que je vous ai offert tout à l'heure. Mon hôtel vous sera toujours ouvert. Plus tard, pouvant me demander à toute heure, et, par conséquent, saisir toutes les occasions, vous obtiendrez probablement ce que vous désirez obtenir.

— C'est-à-dire, monsieur, reprit d'Artagnan, que vous attendrez que je m'en sois rendu digne. Eh bien ! soyez tranquille, ajouta-t-il avec la familiarité du Gascon, vous n'attendrez pas longtemps. Et il salua pour se retirer, comme si désormais le reste le regardait.

— Mais attendez donc, dit M. de Tréville en l'arrêtant, je vous ai promis une lettre pour le directeur de l'Académie. Etes-vous trop fier pour l'accepter, mon jeune gentilhomme ?

— Non, monsieur, dit d'Artagnan, et je vous réponds qu'il n'en sera pas de celle-ci comme de l'autre. Je la garderai si bien, qu'elle arrivera, je vous le jure, à son adresse, malheur à celui qui tenterait de me l'enlever !

M. de Tréville sourit de cette fanfaronnade, et, laissant son jeune compatriote dans l'embrasure de la fenêtre où ils se trouvaient et où ils avaient causé ensemble, il alla s'asseoir à une table et se mit à écrire la lettre de recommandation promise. Pendant ce temps, d'Artagnan, qui n'avait rien de mieux à faire, se mit à battre une marche contre les carreaux, regardant les mousquetaires, qui s'en allaient les uns après les autres, et les suivant du regard jusqu'à ce qu'ils eussent disparu au tournant de la rue.

M. de Tréville, après avoir écrit la lettre, la cacheta, et se levant s'approcha du jeune homme pour la lui donner; mais, au moment même où d'Artagnan étendait la main pour la recevoir, M. de Tréville fut bien étonné de voir son protégé faire un soubresaut, rougir de colère et s'élancer hors du cabinet en criant : — Ah ! sangdieu ! il ne m'échappera pas, cette fois.

— Et qui cela ? demanda M. de Tréville.

— Lui, mon voleur ! répondit d'Artagnan. Ah ! traître ! Et il disparut.

— Diable de fou ! murmura M. de Tréville. A moins toutefois, ajouta-t-il, que ce ne soit une manière adroite de s'esquiver, en voyant qu'il a manqué son coup !

—◦◇◦—

CHAPITRE IV.

L'ÉPAULE D'ATHOS, LE BAUDRIER DE PORTHOS ET LE MOUCHOIR D'ARAMIS.

D'Artagnan, furieux, avait traversé l'antichambre en trois bonds et s'élançait sur l'escalier, dont il comptait descendre les degrés quatre à quatre, lorsque, emporté par sa course, il alla donner tête baissée dans un mousquetaire qui sortait de chez M. de Tréville par une porte de dégagement, et, le heurtant du front à l'épaule, lui fit pousser un cri ou plutôt un hurlement.

— Excusez-moi, dit d'Artagnan, essayant de reprendre sa course, excusez-moi, mais je suis pressé.

A peine avait-il descendu le premier escalier, qu'un poignet de fer le saisit par son écharpe et l'arrêta.

— Vous êtes pressé ! s'écria le mousquetaire, pâle comme un linceul; sous ce prétexte vous me heurtez, vous dites : « Excusez-moi, » et vous croyez que cela suffit ? pas tout à fait, mon jeune homme. Croyez-vous, parce que vous avez entendu M. de Tréville nous parler un peu cavalièrement aujourd'hui, que l'on peut nous traiter comme il nous parle ? Détrompez-vous, compagnon; vous n'êtes pas M. de Tréville, vous.

— Ma foi, répliqua d'Artagnan, qui reconnut Athos, lequel, après le pansement opéré par le docteur, regagnait son appartement; ma foi, je ne l'ai pas fait exprès, et, ne l'ayant pas fait exprès, j'ai dit : « Excusez-moi. » Il me semble donc que c'est assez. Je vous répète cependant, et cette fois, c'est trop peut-être, que, parole d'honneur, je suis pressé, très-pressé. Lâchez-moi donc, je vous prie, et laissez-moi aller où j'ai affaire.

— Monsieur, dit Athos en le lâchant, vous n'êtes pas poli. On voit que vous venez de loin.

D'Artagnan avait déjà enjambé trois ou quatre degrés, mais à la remarque d'Athos il s'arrêta court.

— Morbleu ! monsieur, dit-il, de si loin que je vienne, ce n'est pas vous qui me donnerez une leçon de belles manières, je vous en préviens.

— Peut-être, dit Athos.

— Ah ! si je n'étais pas si pressé, s'écria d'Artagnan, et si je ne courais pas après quelqu'un...

— Monsieur l'homme pressé, vous me trouverez sans courir, moi, entendez-vous ?

— Et où cela, s'il vous plait ?

— Près des Carmes-Deschaux.

— A quelle heure ?

— Vers midi.

— Vers midi, c'est bien, j'y serai.

— Tâchez de ne pas trop me faire attendre, car à midi un quart je vous préviens que c'est moi qui courrai après vous et vous couperai les oreilles à la course.

— Bon ! lui cria d'Artagnan ; on y sera à midi moins dix minutes.

Et il se remit à courir comme si le diable l'emportait, espérant retrouver encore son inconnu, que son pas tranquille ne devait pas avoir conduit bien loin.

Mais à la porte de la rue causait Porthos avec un soldat aux gardes. Entre les deux causeurs il y avait juste l'espace d'un homme. D'Artagnan crut que cet espace lui suffirait, et il s'élança pour passer comme une flèche entre eux deux. Mais d'Artagnan avait compté sans le vent. Comme il allait passer, le vent s'engouffra dans le long manteau de Porthos, et d'Artagnan vint donner droit dans le manteau. Sans doute Porthos avait des raisons de ne pas abandonner cette partie essentielle de son vêtement, car, au lieu de laisser aller le pan qu'il tenait, il tira à lui, de sorte que d'Artagnan s'enroula dans le velours par un mouvement de rotation qu'explique la résistance de l'obstiné Porthos.

D'Artagnan, entendant jurer le mousquetaire, voulut sortir de dessous le manteau qui l'aveuglait et chercha son chemin dans les plis. Il redoutait surtout d'avoir porté atteinte à la fraîcheur du magnifique baudrier que nous connaissons, mais en ouvrant timidement les yeux, il se trouva le nez collé entre les deux épaules de Porthos, c'est-à-dire précisément sur le baudrier. Hélas ! comme la plupart des choses de ce monde, qui n'ont pour elles que l'apparence, le baudrier était d'or par devant et de simple buffle par derrière. Porthos, en vrai glorieux qu'il était, ne pouvant avoir un baudrier d'or tout entier, en avait au moins la moitié : on comprenait dès lors la nécessité du rhume et l'urgence du manteau.

— Vertubleu ! cria Porthos, faisant tous ses efforts pour se débarrasser de d'Artagnan qui lui grouillait dans le dos, vous êtes donc enragé, de vous jeter comme cela sur les gens !

— Excusez-moi, dit d'Artagnan, reparaissant sous l'épaule du géant, mais je suis très-pressé, je cours après quelqu'un, et...

— Est-ce que vous oubliez vos yeux quand vous courez, par hasard ? demanda Porthos.

— Non, répondit d'Artagnan piqué, non, et, grâce à mes yeux, je vois même ce que les autres ne voient pas.

Porthos comprit ou ne comprit pas ; toujours est-il que se laissant aller à sa colère :

— Monsieur, dit-il, vous vous ferez étriller, je vous en
préviens, si vous vous frottez ainsi aux mousquetaires.

— Etriller, monsieur, dit d'Artagnan, le mot est dur.

— C'est celui qui convient à un homme habitué à regarder en face ses ennemis.

— Ah! pardieu, je sais bien que vous ne tournez pas le
dos aux vôtres, vous.

Et le jeune homme, enchanté de son espièglerie, s'éloigna en riant à gorge déployée.

Porthos écuma de rage et fit un mouvement pour se précipiter sur d'Artagnan.

— Plus tard, plus tard, lui cria celui-ci; quand vous
n'aurez plus votre manteau.

— A une heure donc, derrière le Luxembourg.

— Très-bien, à une heure, répondit d'Artagnan en tournant l'angle de la rue.

Mais ni dans la rue qu'il venait de parcourir, ni dans celle
qu'il embrassait maintenant du regard, il ne vit personne.
Si doucement qu'eût marché l'inconnu, il avait gagné du
chemin : peut-être aussi était-il entré dans quelque maison.
D'Artagnan s'informa de lui à tous ceux qu'il rencontra, descendit jusqu'au bac, remonta par la rue de Seine et la Croix-
Rouge; mais rien ne se trouva, absolument rien. Cependant
cette course lui fut profitable, en ce sens qu'à mesure que
la sueur inondait son front, son cœur se refroidissait.

Il se mit alors à réfléchir sur les événements qui venaient
de se passer; ils étaient nombreux et néfastes : onze heures
du matin sonnaient à peine, et déjà la matinée lui avait rapporté la disgrâce de M. de Tréville, qui ne pouvait manquer
de trouver un peu cavalière la façon dont d'Artagnan l'avait
quitté. En outre, il avait ramassé deux bons duels avec deux
hommes capables de tuer chacun trois d'Artagnan, avec
deux mousquetaires enfin, c'est-à-dire avec deux de ces êtres
qu'il estimait si fort, qu'il les mettait dans sa pensée et dans
son cœur au-dessus de tous les autres hommes.

La conjecture était triste. Sûr d'être tué par Athos, on
comprend que le jeune homme ne s'inquiétait pas beaucoup
de Porthos. Pourtant, comme l'espérance est la dernière
chose qui s'éteint dans le cœur de l'homme, il en arriva à
espérer qu'il pourrait survivre, avec des blessures terribles
bien entendu, c'est deux duels, et, en cas de survivance, il
se fit pour l'avenir les réprimandes suivantes :

— Quel écervelé je fais, et quel butor je suis! Ce brave
et malheureux Athos était blessé juste à l'épaule contre laquelle je m'en vais, moi, donner de la tête comme un bé-
lier. La seule chose qui m'étonne, c'est qu'il ne m'ait pas
tué roide; il en avait le droit, et la douleur que je lui ai
causée a dû être atroce. Quant à Porthos, oh! quant à Porthos, ma foi, c'est plus drôle. — Et malgré lui le jeune
homme se mit à rire, tout en regardant néanmoins si ce rire
isolé, et sans cause aux yeux de ceux qui le voyaient rire, n'allait pas blesser quelque passant. — Quant à Porthos, c'est plus
drôle; mais je n'en suis pas moins un misérable étourdi. Se
jette-t-on ainsi sur les gens sans dire gare! non! et va-t-on
leur regarder sous le manteau pour y voir ce qui n'y est
pas! il m'eût pardonné bien certainement; il m'eût pardonné si je n'eusse pas été lui parler de ce maudit baudrier à mots couverts, c'est vrai; oui, couverts joliment!
Ah! maudit Gascon que je suis, je ferais de l'esprit dans la
poêle à frire. Allons, d'Artagnan, mon ami, continua-t-il, se
parlant à lui-même avec toute l'aménité qu'il croyait se devoir, si tu en réchappes, ce qui n'est pas probable, il s'agit
d'être à l'avenir d'une politesse parfaite. Désormais, il faut
qu'on t'admire, qu'on te cite comme modèle. Etre prévenant
et poli, ce n'est pas être lâche. Regarde plutôt Aramis : Aramis, c'est la douceur, c'est la grâce en personne. Eh bien!
quelqu'un s'est-il jamais avisé de dire qu'Aramis était un
lâche? non, bien certainement, et désormais je veux en
tous points me modeler sur lui. Ah! justement le voici.

D'Artagnan, tout en marchant et en monologuant, était
arrivé à quelques pas de l'hôtel d'Aiguillon, et devant cet
hôtel il avait aperçu Aramis causant gaiement avec trois
gentilshommes des gardes du roi. De son côté, Aramis aperçut d'Artagnan; mais, comme il n'oubliait pas que c'était devant ce jeune homme que M. de Tréville s'était si fort emporté le matin, et qu'un témoin des reproches que les mousquetaires avaient reçus ne lui était d'aucune façon agréable,
il fit semblant de ne le point voir. D'Artagnan, tout entier
au contraire à ses plans de conciliation et de courtoisie,

s'approcha des quatre jeunes gens en leur faisant un grand
salut accompagné du plus gracieux sourire. Aramis inclina
légèrement la tête, mais ne sourit point. Tous quatre, au
reste, interrompirent à l'instant même leur conversation.

D'Artagnan n'était pas assez niais pour ne pas s'apercevoir
qu'il était de trop; mais il n'était point encore assez rompu aux
façons du beau monde pour se tirer galamment d'une situation fausse comme l'est en général celle d'un homme qui
est venu se mêler à des gens qu'il connaît à peine, et à une
conversation qui ne le regarde pas. Il cherchait donc en lui-
même un moyen de faire sa retraite le moins gauchement
possible, lorsqu'il remarqua qu'Aramis avait laissé tomber
son mouchoir, et, par mégarde, sans doute, avait mis le pied
dessus; le moment lui parut arrivé de réparer son inconve-
nance; il se baissa, et, de l'air le plus gracieux qu'il put
trouver, il tira le mouchoir de dessous le pied du mousquetaire, quelques efforts que celui-ci fît pour le retenir, et lui
dit en le lui remettant :

— Je crois, monsieur, que voici un mouchoir que vous
seriez fâché de perdre.

Le mouchoir était en effet richement brodé et portait une
couronne et des armes à l'un de ses coins. Aramis rougit
excessivement et arracha plutôt qu'il ne prit le mouchoir
des mains du Gascon.

— Ah! ah! s'écria un des gardes, diras-tu encore, discret Aramis, que tu es mal avec madame de Bois-Tracy,
quand cette gracieuse dame a l'obligeance de te prêter ses
mouchoirs?

Aramis lança à d'Artagnan un de ces regards qui font
comprendre à un homme qu'il vient de s'acquérir un ennemi mortel; puis, reprenant son air doucereux :

— Vous vous trompez, messieurs, dit-il, ce mouchoir
n'est pas à moi, et je ne sais pourquoi monsieur a eu la fantaisie de me le remettre plutôt qu'à l'un de vous, et la preuve
de ce que je dis, c'est que voici le mien dans ma poche.

A ces mots, il tira son propre mouchoir, mouchoir fort
élégant aussi et de fine batiste, quoique la batiste fût chère
à cette époque, mais mouchoir sans broderie, sans armes et
orné d'un seul chiffre, celui de son propriétaire.

Cette fois d'Artagnan ne souffla pas le mot : il avait reconnu sa bévue. Mais les amis d'Aramis ne se laissèrent
pas convaincre par ses dénégations, et l'un d'eux s'adressant au jeune mousquetaire avec un sérieux affecté :

— Si cela était, dit-il, ainsi que tu le prétends, je serais
forcé, mon cher Aramis, de te le redemander, car, comme
tu le sais, Bois-Tracy est de mes intimes, et je ne veux pas
qu'on fasse trophée des effets de sa femme.

— Tu demandes cela mal, répondit Aramis, et, tout en
reconnaissant la justesse de ta réclamation quand au fond,
je refuserais à cause de la forme.

— Le fait est, hasarda timidement d'Artagnan, que je
n'ai pas vu sortir le mouchoir de la poche de M. Aramis. Il
avait le pied dessus, voilà tout, et j'ai pensé que, puisqu'il
avait le pied dessus, le mouchoir était à lui.

— Et vous vous êtes trompé, mon cher monsieur, répondit froidement Aramis, peu sensible à la réparation;
puis, se retournant vers celui des gardes qui s'était déclaré
l'ami de Bois-Tracy : — D'ailleurs, continua-t-il, je réfléchis, mon cher intime de Bois-Tracy, que je suis son ami
non moins tendre que tu peux l'être toi-même, de sorte
qu'à la rigueur, ce mouchoir peut aussi bien être sorti de
ta poche que de la mienne.

— Non, sur mon honneur! s'écria le garde de Sa Majesté.

— Tu vas jurer sur ton honneur, et moi sur ma parole,
et alors il y aura évidemment un de nous deux qui men-
tira Tiens, faisons mieux, Montaran, prenons-en chacun la
moitié.

— Du mouchoir?

— Oui.

— Parfaitement! s'écrièrent les deux gardes, — le jugement du roi Salomon. Décidément, Aramis, tu es plein
de sagesse.

Les jeunes gens éclatèrent de rire, et, comme on le pense
bien, l'affaire n'eut pas d'autre suite. Au bout d'un instant,
la conversation cessa, et les trois gardes et le mousquetaire,
après s'être cordialement serré la main, tirèrent, les trois
gardes de leur côté, et Aramis du sien.

— Voilà le moment de faire ma paix avec ce galant homme, se dit à part lui d'Artagnan, qui s'était tenu un peu à l'écart pendant toute la dernière partie de cette conversation ; et, sur ce bon sentiment, se rapprochant d'Aramis, qui s'éloignait sans faire autrement attention à lui :

— Monsieur, lui dit-il, vous m'excuserez, je l'espère.

— Ah ! monsieur, interrompit Aramis, permettez-moi de vous faire observer que vous n'avez point agi en cette circonstance comme un galant homme le devait faire.

— Quoi, monsieur, s'écria d'Artagnan, vous supposez...

— Je suppose, monsieur, que vous n'êtes pas un sot, et que vous savez bien, quoique arrivant de Gascogne, qu'on ne marche pas sans cause sur les mouchoirs de poche. Que diable ! Paris n'est point pavé en batiste.

— Monsieur, vous avez tort de chercher à m'humilier, dit d'Artagnan, chez qui le naturel querelleur commençait à parler plus haut que les résolutions pacifiques. Je suis de Gascogne, c'est vrai, et, puisque vous le savez, je n'aurai pas besoin de vous dire que les Gascons sont peu endurants, de sorte que, lorsqu'ils se sont excusés une fois, fût-ce

— Je crois, Monsieur, que voici un mouchoir que vous seriez fâché de perdre. — Page 15.

d'une sottise, ils sont convaincus qu'ils ont déjà fait moitié plus qu'ils ne devaient faire.

— Monsieur, ce que je vous en dis, répondit Aramis, n'est point pour vous chercher une querelle. Dieu merci ! je ne suis pas un spadassin, et, n'étant mousquetaire que par intérim, je ne me bats que lorsque j'y suis forcé et toujours avec une grande répugnance. Mais, cette fois, l'affaire est grave, car voici une dame compromise par vous.

— Par nous, c'est-à-dire ! s'écria d'Artagnan.

— Pourquoi avez-vous eu la maladresse de me rendre ce mouchoir ?

— Pourquoi avez-vous eu la maladresse de le laisser tomber ?

— J'ai dit et je répète, monsieur, que ce mouchoir n'est point sorti de ma poche.

— Eh bien ! vous en avez menti deux fois, monsieur ! car je l'en ai vu sortir, moi !

— Ah ! vous le prenez sur ce ton, monsieur le Gascon ? eh bien ! je vous apprendrai à vivre !

— Et moi je vous renverrai à votre messe, monsieur l'abbé ! Dégainez, s'il vous plaît, et à l'instant même.

— Non pas, mon bel ami, non pas ici, du moins. Ne voyez-vous pas que nous sommes en face de l'hôtel d'Aiguillou, lequel est plein de créatures du cardinal? Qui me dit que ce n'est pas Son Eminence qui vous a chargé de lui procurer ma tête? Or, j'y tiens ridiculement à ma tête, attendu qu'elle me semble aller assez correctement à mes épaules. Je veux donc vous tuer, soyez tranquille, mais vous tuer tout doucement, dans un endroit clos et couvert, là où vous ne puissiez vous vanter de votre mort à personne.

— Je le veux bien, mais ne vous y fiez pas, et emportez votre mouchoir, qu'il vous appartienne ou non; peut-être aurez-vous l'occasion de vous en servir.

— Monsieur est Gascon? demanda Aramis.

— Oui; mais monsieur ne remet pas un rendez-vous par prudence.

— La prudence, monsieur, est une vertu assez inutile aux mousquetaires, je le sais, mais indispensable aux gens d'église; et, comme je ne suis mousquetaire que provisoirement, je tiens à rester prudent. A deux heures j'aurai

Mais d'Artagnan, plus leste, arriva le premier et mit le pied dessus. — Page 20.

l'honneur de vous attendre à l'hôtel de M. de Tréville. Là, je vous indiquerai les bons endroits.

Les deux jeunes gens se saluèrent, puis Aramis s'éloigna en remontant la rue qui conduisait au Luxembourg, tandis que d'Artagnan, voyant que l'heure s'avançait, prenait le chemin des Carmes-Deschaux, tout en disant à par soi : — Décidément, je n'en puis pas revenir; mais au moins, si je suis tué, je serai tué par un mousquetaire.

—→◊←—

CHAPITRE V.

LES MOUSQUETAIRES DU ROI ET LES GARDES DE M. LE CARDINAL.

D'Artagnan ne connaissait personne à Paris. Il alla donc au rendez-vous d'Athos sans amener de second, résolu de se contenter de ceux qu'aurait choisis son adversaire. D'ailleurs, son intention était formelle de faire au brave mousquetaire toutes les excuses convenables, mais sans faiblesse, craignant qu'il résultât de ce duel ce qui résulte toujours de

3

fâcheux dans une affaire de ce genre, quand un homme jeune et vigoureux se bat contre un adversaire blessé et affaibli : vaincu, il double le triomphe de son antagoniste; vainqueur, il est accusé de forfaiture et de facile audace.

Au reste, ou nous avons mal exposé le caractère de notre chercheur d'aventures, ou notre lecteur a déjà dû remarquer que d'Artagnan n'était point un homme ordinaire. Aussi, tout en se répétant à lui-même que sa mort était inévitable, il ne se résigna point à mourir tout doucettement comme un autre moins courageux et moins modéré que lui eût fait à sa place. Il réfléchit aux différents caractères de ceux avec lesquels il allait se battre, et commença à voir plus clair dans sa situation. Il espérait, grâce aux excuses loyales qu'il lui réservait, se faire un ami d'Athos, dont l'air grand seigneur et la mine austère lui agréaient fort. Il se flattait de faire peur à Porthos avec l'aventure du baudrier, qu'il pouvait, s'il n'était pas tué sur le coup, raconter à tout le monde, récit qui, poussé adroitement à l'effet, devait couvrir Porthos de ridicule; enfin, quant au sournois Aramis, il n'en avait pas très-grand peur, et, en supposant qu'il arrivât jusqu'à lui, il se chargeait de l'expédier bel et bien, ou du moins en le frappant au visage, comme César avait recommandé de faire aux soldats de Pompée, d'endommager à tout jamais cette beauté dont il était si fier.

Ensuite il y avait chez d'Artagnan ce fonds inébranlable de résolution qu'avaient déposé dans son cœur les conseils de son père, conseils dont la substance était — ne rien souffrir de personne que du roi, du cardinal et de M. de Tréville. Il vola donc plutôt qu'il ne marcha vers le couvent des Carmes déchaussés, ou plutôt deschaux, comme on disait à cette époque, sorte de bâtiment sans fenêtres, bordé de prés arides, succursale du Pré-aux-Clercs, et qui servait d'ordinaire aux rencontres des gens qui n'avaient pas de temps à perdre.

Lorsque d'Artagnan arriva en vue du petit terrain vague qui s'étendait au pied de ce monastère, Athos attendait depuis cinq minutes seulement, et midi sonnait. Il était donc ponctuel comme la Samaritaine, et le plus rigoureux casuiste à l'égard des duels n'avait rien à dire.

Athos, qui souffrait toujours cruellement de sa blessure, quoiqu'elle eût été pansée à neuf par le chirurgien de M. de Tréville, s'était assis sur une borne et attendait son adversaire avec cette contenance paisible et cet air digne qui ne l'abandonnait jamais. A l'aspect de d'Artagnan, il se leva et fit poliment quelques pas au-devant de lui. Celui-ci, de son côté, n'aborda son adversaire que le chapeau à la main et sa plume traînant jusqu'à terre.

— Monsieur, dit Athos, j'ai fait prévenir deux de mes amis qui me serviront de seconds, mais ces deux amis ne sont point encore arrivés. Je m'étonne qu'ils tardent : ce n'est pas leur habitude.

— Je n'ai pas de second, moi, monsieur, dit d'Artagnan, car, arrivé d'hier seulement à Paris, je n'y connais encore personne que M. de Tréville, auquel j'ai été recommandé par mon père, qui a l'honneur d'être quelque peu de ses amis.

Athos réfléchit un instant.

— Vous ne connaissez que M. de Tréville ? demanda-t-il.

— Oui, monsieur, je ne connais que lui.

— Ah çà mais, continua Athos, parlant moitié à lui-même et moitié à d'Artagnan, ah çà mais, si je vous tue, j'aurai l'air d'un mangeur d'enfants, moi !

— Pas trop, monsieur, répondit d'Artagnan avec un salut qui ne manquait pas de dignité; pas trop, puisque vous me faites l'honneur de tirer l'épée contre moi avec une blessure dont vous devez être fort incommodé.

— Très-incommodé, sur ma parole, et vous m'avez fait un mal du diable, je dois le dire; mais je prendrai la main gauche, c'est mon habitude en pareille circonstance. Ne croyez pas que je vous fasse une grâce, je tire proprement des deux mains; il y aura même désavantage pour vous : un gaucher est très-gênant pour les gens qui ne sont pas prévenus. Je regrette donc de ne pas vous avoir fait part plus tôt de cette circonstance.

— Vous êtes vraiment, monsieur, dit d'Artagnan en s'inclinant de nouveau, d'une courtoisie dont je vous suis on ne peut plus reconnaissant.

— Vous me rendez confus, répondit Athos avec son air de gentilhomme; causons donc d'autre chose, je vous prie, à moins que cela ne vous soit désagréable. Ah ! sangbleu ! que vous m'avez fait mal ! l'épaule me brûle.

— Si vous vouliez permettre... dit d'Artagnan avec timidité.

— Quoi, monsieur ?

— J'ai un baume miraculeux pour les blessures, un baume qui me vient de ma mère, et dont j'ai fait l'épreuve sur moi-même.

— Eh bien ?

— Eh bien ! je suis sûr qu'en moins de trois jours ce baume vous guérirait, et, au bout de trois jours, quand vous seriez guéri, eh bien ! monsieur, ce me serait toujours un grand honneur d'être votre homme.

D'Artagnan dit ces mots avec une simplicité qui faisait honneur à sa courtoisie, sans porter autrement atteinte à son courage.

— Pardieu ! monsieur, dit Athos, voici une proposition qui me plaît, non pas que je l'accepte, mais elle sent son gentilhomme d'une lieue. C'était ainsi que parlaient et faisaient ces preux du temps de Charlemagne sur lesquels tout cavalier doit chercher à se modeler. Malheureusement, nous ne sommes plus au temps du grand empereur. Nous sommes au temps de M. le cardinal, et, d'ici à trois jours, on saurait, dis-je, que nous devons nous battre, et l'on s'opposerait à notre combat. Ah çà mais, ces flâneurs ne viendront donc pas ?

— Si vous êtes pressé, monsieur, dit d'Artagnan à Athos, avec la même simplicité qu'un instant auparavant il lui avait proposé de remettre le duel à trois jours, si vous êtes pressé et qu'il vous plaise de m'expédier tout de suite, ne vous gênez pas, je vous en prie.

— Voilà encore un mot qui me plaît, dit Athos en faisant un gracieux signe de tête à d'Artagnan; il n'est point d'un homme sans cervelle et il est à coup sûr d'un homme de cœur. Monsieur, j'aime les gens de votre trempe, et je vois que, si nous ne nous tuons pas l'un ou l'autre, j'aurai plus tard un vrai plaisir dans votre conversation. Attendons ces messieurs, je vous prie; j'ai tout le temps, et cela sera plus correct. Ah ! en voici un, que je crois.

En effet, au bout de la rue de Vaugirard, commençait à apparaître le gigantesque Porthos.

— Quoi ! s'écria d'Artagnan, votre premier témoin est M. Porthos.

— Oui. Cela vous contrarie-t-il ?

— Non, aucunement.

— Et voici le second.

D'Artagnan se tourna du côté indiqué par Athos, et reconnut Aramis.

— Quoi ! s'écria-t-il d'un accent encore plus étonné que la première fois, votre second témoin est M. Aramis ?

— Sans doute; ne savez-vous pas qu'on ne nous voit jamais l'un sans l'autre, et qu'on nous appelle, dans les mousquetaires et dans les gardes, à la cour et à la ville, Athos, Porthos et Aramis, ou les trois inséparables ? Après cela, comme vous arrivez de Dax ou de Pau...

— De Tarbes, dit d'Artagnan.

— Il vous est permis d'ignorer ce détail, dit Athos.

— Ma foi, dit d'Artagnan, vous êtes bien nommés, messieurs, et mon aventure, si elle fait quelque bruit, prouvera du moins que votre union n'est pas fondée sur les contrastes.

Pendant ce temps, Porthos s'était approché, avait salué de la main Athos; puis, se retournant vers d'Artagnan, il était resté tout étonné.

Disons en passant qu'il avait changé de baudrier et quitté son manteau.

— Ah ! fit-il, qu'est-ce que cela ?

— C'est avec monsieur que je me bats, dit Athos en montrant de la main d'Artagnan, et en le saluant du même geste.

— C'est avec lui que je me bats aussi, dit Porthos.

— Mais à une heure seulement, répondit d'Artagnan.

— Et moi aussi, c'est avec monsieur que je me bats, dit Aramis en arrivant à son tour sur le terrain.

— Mais à deux heures seulement, fit d'Artagnan avec le même calme.

— Mais à propos de quoi vous battez-vous, Athos ? demanda Aramis.

— Ma foi, je ne sais pas trop; il m'a fait mal à l'épaule. Et vous, Porthos ?

— Ma foi, je me bats parce que je me bats, répondit Porthos en rougissant.

Athos, qui ne perdait rien, vit passer un fin sourire sur les lèvres du Gascon.

— Nous avons eu une discussion sur la toilette, dit le jeune homme.

— Et vous, Aramis? demanda Athos.

— Moi, je me bats pour cause de théologie, répondit Aramis, tout en faisant signe à d'Artagnan qu'il le priait de tenir secrète la cause de son duel.

Athos vit passer un second sourire sur les lèvres de d'Artagnan.

— Vraiment? dit Athos.

— Oui, un point de saint Augustin sur lequel nous ne sommes pas d'accord, dit le Gascon.

— Décidément, c'est un homme d'esprit, murmura Athos.

— Et, maintenant que vous êtes rassemblés, messieurs, dit d'Artagnan, permettez-moi de vous faire mes excuses.

A ce mot d'*excuses*, un nuage passa sur le front d'Athos; un sourire hautain glissa sur les lèvres de Porthos, et un signe négatif fut la réponse d'Aramis.

— Vous ne me comprenez pas, messieurs, dit d'Artagnan en relevant sa tête, sur laquelle jouait en ce moment un rayon de soleil qui en dorait les lignes fines et hardies, je vous demande excuse dans le cas où je ne pourrais vous payer ma dette à tous trois, car M. Athos a le droit de me tuer le premier, ce qui ôte beaucoup de sa valeur à votre créance, monsieur Porthos, et ce qui rend la vôtre à peu près nulle, monsieur Aramis. Maintenant, messieurs, je vous le répète, excusez-moi, mais de cela seulement, et en garde!

A ces mots, et du geste le plus cavalier qui se puisse voir, d'Artagnan tira son épée.

Le sang était monté à la tête de d'Artagnan, et, dans ce moment, il eût tiré son épée contre tous les mousquetaires du royaume comme il venait de le faire contre Athos, Porthos et Aramis.

Il était midi et un quart. Le soleil était à son zénith, et l'emplacement choisi pour être le théâtre du duel se trouvait exposé à toute son ardeur.

— Il fait très-chaud, dit Athos en tirant son épée à son tour, et cependant je ne saurais ôter mon pourpoint, car, tout à l'heure encore, j'ai senti que ma blessure saignait, et je craindrais de gêner monsieur en lui faisant voir du sang qu'il ne m'aurait pas tiré lui-même.

— C'est vrai, monsieur, dit d'Artagnan, et, tiré par un autre ou tiré par moi, je vous assure que je verrai toujours avec bien du regret le sang d'un aussi brave gentilhomme; je me battrai donc en pourpoint comme vous.

— Voyons, voyons, dit Porthos, assez de compliments comme cela, et songez que nous attendons notre tour.

— Parlez pour vous seul, Porthos, quand vous aurez à dire de pareilles incongruités, interrompit Aramis. Quant à moi, je trouve les choses que ces messieurs se disent fort bien dites et tout à fait dignes de deux gentilshommes.

— Quand vous voudrez, monsieur, dit Athos en se mettant en garde.

— J'attendais vos ordres, dit d'Artagnan en croisant le fer.

Mais les deux rapières avaient à peine résonné en se touchant, qu'une escouade des gardes de Son Éminence, commandée par M. de Jussac, se montra à l'angle du couvent.

— Les gardes du cardinal! s'écrièrent à la fois Porthos et Aramis. L'épée au fourreau, messieurs, l'épée au fourreau!

Mais il était trop tard; les deux combattants avaient été vus dans une pose qui ne permettait pas de douter de leurs intentions.

— Holà! cria Jussac en s'avançant vers eux et en faisant signe à ses hommes d'en faire autant, holà! mousquetaires, on se bat donc ici? Et les édits, qu'en faisons-nous?

— Vous êtes bien généreux, messieurs les gardes, dit Athos, plein de rancune, car Jussac était l'un des agresseurs de l'avant-veille. Si nous vous voyions battre, je vous réponds, moi, que nous nous garderions bien de vous en empêcher. Laissez-nous donc faire, et vous allez avoir du plaisir sans prendre aucune peine.

— Messieurs, dit Jussac, c'est avec grand regret que je

vous déclare que la chose est impossible. Notre devoir avant tout. Rengainez donc, s'il vous plaît, et nous suivez.

— Monsieur, dit Aramis parodiant Jussac, ce serait avec grand plaisir que nous obéirions à votre gracieuse invitation, si cela dépendait de nous; mais, malheureusement, la chose est impossible: M. de Tréville nous l'a défendue. Passez donc votre chemin, c'est ce que vous avez de mieux à faire.

Cette raillerie exaspéra Jussac.

— Nous vous chargerons donc, dit-il, si vous désobéissez.

— Ils sont cinq, dit Athos à demi-voix, et nous ne sommes que trois; nous serons encore battus, et il nous faudra mourir ici, car, je le déclare, je ne reparais pas vaincu devant le capitaine.

Athos, Porthos et Aramis se rapprochèrent à l'instant les uns des autres, tandis que Jussac alignait ses soldats.

Ce seul moment suffit à d'Artagnan pour prendre son parti. C'était là un de ces événements qui décident de la vie d'un homme; c'était un choix à faire entre le roi et le cardinal, c'est-à-dire désobéir à la loi, c'est-à-dire risquer sa tête, c'est-à-dire se faire d'un seul coup l'ennemi d'un ministre plus puissant que le roi lui-même, voilà ce qu'entrevit le jeune homme et, disons-le à sa louange, il n'hésita point une seconde. Se tournant donc vers Athos et ses amis:

— Messieurs, dit-il, je reprendrai, s'il vous plaît, quelque chose à vos paroles. Vous avez dit que vous n'étiez que trois; mais il me semble, à moi, que nous sommes quatre.

— Mais vous n'êtes pas des nôtres, dit Porthos.

— C'est vrai, répondit d'Artagnan, je n'ai pas l'habit, mais j'ai l'âme. Mon cœur est mousquetaire, je le sens bien, monsieur, et cela m'entraîne.

— Écartez-vous, jeune homme, cria Jussac, qui sans doute, à ses gestes et à l'expression de son visage, avait deviné le dessein de d'Artagnan. Vous pouvez vous retirer, nous y consentons. Sauvez votre peau; allez vite.

D'Artagnan ne bougea point.

— Décidément, vous êtes un joli garçon, dit Athos serrant la main du jeune homme.

— Allons, allons, prenons un parti, reprit Jussac.

— Voyons, dirent Porthos et Aramis, faisons quelque chose.

— Monsieur est plein de générosité, dit Athos.

Mais tous trois pensaient à la jeunesse de d'Artagnan et redoutaient son inexpérience.

— Nous ne serions que trois, dont un blessé, plus un enfant, reprit Athos, et l'on n'en dira pas moins que nous étions quatre hommes.

— Oui, mais reculer! dit Porthos.

— C'est difficile, reprit Athos.

— C'est impossible, dit Aramis.

D'Artagnan comprit leur irrésolution.

— Messieurs, essayez-moi toujours, dit-il, et je vous jure sur l'honneur que je ne veux pas m'en aller d'ici si nous sommes vaincus.

— Comment vous appelle-t-on, mon brave? dit Athos.

— D'Artagnan, monsieur.

— Eh bien! Athos, Porthos, Aramis et d'Artagnan, en avant! cria Athos.

— Eh bien! voyons, messieurs, vous décidez-vous à vous décider? cria pour la troisième fois Jussac.

— C'est fait, monsieur, dit Athos.

— Et quel parti prenez-vous? demanda Jussac.

— Nous allons avoir l'honneur de vous charger, répondit Aramis en levant son chapeau d'une main et en tirant son épée de l'autre.

— Ah! vous résistez, s'écria Jussac.

— Sangdieu! cela vous étonne-t-il? dit Porthos.

Et les neuf combattants se précipitèrent les uns sur les autres avec une furie qui n'excluait pas une certaine méthode.

Athos prit un certain Cahusac, favori du cardinal; Porthos eut un nommé Biscarat, et Aramis se vit en face de deux adversaires.

Quant à d'Artagnan, il se trouva lancé contre Jussac lui-même.

Le cœur du jeune Gascon battait à lui briser la poitrine, non pas de peur, Dieu merci! il n'en avait pas l'ombre, mais d'émulation; il se battait comme un tigre en fureur, tourne.. d dix fois autour de son adversaire, changeant vingt fois ses gardes et son terrain. Jussac était, comme on le dirait alors, friand de la lame, et avait fort pratiqué; cependant il avait toutes les peines du monde à se défendre contre un adversaire qui, agile et bondissant, s'écartait à tout moment des règles reçues, attaquant de tous côtés à la fois, et cela tout en parant en homme qui a le plus grand respect pour son épiderme.

Enfin cette lutte finit par faire perdre patience à Jussac. Furieux d'être tenu en échec par celui qu'il regardait comme un enfant, il s'échauffa et commença à faire des fautes. D'Artagnan, qui, à défaut de la pratique, avait une profonde théorie, redoubla d'agilité. Jussac, voulant en finir, porta un coup terrible à son adversaire en se fendant à fond; mais celui-ci para prime, et, tandis que Jussac se relevait, glissant tel qu'un serpent sous son fer, il lui passa son épée au travers du corps. Jussac tomba comme une masse.

D'Artagnan jeta alors un coup d'œil inquiet et rapide sur le champ de bataille.

Aramis avait déjà tué un ses adversaires, mais l'autre le pressait vivement. Cependant Aramis était en bonne situation et pouvait encore se défendre.

Biscarat et Porthos venaient de faire coups fourrés. Porthos avait reçu un coup d'épée au travers du bras, et Biscarat au travers de la cuisse. Mais, comme ni l'une ni l'autre des deux blessures n'était grave, ils ne s'en escrimaient qu'avec plus d'acharnement.

Athos, blessé de nouveau par Cahusac, pâlissait à vue d'œil, mais il ne reculait pas d'une semelle; il avait changé seulement son épée de main et se battait de la main gauche.

D'Artagnan, suivant les lois du duel de cette époque, pouvait secourir quelqu'un; pendant qu'il cherchait du regard celui de ses compagnons qui avait besoin de son aide, il surprit un coup d'œil d'Athos. Ce coup d'œil était d'une éloquence sublime. Athos serait mort plutôt que d'appeler au secours; mais il pouvait regarder, et d'un regard demander un appui. D'Artagnan le devina, fit un bond terrible et tomba sur le flanc de Cahusac en criant:

— A moi, monsieur le garde, ou je vous tue.

Cahusac se retourna; il était temps. Athos, que son extrême courage soutenait seul, tomba sur un genou.

— Sangdieu! cria-t-il à d'Artagnan, ne le tuez pas, je vous en prie; j'ai une vieille affaire à terminer avec lui, quand je serai guéri et bien portant. Désarmez-le seulement, liez-lui l'épée. C'est cela. Bien! très-bien!

Cette exclamation était arrachée à Athos par l'épée de Cahusac, qui sautait à vingt pas de lui. D'Artagnan et Cahusac s'élancèrent ensemble, l'un pour la saisir, l'autre pour s'en emparer; mais d'Artagnan, plus leste, arriva le premier et mit le pied dessus.

Cahusac courut à celui des gardes qu'avait tué Aramis, s'empara de sa rapière et voulut revenir à d'Artagnan; mais sur son chemin il rencontra Athos, qui, pendant cette pause d'un instant que lui avait procurée d'Artagnan, avait repris haleine, et, qui, de crainte que d'Artagnan ne lui tuât son ennemi, voulait recommencer le combat.

D'Artagnan comprit que ce serait désobliger Athos que de ne pas le laisser faire. En effet, quelques secondes après, Cahusac tomba la gorge traversée d'un coup d'épée.

Au même instant, Aramis appuyait la pointe de la sienne contre la poitrine de son adversaire renversé, et le forçait à demander merci.

Restaient Porthos et Biscarat. Porthos faisait en se battant mille fanfaronnades, demandant à Biscarat quelle heure il pouvait bien être, et lui faisant ses compliments sur la compagnie que venait d'obtenir son frère dans le régiment de Navarre; mais, tout en raillant, il ne gagnait rien. Biscarat était un de ces hommes de fer qui ne tombent que morts.

Cependant il fallait finir. Le guet pouvait arriver et prendre tous les combattants, blessés ou non, royalistes ou cardinalistes. Athos, Aramis et d'Artagnan entourèrent Biscarat et le sommèrent de se rendre. Quoique seul contre tous, et avec un coup d'épée qui lui traversait la cuisse, Biscarat voulait tenir; mais Jussac, qui s'était relevé sur son coude, lui cria de se rendre. Biscarat était un Gascon comme d'Artagnan; il fit la sourde oreille et se contenta de rire, et entre deux parades, trouvant le temps de désigner, du bout de son épée, une place à terre:

— Ici, dit-il, parodiant un verset de la Bible, ici mourra Biscarat, seul de ceux qui sont avec lui.

— Mais ils sont quatre, quatre contre toi; finis-en, je te l'ordonne.

— Ah! si tu l'ordonnes, c'est autre chose, dit Biscarat; comme tu es mon brigadier, je dois obéir.

Et, faisant un bond en arrière, il cassa son épée sur son genou pour ne pas la rendre, en jeta les morceaux par-dessus le mur du couvent, et se croisa les bras en sifflant un air cardinaliste.

La bravoure est toujours respectée, même dans un ennemi. Les mousquetaires saluèrent Biscarat de leurs épées et les remirent au fourreau. D'Artagnan en fit autant; puis, aidé de Biscarat, le seul qui fût resté debout, il porta sous le porche du couvent Jussac, Cahusac et des adversaires d'Aramis qui n'était que blessé. Le quatrième, comme nous l'avons dit, était mort. Puis ils sonnèrent la cloche, et, emportant quatre épées sur cinq, ils s'acheminèrent ivres de joie vers l'hôtel de M. de Tréville.

On les voyait entrelacés, tenant tou e la largeur de la rue, et accostant chaque mousquetaire qu'ils rencontraient, si bien qu'à la fin ce fut une marche triomphale. Le cœur de d'Artagnan nageait dans l'ivresse, il marchait entre Athos et Porthos, en les étreignant tendrement.

— Si je ne suis pas encore mousquetaire, dit-il à ses nouveaux amis en franchissant la porte de l'hôtel de M. de Tréville, au moins me voilà reçu apprenti, n'est-ce pas?

CHAPITRE VI.

SA MAJESTÉ LE ROI LOUIS TREIZIÈME.

L'affaire fit grand bruit, M. de Tréville gronda beaucoup tout haut contre ses mousquetaires et les félicita tout bas; mais, comme il n'y avait pas de temps à perdre pour prévenir le roi, M. de Tréville s'empressa de se rendre au Louvre. Il était déjà trop tard: le roi était enfermé avec le cardinal, et l'on dit à M. de Tréville que le roi travaillait et ne pouvait recevoir en ce moment. Le soir, M. de Tréville vint au jeu du roi. Le roi gagnait, et, comme Sa Majesté était fort avare, elle était d'excellente humeur; aussi, du plus loin que le roi aperçut Tréville:

— Venez ici, monsieur le capitaine, dit-il, venez, que je vous gronde; savez-vous que Son Eminence est venue me faire des plaintes sur vos mousquetaires, et cela avec une telle émotion, que ce soir Son Eminence en est malade. Ah çà, mais ce sont des diable-à-quatre, des gens à pendre, que vos mousquetaires!

— Non, sire, répond Tréville, qui vit du premier coup comment la chose allait tourner; non, tout au contraire, ce sont de bonnes créatures, douces comme des agneaux, et qui n'ont qu'un désir, je m'en ferai garant: c'est que leur épée ne sorte du fourreau que pour le service de Votre Majesté. Mais que voulez-vous, les gardes de M. le cardinal sont sans cesse à leur chercher querelle, et, pour l'honneur même du corps, les pauvres jeunes gens sont obligés de se défendre.

— Ecoutez M. de Tréville, dit le roi, écoutez-le. Ne dirait-on pas qu'il parle d'une communauté religieuse? En vérité, mon cher capitaine, j'ai envie de vous ôter votre brevet et de le donner à mademoiselle de Chemerault, à laquelle j'ai promis une abbaye. Mais que ne pensez pas que je vous croirai ainsi sur parole. On m'appelle Louis le Juste, monsieur de Tréville, et tout à l'heure, tout à l'heure nous verrons.

— Ah! c'est parce que je me fie à cette justice, sire, que j'attendrai patiemment et tranquillement le bon plaisir de Votre Majesté.

— Attendez donc, monsieur, attendez donc, dit le roi, je ne vous ferai pas longtemps attendre.

En effet, la chance tournait, et, comme le roi commençait à perdre ce qu'il avait gagné, il n'était pas fâché de trouver un prétexte pour faire, — qu'on nous passe cette expression de joueur, dont, nous l'avouons, nous ne connaissons pas l'origine, — pour faire Charlemagne. Le roi se leva donc au bout d'un instant, et, mettant dans sa poche l'argent qui était devant lui et dont la majeure partie venait de son gain :

— La Vieuville, dit-il, prenez ma place : il faut que je parle à M. de Tréville pour affaire d'importance. Ah !... J'avais quatre-vingts louis devant moi. Mettez la même somme, afin que ceux qui perdent n'aient point à se plaindre. La justice avant tout. Puis, se retournant vers M. de Tréville et marchant avec lui vers l'embrasure d'une fenêtre :

— Eh bien ! monsieur, continua-t-il, vous dites que ce sont les gardes de l'Eminentissime qui ont été chercher querelle à vos mousquetaires ?

— Oui, sire, comme toujours.

— Et comment la chose est-elle venue, voyons? car vous le savez, mon cher capitaine, il faut qu'un juge écoute les deux parties.

— Ah ! mon Dieu ! de la façon la plus simple et la plus naturelle. Trois de mes meilleurs soldats, que Votre Majesté

Louis XIII.

connaît de nom, dont elle a plus d'une fois apprécié le dévouement, et qui ont, je puis l'affirmer au roi, son service fort à cœur; trois de mes meilleurs soldats, dis-je, MM. Athos, Porthos et Aramis, avaient fait une partie avec un cadet de Gascogne que je leur avais recommandé le matin même. La partie allait avoir lieu à Saint-Germain, je crois, et ils s'étaient donné rendez-vous aux Carmes-Deschaux, lorsqu'elle fut troublée par MM. de Jussac, Cahusac, Biscarat, et deux autres gardes qui ne venaient certes pas là en si nombreuse compagnie sans mauvaise intention contre les édits.

— Ah ! ah ! vous m'y faites penser, dit le roi, sans doute, ils venaient pour se battre eux-mêmes.

— Je ne les accuse pas, sire ; mais je laisse Votre Majesté apprécier ce que peuvent aller faire cinq hommes armés dans un lieu aussi désert que le sont les environs du couvent des Carmes.

— Oui, vous avez raison, Tréville, vous avez raison.

— Alors, quand ils ont vu mes mousquetaires, ils ont changé d'idée, et ils ont oublié leur haine particulière pour la haine de corps ; car Votre Majesté n'ignore pas que les mousquetaires, qui sont tout au roi et rien qu'au roi, sont les ennemis naturels des gardes, qui sont à M. le cardinal.

— Oui, Tréville, oui, dit le roi mélancoliquement, et c'est bien triste, croyez-moi, de voir ainsi deux partis en France.

deux têtes à la royauté; mais tout cela finira, Tréville, tout
cela finira. Vous dites donc que les gardes ont cherché querelle aux mousquetaires.

— Je dis qu'il est probable que les choses se sont passées ainsi, mais je n'en jure pas, sire. Vous savez combien
la vérité est difficile à connaître, et, à moins d'être doué de
cet instinct admirable qui a fait nommer le fils d'Henri IV
Louis le Juste...

— Et vous avez raison, Tréville; mais ils n'étaient pas
seuls, vos mousquetaires : il y avait avec eux un enfant.

— Oui, sire, et un homme blessé, de sorte que trois
mousquetaires du roi, dont un blessé et un enfant, non-seulement ont tenu tête à cinq des plus terribles gardes de
M. le cardinal, mais encore en ont porté quatre à terre.

— Mais c'est une victoire, cela ! s'écria le roi tout rayonnant; une victoire complète !

— Oui, sire, aussi complète que celle du pont de Cé.

— Quatre hommes ! dont un blessé et un enfant, dites-
vous ?

— Un jeune homme à peine; lequel s'est même si parfaitement conduit en cette occasion, que je prendrai la liberté de le recommander à Sa Majesté.

— Comment s'appelle-t-il ?

— D'Artagnan, sire. C'est le fils d'un de mes plus anciens
amis; le fils d'un homme qui a fait avec le roi votre père,
de glorieuse mémoire, la guerre de partisan.

— Et vous dites qu'il s'est bien conduit, ce jeune homme ?
Racontez-moi cela, Tréville; vous savez que j'aime les ré-
cits de guerre et de combats

Et le roi Louis XIII releva fièrement sa moustache en se
posant sur la hanche.

— Sire, reprit Tréville, comme je vous l'ai dit, M. d'Artagnan est presque un enfant, et, comme il n'a pas l'honneur d'être mousquetaire, il était en habit bourgeois; les
gardes de M. le cardinal, reconnaissant sa grande jeunesse,
et de plus qu'il était étranger au corps, l'invitèrent donc à
se retirer avant qu'ils n'attaquassent.

— Alors, vous voyez bien, Tréville, interrompit le roi,
que ce sont eux qui ont attaqué.

— C'est juste, sire; ainsi plus de doute; ils le sommèrent donc de se retirer, mais lui répondit qu'il était mousquetaire de cœur et tout à Sa Majesté, qu'ainsi donc il res-
terait avec MM. les mousquetaires.

— Brave jeune homme ! murmura le roi.

— En effet, il demeura avec eux, et Votre Majesté a là
un si ferme champion, que ce fut lui qui donna à Jussac ce
terrible coup d'épée qui met si fort en colère M. le cardinal.

— C'est lui qui a blessé Jussac ? s'écria le roi; lui, un
enfant. Ceci, Tréville, c'est impossible.

— C'est comme j'ai l'honneur de le dire à Votre Majesté.

— Jussac, une des meilleures lames du royaume !

— Eh bien ! sire, il a trouvé son maître.

— Je veux voir ce jeune homme, Tréville, je veux le
voir, et, si l'on en peut faire quelque chose, eh bien ! nous
nous en occuperons.

— Quand Votre Majesté daignera-t-elle le recevoir ?

— Demain à midi, Tréville.

— L'amènerai-je seul ?

— Non, amenez-les-moi tous les quatre ensemble. Je
veux les remercier tous à la fois; les hommes dévoués sont
rares, Tréville, et il faut récompenser le dévouement.

— A midi, sire, nous serons au Louvre.

— Ah ! par le petit escalier, Tréville, par le petit escalier. Il est inutile que le cardinal sache.

— Oui, sire.

— Vous comprenez, Tréville, un édit est toujours un
édit; il est défendu de se battre, au bout du compte.

— Mais cette rencontre, sire, sort tout à fait des conditions ordinaires d'un duel, c'est une rixe, et la preuve, c'est
qu'ils étaient cinq gardes du cardinal contre mes trois mousquetaires et M. d'Artagnan.

— C'est juste, dit le roi, mais n'importe, Tréville, venez
toujours par le petit escalier.

Tréville sourit; mais, comme c'était déjà beaucoup pour
lui d'avoir obtenu de cet enfant qu'il se révoltât contre son
maître, il salua respectueusement le roi, et avec son agrément prit congé de lui.

Dès le soir même, les trois mousquetaires furent préve-

nus de l'honneur qui leur était accordé. Comme ils connaissaient depuis longtemps le roi, ils n'en furent pas trop
échauffés. mais d'Artagnan, avec son imagination gasconne,
y vit sa fortune à venir et passa la nuit à faire des rêves
d'or. Aussi, dès huit heures du matin était-il chez Athos.

D'Artagnan trouva le mousquetaire tout habillé et prêt à
sortir. Comme on n'avait rendez-vous chez le roi qu'à midi,
il avait formé le projet avec Porthos et Aramis d'aller faire
une partie de paume dans un tripot situé tout près des écuries du Luxembourg. Athos invita d'Artagnan à les suivre,
et, malgré son ignorance de ce jeu, auquel il n'avait jamais
joué, celui-ci accepta, ne sachant que faire de son temps
depuis neuf heures du matin, qu'il était à peine, jusqu'à
midi.

Les deux mousquetaires étaient déjà arrivés et pelotaient
ensemble. Athos, qui était très-fort à tous les exercices du
corps, passa avec d'Artagnan du côté opposé et leur fit défi.
Mais au premier mouvement qu'il essaya, quoiqu'il jouât
de la main gauche, il comprit que sa blessure était encore
trop récente pour lui permettre un pareil exercice. D'Artagnan resta donc seul, et, comme il déclara qu'il était trop
maladroit pour soutenir une partie en règle, on continua
seulement à s'envoyer des balles sans compter le jeu. Mais
une de ces balles, lancée par le poignet herculéen de Porthos, passa si près du visage de d'Artagnan, qu'il pensa
que si, au lieu de passer à côté, elle eût donné dedans, son
audience était perdue, attendu qu'il lui eût été probablement de toute impossibilité de se présenter chez le roi.
Or, comme de cette audience, dans son imagination gasconne, dépendait tout son avenir, il salua poliment Porthos
et Aramis, déclarant qu'il ne continuerait la partie que
lorsqu'il serait en état de leur tenir tête, et il s'en revint
prendre place près de la corde et dans la galerie.

Malheureusement pour d'Artagnan, parmi les spectateurs
se trouvait un garde de Son Eminence, lequel, tout échauffé
encore de la défaite de ses compagnons, arrivée la veille
seulement, s'était promis de saisir la première occasion de
la venger. Il crut donc que cette occasion était venue, et,
s'adressant à son voisin :

— Il n'est pas étonnant, dit-il, que ce jeune homme ait
eu peur d'une balle; c'est sans doute un apprenti mousquetaire.

D'Artagnan se retourna comme si un serpent l'eût mordu,
et regarda fixement le garde qui venait de tenir cet insolent propos.

— Pardieu ! reprit celui-ci en frisant insolemment sa
moustache, regardez-moi tant que vous voudrez, mon petit
monsieur; j'ai dit ce que j'ai dit.

— Et comme ce que vous avez dit est trop clair pour
que vos paroles aient besoin d'explication, répondit d'Artagnan à voix basse, je vous prierai de me suivre.

— Et quand cela ? demanda le garde avec le même air
railleur.

— Tout de suite, s'il vous plaît.

— Ah !... Vous savez qui je suis, sans doute ?

— Moi ? je l'ignore complétement et je ne m'en inquiète
guère.

— Et vous avez tort, car si vous saviez mon nom, peut-
être seriez-vous moins pressé

— Comment vous appelez-vous ?

— Bernajoux, pour vous servir.

— Eh bien ! monsieur Bernajoux, dit tranquillement d'Artagnan, je vais vous attendre sur la porte.

— Allez, monsieur, je vous suis.

— Ne vous pressez pas trop, monsieur, qu'on ne s'aper-
çoive pas que nous sortons ensemble, vous comprenez que,
pour ce que nous allons faire, trop de monde nous gêne-
rait.

— C'est bien, répondit le garde, étonné que son nom
n'eût pas produit plus d'effet sur le jeune homme.

En effet, le nom de Bernajoux était connu de tout le
monde, de d'Artagnan seul excepté peut-être, car c'était un
de ceux qui figuraient le plus souvent dans les rixes jour-
nalières que les édits du roi et du cardinal n'avaient pu réprimer.

Porthos et Aramis étaient si occupés de leur partie, et
Athos les regardait avec tant d'attention, qu'ils ne virent
pas même sortir leur jeune compagnon, lequel, ainsi qu'il
l'avait dit au garde de Son Eminence, s'arrêta sur la porte.

un instant après, celui-ci descendit à son tour. Comme d'Artagnan n'avait pas de temps à perdre, vu l'audience du roi, qui était fixée à midi, il jeta les yeux autour de lui, et, voyant que la rue était déserte :

— Ma foi, monsieur, dit-il à son adversaire, il est bien heureux pour vous, quoique vous vous appeliez Bernajoux, de n'avoir affaire qu'à un apprenti mousquetaire ; cependant, soyez tranquille, je ferai de mon mieux. En garde !

— Mais, dit celui que d'Artagnan provoquait ainsi, il me semble que le lieu est assez mal choisi, et que nous serions mieux derrière l'abbaye Saint-Germain ou dans le Pré-aux-Clercs.

— Ce que vous dites est plein de sens, répondit d'Artagnan ; malheureusement j'ai peu de temps à moi, ayant un rendez-vous à midi juste. En garde donc, monsieur, en garde !

Bernajoux n'était pas homme à se faire répéter deux fois un pareil compliment. Au même instant son épée brilla à sa main, et il fondit sur son adversaire, que, grâce à sa grande jeunesse, il espérait intimider.

Mais d'Artagnan avait fait la veille son apprentissage, et, tout frais émoulu de sa victoire, tout gonflé de sa future faveur, il était résolu à ne pas reculer d'un pas : aussi les deux fers se trouvèrent-ils engagés jusqu'à la garde, et, comme d'Artagnan tenait ferme à sa place, ce fut son adversaire qui fit un pas de retraite. Mais d'Artagnan saisit le moment où, dans ce mouvement, le fer de Bernajoux déviait de la ligne, il dégagea, se fendit et toucha son adversaire à l'épaule. Aussitôt il fit à son tour un pas de retraite et releva son épée ; mais Bernajoux lui cria que ce n'était rien, et, se fendant aveuglément sur lui, il s'enferra de lui-même. Cependant, comme il ne tombait pas, comme il ne se déclarait pas vaincu, mais seulement il rompait du côté de l'hôtel de M. de la Trémouille, au service duquel il avait un parent, d'Artagnan, ignorant lui-même la gravité de la dernière blessure que son adversaire avait reçue, le pressait vivement, et sans doute allait l'achever d'un troisième coup, lorsque la rumeur qui s'élevait de la rue s'étant étendue jusqu'au jeu de paume, deux des amis du garde, qui l'avaient entendu échanger quelques paroles avec d'Artagnan, et qui l'avaient vu sortir à la suite de ces paroles, se précipitèrent l'épée à la main hors du tripot et tombèrent sur le vainqueur. Mais aussitôt Athos, Porthos et Aramis parurent à leur tour, et, au moment où les deux gardes attaquaient leur jeune camarade, les forcèrent à se retourner. — En ce moment, Bernajoux tomba, et, comme les gardes étaient deux seulement contre quatre, ils se mirent à crier : « A nous, l'hôtel de la Trémouille ! » A ces cris, tout ce qui était dans l'hôtel sortit, se ruant sur les quatre compagnons, qui, de leur côté, se mirent à crier : « A nous, mousquetaires ! »

Ce cri était ordinairement entendu, car on savait les mousquetaires ennemis de Son Éminence, et on les aimait pour la haine qu'ils portaient au cardinal. Aussi, les gardes des autres compagnies que celles appartenantes au duc Rouge, comme l'avait appelé Aramis, prenaient-ils en général parti dans ces sortes de querelles pour les mousquetaires du roi. De trois gardes de la compagnie de M. des Essarts qui passaient, deux vinrent donc en aide aux quatre compagnons, tandis que l'autre courait à l'hôtel de M. de Tréville, criant : « A nous, mousquetaires, à nous ! » Comme d'habitude, l'hôtel de M. de Tréville était plein de soldats de cette arme, qui accoururent au secours de leurs camarades ; la mêlée devint générale, mais la force était aux mousquetaires ; les gardes du cardinal et les gens de M. de la Trémouille se retirèrent dans l'hôtel, dont ils fermèrent les portes assez à temps pour empêcher que leurs ennemis n'y fissent irruption en même temps qu'eux. Quant au blessé, il y avait été tout d'abord transporté, et, comme nous l'avons dit, en fort mauvais état.

L'agitation était à son comble parmi les mousquetaires et leurs alliés, et l'on délibérait déjà si, pour punir l'insolence qu'avaient eue les domestiques de M. de la Trémouille, de faire une sortie sur les mousquetaires du roi, on ne mettrait pas le feu à son hôtel. La proposition en avait été faite et accueillie avec enthousiasme, lorsque heureusement onze heures sonnèrent ; d'Artagnan et ses compagnons se souvinrent de leur audience, et, comme ils eussent regretté que l'on fît un si beau coup sans eux, ils parvinrent à

calmer les têtes. On se contenta donc de jeter quelques pavés dans les portes, mais les portes résistèrent ; alors on se lassa. D'ailleurs, ceux qui devaient être regardés comme les chefs de l'entreprise avaient depuis un instant quitté le groupe et s'acheminaient vers l'hôtel de M. de Tréville, qui les attendait, déjà au courant de cette nouvelle algarade.

— Vite, au Louvre, dit-il, au Louvre sans perdre un instant, et tâchons de voir le roi avant qu'il soit prévenu par le cardinal ; nous lui raconterons la chose comme une suite de l'affaire d'hier, et les deux passeront ensemble.

M. de Tréville, accompagné des quatre jeunes gens, s'achemina donc vers le Louvre ; mais, au grand étonnement du capitaine des mousquetaires, on lui annonça que le roi était allé courre le cerf dans la forêt de Saint-Germain. M. de Tréville se fit répéter deux fois cette nouvelle, et à chaque fois ses compagnons virent son visage se rembrunir.

— Est-ce que Sa Majesté, demanda-t-il, avait dès hier le projet de faire cette chasse ?

— Non, Votre Excellence, répondit le valet de chambre, c'est le grand veneur qui est venu lui annoncer ce matin qu'on avait détourné cette nuit un cerf à son intention. Le roi a d'abord répondu qu'il n'irait pas ; puis il n'a pas su résister au plaisir que lui promettait cette chasse, et après le dîner il est parti.

— Et le roi a-t-il vu le cardinal ? demanda M. de Tréville.

— Selon toute probabilité, répondit le valet de chambre, car j'ai vu ce matin les chevaux au carrosse de Son Éminence ; j'ai demandé où elle allait, et l'on m'a répondu : A Saint-Germain.

— Nous sommes prévenus, dit M. de Tréville. Messieurs, je verrai le roi ce soir ; mais, quant à vous, je ne vous conseille pas de vous y hasarder.

L'avis était trop raisonnable, et, surtout, venait d'un homme qui connaissait trop bien le roi, pour que les quatre jeunes gens essayassent de le combattre. M. de Tréville les invita donc à rentrer chacun chez eux et à attendre de ses nouvelles.

En rentrant à son hôtel, M. de Tréville songea qu'il fallait prendre date en portant plainte le premier. Il envoya un de ses domestiques chez M. de la Trémouille avec une lettre dans laquelle il le priait de mettre hors de chez lui le garde de M. le cardinal, et de réprimander ses gens de l'audace qu'ils avaient eue de faire leur sortie contre les mousquetaires. Mais M. de la Trémouille, déjà prévenu par son écuyer, dont, comme on le sait, Bernajoux était le parent, lui fit répondre que ce n'était ni à M. de Tréville ni à ses mousquetaires de se plaindre, mais bien au contraire à lui, dont les mousquetaires avaient chargé et blessé les gens et avaient voulu brûler l'hôtel. Or, comme le débat entre ces deux seigneurs eût pu durer longtemps, chacun devant naturellement s'entêter dans son opinion, M. de Tréville avisa un expédient qui avait pour but de tout terminer : c'était d'aller trouver lui-même M. de la Trémouille.

Il se rendit donc aussitôt à son hôtel et se fit annoncer. Les deux seigneurs se saluèrent poliment, car, s'il n'y avait pas amitié entre eux, il y avait du moins estime. Tous deux étaient gens de cœur et d'honneur, et comme M. de la Trémouille, huguenot de croyance, et voyant rarement le roi, n'était d'aucun parti, il n'apportait en général dans ses relations sociales aucune prévention. Cette fois, néanmoins, son accueil, quoique poli, fut plus froid que d'habitude.

— Monsieur, dit M. de Tréville, nous croyons avoir à nous plaindre chacun l'un de l'autre, et je suis venu moi-même pour que nous tirions de compagnie cette affaire au clair.

— Volontiers, répondit M. de la Trémouille ; mais je vous préviens que je suis bien renseigné, et que tout le tort est à vos mousquetaires.

— Vous êtes un homme trop juste et trop raisonnable, monsieur, dit M. de Tréville, pour ne pas accepter la proposition que je vais vous faire.

— Faites, monsieur, j'écoute.

— Comment se trouve M. Bernajoux, le parent de votre écuyer ?

— Mais, monsieur, fort mal. Outre le coup d'épée qu'il a reçu dans le bras, et qui n'est pas autrement dangereux, il en a encore ramassé un autre qui lui a traversé le poumon, de sorte que le médecin en dit de pauvres choses

— Mais le blessé a-t-il conservé sa connaissance?

— Parfaitement

— Parle-t-il?

— Avec difficulté, mais il parle.

— Eh bien! monsieur, rendons-nous près de lui. Adjurons-le, au nom du Dieu devant lequel il va être appelé peut-être, de dire la vérité. Je le prends pour juge dans sa propre cause, monsieur, et ce qu'il dira, je le croirai.

M. de la Trémouille réfléchit un instant; puis, comme il était difficile de faire une proposition plus raisonnable, il accepta.

Tous deux descendirent dans la chambre où était le blessé. Celui-ci, en voyant entrer ces deux nobles seigneurs qui venaient lui rendre visite, essaya de se soulever sur son lit; mais il était trop faible, et, épuisé par l'effort qu'il avait fait, il retomba presque sans connaissance.

M. de la Trémouille s'approcha de lui et lui fit respirer des sels qui le rappelèrent à la vie. Alors M. de Tréville, ne voulant pas qu'on pût l'accuser d'avoir influencé le malade, invita M. de la Trémouille à l'interroger lui-même.

Ce qu'avait prévu M. de Tréville arriva. Placé entre la vie et la mort comme l'était Bernajoux, il n'eut pas même l'i

D'Artagnan

dée de taire un instant la vérité, et il raconta aux deux seigneurs les choses exactement, telles qu'elles s'étaient passées.

C'était tout ce que voulait M. de Tréville; il souhaita à Bernajoux une prompte convalescence; prit congé de M. de la Trémouille; rentra à son hôtel, et fit aussitôt prévenir les quatre amis qu'il les attendait à dîner.

M. de Tréville recevait fort bonne compagnie, toute anticardinaliste d'ailleurs. On comprend donc que la conversation roula, pendant tout le dîner, sur les deux échecs que venaient d'éprouver les gardes de Son Éminence. Or, comme

d'Artagnan avait été le héros de ces deux journées, ce fut sur lui que tombèrent toutes les félicitations, qu'Athos, Porthos et Aramis lui abandonnèrent, non-seulement en bons camarades, mais en hommes qui avaient eu assez souvent leur tour pour qu'ils lui laissassent le sien.

Vers six heures, M. de Tréville annonça qu'il était tenu d'aller au Louvre; mais, comme l'heure de l'audience accordée par Sa Majesté était passée, au lieu de réclamer l'entrée par le petit escalier, il se plaça avec les quatre jeunes gens dans l'antichambre. Le roi n'était pas encore revenu de la chasse. Nos jeunes gens attendaient depuis une demi-heure à peine, mêlés à la foule des courtisans, lorsque toutes les portes s'ouvrirent et qu'on annonça Sa Majesté.

À cette annonce, d'Artagnan se sentit frémir jusqu'à la moelle des os. L'instant qui allait suivre devait, selon toute probabilité, décider du reste de sa vie. Aussi ses yeux se fixèrent-ils avec angoisse sur la porte par laquelle devait entrer le roi.

Louis XIII parut, marchant le premier; il était en costume de chasse, encore tout poudreux, ayant de grandes bottes et tenant un fouet à la main. Au premier coup d'œil, d'Artagnan jugea que l'esprit du roi était à l'orage.

Cette disposition, toute visible qu'elle était chez Sa Majesté, n'empêcha pas les courtisans de se ranger sur son passage. Dans les antichambres royales, mieux vaut encore être vu d'un œil irrité que de ne pas être vu du tout. Les trois mousquetaires n'hésitèrent donc pas et firent un pas en avant, tandis que d'Artagnan, au contraire, restait caché derrière eux; mais, quoique le roi connût personnellement Athos, Porthos et Aramis, il passa devant eux sans les regarder, sans leur parler et comme s'il ne les avait jamais vus. Quant à M. de Tréville, lorsque les yeux du roi s'arrêtèrent un instant sur lui, il soutint ce regard avec tant de

M. de Tréville chez le roi.

fermeté, que ce fut le roi qui détourna la vue; après quoi, tout en grommelant, Sa Majesté rentra dans son appartement.

— Les affaires vont mal, dit Athos en souriant, et nous ne serons pas encore faits chevaliers de l'ordre cette fois-ci.

— Attendez ici dix minutes, dit M. de Tréville, et si, au bout de dix minutes, vous ne me voyez pas sortir, retournez à mon hôtel, car il sera inutile que vous m'attendiez plus longtemps.

Les quatre jeunes gens attendirent dix minutes, un quart

d'heure, vingt minutes, et, voyant que M. de Tréville ne reparaissait point, ils sortirent fort inquiets de ce qui allait arriver.

M. de Tréville était entré hardiment dans le cabinet du roi et avait trouvé Sa Majesté de très-méchante humeur, assise sur un fauteuil et battant ses bottes du manche de son fouet, ce qui ne l'avait pas empêché de lui demander, avec le plus grand flegme, des nouvelles de sa santé.

— Mauvaises, monsieur, mauvaises! répondit le roi, je m'ennuie.

C'était, en effet, la pire maladie de Louis XIII, qui souvent

4

prenait un de ses courtisans, l'attirait à une fenêtre et lui disait : — Monsieur un tel, ennuyons-nous ensemble.

— Comment ! Votre Majesté s'ennuie ! dit M. de Tréville. N'a-t-elle donc pas pris aujourd'hui le plaisir de la chasse ?

— Beau plaisir, monsieur ! Tout dégénère, sur mon âme, et je ne sais si c'est le gibier qui n'a plus de voie, ou les chiens qui n'ont plus de nez. Nous lançons un cerf dix cors ; nous le courons six heures, et quand il est prêt à tenir, quand Saint-Simon met déjà le cor à sa bouche pour sonner l'hallali, crac, toute la meute prend le change et s'emporte sur un daguet. Vous verrez que je serai obligé de renoncer à la chasse à courre comme j'ai renoncé à la chasse au vol. Ah ! je suis un roi bien malheureux, monsieur de Tréville ! je n'avais plus qu'un gerfaut, et il est mort avant-hier.

— En effet, sire, je comprends votre désespoir, et le malheur est grand ; mais il vous reste encore, ce me semble, bon nombre de faucons, d'éperviers et de tiercelets.

— Et pas un homme pour les instruire ; les fauconniers s'en vont ; il n'y a plus que moi qui connaisse l'art de la vénerie. Après moi, tout sera dit, et l'on chassera avec des traquenards, des pièges, des trappes. Si j'avais le temps encore de former des élèves ! mais oui, M. le cardinal est là qui ne me laisse pas un instant de repos, qui me parle de l'Espagne, qui me parle de l'Autriche, qui me parle de l'Angleterre ! Ah ! à propos de M. le cardinal, monsieur de Tréville, je suis mécontent de vous.

M. de Tréville attendait le roi à cette chute. Il connaissait le roi de longue main ; il avait compris que toutes ses plaintes n'étaient qu'une préface, une espèce d'excitation pour s'encourager lui-même, et que c'était où il était arrivé enfin qu'il en voulait venir.

— Et en quoi ai-je été assez malheureux pour déplaire à Votre Majesté ? demanda M. de Tréville en feignant le plus profond étonnement.

— Est-ce ainsi que vous faites votre charge, monsieur ? continua le roi sans répondre directement à la question de M. de Tréville ; est-ce pour cela que je vous ai nommé capitaine de mes mousquetaires, que ceux-ci assassinent un homme, émeuvent tout un quartier et veulent brûler Paris, sans que vous m'en disiez un mot ? Mais, au reste, continua le roi, sans doute que je me hâte de vous accuser, sans doute que les perturbateurs sont en prison et que vous venez m'annoncer que justice est faite.

— Sire, répondit tranquillement M. de Tréville, je viens vous la demander au contraire.

— Et contre qui ? s'écria le roi.

— Contre les calomniateurs, dit M. de Tréville.

— Ah ! voilà qui est nouveau, reprit le roi. N'allez-vous pas dire que vos trois mousquetaires damnés, Athos, Porthos, Aramis et votre cadet de Béarn, ne se sont pas jetés comme des furieux sur le pauvre Bernajoux, et ne l'ont pas maltraité de telle façon qu'il est probable qu'il est en train de trépasser à cette heure ? N'allez-vous pas dire qu'ensuite ils n'ont pas fait le siège de l'hôtel du duc de la Trémouille, et qu'ils n'ont point voulu le brûler ? Ce qui n'aurait peut-être pas été un très-grand malheur en temps de guerre, vu que c'est un nid de huguenots ; mais ce qui, en temps de paix, est d'un fâcheux exemple. Dites, n'allez-vous pas nier tout cela ?

— Et qui vous a fait ce beau récit, sire ? demanda tranquillement M. de Tréville.

— Qui m'a fait ce beau récit, monsieur ? et qui voulez-vous que ce soit, si ce n'est celui qui veille quand je dors, qui travaille quand je m'amuse, qui mène tout au dedans et au dehors du royaume, en France comme en Europe ?

— Sa Majesté veut parler de Dieu, dit M. de Tréville, car je ne connais que Dieu qui soit si fort au-dessus de Sa Majesté.

— Non, monsieur ; je veux parler du soutien de l'État, de mon seul serviteur, de mon seul ami, de M. le cardinal.

— Son Éminence n'est pas Sa Sainteté, sire.

— Qu'entendez-vous par là, monsieur ?

— Qu'il n'y a que le pape qui soit infaillible, et que cette infaillibilité ne s'étend pas aux cardinaux.

— Vous voulez dire qu'il me trompe ; vous voulez dire qu'il me trahit ? Vous l'accusez alors ? Voyons, dites, avouez franchement que vous l'accusez ?

— Non sire ; mais je dis qu'il se trompe lui-même ; je dis qu'il a été mal renseigné ; je dis qu'il a eu hâte d'accu-

ser les mousquetaires de Sa Majesté, pour lesquels il est injuste, et qu'il n'a pas été puiser ses renseignements aux bonnes sources.

— L'accusation vient de M. de la Trémouille, du duc lui-même. Que répondez-vous à cela ?

— Je pourrais répondre, sire, qu'il est trop intéressé dans la question pour être un témoin bien impartial ; mais, loin de là, sire, je connais le duc pour un loyal gentilhomme, et je m'en rapporterai à lui ; mais à une condition...

— Laquelle ?

— C'est que Votre Majesté le fera venir, l'interrogera, mais elle-même, en tête-à-tête, sans témoins, et que je reverrai Votre Majesté aussitôt qu'elle aura vu le duc.

— Oui-da ! fit le roi, et vous vous en rapporterez à ce que dira M. de la Trémouille ?

— Oui, sire.

— Vous accepterez son jugement ?

— Sans doute.

— Et vous vous soumettrez aux réparations qu'il exigera ?

— Parfaitement.

— La Chesnaye ! fit le roi, la Chesnaye !

Le valet de chambre de confiance de Louis XIII, qui se tenait toujours à sa porte, entra.

— La Chesnaye, dit le roi, qu'on aille à l'instant même me quérir M. de la Trémouille ; je veux lui parler ce soir.

— Votre Majesté me donne sa parole qu'elle ne verra personne entre M. de la Trémouille et moi ?

— Personne, foi de gentilhomme.

— A demain, sire, alors.

— A demain, monsieur.

— A quelle heure, s'il plaît à Votre Majesté ?

— A l'heure que vous voudrez.

Mais, en venant trop matin, je crains de réveiller Votre Majesté.

— Me réveiller ! Est-ce que je dors ? Je ne ne dors plus, monsieur ; je rêve quelquefois, voilà tout. Venez donc d'aussi bon matin que vous voudrez, à sept heures ; mais gare à vous si vos mousquetaires sont coupables !

— Si mes mousquetaires sont coupables, sire, les coupables seront remis aux mains de Votre Majesté, qui ordonnera d'eux selon son bon plaisir. Votre Majesté exige-t-elle quelque chose de plus ? Qu'elle parle : je suis prêt à lui obéir.

— Non, monsieur, non, et ce n'est pas sans raison qu'on m'a appelé Louis le Juste. A demain donc, monsieur, à demain.

— Dieu garde jusque-là Votre Majesté !

Si peu que dormît le roi, M. de Tréville dormit plus mal encore ; il avait fait prévenir dès le soir même ses trois mousquetaires et leur compagnon de se trouver chez lui à six heures et demie du matin. Il les emmena avec lui, sans leur rien affirmer, sans leur rien promettre, et ne leur cachant pas que leur faveur et même la sienne tenaient à un coup de dé.

Arrivé au bas du petit escalier, il les fit attendre. Si le roi était toujours irrité contre eux, ils s'éloigneraient sans être vus ; si le roi consentait à les recevoir, on n'aurait qu'à les faire appeler.

En arrivant dans l'antichambre particulière du roi, M. de Tréville trouva la Chesnaye, qui lui apprit qu'on n'avait pas rencontré le duc de la Trémouille la veille au soir à son hôtel, qu'il était rentré trop tard pour se présenter au Louvre, qu'il venait seulement d'arriver, et qu'il était à cette heure chez le roi.

Cette circonstance plut beaucoup à M. de Tréville, qui, de cette façon, fut certain qu'aucune suggestion étrangère ne se glisserait entre la déposition de M. de la Trémouille et lui.

En effet, dix minutes s'étaient à peine écoulées, que la porte du cabinet du roi s'ouvrit, et que M. de Tréville en vit sortir le duc de la Trémouille, lequel vint à lui et dit :

— Monsieur de Tréville, Sa Majesté vient de m'envoyer quérir pour savoir comment les choses s'étaient passées hier matin à mon hôtel. Je lui ai dit la vérité, c'est-à-dire que la faute était à mes gens, et que j'étais prêt à vous en faire mes excuses. Puisque je vous rencontre, veuillez les recevoir, et me tenir toujours pour un de vos amis.

— Monsieur le duc, dit M. de Tréville, j'étais si plein de confiance dans votre loyauté, que je n'avais pas voulu, près de Sa Majesté, d'autre défenseur que vous-même. Je vois que je ne m'étais pas abusé, et je vous remercie de ce qu'il y a encore en France un homme de qui on puisse dire sans se tromper ce que j'ai dit de vous.

— C'est bien! c'est bien! dit le roi, qui avait écouté tous ces compliments entre les deux portes; seulement dites-lui, Tréville puisqu'il se prétend de vos amis, que moi aussi je voudrais être des siens, mais qu'il me néglige, qu'il y a tantôt trois ans que je ne l'ai vu, et que je ne le vois que quand je l'envoie chercher. Dites-lui tout cela de ma part, car ce sont de ces choses qu'un roi ne peut dire lui-même.

— Merci, sire, merci, dit le duc, mais que Votre Majesté croie bien que ce ne sont pas ceux, et je dis point cela pour M. de Tréville, que ce ne sont pas ceux qu'elle voit à toute heure du jour qui lui sont le plus dévoués.

— Ah! vous avez entendu ce que j'ai dit; tant mieux, duc, tant mieux, dit le roi en s'avançant jusque sur la porte. Ah! c'est vous, Tréville! où sont vos mousquetaires? Je vous avais dit avant-hier de me les amener · pourquoi ne l'avez-vous pas fait?

— Ils sont en bas, sire, et, avec votre congé, la Chesnaye va leur dire de monter.

— Oui, oui, qu'ils viennent tout de suite; il va être huit heures, et à neuf heures j'attends une visite. Allez, monsieur le duc, et revenez surtout. Entrez, Tréville.

Le duc salua et sortit. Au moment où il ouvrait la porte, les trois mousquetaires et d'Artagnan, conduits par la Chesnaye, apparaissaient au haut de l'escalier.

— Venez, mes braves, dit le roi, venez, j'ai à vous gronder.

Les mousquetaires s'approchèrent en s'inclinant; d'Artagnan les suivait par derrière.

— Comment diable! continua le roi, à vous quatre, sept gardes de Son Eminence mis hors de combat en deux jours! C'est trop, messieurs, c'est trop. A ce compte-là, Son Eminence serait forcée de renouveler sa compagnie dans trois semaines, et moi de faire appliquer les édits dans toute leur rigueur. Un par hasard, je ne dis pas; mais sept en deux jours, je le répète, c'est trop, c'est beaucoup trop.

— Aussi, sire, Votre Majesté voit qu'ils viennent tout contrits et tout repentants lui faire leurs excuses.

— Tout contrits et tout repentants! Hum! fit le roi, je ne me fie pas à leurs faces hypocrites; il y a surtout là-bas une figure de Gascon. Venez ici, monsieur.

D'Artagnan, qui comprit que c'était à lui que le compliment s'adressait, s'approcha en prenant son air le plus désespéré.

— Eh bien! que me disiez-vous donc, que c'était un jeune homme? c'est un enfant, monsieur de Tréville, un véritable enfant! Et c'est celui-là qui a donné ce rude coup d'épée à Jussac?

— Et ces deux beaux coups d'épée à Bernajoux.

— Véritablement!

— Sans compter, dit Athos, que, s'il ne m'avait pas tiré des mains de Biscarat, je n'aurais très-certainement pas l'honneur de faire en ce moment-ci ma très-humble révérence à Votre Majesté.

— Mais c'est donc un véritable démon, que ce Béarnais! ventre-saint-gris! monsieur de Tréville, comme eût dit le roi mon père : « A ce métier-là, on doit trouer force pourpoints et briser force épées. » Or, les Gascons sont toujours pauvres, n'est-ce pas?

— Sire, je dois dire qu'on n'a pas encore trouvé des mines d'or dans leurs montagnes, quoique le Seigneur leur dût bien ce miracle en récompense de la manière dont ils ont soutenu les prétentions du roi votre père.

— Ce qui veut dire que ce sont les Gascons qui m'ont fait roi moi-même, n'est-ce pas, Tréville, puisque je suis le fils de mon père? Eh bien! à la bonne heure! je ne dis pas non. La Chesnaye, allez voir si, en fouillant dans toutes mes poches, vous trouverez quarante pistoles, et, si vous les trouvez, apportez-les-moi. Et maintenant, voyons, jeune homme, la main sur la conscience, comment cela s'est-il passé?

D'Artagnan raconta l'aventure de la veille dans tous ses détails; comment, n'ayant pas pu dormir de la joie qu'il éprouvait à voir Sa Majesté, il était arrivé chez ses amis trois heures avant l'heure de l'audience · comment ils étaient al-

lés ensemble au tripot, et comment, sur la crainte qu'il avait manifestée de recevoir une balle au visage, il avait été raillé par Bernajoux, lequel avait failli payer cette raillerie de la perte de la vie, et M. de la Trémouille, qui n'y était pour rien, de la perte de son hôtel.

— C'est bien cela, murmurait le roi; oui, c'est ainsi que le duc m'a raconté la chose. Pauvre cardinal! sept hommes en deux jours, et de ses plus chers; mais c'est assez comme cela, messieurs, entendez-vous? c'est assez; vous avez pris votre revanche de la rue Férou, et au delà; vous devez être satisfaits.

— Si Votre Majesté l'est, dit Tréville, nous le sommes.

— Oui, je le suis, ajouta le roi en prenant une poignée d'or de la main de la Chesnaye, et la mettant dans celle de d'Artagnan. Voici, dit-il, une preuve de ma satisfaction.

A cette époque, les idées de fierté qui sont de mise de nos jours n'étaient point encore de mode. Un gentilhomme recevait de la main à la main de l'argent du roi, et n'en était pas le moins du monde humilié. D'Artagnan mit donc les quarante pistoles dans sa poche sans faire aucune façon, et en remerciant tout au contraire grandement Sa Majesté.

— Là! dit le roi en regardant sa pendule, là! et, maintenant qu'il est huit heures et demie, retirez-vous; car, je vous l'ai dit, j'attends quelqu'un à neuf heures. Merci de votre dévouement, messieurs; j'y puis compter, n'est-ce pas?

— Oh! sire, s'écrièrent d'une même voix les quatre compagnons, nous nous ferions couper en morceaux pour Votre Majesté.

— Bien, bien, mais restez entiers, cela vaut mieux, et vous me serez plus utiles ainsi. Tréville, ajouta le roi à demi-voix pendant que les autres se retiraient, comme vous n'avez pas de place dans les mousquetaires, et que d'ailleurs, pour entrer dans ce corps, nous avons décidé qu'il fallait faire un noviciat, placez ce jeune homme dans la compagnie des gardes de M. des Essarts, votre beau-frère. Ah! pardieu! Tréville, je me réjouis de la grimace que va faire le cardinal; il sera furieux, mais cela m'est égal; je suis dans mon droit.

Et le roi salua de la main Tréville, qui sortit et s'en vint rejoindre ses mousquetaires, qu'il trouva partageant avec d'Artagnan ses quarante pistoles.

Et le cardinal, comme l'avait dit Sa Majesté, fut effectivement furieux, si furieux, que, pendant huit jours, il abandonna le jeu du roi, ce qui n'empêchait pas le roi de lui faire la plus charmante mine du monde, et, toutes les fois qu'il le rencontrait, de lui demander de sa voix la plus caressante :

— Eh bien! monsieur le cardinal, comment vont ce pauvre Bernajoux et ce pauvre Jussac, qui sont à vous?

CHAPITRE VII.

L'INTÉRIEUR DES MOUSQUETAIRES.

Lorsque d'Artagnan fut hors du Louvre et qu'il consulta ses amis sur l'emploi qu'il devait faire de sa part des quarante pistoles, Athos lui conseilla de commander un bon repas à la Pomme-du-Pin, Porthos de prendre un laquais, et Aramis de se faire une maîtresse convenable.

Le repas fut exécuté le jour même, et le laquais y servit à table. Le repas avait été commandé par Athos, et le laquais fourni par Porthos. C'était un Picard, que le glorieux mousquetaire avait embauché le jour même et à cette occasion sur le pont de la Tournelle, pendant qu'il faisait des ronds et crachant dans l'eau. Porthos prétendit que cette occupation était la preuve d'une organisation réfléchie et contemplative, et il l'avait emmené sans autre recommandation. La grande mine de ce gentilhomme, pour le compte duquel il se crut engagé, avait séduit Planchet; — c'était le nom du Picard; — il y eut chez lui un léger désappointement lorsqu'il vit que la place était déjà prise par un confrère nommé Mousqueton, et lorsque Porthos lui eut ∎

mifié que son état de maison. quoique grand, ne comportait pas deux domestiques, et qu'il lui fallait entrer au service de d'Artagnan. Cependant, lorsqu'il assista au dîner que donnait son maître, et qu'il vit celui-ci tirer en payant une poignée d'or de sa poche, il crut sa fortune faite et remercia le ciel d'être tombé en la possession d'un pareil Crésus; il persévéra dans cette opinion jusqu'après le festin, des reliefs duquel il répara de longues abstinences. Mais en faisant le noir le lit de son maître, les chimères de Planchet s'évanouirent. Le lit était le seul de l'appartement, qui se composait d'une antichambre et d'une chambre à coucher. Planchet coucha dans l'antichambre sur une couverture tirée du t de d'Artagnan, et dont d'Artagnan se passa depuis.

Athos, de son côté, avait un valet qu'il avait dressé à son service d'une façon toute particulière, et que l'on appelait Grimaud. Il était fort silencieux, ce digne seigneur. Nous parlons d'Athos, bien entendu. Depuis cinq ou six ans qu'il vivait dans la plus profonde intimité avec ses compagnons Porthos et Aramis, ceux-ci se rappelaient l'avoir vu sourire souvent, mais jamais ils ne l'avaient entendu rire. Ses paroles étaient brèves et expressives, disant toujours ce qu'elles voulaient dire, rien de plus; pas d'enjolivements, pas de broderies, pas d'arabesques. Sa conversation était un fait sans aucun épisode.

Quoique Athos eût à peine vingt-huit ans et fût d'une grande beauté de corps et d'esprit, personne ne lui connaissait de maîtresse. Jamais il ne parlait des femmes. Seulement, il n'empêchait point qu'on en parlât devant lui, quoiqu'il fût facile de voir que ce genre de conversation, auquel il ne se mêlait que par des mots amers et des aperçus misanthropiques, lui était particulièrement désagréable. Sa réserve, sa sauvagerie et son mutisme, en faisaient presque un vieillard; il avait donc, pour ne point déroger à ses habitudes, habitué Grimaud à lui obéir sur un simple geste ou sur un simple mouvement des lèvres. Il ne lui parlait que dans les circonstances suprêmes. Quelquefois Grimaud, qui craignait son maître comme le feu, tout en ayant pour sa personne un grand attachement et pour son génie une grande vénération, croyait avoir parfaitement compris ce qu'il désirait, s'élançait pour exécuter l'ordre reçu, et faisait précisément le contraire. Alors Athos haussait les épaules, et, sans se mettre en colère, rossait Grimaud. Ces jours-là il parlait un peu.

Porthos, comme on a pu le voir, avait un caractère tout opposé à celui d'Athos : non-seulement il parlait beaucoup, mais parlait haut; peu lui importait, au reste, il lui faut rendre cette justice, qu'on l'écoutât ou non : il parlait pour le plaisir de parler et pour le plaisir de s'entendre; il parlait de toutes choses, excepté des sciences, excipant à cet endroit de la haine invétérée que depuis son enfance il portait, disait-il, aux savants. Il avait moins grand air qu'Athos, et le sentiment de son infériorité à ce sujet l'avait, dans le commencement de leur liaison, rendu souvent injuste pour ce gentilhomme, qu'il s'était alors efforcé de dépasser par ses splendides toilettes. Mais, avec sa simple casaque de mousquetaire et rien que par la façon dont il rejetait la tête en arrière et avançait le pied, Athos prenait à l'instant même la place qui lui était due et reléguait le fastueux Porthos au second rang. Porthos s'en consolait en remplissant l'antichambre de M. de Tréville du bruit de ses bonnes fortunes, dont Athos ne parlait jamais, et pour le moment, après avoir passé de la noblesse de la robe à la noblesse d'épée, de la robine à la baronne, il n'était question pour lui rien moins pour Porthos que d'une princesse étrangère qui lui voulait un bien énorme.

Un vieux proverbe dit : « Tel maître, tel valet. » Passons donc du valet d'Athos au valet de Porthos, de Grimaud à Mousqueton.

Mousqueton était un Normand dont son maître avait changé le nom pacifique de Boniface en celui infiniment plus sonore et plus belliqueux de Mousqueton. Il était entré au service de Porthos à la condition qu'il serait habillé et logé seulement, mais d'une façon magnifique; il ne réclamait que deux heures par jour pour les consacrer à une industrie qui devait suffire à pourvoir à ses autres besoins. Porthos avait accepté le marché, la chose lui allait à merveille. Il faisait tailler à Mousqueton des pourpoints dans ses vieux habits et dans ses manteaux de rechange, et, grâce à un tailleur fort intelligent qui lui remettait ses har-

des à neuf en les retournant, et dont la femme était soupçonnée de faire descendre Porthos de ses habitudes aristocratiques, Mousqueton faisait à la suite de son maître fort bonne figure.

Quant à Aramis, dont nous croyons avoir suffisamment exposé le caractère, caractère du reste que, comme celui de ses compagnons, nous pourrons suivre dans son développement, son laquais s'appelait Bazin. Grâce à l'espérance qu'avait son maître d'entrer un jour dans les ordres, il était toujours vêtu de noir, comme doit l'être le serviteur d'un homme d'église. C'était un Berrichon de trente-cinq à quarante ans, doux, paisible, grassouillet, occupant à lire de pieux ouvrages les loisirs que lui laissait son maître, faisant, à la rigueur, pour deux un dîner de peu de plats, mais excellent. Au reste, muet, aveugle, sourd et d'une fidélité à toute épreuve.

Maintenant que nous connaissons, superficiellement du moins, les maîtres et les valets, passons aux demeures occupées par chacun d'eux.

Athos habitait rue Férou, à deux pas du Luxembourg; son appartement se composait de deux petites chambres fort proprement meublées, dans une maison garnie dont l'hôtesse, encore jeune et véritablement encore belle, lui faisait inutilement les doux yeux. Quelques fragments d'une grande splendeur passée éclataient çà et là aux murailles de ce modeste logement : c'était une épée, par exemple, richement damasquinée, qui remontait, pour la façon, au règne de François Iᵉʳ, dont la poignée seule incrustée de pierres précieuses, pouvait valoir deux cents pistoles, et que cependant, dans ses moments de plus grande détresse, Athos n'avait jamais consenti à engager ni à vendre. Cette épée avait fait longtemps l'ambition de Porthos. Porthos aurait donné dix années de sa vie pour posséder cette épée.

Un jour, qu'il avait rendez-vous avec une duchesse, il essaya même de l'emprunter à Athos. — Athos, sans rien dire, vida ses poches, ramassa tous ses bijoux : bourses, aiguillettes et chaînes d'or, il offrit tout à Porthos; mais quant à l'épée, lui dit-il, elle était scellée à sa place, et ne devait la quitter que lorsque son maître quitterait lui-même son logement. Outre cette épée, il y avait encore un portrait représentant un seigneur du temps de Henri III, vêtu avec la plus grande élégance, et qui portait l'ordre du Saint-Esprit, et ce portrait avait avec Athos certaines ressemblances de lignes, certaines similitudes de famille, qui indiquaient que ce grand seigneur, chevalier des ordres du roi, était son ancêtre. Enfin, un coffre de magnifique orfèvrerie aux mêmes armes que l'épée et le portrait, faisait un milieu de cheminée qui jurait effroyablement avec le reste de la garniture. Athos portait toujours la clef de ce coffre sur lui. Mais un jour il l'avait ouvert devant Porthos, et Porthos avait pu s'assurer que ce coffre ne contenait que des lettres et des papiers; — des lettres d'amour et des papiers de famille, sans doute.

Porthos occupait un appartement très-vaste et d'une très-somptueuse apparence, rue du Vieux-Colombier. Chaque fois qu'il passait avec quelque ami devant ses fenêtres, à l'une desquelles Mousqueton se tenait toujours en grande livrée, Porthos levait la tête et la main, et disait : *Voilà ma demeure.* Mais jamais on ne le trouvait chez lui, jamais il n'invitait personne à y monter, et nul ne pouvait se faire une idée de ce que cette somptueuse apparence renfermait de richesses réelles.

Aramis, lui, habitait un petit logement composé d'un boudoir, d'une salle à manger et d'une chambre à coucher, laquelle chambre, située comme le reste de l'appartement au rez-de-chaussée, donnait sur un petit jardin frais, vert, ombreux et impénétrable aux yeux du voisinage.

Quant à d'Artagnan, nous savons comment il était logé, et nous avons déjà fait connaissance avec son laquais, maître Planchet.

D'Artagnan, qui était fort curieux de sa nature, comme sont les gens, du reste, qui ont le génie de l'intrigue, fit tous ses efforts pour savoir ce qu'étaient au juste Athos, Porthos et Aramis; car, sous ces noms de guerre, chacun des jeunes gens cachait son nom de gentilhomme, Athos surtout, qui sentait son grand seigneur d'une lieue. Il s'adressa donc à Porthos pour avoir des renseignements sur Athos et Aramis, et à Aramis pour connaître Porthos.

Malheureusement Porthos lui-même ne savait de la vie

de son silencieux camarade que ce qui en avait transpiré. On disait qu'il avait eu de grands malheurs dans ses affaires amoureuses, et qu'une affreuse trahison avait empoisonné à jamais la vie de ce galant homme. Quelle était cette trahison ? tout le monde l'ignorait.

Quant à Porthos, au contraire, excepté son véritable nom, que M. de Tréville savait seul, ainsi que celui de ses deux camarades, sa vie était facile à connaître. Vaniteux et indiscret, on voyait à travers lui comme à travers un cristal. La seule chose qui eût pu égarer l'investigateur, eût été que l'on eût cru tout le bien qu'il disait de lui.

Mais pour Aramis, tout en ayant l'air de n'avoir aucun secret, c'était un garçon confit de mystères, répondant peu aux questions qu'on lui faisait sur les autres, et éludant celles qu'on lui faisait sur lui-même. Un jour d'Artagnan, après l'avoir longtemps interrogé sur Porthos, et en avoir appris ce bruit qui courait de la bonne fortune du mousquetaire avec une princesse, voulut savoir aussi à quoi s'en tenir sur les aventures amoureuses de son interlocuteur.

— Et vous, mon cher compagnon, lui dit-il, vous qui parlez des baronnes, des comtesses et des princesses des autres ;

— Pardon, interrompit Aramis, j'ai parlé parce que Por-

D'Artagnan, après avoir bien rossé Planchet, lui défendit de quitter son service sans sa permission. — PAGE 30.

thos en parle lui-même, parce qu'il a crié toutes ces belles choses devant moi. Mais, croyez bien, mon cher monsieur d'Artagnan, que, si je les tenais d'une autre source ou qu'il me les eût confiées, il n'y aurait pas eu de confesseur plus discret que moi.

— Je n'en doute pas, reprit d'Artagnan ; mais enfin, il me semble que vous-même vous êtes assez familier avec les armoiries, témoin certain mouchoir brodé auquel je dois l'honneur de votre connaissance.

Aramis cette fois ne se fâcha point, mais il prit son air le plus modeste et répondit affectueusement :

— Mon cher, n'oubliez pas que je veux être d'Église, et que je fuis toutes les occasions mondaines. Ce mouchoir que vous avez vu ne m'avait point été confié, mais avait été oublié chez moi par un de mes amis. J'ai dû le recueillir pour ne pas les compromettre, lui et la dame qu'il aime. Quant à moi, je n'ai point et ne veux point avoir de maîtresse, suivant en cela l'exemple très-judicieux d'Athos, qui n'en a pas plus que moi.

— Mais que diable ! vous n'êtes pas abbé, puisque vous êtes mousquetaire.

— Mousquetaire par intérim, mon cher, comme dit le

cardinal ; mousquetaire contre mon gré, mais homme d'E-glise dans le cœur, croyez-moi. Athos et Porthos m'ont fourré là-dedans pour m'occuper ; j'ai eu, au moment d'être ordonné, une petite difficulté avec... Mais cela ne vous in-téresse guère, et je vous prends un temps précieux.

— Point du tout ; cela m'intéresse fort, s'écria d'Artagnan, et je n'ai pour le moment absolument rien à faire.

— Oui, mais moi, j'ai mon bréviaire à dire, répondit Ara-mis, puis quelques stances que m'a demandés madame d'Aiguillon ; ensuite je dois passer rue Saint-Ho-noré, afin d'acheter du rouge pour madame de Chevreuse. Vous voyez, mon cher ami, que, si rien ne vous presse, je suis très-pressé, moi.

Et Aramis tendit affectueusement la main à son jeune compagnon et prit congé de lui.

D'Artagnan ne put, quelque peine qu'il se donnât, en sa-voir davantage sur ses trois nouveaux amis. Il prit donc son parti de croire dans le présent tout ce qu'on disait de leur passé, — espérant des révélations plus sûres et plus éten-dues de l'avenir. — En attendant, il considéra Athos comme un Achille, Porthos comme un Ajax, et Aramis comme un Joseph.

Au reste, la vie des quatre jeunes gens était joyeuse. Athos jouait, et toujours malheureusement cependant, il n'em-pruntait jamais un sou à ses amis, quoique sa bourse fût sans cesse à leur service ; et, lorsqu'il avait joué sur parole, il faisait toujours réveiller son créancier à six heures du ma-tin pour lui payer sa dette de la veille. — Porthos avait des fougues : ces jours-là, on le voyait insolent et splendide ; s'il perdait, il disparaissait complétement pendant quelques jours, après lesquels il reparaissait le visage blême et la mine allongée, mais avec de l'argent dans ses poches. Quant à Aramis, il ne jouait jamais. C'était bien le plus mauvais mousquetaire et le plus méchant convive qui se pût voir. Il avait toujours besoin de travailler. Quelquefois, au milieu d'un diner, quand chacun, dans l'entraînement du vin et dans la chaleur de la conversation, croyait que l'on en avait encore pour deux ou trois heures à rester à table, Aramis regardait à sa montre, se levait avec un gracieux sourire et prenait congé de la société pour aller, disait-il, consulter un casuiste avec lequel il avait rendez-vous ; d'autres fois, il retournait à son logis pour écrire une thèse, et priait ses amis de ne pas le distraire. Cependant Athos souriait de ce charmant sourire mélancolique si bien séant à sa noble figure, et Porthos buvait en jurant qu'Aramis ne serait jamais qu'un curé de village.

Maintenant que nous avons jeté un coup d'œil sur les quatre amis, reprenons le cours de notre narration.

Planchet, le valet de d'Artagnan, supporta noblement la bonne fortune ; il recevait trente sous par jour, et, pendant un mois, il revenait au logis gai comme un pinson et af-fable envers son maître. Quand le vent de l'adversité com-mença de souffler sur le ménage de la rue des Fossoyeurs, c'est-à-dire quand les dix pistoles du roi Louis XIII furent mangées ou à peu près, il commença des plaintes qu'Athos trouva nauséabondes, Porthos indécentes, et Aramis ridicu-les. Athos conseilla donc à d'Artagnan de congédier le drôle ; Porthos voulait qu'on le bâtonnât auparavant, et Aramis prétendit qu'un maître ne devait entendre que les compli-ments qu'on fait de lui.

— Cela vous est bien aisé à dire, reprit d'Artagnan, à vous, Athos, qui vivez muet avec Grimaud, qui lui défendez de parler, et qui, par conséquent, n'avez jamais de mau-vaises paroles avec lui ; à vous, Porthos, qui menez un train magnifique, et qui êtes un dieu pour votre valet Mousque-ton ; à vous enfin, Aramis, qui, toujours distrait par vos études théologiques, inspirez un profond respect à votre ser-viteur Bazin, homme doux et religieux ; mais moi qui suis sans consistance et sans ressources, moi qui ne suis pas mousquetaire ni même garde, moi, que ferais-je pour in-spirer l'affection, la terreur ou le respect, à Plan-chet ?

— La chose est grave, répondirent les trois amis ; c'est une affaire d'intérieur ; il en est des valets comme des fem-mes : il faut les mettre tout de suite sur le pied où l'on dé-sire qu'ils restent. Réfléchissez donc.

D'Artagnan réfléchit et se résolut à rouer Planchet par provision, ce qui fut exécuté avec la conscience que d'Ar-tagnan mettait en toutes choses ; puis, après l'avoir bien

rossé, il lui défendit de quitter son service sans sa permis-sion ; car, ajouta-t-il, l'avenir ne peut me faire faute ; j'at-tends inévitablement des temps meilleurs. Ta fortune est donc assurée si tu restes près de moi, et je suis trop bon maître pour te faire manquer ta fortune en t'accordant le congé que tu me demandes.

Cette manière d'agir donna beaucoup de respect aux mousquetaires pour la politique de d'Artagnan. Planchet fut également saisi d'admiration et ne parla plus de s'en aller.

La vie des quatre jeunes gens était devenue commune ; d'Artagnan, qui n'avait aucune habitude, puisqu'il arrivait de sa province et tombait au milieu d'un monde tout nou-veau pour lui, prit aussitôt les habitudes de ses amis.

On se levait en hiver à huit heures, en été à cinq heures, et l'on allait prendre le mot d'ordre et l'air des affaires chez M. de Tréville. D'Artagnan, bien qu'il ne fût pas mous-quetaire, en faisait le service avec une ponctualité touchante ; il était toujours de garde, parce qu'il tenait toujours compa-gnie à celui de ses trois amis qui montait la sienne. On le connaissait à l'hôtel des mousquetaires, et chacun le tenait pour un bon camarade. M. de Tréville, qui l'avait apprécié du premier coup d'œil, et qui lui portait une véritable af-fection, ne cessait de le recommander au roi.

De leur côté, les trois mousquetaires aimaient fort leur jeune camarade. L'amitié qui unissait ces quatre hommes, et le besoin de se voir trois ou quatre fois par jour, soit pour duel, soit pour affaires, soit pour plaisir, les faisaient sans cesse courir l'un après l'autre comme des ombres, et l'on rencontrait toujours les inséparables se cherchant, du Luxembourg à la place Saint-Sulpice ou de la rue du Vieux-Colombier au Luxembourg.

En attendant, les promesses de M. de Tréville allaient leur train. Un beau jour, le roi commanda à M. le chevalier des Essarts de prendre d'Artagnan comme cadet dans sa compagnie des gardes. D'Artagnan endossa, en soupirant, cet habit, qu'il eût voulu, au prix de dix années de son existence, troquer contre la casaque de mousquetaire. Mais M. de Tréville promit cette faveur après un noviciat de deux ans, noviciat qui pouvait être abrégé, au reste, si l'occasion se présentait pour d'Artagnan de rendre quelque service au roi ou de faire quelque action d'éclat. D'Artagnan se retira sur cette promesse, et dès le lendemain commença son service.

Alors ce fut le tour d'Athos, de Porthos et d'Aramis, de monter la garde avec d'Artagnan, quand il était de garde. La compagnie de M. le chevalier des Essarts prit ainsi qua-tre hommes au lieu d'un, le jour où elle prit d'Artagnan.

—◦◊◦—

CHAPITRE VIII.

UNE INTRIGUE DE COUR.

Cependant les quarante pistoles du roi Louis XIII, ainsi que toutes les choses de ce monde, après avoir eu un com-mencement, avaient eu une fin, et depuis cette fin nos qua-tre compagnons étaient tombés dans la gêne. D'abord Athos avait soutenu pendant quelque temps l'association de ses propres deniers, Porthos lui avait succédé, et, grâce à une de ces disparitions auxquelles on était habitué, il avait, pen-dant près de quinze jours encore, subvenu aux besoins de tout le monde ; enfin était arrivé le tour d'Aramis, qui s'é-tait exécuté de bonne grâce, et qui était parvenu, disait-il, en vendant ses livres de théologie, à se procurer quelques pistoles.

On eut alors, comme d'habitude, recours à M. de Tré-ville, qui fit de nouvelles avances sur la solde ; mais ces avances ne pouvaient conduire bien loin trois mousquetai-res, qui avaient déjà force comptes arriérés, et un garde qui n'en avait pas encore.

Enfin, quand on vit qu'on allait manquer tout à fait, on rassembla par un dernier effort huit ou dix pistoles que

Porthos joua. Malheureusement il était dans une mauvaise veine; il perdit tout, plus vingt-cinq pistoles sur parole.

Alors la gêne devint de la détresse: on vit les affamés, suivis de leurs laquais, courir les quais et les corps de garde, ramassant chez leurs amis du dehors tous les dîners qu'ils purent trouver, car, suivant l'avis d'Aramis, on devait, dans la prospérité, semer les repas à droite et à gauche, pour en récolter quelques-uns dans la disgrâce.

Athos fut invité quatre fois et mena chaque fois ses amis avec leurs laquais. Porthos eut six occasions, et en fit également jouir ses camarades. Aramis en eut huit; c'était un homme, comme on a déjà pu s'en apercevoir, qui faisait peu de bruit et beaucoup de besogne. Quant à d'Artagnan, qui ne connaissait encore personne dans la capitale, il ne trouva qu'un déjeuner de chocolat chez un prêtre de son pays, et un dîner chez un cornette des gardes. Il mena son armée chez le prêtre, auquel on dévora sa provision de deux mois, et chez le cornette, qui fit des merveilles; mais, comme le disait Planchet, on ne mange toujours qu'une fois, même quand on mange beaucoup.

D'Artagnan se trouva donc assez humilié de n'avoir eu qu'un repas et demi, — car le déjeuner chez le prêtre ne pouvait compter que pour un demi-repas, — à offrir à ses compagnons, en échange des festins que s'étaient procurés Athos, Porthos et Aramis. Il se croyait à charge à la société, oubliant, avec la bonne foi toute juvénile, qu'il avait nourri cette société pendant un mois, et son esprit préoccupé se mit à travailler activement. Il réfléchit alors, et comprit pour la première fois que cette coalition de quatre hommes, jeunes, braves, entreprenants et actifs, devait avoir un autre but que des promenades déhanchées, des leçons d'escrime et des lazzis plus ou moins spirituels.

En effet, quatre hommes comme eux, quatre hommes dévoués les uns aux autres depuis la bourse jusqu'à la vie; quatre hommes se soutenant toujours, ne reculant jamais, exécutant isolément ou ensemble les résolutions prises en commun; quatre bras menaçant les quatre points cardinaux, ou se tournant vers un seul point, devaient inévitablement, soit souterrainement, soit au jour, soit par la mine, soit par la tranchée, soit par la ruse, soit par la force, s'ouvrir un chemin vers le but qu'ils voulaient atteindre, si bien défendu ou si éloigné qu'il fût. La seule chose qui étonnait d'Artagnan, c'est que ses compagnons n'eussent point encore songé à cela.

Il y songeait, lui, et sérieusement même, se creusant la cervelle pour trouver une direction à cette force unique quatre fois multipliée avec laquelle il ne doutait pas que, comme avec le levier que cherchait Archimède, on ne parvînt à soulever le monde, lorsque l'on frappa doucement à la porte. D'Artagnan réveilla Planchet et lui ordonna d'aller ouvrir.

Que de cette phrase, d'Artagnan réveilla Planchet, le lecteur n'aille pas augurer qu'il faisait nuit ou que le jour n'était point encore venu. Non! quatre heures de l'après-midi venaient de sonner; Planchet, deux heures auparavant, était venu demander à dîner à son maître, lequel lui avait répondu par le proverbe: « Qui dort dîne. » Et Planchet dînait en dormant.

Un homme fut introduit, de mine assez simple et qui avait l'air d'un bourgeois.

Planchet, pour son dessert, eût bien voulu entendre la conversation; mais le bourgeois déclara à d'Artagnan que ce qu'il avait à lui dire étant important et confidentiel, il désirait demeurer en tête à tête avec lui.

D'Artagnan congédia Planchet et fit asseoir son visiteur.

Il y eut un moment de silence pendant lequel les deux hommes se regardèrent comme pour faire une connaissance préalable; après quoi d'Artagnan s'inclina en signe qu'il écoutait.

— J'ai entendu parler de M. d'Artagnan comme d'un jeune homme fort brave, dit le bourgeois, et cette réputation dont il jouit à juste titre m'a décidé à lui confier un secret.

— Parlez, monsieur, parlez, dit d'Artagnan, qui, d'instinct, flaira quelque chose d'avantageux.

Le bourgeois fit une nouvelle pose et continua:

— J'ai ma femme qui est lingère chez la reine, monsieur, et qui ne manque ni de sagesse ni de beauté. On me l'a fait épouser, voilà bientôt trois ans, quoiqu'elle n'eût

qu'un petit avoir, parce que M. de Laporte, le porte-manteau de la reine, est son parrain et la protége.

— Eh bien! monsieur? demanda d'Artagnan.

— Eh bien! reprit le bourgeois, eh bien! monsieur, ma femme a été enlevée hier matin comme elle sortait de sa chambre de travail.

— Et par qui votre femme a-t-elle été enlevée?

— Je n'en sais rien sûrement, monsieur; mais je soupçonne quelqu'un.

— Et quelle est cette personne que vous soupçonnez?

— Un homme qui la poursuivait depuis longtemps.

— Diable!

— Mais voulez-vous que je vous dise, monsieur, continua le bourgeois, je suis convaincu, moi, qu'il y a moins d'amour que de politique dans tout cela.

— Moins d'amour que de politique, reprit d'Artagnan d'un air fort réfléchi, et que soupçonnez-vous?

— Je ne sais pas si je devrais vous dire ce que je soupçonne...

— Monsieur, je vous ferai observer que je ne vous demande absolument rien, moi. C'est vous qui êtes venu, c'est vous qui m'avez dit que vous aviez un secret à me confier. Faites donc à votre guise, il en est temps encore de vous retirer.

— Non, monsieur, non, vous m'avez l'air d'un honnête jeune homme, et j'aurai confiance en vous. Je crois donc que ce n'est pas à cause de ses amours que ma femme a été arrêtée, mais à cause de celles d'une plus grande dame qu'elle.

— Ah! ah! serait-ce à cause des amours de madame de Bois-Tracy? fit d'Artagnan, qui voulut avoir l'air, vis-à-vis de son bourgeois, d'être au courant des affaires de la cour.

— Plus haut, monsieur, plus haut.

— De madame d'Aiguillon?

— Plus haut encore.

— De madame de Chevreuse?

— Plus haut, beaucoup plus haut!.

— De la...

D'Artagnan s'arrêta.

— Oui, monsieur, répondit si bas, qu'à peine si on l'entendre, le bourgeois épouvanté.

— Et avec qui?

— Avec qui cela peut-il être, si ce n'est avec le duc de.

— Le duc de.

— Oui, monsieur, répondit le bourgeois en donnant à sa voix une intonation plus sourde encore.

— Mais comment savez-vous tout cela, vous?

— Ah! comment je le sais?

— Oui, comment le savez-vous? Pas de demi-confidence, ou... vous comprenez...

— Je le sais par ma femme, monsieur, par ma femme elle-même.

— Qui le sait, elle... par qui?

— Par M. de Laporte. Ne vous ai-je pas dit qu'elle était la filleule de M. de Laporte, l'homme de confiance de la reine? Eh bien! M. de Laporte l'avait mise près de Sa Majesté pour que notre pauvre reine, au moins, eût quelqu'un à qui se fier, abandonnée comme elle l'est par le roi, espionnée comme elle l'est par le cardinal, trahie comme elle l'est par tous.

— Ah! ah! voilà qui se dessine, dit d'Artagnan.

— Or, ma femme est venue il y a quatre jours, monsieur. Une de ses conditions était qu'elle devait me venir voir deux fois la semaine, car, ainsi que j'ai eu l'honneur de vous le dire, ma femme m'aime beaucoup. Ma femme est donc venue, et m'a confié que la reine, en ce moment-ci, avait de grandes craintes.

— Vraiment?

— Oui. M. le cardinal, à ce qu'il paraît, la poursuit et la persécute plus que jamais. Il ne peut pas lui pardonner l'histoire de la sarabande. Vous savez l'histoire de la sarabande?

— Pardieu, si je la sais! répondit d'Artagnan, qui ne savait rien du tout, mais qui voulait avoir l'air d'être au courant.

— De sorte que maintenant, ce n'est plus de la haine, c'est de la vengeance.

— Vraiment?

— Et la reine croit...

— Eh bien! que croit la reine?

— Elle croit que l'on a écrit à Buckingham en son nom.

— Au nom de la reine?

— Oui, pour le faire venir à Paris, et, une fois venu à Paris, pour l'attirer dans quelque piége.

— Diable! mais votre femme, mon cher monsieur, qu'a-t-elle à faire dans tout cela?

— On connaît son dévouement pour la reine, et l'on veut ou l'éloigner de sa maîtresse, ou l'intimider pour avoir les secrets de Sa Majesté, ou la séduire pour se servir d'elle d'un espion.

— C'est probable, dit d'Artagnan; mais l'homme qui l'a enlevée, savez-vous qui il est?

— Je vous ai dit que je croyais le savoir.

— Son nom?

— Ah! son nom? vous m'en demandez trop; je suis sûr seulement que c'est une créature du cardinal, son âme damnée.

— Mais vous l'avez vu?

— Oui, ma femme me l'a montré un jour.

— A-t-il un signalement auquel on puisse le reconnaître?

Voilà qui est positif, mais après tout ce n'est qu'une menace. — Page 33.

— Oh! certainement: c'est un seigneur de haute mine, poil noir, teint basané, œil perçant, dents blanches et une cicatrice à la tempe.

— Une cicatrice à la tempe! s'écria d'Artagnan, et avec cela dents blanches, œil perçant, teint basané, poil noir et haute mine: c'est mon homme de Meung.

— C'est votre homme, dites-vous?

— Oui, oui; mais cela ne fait rien à la chose. Non, je me trompe: cela la simplifie beaucoup, au contraire. Si votre homme est le mien, je ferai d'un coup deux vengeances: voilà tout; mais où rejoindre cet homme?

— Je n'en sais rien

— Vous n'avez aucun renseignement sur sa demeure?

— Aucun. Un jour que je reconduisais ma femme au Louvre, il en sortait comme elle allait y entrer, et elle me l'a fait voir.

— Diable! diable! murmura d'Artagnan, tout ceci est bien vague. Par qui avez-vous su l'enlèvement de votre femme?

— Par M. de Laporte.

— Vous a-t-il donné quelque détail?

— Il n'en avait aucun.

— Et vous n'avez rien appris d'un autre côté

— Si fait, j'ai reçu...

—Quoi?

—Mais je ne sais si je ne commets pas une grande imprudence.

—Vous revenez encore là-dessus? Cependant je vous ferai observer que, cette fois, il est un peu tard pour reculer.

—Aussi je ne recule pas, mordieu! s'écria le bourgeois en jurant pour se monter la tête. D'ailleurs, foi de Bonacieux...

— Vous vous appelez Bonacieux? interrompit d'Artagnan.

— Oui, c'est mon nom.

— Vous disiez donc : Foi de Bonacieux... Pardon si je vous ai interrompu; mais il me semblait que ce nom ne m'était pas inconnu.

— C'est possible, monsieur : je suis votre propriétaire.

— Ah! ah! fit d'Artagnan en se soulevant à demi et en saluant. Ah! vous êtes mon propriétaire?

— Oui, monsieur, oui; et comme, depuis trois mois que vous êtes chez moi, et que, distrait sans doute par vos grandes occupations, vous avez oublié de me payer mon

Eh bien ! il faut que cet homme soit le diable en personne. — Page 34.

loyer; comme, dis-je, je ne vous ai pas tourmenté un seul instant, j'ai pensé que vous auriez égard à ma délicatesse.

— Comment donc! mon cher monsieur Bonacieux, reprit d'Artagnan, croyez que je suis plein de reconnaissance pour un pareil procédé, et que, comme je vous l'ai dit, si je puis vous être bon à quelque chose...

— Je vous crois, monsieur, je vous crois, et, comme j'allais vous le dire, foi de Bonacieux, j'ai confiance en vous.

— Achevez donc ce que vous avez commencé à me dire.

Le bourgeois tira un papier de sa poche et le présenta à d'Artagnan.

— Une lettre! fit le jeune homme.

— Que j'ai reçue ce matin.

D'Artagnan l'ouvrit, et, comme le jour commençait à baisser, il s'approcha de la fenêtre. Le bourgeois le suivit.

« Ne cherchez pas votre femme , lut d'Artagnan ; elle « vous sera rendue quand on n'aura plus besoin d'elle. Si « vous faites une seule démarche pour la retrouver, vous « êtes perdu. »

— Voilà qui est positif, continua d'Artagnan ; mais, après tout, ce n'est qu'une menace.

— Oui, mais cette menace m'épouvante, moi, monsieur ; je ne suis pas homme d'épée du tout, et j'ai peur de la Bastille.

— Hum ! fit d'Artagnan, mais c'est que je ne me soucie pas plus de la Bastille que vous, moi. S'il ne s'agissait que d'un coup d'épée, passe encore.

— Cependant, monsieur, j'avais bien compté sur vous dans cette occasion.

— Oui !

— Vous voyant sans cesse entouré de mousquetaires à l'air fort superbe, et reconnaissant que ces mousquetaires étaient ceux de M. de Tréville, et par conséquent des ennemis du cardinal, j'avais pensé que vous et vos amis, tout en rendant justice à notre pauvre reine, seriez enchantés de jouer un mauvais tour à Son Éminence.

— Sans doute.

— Et puis, j'avais pensé que me devant trois mois de loyer dont je ne vous ai jamais parlé...

— Oui, oui, vous m'avez déjà donné cette raison, et je la trouve excellente.

— Comptant de plus, tant que vous me ferez l'honneur de rester chez moi, ne jamais vous parler de votre loyer à venir...

— Très-bien.

— Et ajoutez à cela, si besoin était, comptant vous offrir une cinquantaine de pistoles si, contre toute probabilité, vous vous trouviez gêné en ce moment.

— A merveille ; mais vous êtes donc riche, mon cher monsieur Bonacieux ?

— Je suis à mon aise, monsieur, c'est le mot ; j'ai amassé quelque chose comme deux ou trois mille écus de rente dans le commerce de la mercerie, et surtout en plaçant quelques fonds sur le dernier voyage du célèbre navigateur Jean Mocquet ; de sorte que, vous comprenez, monsieur... Ah ! mais... s'écria le bourgeois.

— Quoi ? demanda d'Artagnan.

— Que vois-je là ?

— Où ?

— Dans la rue, en face de vos fenêtres, dans l'embrasure de cette porte : un homme enveloppé dans un manteau.

— C'est lui ! s'écrièrent à la fois d'Artagnan et le bourgeois, chacun d'eux, en même temps, ayant reconnu son homme.

— Ah ! cette fois-ci, s'écria d'Artagnan en sautant sur son épée, cette fois-ci il ne m'échappera pas.

Et, tirant son épée du fourreau, il se précipita hors de l'appartement.

— Sur l'escalier, il rencontra Athos et Porthos qui le venaient voir. Ils s'écartèrent, d'Artagnan passa entre eux comme un trait.

— Ah çà ! où courez-vous ainsi ? lui crièrent à la fois les deux mousquetaires.

— L'homme de Meung ! répondit d'Artagnan.

Et il disparut.

D'Artagnan avait plus d'une fois raconté à ses amis son aventure avec l'inconnu, ainsi que l'apparition de la belle voyageuse à laquelle cet homme avait paru confier une si importante missive.

L'avis d'Athos avait été que d'Artagnan avait perdu sa lettre dans la bagarre. Un gentilhomme, selon lui, — et, au portrait que d'Artagnan avait fait de l'inconnu, ne ce pouvait être qu'un gentilhomme, — un gentilhomme devait être incapable de cette bassesse de voler une lettre.

Porthos n'avait vu dans tout cela qu'un rendez-vous amoureux donné par une dame à un cavalier ou par un cavalier à une dame, et qu'était venue troubler la présence de d'Artagnan et de son cheval jaune.

Aramis avait dit que ces sortes de choses étaient mystérieuses, mieux valait ne les point approfondir.

Ils comprirent donc, par les quelques mots échappés à d'Artagnan, de quelle affaire il était question, et, comme ils pensèrent qu'après avoir rejoint son homme ou l'avoir perdu de vue, d'Artagnan finirait toujours par rentrer chez lui, ils continuèrent leur chemin.

Lorsqu'ils entrèrent dans la chambre de d'Artagnan, la chambre était vide ; le propriétaire, craignant les suites de la rencontre qui allait sans doute avoir lieu entre le jeune homme et l'inconnu, avait, par suite de l'exposition qu'il avait faite lui-même de son caractère, jugé qu'il était prudent de décamper.

CHAPITRE IX.

D'ARTAGNAN SE DESSINE.

Comme l'avaient prévu Athos et Porthos, au bout d'une demi-heure d'Artagnan rentra. Cette fois encore il avait manqué son homme, qui avait disparu comme par enchantement. D'Artagnan avait couru, l'épée à la main, toutes les rues environnantes, mais il n'avait rien trouvé qui ressemblât à celui qu'il cherchait, puis enfin il en était revenu à la chose par laquelle il aurait dû commencer peut-être, et qui était de frapper à la porte contre laquelle l'inconnu était appuyé ; mais c'était inutilement qu'il avait dix ou douze fois de suite fait résonner le marteau, personne n'avait répondu, et des voisins, qui, attirés par le bruit, étaient accourus sur le seuil de leur porte ou avaient mis le nez à leurs fenêtres, lui avaient assuré que cette maison, dont au reste toutes les ouvertures étaient closes, était depuis six mois complétement inhabitée.

Pendant que d'Artagnan courait les rues et frappait aux portes, Aramis avait rejoint ses deux compagnons, de sorte qu'en revenant chez lui d'Artagnan trouva la réunion au grand complet.

— Eh bien ? dirent ensemble les trois mousquetaires en voyant entrer d'Artagnan, la sueur sur le front et la figure bouleversée par la colère.

— Eh bien ! s'écria celui-ci en jetant son épée sur le lit, il faut que cet homme soit le diable en personne ; il a disparu comme un fantôme, comme une ombre, comme un spectre.

— Croyez-vous aux apparitions ? demanda Athos à Porthos.

— Moi, je ne crois qu'à ce que j'ai vu, et, comme je n'ai jamais vu d'apparitions, je n'y crois pas.

— La Bible, dit Aramis, nous fait une loi d'y croire : l'ombre de Samuel apparut à Saül, et c'est un article de foi que je serais fâché de voir mettre en doute, Porthos.

— Dans tous les cas, homme ou diable, corps ou ombre, illusion ou réalité, cet homme est né pour ma damnation, car sa fuite nous fait manquer une affaire superbe, messieurs, une affaire dans laquelle il y avait cent pistoles et peut-être plus à gagner.

— Comment cela ? dirent à la fois Porthos et Aramis.

Quant à Athos, fidèle à son système de mutisme, il se contenta d'interroger d'Artagnan du regard.

— Planchet, dit d'Artagnan à son domestique, qui passait en ce moment la tête par la porte entre-bâillée pour tâcher de surprendre quelques bribes de la conversation, descendez chez mon propriétaire, M. Bonacieux, et dites-lui de nous envoyer une demi-douzaine de bouteilles de vin de Beaugency ; c'est celui que je préfère.

— Ah çà ! mais vous avez donc crédit ouvert chez votre propriétaire ? demanda Porthos.

— Oui, répondit d'Artagnan, à compter d'aujourd'hui, et, soyez tranquilles, si son vin est mauvais, nous lui en enverrons quérir d'autre.

— Il faut user et non abuser, dit sentencieusement Aramis.

— J'ai toujours dit que d'Artagnan était la forte tête de nous quatre, fit Athos, qui, après avoir émis cette opinion, à laquelle d'Artagnan répondit par un salut, retomba aussitôt dans son silence accoutumé.

— Mais enfin, voyons, qu'y a-t-il ? demanda Porthos.

— Oui, dit Aramis, confiez-nous cela, mon cher ami, à moins que l'honneur de quelque dame ne se trouve intéressé à cette confidence ; auquel cas vous feriez mieux de la garder pour vous.

— Soyez tranquilles, répondit d'Artagnan, l'honneur de personne n'aura à se plaindre de ce que j'ai à vous dire.

Et alors il raconta mot à mot à ses amis ce qui venait de se passer entre lui et son hôte, et comment l'homme qui avait enlevé la femme du digne propriétaire était le même avec lequel il avait eu maille à partir à l'hôtellerie du Franc-Meunier.

— Votre affaire n'est pas mauvaise, dit Athos après avoir goûté le vin en connaisseur et indiqué d'un signe de tête qu'il le trouvait bon, et l'on pourra tirer de ce brave homme cinquante à soixante pistoles. Maintenant, reste à savoir si cinquante à soixante pistoles valent la peine de risquer quatre têtes.

— Mais, faites attention, s'écria d'Artagnan, qu'il y a une femme dans cette affaire, une femme enlevée, une femme qu'on menace sans doute, qu'on torture peut-être, et tout cela parce qu'elle est fidèle à sa maîtresse !

— Prenez garde, d'Artagnan, prenez garde, dit Aramis, vous vous échauffez un peu trop, à mon avis, sur le sort de madame Bonacieux. La femme a été créée pour notre perte, et c'est d'elle que nous viennent toutes nos misères.

Athos, à cette sentence d'Aramis, fronça le sourcil et se mordit les lèvres.

— Ce n'est point de madame Bonacieux que je m'inquiète, s'écria d'Artagnan, mais de la reine, que le roi abandonne, que le cardinal persécute, et qui voit tomber, les unes après les autres, les têtes de ses amis.

— Pourquoi aime-t-elle ce que nous détestons le plus au monde, les Espagnols et les Anglais ?

— L'Espagne est sa patrie, répondit d'Artagnan, et il est tout simple qu'elle aime les Espagnols, qui sont enfants de la même terre qu'elle. Quant au second reproche que vous lui faites, j'ai entendu dire qu'elle aimait non pas les Anglais, mais un Anglais.

— Eh ! ma foi ! dit Athos, il faut avouer que cet Anglais était bien digne d'être aimé. Je n'ai jamais vu un plus grand air que le sien.

— Sans compter qu'il s'habille comme personne, dit Porthos. J'étais au Louvre le jour où il a semé ses perles, et, pardieu, j'en ai ramassé deux que j'ai bien vendues dix pistoles pièce. Et vous, Aramis, le connaissez-vous ?

— Aussi bien que vous, messieurs, car j'étais de ceux qui l'ont arrêté dans le jardin d'Amiens, où m'avait introduit M. de Putange, l'écuyer de la reine. J'étais au séminaire à cette époque, et l'aventure me parut cruelle pour le roi.

— Ce qui ne m'empêcherait pas, dit d'Artagnan, si je savais où est le duc de Buckingham, de le prendre par la main et de le conduire près de la reine, ne fût-ce que pour faire enrager M. le cardinal ; car notre véritable, notre seul éternel ennemi, messieurs, c'est le cardinal, et, si nous pouvions trouver moyen de lui jouer quelque tour bien cruel, j'avoue que j'y engagerais volontiers ma tête.

— Et, reprit Athos, le mercier vous a dit, d'Artagnan, que la reine pensait qu'on avait fait venir le Buckingham sur un faux avis ?

— Elle en a peur.

— Attendez donc, dit Aramis.

— Quoi ? demanda Porthos.

— Allez toujours, je cherche à me rappeler des circonstances.

— Et maintenant je suis convaincu, dit d'Artagnan, que l'enlèvement de cette femme de la reine se rattache aux événements dont nous parlons, et peut-être à la présence de M. de Buckingham à Paris.

— Le Gascon est plein d'idées, dit Porthos avec admiration.

— J'aime beaucoup l'entendre parler, dit Athos ; son patois m'amuse.

— Messieurs, reprit Aramis, écoutez ceci.

— Écoutons Aramis, dirent les trois amis.

— Hier, je me trouvais chez un savant docteur en théologie que je consulte quelquefois pour mes études...

Athos sourit.

— Il habite un quartier désert, continua Aramis ; ses goûts, sa profession, l'exigent. Or, au moment où je sortais de chez lui...

Ici Aramis s'arrêta.

— Eh bien ! demandèrent ses auditeurs, au moment où vous sortiez de chez lui ?

Aramis parut faire un effort sur lui-même, comme un homme qui, en plein de courant de mensonge, se voit arrêté par quelque obstacle imprévu ; mais les yeux de ses trois compagnons étaient fixés sur lui ; leurs oreilles attendaient béantes ; il n'y avait pas moyen de reculer.

— Ce docteur a une nièce, continua Aramis.

— Ah ! il a une nièce, interrompit Porthos.

— Dame fort respectable, dit Aramis.

Les trois amis se mirent à rire.

— Ah ! si vous riez ou si vous doutez, reprit Aramis, vous ne saurez rien.

— Nous sommes croyants comme des mahométistes et muets comme des catafalques, dit Athos.

— Je continue donc, reprit Aramis. Cette nièce vient quelquefois voir son oncle ; or, elle s'y trouvait hier en même temps que moi, par hasard, et je dus m'offrir pour la conduire à son carrosse.

— Ah ! elle a un carrosse, la nièce du docteur ? interrompit Porthos, dont un des défauts était une grande incontinence de langue ; — belle connaissance, mon ami !

— Porthos, reprit Aramis, je vous ai déjà fait observer plus d'une fois que vous êtes fort indiscret, et que cela vous nuit près des femmes.

— Messieurs ! messieurs ! s'écria d'Artagnan qui entrevoyait le fond de l'aventure, la chose est sérieuse ; tâchons donc de ne pas plaisanter si nous pouvons. Allez, Aramis, allez.

— Tout à coup un homme grand, brun, aux manières de gentilhomme... tenez, dans le genre du vôtre, d'Artagnan.

— Le même peut-être, dit celui-ci.

— C'est possible, continua Aramis... s'approcha de moi, accompagné de cinq ou six hommes qui le suivaient à dix pas en arrière, et du ton le plus poli : « Monsieur le duc, me dit-il, et vous, madame, » continua-t-il en s'adressant à la dame que j'avais sous le bras.

— A la nièce du docteur ?

— Silence donc, Porthos ! dit Athos ; vous êtes insupportable !

— « Veuillez monter dans ce carrosse, et cela sans essayer de la moindre résistance, sans faire le moindre bruit. »

— Il vous avait pris pour Buckingham ! dit d'Artagnan.

— Je le crois, répondit Aramis.

— Mais cette dame ? demanda Porthos.

— Il l'avait prise pour la reine ! dit d'Artagnan.

— Justement, répondit Aramis.

— Le Gascon est le diable ! s'écria Athos, rien ne lui échappe.

— Le fait est, dit Porthos, qu'Aramis est de la taille et a quelque chose de la tournure du beau duc ; mais cependant il me semble que l'habit de mousquetaire...

— J'avais un manteau énorme, dit Aramis.

— Au mois de juillet ? diable ! fit Porthos ; est-ce que le docteur craint que tu ne sois reconnu ?

— Je comprends encore, dit Athos, que l'espion se soit laissé prendre par la tournure, mais le visage...

— J'avais un grand chapeau, dit Aramis.

— O mon Dieu ! s'écria Porthos, que de précautions pour étudier la théologie !

— Messieurs, messieurs, dit d'Artagnan, ne perdons pas notre temps à badiner ; éparpillons-nous et cherchons la femme du mercier : c'est la clef de l'intrigue.

— Une femme de condition si inférieure ! vous croyez, d'Artagnan ? fit Porthos en allongeant les lèvres avec mépris.

— C'est la filleule de Laporte, le valet de confiance de la reine. Ne vous l'ai-je pas dit, messieurs ? Et d'ailleurs c'est peut-être un calcul de Sa Majesté d'avoir été cette fois chercher ses appuis si bas. Les hautes têtes se voient de loin, et le cardinal a bonne vue.

— Eh bien ! dit Porthos, faites d'abord prix avec le mercier, et bon prix.

— C'est inutile, dit d'Artagnan, car je crois que, s'il ne nous paye pas, nous serons assez payés d'un autre côté.

En ce moment, un bruit précipité de pas retentit dans l'escalier, la porte s'ouvrit avec fracas, et le malheureux mercier s'élança dans la chambre où se tenait le conseil.

— Ah ! messieurs, s'écria-t-il, sauvez-moi, au nom du ciel, sauvez-moi ! Il y a là quatre hommes qui viennent pour m'arrêter, sauvez-moi ! sauvez-moi !

Porthos et Aramis se levèrent.

— Un moment, s'écria d'Artagnan en leur faisant signe de repousser au fourreau leurs épées à demi tirées ; un moment, ce n'est pas du courage qu'il faut ici, c'est de la prudence.

— Cependant, s'écria Porthos, nous ne laisserons pas...

— Vous laisserez faire d'Artagnan, dit Athos ; c'est, je le répète, la forte tête de nous tous, et moi, pour mon compte, je déclare que je lui obéis. Fais ce que tu voudras, d'Artagnan.

En ce moment, les quatre gardes apparurent à la porte de 'antichambre, et, voyant quatre mousquetaires debout et l'épée au côté, hésitèrent à aller plus loin.

— Entrez, messieurs, entrez, cria d'Artagnan; vous êtes ici chez moi, et nous sommes tous de fidèles serviteurs du roi et de M. le cardinal.

— Alors, messieurs, vous ne vous opposerez pas à ce que nous exécutions les ordres que nous avons reçus? demanda celui qui paraissait le chef de l'escouade.

— Au contraire, messieurs, et nous vous prêterions main-forte, si besoin était.

— Mais que dit-il donc? marmotta Porthos.

— Tu es un niais, dit Athos; silence!

— Mais vous m'avez promis... dit tout bas le pauvre mercier.

— Nous ne pouvons vous sauver qu'en restant libres, répondit rapidement et tout bas d'Artagnan, et si nous faisons mine de vous défendre, on nous arrête avec vous.

— Il me semble cependant...

— Venez, messieurs, venez, dit tout haut d'Artagnan: je n'ai aucun motif de défendre monsieur. Je l'ai vu aujourd'hui pour la première fois, et encore à quelle occasion, il vous le dira lui-même, pour me venir réclamer le prix de mon loyer. Est-ce vrai, monsieur Bonacieux? Répondez!

— C'est la vérité pure, s'écria le mercier, mais monsieur ne vous dit pas...

— Silence sur moi, silence sur mes amis, silence sur la reine surtout, ou vous perdriez tout le monde sans vous sauver. Allez, allez, messieurs, emmenez cet homme!

Et d'Artagnan poussa le mercier tout étourdi aux mains des gardes en lui disant:

— Vous êtes un maraud, mon cher; — vous venez me demander de l'argent, à moi! — à un mousquetaire! — En prison! — Messieurs, encore une fois, emmenez-le en prison, et gardez-le sous clef le plus longtemps possible, cela me donnera du temps pour payer.

Les sbires se confondirent en remerciments et emmenèrent leur proie.

Au moment où ils descendaient, d'Artagnan frappa sur l'épaule du chef.

— Ne boirai-je pas à votre santé et vous à la mienne? dit-il en remplissant deux verres du vin de Beaugency qu'il tenait de la libéralité de M. Bonacieux.

— Ce sera bien de l'honneur pour moi, dit le chef des sbires, et j'accepte avec reconnaissance.

— Donc, à la vôtre, monsieur... Comment vous nommez-vous?

— Boisrenard.

— Monsieur Boisrenard!

— A la vôtre, mon gentilhomme; comment vous nommez-vous, à votre tour, s'il vous plaît?

— D'Artagnan.

— A la vôtre, monsieur d'Artagnan!

— Et, par-dessus toutes celles-là, s'écria d'Artagnan, comme emporté par son enthousiasme, à celles du roi et du cardinal.

Le chef des sbires eût peut-être douté de la sincérité de d'Artagnan si le vin eût été mauvais; mais le vin était bon, il fut convaincu.

— Mais quelle diable de vilenie avez-vous donc faite là? dit Porthos lorsque l'alguazil en chef eut rejoint ses compagnons, et que les quatre amis se retrouvèrent seuls. Fi donc! quatre mousquetaires laisser arrêter au milieu d'eux un malheureux qr', crie à l'aide! Un gentilhomme trinquer avec un recors!

— Porthos, dit Aramis, Athos t'a déjà prévenu que tu étais un niais, et je me range de son avis. D'Artagnan, tu es un grand homme, et, quand tu seras à la place de M. de Tréville, je te demande ta protection pour me faire avoir une abbaye.

— Ah çà! je m'y perds, dit Porthos; vous approuvez ce que d'Artagnan vient de faire?

— Je le crois pardieu bien! dit Athos; non-seulement j'approuve ce qu'il vient de faire, mais encore je l'en félicite.

— Et maintenant, messieurs, dit d'Artagnan sans se donner la peine d'expliquer sa conduite à Porthos, tous pour un, un pour tous; c'est notre devise, n'est-ce pas?

— Cependant, dit Porthos.

— Etends la main et jure, s'écrièrent à la fois Athos et Aramis.

Vaincu par l'exemple, maugréant tout bas, Porthos étendit la main, et les quatre amis répétèrent d'une seule voix la formule dictée par d'Artagnan.

« Tous pour un, un pour tous. »

— C'est bien; que chacun se retire maintenant chez soi, dit d'Artagnan, comme s'il n'avait fait autre chose que de commander toute sa vie; et attention, car, à partir de ce moment, nous voilà aux prises avec le cardinal.

CHAPITRE X.

UNE SOURICIÈRE AU DIX-SEPTIÈME SIÈCLE.

L'invention de la souricière ne date pas de nos jours; dès que les sociétés, en se formant, eurent inventé une police quelconque, cette police à son tour inventa les souricières.

Comme peut-être nos lecteurs ne sont pas familiarisés encore avec l'argot de la rue de Jérusalem, et que c'est, depuis que nous écrivons, et il y a quelque quinze ans de cela, la première fois que nous employons ce mot appliqué à cette chose, expliquons-leur ce que c'est qu'une souricière.

Quand, dans une maison, quelle qu'elle soit, on a arrêté un individu soupçonné d'un crime quelconque, on tient secrète l'arrestation; on place quatre ou cinq hommes en embuscade dans la première pièce; on ouvre à tous ceux qui frappent; on la referme sur eux, et on les arrête; de cette façon, au bout de deux ou trois jours, on tient à peu près tous les familiers de l'établissement.

Voilà ce que c'est qu'une souricière.

On fit donc une souricière de l'appartement de maître Bonacieux, et quiconque y apparut fut pris et interrogé par les gens de M. le cardinal. Il va sans dire que, comme une allée particulière conduisait au premier étage, qu'habitait d'Artagnan, ceux qui venaient chez lui étaient exemptés de toutes visites.

D'ailleurs, les trois mousquetaires y venaient seuls; ils s'étaient mis en quête, chacun de son côté, et n'avaient rien trouvé, rien découvert. Athos avait été même jusqu'à questionner M. de Tréville, chose qui, vu le mutisme habituel du digne mousquetaire, avait fort étonné son capitaine. Mais M. de Tréville ne savait rien, sinon que, la dernière fois qu'il avait vu le cardinal, le roi et la reine, le cardinal avait l'air fort soucieux, que le roi était inquiet, et que les yeux rouges de la reine indiquaient qu'elle avait veillé ou pleuré. Mais cette dernière circonstance l'avait peu frappé, la reine, depuis son mariage, veillant et pleurant beaucoup.

M. de Tréville recommanda en tout cas à Athos le service du roi et surtout celui de la reine, le priant de faire la même recommandation à ses camarades.

Quant à d'Artagnan, il ne bougeait pas de chez lui. Il avait converti sa chambre en observatoire. Des fenêtres, il voyait arriver ceux qui venaient se faire prendre; puis, comme il avait ôté les carreaux du plancher, qu'il avait creusé le parquet, et qu'un simple plafond le séparait de la chambre du rez-de-chaussée où se faisaient les interrogatoires, il entendait tout ce qui se passait entre les inquisiteurs et les accusés.

Les interrogatoires, précédés d'une perquisition minutieuse opérée sur la personne arrêtée, étaient presque toujours ainsi conçus:

— Madame Bonacieux vous a-t-elle remis quelque chose pour son mari ou pour quelque autre personne?

— M. Bonacieux vous a-t-il remis quelque chose pour sa femme ou pour quelque autre personne?

— L'un et l'autre vous ont-ils fait quelque confidence de vive voix?

— S'ils savaient quelque chose, ils ne questionneraient pas ainsi, se dit à lui-même d'Artagnan. Maintenant, que cherchent-ils à savoir? Si le duc de Buckingham ne se trouve point à Paris, et s'il n'a pas eu ou s'il ne doit point avoir quelque entrevue avec la reine?

D'Artagnan s'arrêta à cette idée, qui, d'après tout ce qu'il avait entendu, ne manquait pas de probabilité.

En attendant, la souricière était en permanence, et la vigilance de d'Artagnan aussi.

Le soir du lendemain de l'arrestation du pauvre Bonacieux, comme Athos venait de quitter d'Artagnan pour se rendre chez M. de Tréville, comme neuf heures venaient de sonner, et comme Planchet, qui n'avait pas encore fait le lit, commençait sa besogne, on entendit frapper à la porte de la rue. Aussitôt cette porte s'ouvrit et se referma : quelqu'un venait de se prendre à la souricière.

D'Artagnan s'élança vers l'endroit décarrelé, se coucha ventre à terre et écouta.

Des cris retentirent bientôt, puis des gémissements qu'on cherchait à étouffer. D'interrogatoire, il n'en était pas question.

— Diable! se dit d'Artagnan, il me semble que c'est une femme. On la fouille, elle résiste, — on la violente.

— Les misérables!

Et d'Artagnan, malgré sa prudence, se tenait à quatre pour ne pas se mêler à la scène qui se passait au-dessous de lui.

— Mais je vous dis que je suis la maîtresse de la maison, messieurs; je vous dis que je suis madame Bonacieux; je vous dis que j'appartiens à la reine! s'écriait la malheureuse femme.

— Madame Bonacieux! murmura d'Artagnan; serais-je assez heureux pour avoir trouvé ce que tout le monde cherche?

— C'est justement vous que nous attendions, reprirent les interrogateurs.

La souricière.

La voix devint de plus en plus étouffée; un mouvement tumultueux fit retentir les boiseries. La victime résistait autant qu'une femme peut résister à quatre hommes.

— Pardon, messieurs, par... murmura la voix, qui ne fit plus entendre que des sons inarticulés.

— Ils la bâillonnent, ils vont l'entraîner, s'écria d'Artagnan en se redressant comme par un ressort. Mon épée! Bon, elle est à mon côté. Planchet!

— Monsieur.

— Cours chercher Athos, Porthos et Aramis. L'un des trois sera sûrement chez lui; peut-être tous les trois seront-ils rentrés. Qu'ils prennent des armes, qu'ils viennent, qu'ils accourent. Ah! je me souviens, Athos est chez M. de Tréville.

— Mais où allez-vous, monsieur, où allez-vous?

— Je descends par la fenêtre, s'écria d'Artagnan, afin d'être plus tôt arrivé, toi, remets les carreaux, balaye le plancher, sors par la porte et cours où je te dis.

— Oh! monsieur, monsieur, vous allez vous tuer! s'écria Planchet.

— Tais-toi, imbécile, dit d'Artagnan. Et, s'accrochant de la main au rebord de la croisée, il se laissa tomber du premier étage, qui heureusement n'était pas élevé, sans se faire une écorchure.

Puis il alla aussitôt frapper à la porte en murmurant :

— Je vais me faire prendre à mon tour dans la souricière, et malheur aux chats qui se frotteront à pareille souris.

A peine le marteau eut-il résonné sous la main du jeune homme, que le tumulte cessa, que des pas s'approchèrent, que la porte s'ouvrit et que d'Artagnan, l'épée nue, s'élança dans l'appartement de maître Bonacieux, dont la porte, sans doute mue par un ressort, se referma d'elle-même après lui avoir donné passage.

Alors ceux qui habitaient encore la malheureuse maison de Bonacieux, et les voisins les plus proches, entendirent de grands cris, des trépignements, un cliquetis d'épées et un bris prolongé de meubles. Puis, un moment après, ceux qui, surpris par ce bruit, s'étaient mis aux fenêtres pour en connaître la cause, purent voir la porte se rouvrir et quatre hommes vêtus de noir, non pas en sortir, mais s'envoler comme des corbeaux effarouchés, laissant par terre et aux angles des tables des plumes de leurs ailes, c'est-à-dire des loques de leurs habits et des bribes de leurs manteaux.

D'Artagnan était vainqueur sans beaucoup de peine, il faut le dire, car un seul des alguazils était armé, encore se défendit-il pour la forme. Il est vrai que les trois autres avaient essayé d'assommer le jeune homme avec les chaises, les tabourets et les poteries; mais deux ou trois égratignures faites par la flamberge du Gascon les avaient épouvantés. Dix minutes avaient suffi à leur défaite, et d'Artagnan était resté maître du champ de bataille.

Les voisins, qui avaient ouvert leur fenêtre avec le sang-froid particulier aux habitants de Paris dans ces temps d'émeutes et de rixes perpétuelles, les refermèrent dès qu'ils eurent vu s'enfuir les quatre hommes noirs; leur instinct eur disait que, pour le moment, tout était fini.

D'ailleurs, il se faisait tard, et alors, comme aujourd'hui, on se couchait de bonne heure dans le quartier du Luxembourg.

D'Artagnan, resté seul avec madame Bonacieux, se retourna vers elle; la pauvre femme était renversée sur un fauteuil, et à demi évanouie. D'Artagnan l'examina d'un coup d'œil rapide.

C'était une charmante femme de vingt-cinq à vingt-six ans, brune avec des yeux bleus, ayant le nez légèrement retroussé, des dents admirables, un teint marbré de rose et d'opale. Là cependant s'arrêtaient les signes qui pouvaient la faire confondre avec une grande dame. Les mains étaient blanches, mais sans finesse; les pieds n'annonçaient pas la femme de qualité. Heureusement d'Artagnan n'en était pas encore à se préoccuper de ces détails.

Tandis que d'Artagnan examinait madame Bonacieux, et en était aux pieds, comme nous l'avons dit, il vit à terre un fin mouchoir de batiste, qu'il ramassa, selon son habitude, et au coin duquel il reconnut le même chiffre qu'il avait vu au mouchoir qui avait failli lui faire couper la gorge avec Aramis.

Depuis ce temps, d'Artagnan se méfiait des mouchoirs armoriés; il remit donc, sans rien dire, celui qu'il avait ramassé dans la poche de madame Bonacieux.

En ce moment madame Bonacieux reprenait ses sens. Elle ouvrit les yeux, regarda avec terreur autour d'elle, vit que l'appartement était vide, et qu'elle était seule avec son libérateur. Elle lui tendit aussitôt les mains en souriant. — Madame Bonacieux avait le plus charmant sourire du monde.

— Ah! monsieur, dit-elle, c'est vous qui m'avez sauvée; permettez que je vous remercie.

— Madame, dit d'Artagnan, je n'ai fait que ce que tout gentilhomme eût fait à ma place; vous ne me devez aucun remerciment.

— Si fait, monsieur, si fait, et j'espère vous prouver que vous n'avez pas rendu service à une ingrate. Mais que me voulaient donc ces hommes, que j'ai pris d'abord pour des voleurs, et pourquoi M. Bonacieux n'est-il pas ici?

— Madame, ces hommes étaient bien autrement dangereux que ne pourraient l'être des voleurs, car ce sont des agents de M. le cardinal; et, quant à votre mari, M. Bonacieux, il n'est point ici, parce qu'hier on est venu le prendre pour le conduire à la Bastille.

— Mon mari à la Bastille! s'écria madame Bonacieux; oh! mon Dieu! qu'a-t-il donc fait? pauvre cher homme! lui l'innocence même!

Et quelque chose comme un sourire perçait sur la figure encore effrayée de la jeune femme.

— Ce qu'il a fait, madame? dit d'Artagnan. Je crois que son seul crime est d'avoir à la fois le bonheur et le malheur d'être votre mari.

— Mais, monsieur, vous savez donc...

— Je sais que vous avez été enlevée, madame.

— Et par qui? Le savez-vous? Oh! si vous le savez, dites-le-moi.

— Par un homme de quarante à quarante-cinq ans, aux cheveux noirs, au teint basané, avec une cicatrice à la tempe gauche.

— C'est cela, c'est cela; mais son nom?

— Ah! son nom? C'est ce que j'ignore.

— Et mon mari savait-il que j'avais été enlevée?

— Il en avait été prévenu par une lettre que lui avait écrite le ravisseur lui-même.

— Et soupçonne-t-il, demanda madame Bonacieux avec embarras, la cause de cet enlèvement?

— Il l'attribuait, je crois, à une cause politique.

— J'en ai douté d'abord, et maintenant je le pense comme lui. Ainsi donc, ce cher M. Bonacieux ne m'a pas soupçonnée un seul instant?

— Ah! loin de là, madame, il était trop fier de votre sagesse et surtout de votre amour.

Un second sourire presque imperceptible effleura les lèvres rosées de la belle jeune femme.

— Mais, continua d'Artagnan, comment vous êtes-vous enfuie?

— J'ai profité d'un moment où l'on m'a laissée seule, et, comme je savais depuis ce matin à quoi m'en tenir sur mon enlèvement, à l'aide de mes draps, je suis descendue par la fenêtre; alors, comme je croyais mon mari ici, je suis accourue.

— Pour vous mettre sous sa protection?

— Oh! non, je savais bien qu'il était incapable de me défendre; mais, comme il pouvait nous servir à autre chose, je voulais le prévenir.

— De quoi?

— Oh! ceci n'est point mon secret; je ne puis donc pas vous le dire.

— D'ailleurs, dit d'Artagnan (pardon, madame, si, tout garde que je suis, je vous rappelle à la prudence), d'ailleurs, je crois que nous ne sommes pas ici en lieu opportun pour faire des confidences. Les hommes que j'ai mis en fuite vont revenir avec main-forte, et, s'ils nous retrouvent ici, nous sommes perdus. J'ai bien fait prévenir trois de mes amis, mais qui sait si on les aura trouvés chez eux.

— Oui, oui, vous avez raison, s'écria madame Bonacieux effrayée; fuyons, sauvons-nous.

A ces mots, elle passa son bras sous celui de d'Artagnan et l'entraîna vivement.

— Mais où fuir? dit d'Artagnan; où nous sauver?

— Éloignons-nous d'abord de cette maison, puis après nous verrons.

Et la jeune femme et le jeune homme, sans se donner la peine de refermer les portes, descendirent rapidement la rue des Fossoyeurs, s'engagèrent dans la rue des Fossés-Monsieur-le-Prince et ne s'arrêtèrent qu'à la place Saint-Sulpice.

— Et maintenant qu'allons-nous faire? demanda d'Artagnan, et où voulez-vous que je vous conduise?

— Je suis fort embarrassée de vous répondre, je vous l'avoue, dit madame Bonacieux; mon intention était de faire prévenir M. Laporte par mon mari, afin que M. Laporte pût nous dire précisément ce qui s'était passé au Louvre depuis trois jours et s'il n'y avait pas danger pour moi de m'y présenter.

— Mais moi, dit d'Artagnan, je puis aller prévenir M. Laporte.

— Sans doute; seulement il n'y a qu'un malheur : c'est qu'on connaît M. Bonacieux au Louvre, et qu'on le laisserait passer, lui, tandis qu'on ne vous connaît pas, vous, et que l'on vous fermera la porte.

— Ah bah! dit d'Artagnan; vous avez bien à quelque guichet du Louvre un concierge qui vous est dévoué, et qui, grâce à un mot d'ordre...

Madame Bonacieux regarda fixement le jeune homme.

— Et si je vous donnais ce mot d'ordre, dit-elle, l'oublieriez-vous aussitôt que vous vous en seriez servi?

— Parole d'honneur, foi de gentilhomme, dit d'Artagnan avec un accent à la vérité duquel il n'y avait pas à se tromper.

— Tenez, je vous crois; vous avez l'air d'un brave jeune homme. D'ailleurs, votre fortune est peut-être au bout de votre dévouement.

— Je ferai sans promesse et de conscience tout ce que je pourrai pour servir le roi et être agréable à la reine, dit d'Artagnan; disposez donc de moi comme d'un ami.

— Mais moi, où me mettrez-vous pendant ce temps-là?

— N'avez-vous pas une amie chez laquelle M. Laporte puisse revenir vous prendre?

— Non, je ne veux me fier à personne.

— Attendez, dit d'Artagnan; nous sommes à la porte d'Athos. Oui, c'est cela.

— Qu'est-ce qu'Athos?

— Un de mes amis.

— Mais s'il est chez lui, et qu'il me voie?

— Il n'y est pas, et j'emporterai la clef après vous avoir fait entrer dans son appartement.

— Mais s'il revient?

— Il ne reviendra pas; d'ailleurs on lui dirait que j'ai amené une femme, et que cette femme est chez lui.

— Mais cela me compromettra très-fort, savez-vous!

— Que vous importe, on ne vous connaît pas; d'ailleurs, nous sommes dans une situation à passer par-dessus quelques convenances.

— Allons donc chez votre ami. Où demeure-t-il?

— Rue Férou, à deux pas d'ici.

— Allons.

Et tous deux reprirent leur course. Comme l'avait prévu d'Artagnan, Athos n'était pas chez lui; il prit la clef, qu'on avait l'habitude de lui donner comme à un ami de la maison, monta l'escalier et introduisit madame Bonacieux dans le petit appartement dont nous avons déjà fait la description.

— Vous êtes chez vous, dit-il; attendez, fermez la porte en dedans et n'ouvrez à personne, à moins que vous n'entendiez frapper trois coups ainsi, tenez; et il frappa trois fois deux coups rapprochés l'un de l'autre et assez forts, un coup plus distant et plus léger.

— C'est bien, dit madame Bonacieux, maintenant à mon tour de vous donner mes instructions.

— J'écoute.

— Présentez-vous au guichet du Louvre, du côté de la rue de l'Echelle, et demandez Germain.

— C'est bien. Après?

— Il s'informera de ce que vous voulez, et alors vous lui répondrez par ces deux mots: — Tours et Bruxelles.— Aussitôt il se mettra à vos ordres.

— Et que lui ordonnerai-je?

— D'aller chercher M. Laporte, le porte-manteau de la reine.

— Et quand il l'aura été chercher et que M. Laporte sera venu?

— Vous me l'enverrez.

— C'est bien, mais où et comment vous reverrai-je?

— Y tenez-vous beaucoup, à me revoir?

— Certainement.

— Eh bien! reposez-vous sur moi de ce soin, et soyez tranquille.

— Je compte sur votre parole.

— Comptez-y.

D'Artagnan salua madame Bonacieux en lui lançant le coup d'œil le plus amoureux qu'il lui fut possible de concentrer sur sa charmante petite personne, et, tandis qu'il descendait l'escalier, il entendit la porte se fermer derrière lui à double tour. En deux bonds il fut au Louvre; comme il entrait au guichet de l'Echelle, dix heures sonnaient. Les nombreux événements que nous venons de raconter s'étaient succédé en une demi-heure.

Tout s'exécuta comme l'avait annoncé madame Bonacieux. Au mot d'ordre convenu, Germain s'inclina; dix minutes après, Laporte était dans la loge, en deux mots d'Artagnan le mit au fait et lui indiqua où était madame Bonacieux. Laporte s'assura par deux fois de l'exactitude de l'adresse, et partit tout courant. Cependant, à peine eut-il fait dix pas, qu'il revint.

— Jeune homme, dit-il à d'Artagnan, un conseil, me permettez-vous?

— Lequel?

— Vous pourriez être inquiété pour ce qui vient de se passer.

— Vous croyez?

— Oui. Avez-vous quelque ami dont la pendule retarde?

— Eh bien?

— Allez le voir pour qu'il puisse témoigner que vous étiez chez lui à neuf heures et demie. En justice, cela s'appelle un alibi.

D'Artagnan trouva le conseil prudent, il prit ses jambes à son cou, et arriva chez M. de Tréville; mais, au lieu de passer au salon avec tout le monde, il demanda à entrer dans son cabinet. Comme d'Artagnan était un des habitués de l'hôtel, on ne fit aucune difficulté d'accéder à sa demande, et l'on alla prévenir M. de Tréville que son jeune compatriote, ayant quelque chose d'important à lui dire, sollicitait une audience particulière. Cinq minutes après, M. de Tréville demandait à d'Artagnan ce qu'il pouvait faire pour son service, et ce qui lui valait sa visite à une heure si avancée.

— Pardon, monsieur, dit d'Artagnan, qui avait profité du moment où il était resté seul pour retarder l'horloge de trois quarts d'heure, mais j'ai pensé que, comme il n'était que neuf heures vingt-cinq minutes, il était encore temps de me présenter chez vous.

— Neuf heures vingt-cinq minutes! s'écria M. de Tréville en regardant sa pendule; mais c'est impossible!

— Voyez plutôt, monsieur, dit d'Artagnan, voilà qui fait foi.

— C'est juste, dit M. de Tréville, j'aurais cru qu'il était plus tard. Mais, voyons, que me voulez-vous?

Alors d'Artagnan fit à M. de Tréville une longue histoire sur la reine. Il lui exposa les craintes qu'il avait conçues à l'égard de Sa Majesté; il lui raconta ce qu'il avait entendu dire des projets du cardinal à l'endroit de Buckingham, et tout cela avec une tranquillité et un aplomb dont M. de Tréville fut d'autant mieux la dupe, que lui-même, comme nous l'avons dit, avait remarqué qu'il se passait quelque chose de nouveau entre le cardinal, le roi et la reine.

A dix heures sonnant, d'Artagnan quitta M. de Tréville, qui le remercia de ses renseignements et lui recommanda d'avoir toujours à cœur le service du roi et de la reine, et qui rentra dans le salon. Mais, au bas de l'escalier, d'Artagnan se souvint qu'il avait oublié sa canne: en conséquence, il remonta précipitamment, rentra dans le cabinet, d'un tour de doigt remit la pendule à son heure, pour qu'on ne pût pas s'apercevoir, le lendemain, qu'elle avait été dérangée, et sûr, désormais, qu'il y avait un témoin pour prouver son alibi, il redescendit l'escalier et se retrouva bientôt dans la rue.

---◦-❦-◦---

CHAPITRE XI.

L'INTRIGUE SE NOUE.

Sa visite faite à M. de Tréville, d'Artagnan prit, tout pensif, le plus long pour rentrer chez lui.

A quoi pensait d'Artagnan, qu'il s'écartait ainsi de sa route, regardant les étoiles du ciel et tantôt soupirant, tantôt souriant?

Il pensait à madame Bonacieux. Pour un apprenti mousquetaire, la jeune femme était presque une idéalité amoureuse. Jolie, mystérieuse, initiée à bon nombre de secrets de la cour, qui reflétaient tant de charmante gravité sur ses traits gracieux, elle était soupçonnée de n'être pas insensible, ce qui est un attrait irrésistible pour les amants novices; de plus, d'Artagnan l'avait délivrée des mains de ces démons qui voulaient la fouiller et la maltraiter, et cet important service avait établi entre elle et lui un de ces sentiments de reconnaissance qui prennent si facilement un plus tendre caractère.

D'Artagnan se voyait déjà, tant les rêves marchent vite sur les ailes de l'imagination, accosté par un messager de la jeune femme qui lui remettait quelque billet de rendez-vous, une chaîne d'or ou un diamant. Nous avons dit que les jeunes cavaliers recevaient sans honte de leur roi; ajoutons qu'en ce temps de facile morale ils n'avaient pas plus de vergogne à l'endroit de leurs maîtresses, et que celles-ci leur laissaient presque toujours de précieux et durables souvenirs, comme si elles eussent essayé de conquérir la fragilité de leurs sentiments par la solidité de leurs dons.

On faisait alors son chemin par les femmes sans en rougir. Celles qui n'étaient que belles donnaient leur beauté, et de là vient sans doute le proverbe que *la plus belle fille du monde ne peut donner que ce qu'elle a.* Celles qui étaient riches donnaient en outre une partie de leur argent, et l'on pourrait citer une foule de héros de cette galante époque qui n'eussent gagné ni leurs éperons d'abord, ni leurs batailles ensuite, sans la bourse plus ou moins garnie que leurs maîtresses attachaient à l'arçon de leur selle.

D'Artagnan ne possédait rien; l'hésitation du provincial, vernis léger, fleur éphémère, duvet de la pêche, s'était évaporée au vent des conseils peu orthodoxes que les trois mousquetaires donnaient à leur ami. D'Artagnan, suivant l'étrange coutume du temps, se regardait à Paris comme en campagne, et cela ni plus ni moins que dans les Flandres : l'Espagnol là-bas, la femme ici. — C'était partout un ennemi-né à combattre, des contributions à frapper.

Mais, disons-le, pour ce moment, d'Artagnan était mû d'un sentiment plus noble et plus désintéressé. Le mercier lui avait dit qu'il était riche; le jeune homme avait pu de-

D'un tour de doigt, d'Artagnan remit la pendule à son heure. — Page 39.

viner qu'avec un niais comme l'était M. Bonacieux ce devait être la femme qui tenait la clef de la bourse. Mais tout cela n'avait influé en rien sur le sentiment produit par la vue de madame Bonacieux, et l'intérêt était resté à peu près étranger à ce commencement d'amour qui en avait été la suite. Nous disons à peu près, car l'idée qu'une jeune femme, belle, gracieuse, spirituelle, est riche en même temps, n'ôte rien à ce commencement d'amour, et, tout au contraire, le corrobore. Il y a dans l'aisance une foule de soins et de caprices aristocratiques qui vont bien à la beauté. Un bas fin et blanc, une robe de soie, une guimpe de dentelle,

un joli soulier au pied, un frais ruban sur la tête, ne font point jolie une femme laide, mais font belle une femme jolie; sans compter les mains qui gagnent à tout cela; les mains, chez les femmes surtout, ont besoin de rester oisives pour rester belles.

Puis d'Artagnan, comme le sait très-bien le lecteur, auquel nous n'avons pas caché l'état de sa fortune, d'Artagnan n'était pas un millionnaire; il espérait bien le devenir un jour; mais le temps qu'il se fixait lui-même pour cet heureux changement était assez éloigné. En attendant, quel désespoir que de voir une femme qu'on aime désirer ce mille riens dont les femmes composent leur bonheur, et de ne pouvoir lui donner ces mille riens. Au moins, quand la femme est riche et que l'amant ne l'est pas, ce qu'il ne peut lui offrir, elle se l'offre elle-même; et quoique ce soit ordinairement avec l'argent du mari qu'elle se passe cette jouissance, il est rare que ce soit à lui qu'en revienne la reconnaissance.

Puis d'Artagnan, disposé à être l'amant le plus tendre, était en attendant ami très-dévoué. Au milieu de ses projets amoureux sur la femme du mercier, il n'oubliait pas les siens. La jolie madame Bonacieux était femme à prome-ner dans la plaine Saint-Denis ou dans la foire Saint-Germain en compagnie d'Athos, de Porthos et d'Aramis, auxquels d'Artagnan serait fier de montrer une telle conquête. Puis, quand on a marché longtemps, la faim arrive; d'Artagnan, depuis quelques heures, avait remarqué cela. On ferait de ces petits dîners charmants où l'on touche d'un côté la main d'un ami, et de l'autre le pied d'une maîtresse. Enfin, dans les moments pressants, dans les positions extrêmes, d'Artagnan serait le sauveur de la société.

Et M. Bonacieux, que d'Artagnan avait poussé dans les mains des sbires en le reniant bien haut, et à qui il avait

Madame Bonacieux.

promis tout bas de le sauver? Nous devons avouer à nos lecteurs que d'Artagnan n'y songeait en aucune façon, ou que, s'il y songeait, c'était pour se dire qu'il était très-bien où il était, quelque part qu'il fût. L'amour est la plus égoïste de toutes les passions.

Cependant que nos lecteurs se rassurent : si d'Artagnan oublie son hôte ou fait semblant de l'oublier, sous prétexte qu'il ne sait pas où on l'a conduit, nous ne l'oublions pas, nous, et nous savons où il est. Mais pour le moment faisons comme le Gascon amoureux. Quant au digne mercier, nous reviendrons à lui plus tard.

D'artagnan, tout en réfléchissant à ses futures amours, tout en parlant à la nuit, tout en souriant aux étoiles, remontait la rue du Cherche-Midi ou Chasse-Midi, ainsi qu'on l'appelait alors. Comme il se trouvait dans le quartier d'Aramis, l'idée lui était venue d'aller faire une visite à son ami pour lui donner quelques explications sur les motifs qui lui avaient fait envoyer Planchet avec invitation de se rendre immédiatement à la souricière. Or, si Aramis s'était trouvé chez lui lorsque Planchet y était venu, il avait sans aucun doute couru rue des Fossoyeurs, et, n'y trouvant personne que ses deux autres compagnons peut-être, ils n'avaient dû savoir, ni les uns ni les autres, ce que cela voulait dire. Ce dérangement méritait donc une explication ; voilà ce que se disait tout haut d'Artagnan.

Puis tout bas il pensait que c'était pour lui une occasion de parler de la jolie petite madame Bonacieux, dont son esprit, sinon son cœur, était déjà tout plein. Ce n'est pas à propos d'un premier amour qu'il faut demander de la discrétion, ce premier amour est accompagné d'une si grande joie qu'il faut que cette joie déborde, sans cela elle vous étoufferait.

Paris depuis deux heures était sombre et commençait à se faire désert. Onze heures sonnaient à toutes les horloges du faubourg Saint-Germain, il faisait un temps doux, d'Artagnan suivait une ruelle située sur l'emplacement où passe aujourd'hui la rue d'Assas, respirant les émanations embaumées qui venaient avec le vent de la rue de Vaugirard et qu'envoyaient les jardins rafraîchis par la rosée du soir et par la brise de la nuit. Au loin résonnaient, assourdis cependant par de bons volets, quelques cabarets perdus dans la plaine. Arrivé au bout de la ruelle, d'Artagnan tourna à gauche. La maison qu'habitait Aramis se trouvait située entre la rue Cassette et la rue des Jardins-Saint-Sulpice.

D'Artagnan venait de dépasser la rue Cassette et reconnaissait déjà la porte de la maison de son ami, enfouie sous un massif de sycomores et de clématites qui formaient un vaste bourrelet au-dessus d'elle, lorsqu'il aperçut quelque chose comme une ombre qui sortait de la rue des Jardins. Ce quelque chose était enveloppé d'un manteau, et d'Artagnan crut d'abord que c'était un homme ; mais à la petitesse de la taille, à l'incertitude de la démarche, à l'embarras du pas, il reconnut bientôt une femme. De plus, cette femme, comme si elle n'eût pas été sûre de la maison qu'elle cherchait, levait les yeux pour se reconnaître, s'arrêtait, retournait en arrière, puis revenait encore. D'Artagnan fut intrigué.

— Si j'allais lui offrir mes services ! pensa-t-il. A son allure, on voit qu'elle est jeune ; peut-être est-elle jolie. Oh ! oui. Mais, une femme qui court les rues, à cette heure, ne sort guère que pour aller rejoindre son amant. Peste ! si j'allais troubler un rendez-vous, ce serait une mauvaise porte pour entrer en relation.

Cependant la jeune femme s'avançait toujours, comptant les maisons et les fenêtres. Ce n'était, au reste, chose ni longue ni difficile. Il n'y avait que trois hôtels dans cette partie de la rue, et deux fenêtres ayant vue sur cette rue, l'une était celle d'un pavillon parallèle à celui qu'occupait Aramis, l'autre était celle d'Aramis lui-même.

— Pardieu, se dit d'Artagnan, auquel la nièce du théologien revenait à l'esprit ; pardieu, il serait drôle que cette colombe attardée cherchât la maison de notre ami. Mais, sur mon âme, cela y ressemble fort. Ah ! mon cher Aramis, pour cette fois, j'en veux avoir le cœur net.

Et d'Artagnan, se faisant le plus mince qu'il put, s'abrita dans le côté le plus obscur de la rue, près d'un banc de pierre situé au fond d'une niche.

La jeune femme continua de s'avancer, car, outre la légèreté de son allure qui l'avait trahie, elle venait de faire entendre une petite toux qui dénonçait une voix des plus fraîches. D'Artagnan pensa que cette toux était un signal.

Cependant, soit qu'on eût répondu à cette toux par un signe équivalent qui avait fixé les irrésolutions de la nocturne chercheuse, soit que sans secours étranger elle eût reconnu qu'elle était arrivée au bout de sa course, elle s'approcha résolûment du volet d'Aramis et frappa trois fois à intervalles égaux avec son doigt recourbé.

— C'est bien chez Aramis, murmura d'Artagnan. Ah ! monsieur l'hypocrite, je vous y prends à faire de la théologie !

Les trois coups étaient à peine frappés que la croisée intérieure s'ouvrit et qu'une lumière parut à travers les vitres du volet.

— Ah ! ah ! fit l'écouteur non pas aux portes mais aux fenêtres, ah ! ah ! la visite était attendue. Allons, le volet va s'ouvrir et la dame entrera par escalade. Très-bien !

Mais, au grand étonnement de d'Artagnan, le volet resta fermé. De plus, la lumière qui avait un instant flamboyé disparut et tout rentra dans l'obscurité.

D'Artagnan pensa que cela ne pouvait durer ainsi et continua de regarder de tous ses yeux et d'écouter de toutes ses oreilles.

Il avait raison : au bout de quelques secondes deux coups secs retentirent dans l'intérieur.

La jeune femme de la rue répondit par un seul coup et le volet s'ouvrit.

On juge si d'Artagnan regardait et écoutait avec avidité.

Malheureusement la lumière avait été transportée dans un autre appartement. Mais les yeux du jeune homme s'étaient habitués à l'obscurité. D'ailleurs les yeux des Gascons ont, à ce qu'on assure, comme ceux des chats, la propriété de voir pendant la nuit.

D'Artagnan vit donc que la jeune femme tirait de sa poche un objet blanc qu'elle déploya vivement et qui prit la forme d'un mouchoir. Cet objet déployé, elle en fit remarquer le coin à son interlocuteur.

Cela rappela à d'Artagnan ce mouchoir qu'il avait trouvé aux pieds de madame Bonacieux, lequel lui avait rappelé celui qu'il avait trouvé aux pieds d'Aramis.

Que diable pouvait donc signifier ce mouchoir ?

Placé où il était, d'Artagnan ne pouvait voir le visage d'Aramis, nous disons d'Aramis, parce que le jeune homme ne faisait aucun doute que ce fût son ami qui dialoguait de l'intérieur avec la dame de l'extérieur ; la curiosité l'emporta donc sur la prudence, et, profitant de la préoccupation dans laquelle la vue du mouchoir paraissait plonger les deux personnages que nous avons mis en scène, il sortit de sa cachette, et, prompt comme l'éclair, mais étouffant le bruit de ses pas, il alla se coller à un angle de la muraille, d'où son œil pouvait parfaitement plonger dans l'intérieur de l'appartement d'Aramis.

Arrivé là, d'Artagnan pensa jeter un cri de surprise : ce n'était pas Aramis qui causait avec la nocturne visiteuse, c'était une femme. Seulement, d'Artagnan y voyait assez pour reconnaître la forme de ses vêtements, mais pas assez pour distinguer ses traits.

Au même instant, la femme de l'appartement tira un second mouchoir de sa poche et l'échangea avec celui qu'on venait de lui montrer. Puis quelques mots furent prononcés entre les deux femmes ; enfin, le volet se referma, la femme qui se trouvait à l'extérieur de la fenêtre se retourna et vint passer à quatre pas de d'Artagnan en abaissant la coiffe de sa mante ; mais la précaution avait été prise trop tard, d'Artagnan avait reconnu madame Bonacieux.

Madame Bonacieux ! Le soupçon que c'était elle lui avait déjà traversé l'esprit, quand elle avait tiré le mouchoir de sa poche ; mais quelle probabilité que madame Bonacieux, qui avait envoyé chercher M. Laporte pour se faire reconduire par lui au Louvre, courût les rues de Paris seule, à onze heures et demie du soir, au risque de se faire enlever une seconde fois.

Il fallait donc que ce fût pour une affaire bien importante ; et quelle est l'affaire importante d'une femme de vingt-cinq ans ? L'amour.

Mais était-ce pour son compte ou pour le compte d'une autre personne qu'elle s'exposait à de semblables hasards ? Voilà ce que se demandait à lui-même le jeune homme, que le démon de la jalousie mordait déjà au cœur ni plus ni moins qu'un amant en titre.

Il avait, au reste, un moyen bien simple de s'assurer où allait madame Bonacieux : c'était de la suivre. Ce moyen était si simple, que d'Artagnan l'employa tout naturellement et d'instinct.

Mais, à la vue du jeune homme qui se détachait de la muraille comme une statue de sa niche, et au bruit des pas qu'elle entendit retentir derrière elle, madame Bonacieux jeta un petit cri et s'enfuit.

D'Artagnan courut après elle. Ce n'était pas une chose difficile pour lui que de rejoindre une femme embarrassée dans son manteau. Il la rejoignit donc au tiers de la rue dans laquelle elle s'était engagée. La malheureuse était épuisée, non pas de fatigue, mais de terreur, et, quand d'Artagnan lui posa la main sur l'épaule, elle tomba sur un genou en criant d'une voix étranglée :

— Tuez-moi si vous voulez, mais vous ne saurez rien.

D'Artagnan la releva en lui passant le bras autour de la taille ; mais, comme il sentait à son poids qu'elle était sur le point de se trouver mal, il s'empressa de la rassurer par des protestations de dévouement. Ces protestations n'étaient rien pour madame Bonacieux, car de pareilles protestations peuvent se faire avec les plus mauvaises intentions du monde, mais la voix était tout. La jeune femme crut reconnaître le son de cette voix; elle rouvrit les yeux, jeta un regard sur l'homme qui lui avait fait si grand'peur, et, reconnaissant d'Artagnan, elle poussa un cri de joie.

— Oh! c'est vous, c'est vous, dit-elle; merci, mon Dieu!

— Oui, c'est moi, dit d'Artagnan, moi que Dieu a envoyé pour veiller sur vous.

— Était-ce dans cette intention que vous me suiviez? demanda avec un sourire plein de coquetterie la jeune femme, dont le caractère un peu railleur reprenait le dessus, et chez laquelle toute crainte avait disparu du moment où elle avait reconnu un ami dans celui qu'elle avait pris pour un ennemi.

— Non, dit d'Artagnan, non, je l'avoue, c'est le hasard qui m'a mis sur votre route; j'ai vu une femme frapper à la fenêtre d'un de mes amis.

— D'un de vos amis? interrompit madame Bonacieux.

— Sans doute, Aramis est de mes meilleurs amis.

— Aramis? qu'est-ce que cela?

— Bon! allez-vous me dire maintenant que vous ne connaissez pas Aramis?

— C'est la première fois que j'entends prononcer ce nom.

— C'est donc la première fois que vous venez à cette maison?

— Sans doute.

— Et vous ne saviez pas [que cette maison est] habitée par un jeune homme?

— Non.

— Par un mousquetaire?

— Nullement.

— Ce n'est donc pas lui que vous veniez chercher?

— Pas le moins du monde. D'ailleurs, vous l'avez bien vu, la personne à qui j'ai parlé est une femme.

— C'est vrai; mais cette femme est des amies d'Aramis.

— Je n'en sais rien.

— Puisqu'elle loge chez lui.

— Cela ne me regarde pas.

— Mais qui est-elle?

— Oh! cela n'est point mon secret.

— Chère madame Bonacieux, vous êtes charmante; mais en même temps la femme la plus mystérieuse...

— Est-ce que je perds à cela?

— Non, vous êtes au contraire adorable.

— Alors, donnez-moi le bras.

— Bien volontiers; et maintenant?

— Maintenant, conduisez-moi.

— Où cela?

— Où je vais.

— Mais où allez-vous?

— Vous le verrez, puisque vous me laisserez à la porte.

— Faudra-t-il vous attendre?

— Ce sera inutile.

— Vous reviendrez donc seule?

— Peut-être oui, peut-être non.

— Mais la personne qui vous accompagnera ensuite sera-t-elle un homme, sera-t-elle une femme?

— Je n'en sais rien encore.

— Je le saurai bien, moi!

— Comment cela?

— Je vous attendrai pour vous voir sortir.

— En ce cas, adieu!

— Comment cela?

— Je n'ai pas besoin de vous.

— Mais vous aviez réclamé...

— L'aide d'un gentilhomme et non la surveillance d'un espion.

— Le mot est trop dur!

— Comment appelle-t-on ceux qui suivent les gens malgré eux?

— Des indiscrets.

— Le mot est trop doux.

— Allons, madame, je vois bien qu'il faut faire tout ce que vous voulez.

— Pourquoi vous être privé du mérite de le faire tout de suite?

— N'y en a-t-il donc aucun à se repentir?

— Et vous repentez-vous réellement?

— Je n'en sais rien moi-même. Mais ce que je sais, c'est que je vous promets de faire tout ce que vous voudrez si vous me laissez vous accompagner jusqu'où vous allez.

— Et vous me quitterez après?

— Oui.

— Sans m'épier à ma sortie?

— Non.

— Parole d'honneur?

— Foi de gentilhomme.

— Prenez mon bras, et marchons alors.

D'Artagnan offrit son bras à madame Bonacieux, qui s'y suspendit moitié rieuse, moitié tremblante, et tous deux gagnèrent le haut de la rue de la Harpe. Arrivée là, la jeune femme parut hésiter, comme elle avait déjà fait dans la rue de Vaugirard. Cependant, à de certains signes, elle sembla reconnaître une porte, et s'approchant de cette porte:

— Maintenant, monsieur, dit-elle, c'est ici que j'ai affaire; mille fois merci de votre honorable compagnie, qui m'a sauvée de tous les dangers auxquels seule j'eusse été exposée; mais le moment est venu de tenir votre parole. Je suis arrivée à ma destination.

— Et vous n'aurez plus rien à craindre en revenant?

— Je n'aurai à craindre que les voleurs.

— N'est-ce donc rien?

— Que pourraient-ils me prendre? je n'ai pas un denier sur moi.

— Vous oubliez ce beau mouchoir armorié.

— Lequel?

— Celui que j'ai trouvé à vos pieds et que j'ai remis dans votre poche.

— Taisez-vous, taisez-vous, malheureux! s'écria la jeune femme; voulez-vous me perdre?

— Vous voyez bien qu'il y a encore du danger pour vous, puisqu'un seul mot vous fait trembler, et que vous avouez que si l'on entendait ce mot vous seriez perdue. Ah! tenez, madame, continua d'Artagnan en lui saisissant la main et la couvrant d'un ardent regard, tenez, soyez plus généreuse, confiez-vous à moi: n'avez-vous donc pas lu dans mes yeux qu'il n'y a que dévouement et sympathie dans mon cœur?

— Si fait, répondit madame Bonacieux; aussi demandez-moi mes secrets, et je vous les dirai, mais ceux des autres, c'est différent.

— Bien, dit d'Artagnan, je les découvrirai; puisque ces secrets peuvent avoir une influence sur votre vie, il faut que ces secrets deviennent les miens.

— Gardez-vous-en bien! s'écria la jeune femme avec un sérieux qui fit frissonner d'Artagnan malgré lui. Oh! ne vous mêlez en rien de ce qui me regarde, ne cherchez point à m'aider dans ce que j'accomplis, et cela je vous le demande au nom de l'intérêt que je vous inspire, au nom du service que vous m'avez rendu et que je n'oublierai de ma vie. Croyez bien plutôt à ce que je vous dis: ne vous occupez plus de moi, que je n'existe plus pour vous, que ce soit comme si vous ne m'aviez jamais vue.

— Aramis doit-il en faire autant que moi, madame? dit d'Artagnan piqué.

— Voilà déjà deux ou trois fois que vous avez prononcé ce nom, monsieur, et cependant je vous ai dit que je ne le connaissais pas.

— Vous ne connaissez pas l'homme au volet duquel vous avez été frapper! Allons donc, madame, vous me croyez par trop crédule aussi!

— Avouez que c'est pour me faire parler que vous inventez cette histoire et que vous créez ce personnage.

— Je n'invente rien, madame, je ne crée rien, je dis l'exacte vérité.

— Et vous dites qu'un de vos amis demeure dans cette maison?

— Je le dis et je le répète pour la troisième fois, cette maison est celle qu'habite mon ami, et cet ami est Aramis.

— Tout cela s'éclaircira plus tard, murmura la jeune femme; maintenant, monsieur, taisez-vous.

— Si vous pouviez voir mon cœur tout à découvert, dit d'Artagnan, vous y liriez tant de curiosité que vous auriez pitié de moi, et tant d'amour que vous satisferiez à l'instant même ma curiosité. On n'a rien à craindre de ceux qui nous aiment.

— Vous parlez bien vite d'amour, monsieur, dit la jeune femme en secouant la tête.

— C'est que l'amour m'est venu vite et pour la première fois, et que je n'ai pas vingt ans.

La jeune femme le regarda à la dérobée.

— Écoutez, je suis déjà sur la trace, reprit d'Artagnan. Il y a trois mois, j'ai manqué d'avoir un duel avec Aramis pour un mouchoir pareil à celui que vous avez montré à cette femme qui était chez lui, pour un mouchoir marqué de la même manière, j'en suis sûr.

— Monsieur, dit la jeune femme, vous me fatiguez fort, je vous le jure, avec ces questions.

— Mais vous si prudente, madame, songez-y, si vous étiez arrêtée avec ce mouchoir, et que ce mouchoir fût saisi, ne seriez-vous pas compromise?

— Pourquoi cela, les initiales ne sont-elles pas les miennes : C. B. Constance Bonacieux?

— Ou Camille de Bois-Tracy.

— Silence, monsieur, encore une fois silence ! Ah! puisque les dangers que je cours pour moi-même ne vous arrêtent pas, songez à ceux que vous pouvez courir, vous !

— Moi?

— Oui, vous. Il y a danger de la prison, il y a danger de la vie à me connaître.

— Alors je ne vous quitte plus

— Monsieur, dit la jeune femme suppliante et joignant les mains, monsieur, au nom du ciel, au nom de l'honneur d'un militaire, au nom de la courtoisie d'un gentilhomme, éloignez-vous; tenez, voilà minuit qui sonne, c'est l'heure où l'on m'attend.

— Madame, dit le jeune homme en s'inclinant, je ne sais rien refuser à qui me demande ainsi: soyez contente, je m'éloigne.

— Mais vous ne me suivrez pas, vous ne m'épierez pas?

— Je rentre chez moi à l'instant.

— Ah! je le savais bien, que vous étiez un brave jeune homme! s'écria madame Bonacieux en lui tendant une main et en posant l'autre sur le marteau d'une petite porte presque perdue dans la muraille.

D'Artagnan saisit la main qu'on lui tendait et la baisa ardemment.

— Ah! j'aimerais mieux ne vous avoir jamais vue! s'écria d'Artagnan avec cette brutalité naïve que les femmes préfèrent souvent aux afféteries de la politesse, parce qu'elle découvre le fond de la pensée et qu'elle prouve que le sentiment l'emporte sur la raison.

— Eh bien ! reprit madame Bonacieux d'une voix presque caressante et en serrant la main de d'Artagnan, qui n'avait pas abandonné la sienne; eh bien ! je n'en dirai pas autant que vous : ce qui est perdu pour aujourd'hui n'est pas perdu pour l'avenir. Qui sait si, lorsque je serai déliée un jour, je ne satisferai pas votre curiosité.

— Et faites-vous la même promesse à mon amour? s'écria d'Artagnan au comble de la joie.

— Oh! de ce côté, je ne veux point m'engager, cela dépendra des sentiments que vous saurez m'inspirer.

— Ainsi, aujourd'hui, madame...

— Aujourd'hui, monsieur, je n'en suis encore qu'à la reconnaissance.

— Ah! vous êtes trop charmante, dit d'Artagnan avec tristesse, et vous abusez de mon amour.

— Non, j'use de votre générosité, voilà tout. Mais, croyez-le bien, avec certaines gens tout se retrouve.

— Oh! vous me rendez le plus heureux des hommes N'oubliez pas cette soirée, n'oubliez pas cette promesse!

— Soyez tranquille, en temps et lieu je me souviendrai de tout. Eh bien! partez donc, partez, au nom du ciel! On m'attendait à minuit juste, et je suis en retard.

— De cinq minutes.

— Oui, mais, dans certaines circonstances, cinq minutes sont cinq siècles.

— Quand on aime.

— Eh bien! qui vous dit que je n'ai pas affaire à un amoureux?

— C'est un homme qui vous attend! s'écria d'Artagnan, — un homme !

— Allons, voici la discussion qui va recommencer, fit madame Bonacieux avec un demi-sourire qui n'était pas exempt d'une certaine teinte d'impatience.

Non, non, je m'en vais, je pars ; je crois en vous, je

veux avoir tout le mérite de mon dévouement, ce dévorement dût-il être une stupidité. Adieu! madame, adieu !

Et, comme s'il ne se fût senti la force de se détacher de la main qu'il tenait que par une secousse, il s'éloigna tout courant, tandis que madame Bonacieux frappait, comme au volet, trois coups lents et réguliers ; puis, arrivé à l'angle de la rue, il se retourna : la porte s'était ouverte et refermée, la jolie mercière avait disparu.

D'Artagnan continua son chemin, il avait donné sa parole de ne pas épier madame Bonacieux, et la vie du jeune homme eût-elle dépendu de l'endroit où elle allait se rendre, ou de la personne qui devait l'accompagner, d'Artagnan serait rentré chez lui, puisqu'il avait dit qu'il y rentrait. Cinq minutes après, il était dans la rue des Fossoyeurs.

— Pauvre Athos, disait-il, il ne saura pas ce que cela veut dire. Il se sera endormi en m'attendant, ou il sera retourné chez lui, et, en rentrant, il aura appris qu'une femme y était venue. Une femme chez Athos! Après tout, continua d'Artagnan, il y en avait bien une chez Aramis. Tout cela est fort étrange, et je serais curieux de savoir comment cela finira.

— Mal, monsieur, mal, répondit une voix que le jeune homme reconnut pour celle de Planchet, car, tout en monologuant tout haut, à la manière des gens très-préoccupés, il s'était engagé dans l'allée au fond de laquelle était l'escalier qui conduisait à sa chambre.

— Comment, mal ? que veux-tu dire, imbécile? demanda d'Artagnan, et qu'est-il donc arrivé?

— Toutes sortes de malheurs.

— Lesquels?

— D'abord, M. Athos est arrêté.

— Arrêté ! Athos arrêté ! Pourquoi?

— On l'a trouvé chez vous; on l'a pris pour vous.

— Et par qui a-t-il été arrêté?

— Par la garde qu'ont été chercher les hommes noirs que vous avez mis en fuite.

— Pourquoi ne s'est-il pas nommé? pourquoi n'a-t-il pas dit qu'il était étranger à cette affaire?

— Il s'en est bien gardé, monsieur ; il s'est au contraire approché de moi et m'a dit : « C'est ton maître qui a besoin de sa liberté en ce moment, et non pas moi, puisqu'il sait tout et que je ne sais rien. On le croira arrêté, et cela lui donnera du temps ; dans trois jours, je dirai qui je suis, et il faudra qu'on me fasse sortir. »

— Brave Athos ! noble cœur, murmura d'Artagnan, je le reconnais bien là ! Et qu'ont fait les sbires?

— Quatre l'ont emmené je ne sais où, à la Bastille ou au Fort-l'Évêque ; deux sont restés avec les hommes noirs, qui ont fouillé partout et qui ont pris tous les papiers. Enfin les deux derniers, pendant cette expédition, montaient la garde à la porte ; puis, quand tout a été fini, ils sont partis, laissant la maison vide et tout ouvert.

— Et Porthos et Aramis?

— Je ne les avais pas trouvés ; ils ne sont pas venus.

— Mais ils peuvent venir d'un moment à l'autre, car tu leur as fait dire que je les attendais ?

— Oui, monsieur.

— Eh bien ! ne bouge pas d'ici ; s'ils viennent, préviens-les de ce qui m'est arrivé, qu'ils m'attendent au cabaret de la Pomme-du-Pin ; ici, il y aurait danger, la maison peut être espionnée. Je cours chez M. de Tréville pour lui annoncer tout cela, et je les y rejoins.

— C'est bien, monsieur, dit Planchet.

— Mais tu resteras, tu n'auras pas peur? dit d'Artagnan en revenant sur ses pas pour recommander le courage à son laquais.

— Soyez tranquille, monsieur, dit Planchet, vous ne me connaissez pas encore ; je suis brave quand je m'y mets, allez; c'est le tout de m'y mettre : d'ailleurs, je suis Picard.

— Alors, c'est convenu, dit d'Artagnan : tu te fais tuer plutôt que de quitter ton poste.

— Oui, monsieur, et il n'y a rien que je ne fasse pour prouver à monsieur que je lui suis attaché.

— Bon, dit en lui-même d'Artagnan ; il paraît que la méthode que j'ai employée à l'égard de ce garçon est décidément la bonne : j'en userai dans l'occasion.

Et de toute la vitesse de ses jambes, déjà quelque peu fatiguées cependant par les courses de la journée, d'Artagnan se dirigea vers la rue du Colombier.

M. de Tréville n'était point à son hôtel; sa compagnie était de garde au Louvre; il était au Louvre avec sa compagnie.

Il fallait arriver jusqu'à M. de Tréville; il était important qu'il fût prévenu de ce qui se passait. D'Artagnan résolut d'essayer d'entrer au Louvre. Son costume de garde dans la compagnie de M. des Essarts lui devait être un passe-port.

Il descendit donc la rue des Petits-Augustins, et remonta le quai pour prendre le pont Neuf. Il avait eu un instant l'idée de passer le bac; mais, en arrivant au bord de l'eau, il avait machinalement introduit sa main dans sa poche et s'était aperçu qu'il n'avait pas de quoi payer le passeur.

Comme il arrivait à la hauteur de la rue Dauphine, il vit déboucher de cette rue un groupe composé de deux personnes et dont l'allure le frappa.

Les deux personnes qui composaient le groupe étaient : l'une, un homme; l'autre, une femme.

La femme avait la tournure de madame Bonacieux, et l'homme ressemblait à s'y méprendre à Aramis.

En outre, la femme avait cette mante noire que d'Arta-

Madame, dit le jeune homme en s'inclinant, je ne sais rien refuser à qui me demande ainsi. — PAGE 44.

gnan voyait encore se dessiner sur le volet de la rue Vaugirard et sur la porte de la rue de la Harpe.

De plus, l'homme portait l'uniforme des mousquetaires.

Le capuchon de la femme était rabattu; l'homme tenait son mouchoir sur son visage; tous deux, cette double précaution l'indiquait, tous deux avaient donc intérêt à n'être point reconnus.

Ils prirent le pont : c'était le chemin de d'Artagnan, puisque d'Artagnan se rendait au Louvre; d'Artagnan les suivit.

D'Artagnan n'avait pas fait vingt pas qu'il fut convaincu que cette femme, c'était madame Bonacieux, et que cet homme, c'était Aramis.

Il sentit à l'instant même tous les soupçons de jalousie qui s'agitaient dans son cœur.

Il était doublement trahi et par son ami et par celle qu'il aimait déjà comme une maîtresse. Madame Bonacieux lui avait juré ses grands dieux qu'elle ne connaissait pas Aramis, et, un quart d'heure après qu'elle lui avait fait ce serment, il la retrouvait au bras d'Aramis.

D'Artagnan ne réfléchit pas qu'il connaissait la jolie mercière depuis trois heures seulement, qu'elle ne lui devait rien qu'un peu de reconnaissance pour l'avoir délivrée des hommes noirs qui voulaient l'enlever et qu'elle ne lui avait rien promis. Il se regarda comme un amant outragé, trahi, bafoué ; le sang et la colère lui montèrent au visage, il résolut de tout éclaircir.

La jeune femme et le jeune homme s'étaient aperçus qu'ils étaient suivis, et ils avaient doublé le pas. D'Artagnan prit sa course, les dépassa, puis revint sur eux au moment où ils se trouvaient devant la Samaritaine, éclairée par un réverbère qui projetait sa lueur sur toute cette partie du pont.

D'Artagnan s'arrêta devant eux, et ils s'arrêtèrent devant lui.

— Que voulez-vous, monsieur ? demanda le mousquetaire en reculant d'un pas et avec un accent étranger qui prouvait à d'Artagnan qu'il s'était trompé dans une partie de ses conjectures.

— Ce n'est pas Aramis ! s'écria-t-il.

— Non, monsieur, ce n'est point Aramis, et à votre exclamation je vois que vous m'avez pris pour un autre, et je vous pardonne.

— Vous me pardonnez ! s'écria d'Artagnan.

— Oui, répondit l'inconnu. Laissez-moi donc passer, puisque ce n'est pas à moi que vous avez affaire.

— Vous avez raison, monsieur, dit d'Artagnan, ce n'est pas à vous que j'ai affaire, c'est à madame.

— A madame ! vous ne la connaissez pas, dit l'étranger.

— Vous vous trompez, monsieur, je la connais.

— Ah ! fit madame Bonacieux d'un ton de reproche ; ah ! monsieur, j'avais votre parole de militaire et votre foi de gentilhomme : j'espérais pouvoir compter dessus.

— Et moi, madame, dit d'Artagnan embarrassé, vous m'aviez promis...

— Prenez mon bras, madame, dit l'étranger, et continuons notre chemin.

Cependant d'Artagnan, étourdi, atterré, anéanti par tout ce qu'il lui arrivait, restait debout et les bras croisés devant le mousquetaire et madame Bonacieux.

Le mousquetaire fit deux pas en avant et écarta d'Artagnan avec la main.

D'Artagnan fit un bond en arrière et tira son épée.

En même temps, et avec la rapidité de l'éclair, l'inconnu tira la sienne.

— Au nom du ciel, milord ! s'écria madame Bonacieux en se jetant entre les combattants et en prenant les épées à pleines mains.

— Milord ! s'écria d'Artagnan, illuminé d'une idée subite ; milord ! pardon, monsieur ; mais est-ce que vous seriez...

— Milord duc de Buckingham, dit madame Bonacieux à demi-voix ; et maintenant vous pouvez nous perdre tous.

— Milord, madame, pardon, cent fois pardon ; mais je l'aimais, milord, et j'étais jaloux ; vous savez ce que c'est que d'aimer, milord ; pardonnez-moi, et dites-moi comment je puis me faire tuer pour Votre Grâce.

— Vous êtes un brave jeune homme, dit Buckingham en tendant à d'Artagnan une main que celui-ci serra respectueusement ; vous m'offrez vos services, je les accepte ; suivez-nous à vingt pas jusqu'au Louvre, et, si quelqu'un nous épie, tuez-le !

D'Artagnan mit son épée nue sous son bras, laissa prendre à madame Bonacieux et au duc vingt pas d'avance, et les suivit, prêt à exécuter à la lettre les instructions du noble et élégant ministre de Charles Iᵉʳ.

Mais heureusement le jeune séide n'eut aucune occasion de donner au duc cette preuve de son dévouement, et la jeune femme et le beau mousquetaire rentrèrent au Louvre par le guichet de l'Echelle sans avoir été inquiétés.

Quant à d'Artagnan, il se rendit aussitôt au cabaret de la Pomme-du-Pin, où il trouva Porthos et Aramis qui l'attendaient.

Mais, sans leur donner d'autre explication sur le dérangement qu'il leur avait causé, il leur dit qu'il avait terminé seul l'affaire pour laquelle il avait cru un instant avoir besoin de leur intervention.

Et maintenant, emporté que nous sommes par notre récit, laissons nos trois amis rentrer chacun chez soi, et suivons, dans les détours du Louvre, le duc de Buckingham et son guide.

CHAPITRE XII.

GEORGE VILLIERS, DUC DE BUCKINGHAM.

Madame Bonacieux et le duc entrèrent au Louvre sans difficulté ; madame Bonacieux était connue pour appartenir à la reine ; le duc portait l'uniforme des mousquetaires de M. de Tréville, lesquels, comme nous l'avons dit, étaient de garde ce soir-là. D'ailleurs, Germain était dans les intérêts de la reine, et, si quelque chose arrivait, madame Bonacieux serait accusée d'avoir introduit son amant au Louvre, voilà tout ; elle prenait sur elle le crime ; sa réputation était perdue, il est vrai, mais de quelle valeur était dans le monde la réputation d'une petite mercière.

Une fois entrés dans l'intérieur de la cour, le duc et la jeune femme suivirent le pied de la muraille pendant l'espace d'environ vingt-cinq pas ; cet espace parcouru, madame Bonacieux poussa une petite porte de service, ouverte le jour, mais ordinairement fermée la nuit ; la porte céda ; tous deux entrèrent et se trouvèrent dans l'obscurité, mais madame Bonacieux connaissait tous les tours et détours de cette partie du Louvre, destinée aux gens de la suite. Elle referma les portes derrière elle, prit le duc par la main, fit quelques pas en tâtonnant, saisit une rampe, toucha du pied un degré, et commença de monter un escalier, le duc compta deux étages. Alors elle prit à droite, suivit un long corridor, redescendit un étage, fit quelques pas encore, introduisit une clef dans une serrure, ouvrit une porte et poussa le duc dans un appartement éclairé seulement par une lampe de nuit, en lui disant : « Restez ici, milord duc, on va venir. » Puis elle sortit par la même porte, qu'elle ferma à clef, de sorte que le duc se trouva littéralement prisonnier.

Cependant, tout isolé qu'il se trouvait, il faut le dire, le duc de Buckingham n'éprouva un seul instant de crainte ; un des côtés saillants de son caractère était la recherche de l'aventureux et l'amour du romanesque. Brave, hardi, entreprenant, ce n'était pas la première fois qu'il risquait sa vie dans de pareilles tentatives, il avait appris que ce prétendu message d'Anne d'Autriche, sur la foi duquel il était venu à Paris, était un piège, et, au lieu de regagner l'Angleterre, il avait, abusant de la position qu'on lui avait faite, déclaré à la reine qu'il ne partirait pas sans l'avoir vue. La reine avait positivement refusé d'abord, puis enfin elle avait craint que le duc, exaspéré, ne fît quelque folie. Déjà elle était décidée à le recevoir et à le supplier de partir aussitôt, lorsque, le soir même de cette décision, madame Bonacieux, qui était chargée d'aller chercher le duc et de le mener au Louvre, fut enlevée. Pendant deux jours, on ignora complétement ce qu'elle était devenue, et tout resta en suspens. Mais une fois libre, une fois remise en rapport avec Laporte, les choses avaient repris leur cours, et elle venait d'accomplir la périlleuse entreprise que, sans son arrestation, elle eût exécutée trois jours plus tôt.

Buckingham, resté seul, s'approcha d'une glace. Cet habit de mousquetaire lui allait à merveille. A trente-cinq ans qu'il avait alors, il passait à juste titre pour le plus beau gentilhomme et pour le plus élégant cavalier de France et d'Angleterre. Favori de deux rois, riche à millions, tout puissant dans un royaume qu'il bouleversait à sa fantaisie et calmait à son caprice, George Villiers, duc de Buckingham, avait entrepris une de ces existences fabuleuses qui restent dans le cours des siècles comme un étonnement pour la postérité. Aussi, sûr de lui-même, convaincu de sa puissance, certain que les lois qui régissent les autres hommes ne pouvaient l'atteindre, allait-il droit au but qu'il s'était fixé, ce but fût-il si élevé et si éblouissant que c'eût été folie pour un autre que de l'envisager seulement. C'est ainsi qu'il était arrivé à s'approcher plusieurs fois de la belle et fière Anne d'Autriche et à s'en faire aimer, à force d'éblouissements.

George de Villiers se plaça devant une glace, comme nous l'avons dit, rendit à sa chevelure blonde les ondulations que le poids de son chapeau lui avait fait perdre, retroussa sa moustache, et, le cœur gonflé de joie, heureux et fier de toucher au moment qu'il avait si longtemps désiré, se sourit à lui-même d'orgueil et d'espoir.

En ce moment, une porte cachée dans la tapisserie s'ouvrit, et une femme apparut. Buckingham vit cette apparition dans la glace; il jeta un cri, c'était la reine.

Anne d'Autriche avait alors vingt-six ou vingt-sept ans, c'est-à-dire qu'elle se trouvait dans tout l'éclat de sa beauté. Sa démarche était celle d'une reine ou d'une déesse; ses yeux, qui jetaient des reflets d'émeraude, étaient parfaitement beaux, et tout à la fois pleins de douceur et de majesté. Sa bouche était petite et vermeille, et, quoique sa lèvre inférieure, comme celle des princes de la maison d'Autriche, avançât légèrement sur l'autre, elle était éminemment gracieuse dans le sourire, mais aussi profondément dédaigneuse dans le mépris. Sa peau était citée pour sa douceur et son velouté, sa main et ses bras étaient d'une beauté surprenante, et tous les poëtes du temps les chantaient comme incomparables. Enfin ses cheveux, qui, de blonds qu'ils étaient dans sa jeunesse, étaient devenus châtains, et qu'elle portait frisés très-clair et avec beaucoup de poudre, encadraient admirablement son visage, auquel le censeur le plus rigide n'eût pu souhaiter qu'un peu moins de rouge, et le statuaire le plus exigeant qu'un peu plus de finesse dans le nez.

Buckingham resta un instant ébloui; jamais Anne d'Autriche ne lui était apparue aussi belle, au milieu des bals, des fêtes, des carrousels, qu'elle lui apparut en ce moment, vêtue d'une simple robe de satin blanc et accompagnée de dona Estefania, la seule de ses femmes espagnoles qui n'eût pas été chassée par la jalousie du roi et par les persécutions de Richelieu.

Anne d'Autriche fit deux pas en avant: Buckingham se précipita à ses genoux, et, avant que la reine eût pu l'en empêcher, il baisa le bas de sa robe.

— Duc, vous savez déjà que ce n'est pas moi qui vous ai fait écrire.

— Oh! oui, madame, oui, Votre Majesté, s'écria le duc, je sais que j'ai été un fou, un insensé de croire que la neige s'animerait, que le marbre s'échaufferait; mais que voulez-vous, quand on aime, on croit facilement à l'amour; d'ailleurs, je n'ai pas tout perdu à ce voyage, puisque je vous vois.

— Oui, répondit Anne, mais vous savez pourquoi et comment je vous vois, milord. Je vous vois par pitié pour vous-même; je vous vois parce qu'insensible à toutes mes peines vous vous êtes obstiné à rester dans une ville où, en restant, vous courez risque de la vie et me faites courir risque de mon honneur; je vous vois pour vous dire que tout nous sépare, les profondeurs de la mer, l'inimitié des royaumes, la sainteté des serments. Il est sacrilége de lutter contre tant de choses, milord. Je vous vois enfin pour vous dire qu'il ne faut plus nous voir.

— Parlez, madame, parlez, reine, dit Buckingham, la douceur de votre voix couvre la dureté de vos paroles. Vous parlez de sacrilége! mais le sacrilége est dans la séparation des cœurs que Dieu avait formés l'un pour l'autre.

— Milord, s'écria la reine, vous oubliez que je ne vous ai jamais dit que je vous aimais.

— Mais vous ne m'avez jamais dit non plus que vous ne m'aimiez point, et vraiment me dire de semblables paroles, ce serait de la part de Votre Majesté une trop grande ingratitude. Car, dites-moi, où trouveriez-vous un amour pareil au mien, un amour que ni le temps, ni l'absence, ni le désespoir ne peuvent éteindre; un amour qui se contente d'un ruban égaré, d'un regard perdu, d'une parole échappée? Il y a trois ans, madame, que je vous ai vue pour la première fois, et depuis trois ans je vous aime ainsi. Voulez-vous que je vous dise comment vous étiez vêtue la première fois que je vous vis? voulez-vous que je détaille chacun des ornements de votre toilette? Tenez, je vous vois encore: vous étiez assise sur des carreaux à la mode d'Espagne; vous aviez une robe de satin vert avec des broderies d'or et d'argent; des manches pendantes et renouées sur vos beaux bras, sur ces bras admirables, avec de gros diamants; vous aviez une fraise fermée, un petit bonnet sur votre tête, de la couleur de votre robe, et sur ce bonnet une plume de héron. Oh! tenez, tenez, je ferme les yeux, et je vous vois telle que vous étiez alors; je les rouvre, et je vous vois telle que vous êtes maintenant, c'est-à-dire cent fois plus belle encore!

— Quelle folie! murmura Anne d'Autriche, qui n'avait pas le courage d'en vouloir au duc d'avoir si bien conservé son portrait dans son cœur; quelle folie de nourrir une passion inutile avec de pareils souvenirs!

— Et avec quoi voulez-vous donc que je vive? je n'ai que des souvenirs, moi. C'est mon bonheur, mon trésor, mon espérance. Chaque fois que je vous vois, c'est un diamant de plus que je renferme dans l'écrin de mon cœur. Celui-ci est le quatrième que vous laissez tomber et que je ramasse, car, en trois ans, madame, je ne vous ai vue que quatre fois: cette première que je viens de vous dire; la seconde chez madame de Chevreuse; la troisième dans les jardins d'Amiens...

— Duc, dit la reine en rougissant, ne parlez pas de cette soirée.

— Oh! parlons-en, au contraire, madame, parlons-en: c'est la soirée heureuse et rayonnante de ma vie. Vous rappelez-vous la belle nuit qu'il faisait. Comme l'air était doux et parfumé, comme le ciel était beau et tout émaillé d'étoiles! Ah! cette fois, madame, j'avais pu être un instant seul avec vous; cette fois vous étiez prête à tout me dire, l'isolement de votre vie, les chagrins de votre cœur. Vous étiez appuyée à mon bras; tenez, à celui-ci. Je sentais, en inclinant ma tête de votre côté, vos beaux cheveux effleurer mon visage, et, à chaque fois qu'ils l'effleuraient, je frissonnais de la tête aux pieds. Oh! reine! reine! oh! vous ne savez pas tout ce qu'il y a de félicités du ciel, de joies du paradis, renfermées dans un moment pareil. Tenez, mes biens, ma fortune, ma gloire, tout ce qui me reste de jours à vivre, pour un pareil instant et pour une semblable nuit; car, cette nuit-là, madame, cette nuit-là, vous m'aimiez, je vous le jure.

— Milord, il est possible, oui, que l'influence du lieu, que le charme de cette belle soirée, que la fascination de votre regard, que ces mille circonstances enfin qui se réunissent parfois pour perdre une femme, se soient groupées autour de moi dans cette fatale soirée; mais vous l'avez vu, milord, la reine est venue au secours de la femme qui faiblissait: au premier mot que vous avez osé dire, à la première hardiesse à laquelle j'ai eu à répondre, j'ai appelé.

— Oh! oui, oui, cela est vrai, et un autre amour que le mien aurait succombé à cette épreuve; mais mon amour, à moi, en est sorti plus ardent et plus éternel. Vous avez cru me fuir en revenant à Paris, vous avez cru que je n'oserais quitter le trésor sur lequel mon maître m'avait chargé de veiller. Ah! que m'importent à moi tous les trésors du monde et tous les rois de la terre! Huit jours après j'étais de retour, madame. Cette fois, vous n'avez rien eu à me dire; j'avais risqué ma faveur, ma vie, pour vous voir une seconde; je n'ai pas même touché votre main; et vous m'avez pardonné en me voyant si soumis et si repentant.

— Oui, mais la calomnie s'est emparée de toutes ces folies dans lesquelles je n'étais pour rien, vous le savez bien, milord. Le roi, excité par M. le cardinal, a fait un éclat terrible: madame de Vernet a été chassée, Putange exilé; madame de Chevreuse est tombée en défaveur, et, lorsque vous avez voulu revenir comme ambassadeur en France, le roi lui-même, souvenez-vous-en, milord, le roi lui-même s'y est opposé.

— Oui, et la France va payer d'une guerre le refus de son roi. Je ne puis plus vous voir, madame, eh bien! je veux chaque jour que vous entendiez parler de moi. Quel but pensez-vous qu'aient eu cette expédition de Rhé et cette ligue avec les protestants de la Rochelle que je projette? Le plaisir de vous voir. Je n'ai pas l'espoir de pénétrer à main armée jusqu'à Paris, je le sais bien, mais cette guerre pourra amener une paix; cette paix nécessitera un négociateur, ce négociateur, ce sera moi. On n'osera plus me refuser alors, et je reviendrai à Paris, et je vous reverrai, et je serai heureux un instant. Des milliers d'hommes, il est vrai, auront payé mon bonheur de leur vie, mais que m'importera, à moi, pourvu que je vous revoie! Tout cela est peut-être bien fou, peut-être bien insensé; mais, dites-moi, quelle femme a eu un amant plus amoureux, quelle reine a eu un serviteur plus ardent?

— Milord, milord, vous invoquez pour votre défense des choses qui vous accusent encore; milord, toutes ces preuves d'amour que vous voulez me donner sont presque des crimes.

— Parce que vous ne m'aimez pas, madame; si vous n'aimiez, vous verriez tout cela bien autrement; si vous m'aimiez, oh! mais si vous m'aimiez. ce serait trop de bonheur, et je deviendrais fou. Ah! madame de Chevreuse, dont vous parliez tout à l'heure, madame de Chevreuse a été moins cruelle que vous. Holland l'a aimée, et elle a répondu à son amour.

— Madame de Chevreuse n'était pas reine, murmura Anne d'Autriche vaincue malgré elle par l'expression d'un amour si profond.

— Vous m'aimeriez donc si vous ne l'étiez pas, vous, madame; dites, vous m'aimeriez donc? Je puis donc croire que c'est la dignité seule de votre rang qui vous fait cruelle pour moi; je puis donc croire que, si vous eussiez été madame de Chevreuse, le pauvre Buckingham aurait pu espérer? Merci de ces douces paroles, oh! ma belle Majesté, cent fois merci.

— Ah! milord, vous avez mal entendu, mal interprété; je n'ai pas voulu dire...

— Silence! silence! dit le duc; si je suis heureux d'une

Au nom du ciel, Milord, s'écria Mme Bonacieux, en prenant les épées à pleines mains. — P nɛ ɔJ.

erreur, n'ayez pas la cruauté de me l'enlever. Vous l'avez dit vous-même, on m'a attiré dans un piège; j'y laisserai ma vie, peut-être, car, tenez, c'est étrange, depuis quelque temps, j'ai des pressentiments que je vais mourir. Et le duc sourit d'un sourire triste et charmant à la fois.

— Oh! mon Dieu! s'écria Anne d'Autriche avec un accent d'effroi qui prouvait quel intérêt plus grand qu'elle ne le voulait dire elle prenait au duc.

— Je ne vous dis point cela pour vous effrayer, madame, non; c'est même ridicule ce que je vous dis, et croyez que je ne me préoccupe point de pareils rêves. Mais ce mot de vous que vous venez de dire, cette espérance que vous

m'avez presque donnée, aura tout payé, fût-ce même ma vie.

— Eh bien! dit Anne d'Autriche, moi aussi, duc, moi, j'ai des pressentiments, moi aussi j'ai des rêves. J'ai songé que je vous voyais couché sanglant, frappé d'une blessure.

— Au côté gauche, n'est-ce pas, et avec un couteau? interrompit Buckingham.

— Oui, c'est cela, milord, c'est cela, au côté gauche avec un couteau. Qui a pu vous dire que j'avais fait ce rêve? Je ne l'ai confié qu'à Dieu, et encore dans mes prières.

— Je n'en veux pas davantage, et vous m'aimez, madame; c'est bien.

— Je vous aime, moi ?

— Oui, vous. Dieu vous enverrait-il les mêmes rêves qu'à moi, si vous ne m'aimiez pas ? Aurions-nous les mêmes pressentiments, si nos deux existences ne se touchaient pas par le cœur ? Vous m'aimez, ô reine, et vous me pleurerez !

— Oh ! mon Dieu ! mon Dieu ! s'écria Anne d'Autriche, c'est plus que je n'en puis supporter. Tenez, duc, au nom du ciel, partez, retirez-vous ; je ne sais si je vous aime ou si je ne vous aime pas ; mais ce que je sais, c'est que je ne

serai point parjure. — Prenez donc pitié de moi et partez. Oh ! si vous êtes frappé en France, si vous mourez en France, si je pouvais supposer que votre amour pour moi fût cause de votre mort, je ne me consolerais jamais : j'en deviendrais folle. Partez donc, partez, je vous en supplie...

— Oh ! que vous êtes belle ainsi ! Oh ! que je vous aime ! dit Buckingham.

— Partez ! partez ! je vous en supplie, et revenez plus tard ; — revenez comme ambassadeur, revenez comme mi-

Anne d'Autriche et Buckingham. — Page 50.

nistre, revenez entouré de gardes qui vous défendront, de serviteurs qui veilleront sur vous, et alors, — alors je ne craindrai plus pour vos jours, et j'aurai du bonheur à vous revoir.

— Oh ! est-ce bien vrai, ce que vous me dites ?

— Oui...

— Eh bien ! un gage de votre indulgence, un objet qui vienne de vous et qui me rappelle que je n'ai point fait un rêve ; quelque chose que vous ayez porté et que je puisse porter à mon tour, une bague, un collier, une chaîne.

— Et partirez-vous, partirez-vous, si je vous donne ce que vous demandez ?

— Oui.

— A l'instant même ?

— Oui.

— Vous quitterez la France, vous retournerez en Angleterre ?

— Oui, je vous le jure.

— Attendez, alors, attendez.

Et Anne d'Autriche rentra dans son appartement et en sortit presque aussitôt, tenant à la main un petit coffret en bois de rose à son chiffre tout incrusté d'or.

— Tenez, milord duc, tenez, dit-elle, gardez cela en mémoire de moi.

7

Buckingham prit le coffret et tomba une seconde fois à genoux.

— Vous m'avez promis de partir, dit la reine.

— Et je tiens ma parole. Votre main, votre main, madame, et je pars

Anne d'Autriche tendit sa main en fermant les yeux et en s'appuyant de l'autre sur Estefania, car elle sentait que les forces allaient lui manquer.

Buckingham appuya avec passion ses lèvres sur cette belle main, puis se relevant :

— Avant six mois, dit-il, si je ne suis pas mort, je vous aurai revue, madame, dussé-je bouleverser le monde pour cela.

Et, fidèle à la promesse qu'il avait faite, il s'élança hors de l'appartement.

Dans le corridor, il rencontra madame Bonacieux qui l'attendait et qui, avec les mêmes précautions et le même bonheur, le reconduisit hors du Louvre.

—◦◦◦—

CHAPITRE XIII.

MONSIEUR BONACIEUX.

Il y avait dans tout cela, comme on a pu le remarquer, un personnage dont, malgré sa position précaire, on n'avait paru s'inquiéter que fort médiocrement. Ce personnage était M. Bonacieux, respectable martyr des intrigues politiques et amoureuses qui s'enchevêtraient si bien les unes aux autres dans cette époque à la fois si chevaleresque et si galante.

Heureusement, le lecteur se le rappelle ou ne se le rappelle pas, heureusement que nous avons promis de ne pas le perdre de vue.

Les estafiers qui l'avaient arrêté le conduisirent droit à la Bastille, où on le fit passer tout tremblant devant un peloton de soldats qui chargeaient leurs mousquets.

De là, introduit dans une galerie demi-souterraine, il fut, de la part de ceux qui l'avaient amené, l'objet des plus grossières injures et des plus farouches traitements. Les sbires voyaient qu'ils n'avaient pas affaire à un gentilhomme, et ils le traitaient en véritable croquant.

Au bout d'une demi-heure à peu près, un greffier vint mettre fin à ses tortures, mais non pas à ses inquiétudes, en donnant l'ordre de conduire M. Bonacieux dans la chambre des interrogatoires. Ordinairement on interrogeait les prisonniers chez eux; mais, avec M. Bonacieux, on n'y faisait pas tant de façons.

Deux gardes s'emparèrent du mercier, lui firent traverser une cour, le firent entrer dans un corridor où il y avait trois sentinelles, ouvrirent une porte et le poussèrent dans une chambre basse où il n'y avait pour tout meuble qu'une table, une chaise et un commissaire. Le commissaire était assis sur la chaise et occupé à écrire sur la table.

Les deux gardes conduisirent le prisonnier devant la table, et, sur un signe du commissaire, s'éloignèrent hors de la portée de la voix.

Le commissaire, qui jusque-là avait tenu sa tête baissée sur ses papiers, la releva pour voir à qui il avait affaire. Ce commissaire était un homme à la mine rébarbative, au nez pointu, aux pommettes jaunes et saillantes, aux yeux petits, mais investigateurs et vifs, à la physionomie tenant à la fois de la fouine et du renard. Sa tête, supportée par un cou long et mobile, sortait de sa large robe noire en se balançant avec un mouvement à peu près pareil à celui de la tortue tirant sa tête hors de sa carapace.

Il commença par demander à M. Bonacieux ses nom et prénoms, son âge, son état et son domicile.

L'accusé répondit qu'il s'appelait Jacques-Michel Bonacieux, qu'il était âgé de cinquante et un ans, mercier retiré, et qu'il demeurait rue des Fossoyeurs, n° 11.

Le commissaire alors, au lieu de continuer à l'interroger, lui fit un long discours sur le danger qu'il y a pour un bourgeois obscur à se mêler des choses publiques.

Il compliqua cet exorde d'une exposition dans laquelle il raconta la puissance et les actes de M. le cardinal, ce ministre incomparable, ce vainqueur des ministres passés, cet exemple des ministres à venir : actes et puissance que nul ne contrecarrait impunément.

Après cette deuxième partie de son discours, fixant son regard d'épervier sur le pauvre Bonacieux, il l'invita à réfléchir à la gravité de sa situation.

Les réflexions du mercier étaient toutes faites; il donnait au diable l'instant où M. de Laporte avait eu l'idée de le marier avec sa filleule, et l'instant surtout où cette filleule avait été reçue dame de la lingerie chez la reine.

Le fond du caractère de maître Bonacieux était un profond égoïsme mêlé à une avarice sordide, le tout assaisonné d'une poltronnerie extrême. L'amour que lui avait inspiré sa jeune femme, étant un sentiment tout secondaire, ne pouvait lutter avec les sentiments primitifs que nous venons d'énumérer.

Bonacieux réfléchit en effet sur ce qu'on venait de lui dire.

— Mais, monsieur le commissaire, dit-il timidement, croyez-bien que je connais et que j'apprécie plus que personne le mérite de l'incomparable éminence par laquelle nous avons l'honneur d'être gouvernés.

— Vraiment? demanda le commissaire d'un air de doute; mais, s'il en était véritablement ainsi, comment seriez-vous à la Bastille?

— Comment j'y suis, ou plutôt pourquoi j'y suis? répliqua Bonacieux, voilà ce qu'il m'est parfaitement impossible de vous dire, vu que je l'ignore moi-même; mais, à coup sûr, ce n'est pas pour avoir désobligé, sciemment du moins, M. le cardinal.

— Il faut cependant que vous ayez commis un crime, puisque vous êtes ici accusé de haute trahison.

— De haute trahison! s'écria Bonacieux épouvanté, de haute trahison! et comment voulez-vous qu'un pauvre mercier qui déteste les huguenots et qui abhorre les Espagnols soit accusé de haute trahison? Réfléchissez, monsieur, la chose est matériellement impossible.

— Monsieur Bonacieux, dit le commissaire en regardant l'accusé comme si ses petits yeux avaient la faculté de lire jusqu'au plus profond des cœurs, monsieur Bonacieux, vous avez une femme?

— Oui, monsieur, répondit le mercier tout tremblant, sentant que c'était là où les affaires allaient s'embrouiller; c'est-à-dire j'en avais une.

— Comment! vous en aviez une! qu'en avez-vous fait, si vous ne l'avez plus?

— On me l'a enlevée, monsieur.

— On vous l'a enlevée? dit le commissaire. Ah!

Bonacieux sentit à ce ah! que l'affaire s'embrouillait de plus en plus.

— On vous l'a enlevée! reprit le commissaire; et savez-vous quel est l'homme qui a commis ce rapt?

— Je crois le connaître.

— Quel est-il?

— Songez que je n'affirme rien, monsieur le commissaire, et que je soupçonne seulement.

— Qui soupçonnez-vous? Voyons, répondez franchement.

M. Bonacieux était dans la plus grande perplexité; devait-il tout nier ou tout dire? En niant tout, on pouvait croire qu'il en savait trop long pour avouer; en disant tout, il faisait preuve de bonne volonté. Il se décida donc à tout dire.

— Je soupçonne, dit-il, un grand brun, de haute mine, lequel a tout à fait l'air d'un grand seigneur; il nous a suivis plusieurs fois, à ce qu'il m'a semblé, quand j'attendais ma femme devant le guichet du Louvre pour la ramener chez moi.

Le commissaire parut éprouver quelque inquiétude.

— Et son nom? dit-il.

— Oh! quant à son nom, je n'en sais rien; mais, si je le rencontre jamais, je le reconnaîtrai à l'instant même, je vous en réponds, fût-il entre mille personnes.

Le front du commissaire se rembrunit.

— Vous le reconnaîtriez entre mille, dites-vous? continua-t-il.

— C'est-à-dire, reprit Bonacieux, qui vit qu'il avait fait fausse route, c'est-à-dire...

— Vous avez répondu que vous le reconnaîtriez, dit le commissaire; c'est bien; en voici assez pour aujourd'hui. Il faut, avant que nous allions plus loin, que quelqu'un soit prévenu que vous connaissez le ravisseur de votre femme.

— Mais je ne vous ai pas dit que je le connaissais, s'écria onacieux au désespoir. Je vous ai dit au contraire...

— Emmenez le prisonnier, dit le commissaire aux deux ardes.

— Et où faut-il le conduire? demanda le greffier.

— Dans un cachot.

— Dans lequel?

— Oh! mon Dieu, dans le premier venu, pourvu qu'il ferme bien, répondit le commissaire avec une indifférence qui pénétra d'horreur le pauvre Bonacieux.

— Hélas! hélas! se dit-il, le malheur est sur ma tête; ma femme aura commis quelque crime effroyable; on me croit son complice et l'on me punira avec elle : elle aura parlé, elle aura avoué qu'elle m'avait tout dit; une femme, c'est si faible! Un cachot! le premier venu! c'est cela! une nuit est bientôt passée; et demain, à la roue, à la potence! Oh! mon Dieu! mon Dieu! ayez pitié de moi!

Sans écouter le moins du monde les lamentations de maître Bonacieux, lamentations auxquelles d'ailleurs ils devaient être habitués, les deux gardes prirent le prisonnier par un bras, et l'emmenèrent, tandis que le commissaire écrivait en hâte une lettre que son greffier attendait.

Bonacieux ne ferma pas l'œil, non pas que son cachot fût par trop désagréable, mais parce que ses inquiétudes étaient trop grandes. Il resta toute la nuit sur son escabeau, tressaillant au moindre bruit, et, quand les premiers rayons du jour se glissèrent dans sa chambre, l'aurore lui parut avoir pris des teintes funèbres.

Tout à coup il entendit tirer les verrous et fit un soubresaut terrible. Il croyait qu'on venait le chercher pour le conduire à l'échafaud; aussi, lorsqu'il vit purement et simplement paraître, au lieu de l'exécuteur qu'il attendait, son commissaire et son greffier de la veille, il fut tout près de leur sauter au cou.

— Votre affaire s'est fort compliquée depuis hier au soir, mon brave homme, lui dit le commissaire, et je vous conseille de dire toute la vérité, car votre repentir peut seul conjurer la colère du cardinal.

— Mais je suis prêt à tout dire, s'écria Bonacieux, du moins tout ce que je sais. Interrogez, je vous prie.

— Où est votre femme, d'abord?

— Mais puisque je vous ai dit qu'on me l'avait enlevée.

— Oui, mais depuis hier cinq heures de l'après-midi, grâce à vous, elle s'est échappée.

— Ma femme s'est échappée! s'écria Bonacieux. Oh! la malheureuse. Monsieur, si elle s'est échappée, ce n'est pas ma faute, je vous le jure.

— Qu'alliez-vous donc alors faire chez M. d'Artagnan, votre voisin, avec lequel vous avez eu une longue conférence dans la journée?

— Ah! oui, monsieur le commissaire, oui, cela, c'est vrai, et j'avoue que j'ai eu tort. Oui, j'ai été chez M. d'Artagnan.

— Quel était le but de cette visite?

— De le prier de m'aider à retrouver ma femme. Je croyais que j'avais le droit de la réclamer; je me trompais, à ce qu'il paraît, et je vous en demande bien pardon.

— Et qu'a répondu M. d'Artagnan?

— M. d'Artagnan m'a promis son aide; mais je me suis bientôt aperçu qu'il me trahissait.

— Vous en imposez à la justice! M. d'Artagnan a fait un pacte avec vous, et, en vertu de ce pacte, il a mis en fuite les hommes de police qui avaient arrêté votre femme, et l'a soustraite à toutes les recherches.

— M. d'Artagnan a enlevé ma femme! Ah ça! mais que me dites-vous là?

— Heureusement M. d'Artagnan est entre nos mains, et vous allez lui être confronté.

— Ah! ma foi, je ne demande pas mieux! s'écria Bonacieux; je ne serai pas fâché de voir une figure de connaissance.

— Faites entrer M. d'Artagnan, dit le commissaire aux deux gardes.

Les deux gardes firent entrer Athos.

— Monsieur d'Artagnan, dit le commissaire en s'adressant à Athos, déclarez ce qui s'est passé entre vous et monsieur.

— Mais, s'écria Bonacieux, ce n'est pas M. d'Artagnan que vous me montrez là!

— Comment! ce n'est pas M. d'Artagnan! s'écria le commissaire.

— Pas le moins du monde, répondit Bonacieux.

— Comment se nomme monsieur? demanda le commissaire.

— Je ne puis pas vous le dire, je ne le connais pas.

— Comment! vous ne le connaissez pas?

— Non.

— Vous ne l'avez jamais vu?

— Si fait; mais je ne sais pas comment il s'appelle.

— Votre nom? demanda le commissaire.

— Athos, répondit le mousquetaire.

— Mais ce n'est pas un nom d'homme, ça; c'est un nom de montagne! s'écria le pauvre interrogateur, qui commençait à perdre la tête.

— C'est mon nom, dit tranquillement Athos.

— Mais vous avez dit que vous vous nommiez d'Artagnan.

— Moi?

— Oui, vous.

— C'est-à-dire que c'est à moi qu'on a dit : Vous êtes monsieur d'Artagnan. J'ai répondu : Vous croyez? Mes gardes se sont écriés qu'ils en étaient sûrs. Je n'ai pas voulu les contrarier. D'ailleurs, je pouvais me tromper.

— Monsieur, vous insultez à la majesté de la justice.

— Aucunement, fit tranquillement Athos.

— Vous êtes monsieur d'Artagnan.

— Vous voyez bien que vous me le dites encore.

— Mais, s'écria à son tour M. Bonacieux, je vous dis, monsieur le commissaire, qu'il n'y a pas un instant de doute à avoir. M. d'Artagnan est mon hôte, et, par conséquent, quoiqu'il ne me paye pas mes loyers, et justement même à cause de cela, je dois le connaître. M. d'Artagnan est un jeune homme de dix-neuf à vingt ans à peine, et monsieur en a trente au moins. M. d'Artagnan est dans les gardes de M. des Essarts, et monsieur est dans la compagnie des mousquetaires de M. de Tréville. Regardez l'uniforme, monsieur le commissaire, regardez l'uniforme.

— C'est vrai, murmura le commissaire, c'est pardieu vrai!

En ce moment, la porte s'ouvrit vivement, et un messager, introduit par un des guichetiers de la Bastille, remit une lettre au commissaire.

— Oh! la malheureuse! s'écria le commissaire.

— Comment? que dites-vous? de qui parlez-vous? Ce n'est pas de ma femme, j'espère!

— Au contraire, c'est d'elle. Votre affaire est bonne, allez!

— Ah ça! s'écria le mercier exaspéré, faites-moi le plaisir de me dire, monsieur, comment mon affaire à moi peut s'empirer de ce que fait ma femme pendant que je suis en prison.

— Parce que ce qu'elle fait est la suite d'un plan arrêté entre vous, plan infernal!

— Je vous jure, monsieur le commissaire, que vous êtes dans la plus profonde erreur; que je ne sais rien au monde de ce que devait faire ma femme; que je suis entièrement étranger à ce qu'elle a fait, et que, si elle a fait des sottises, je la renie, je la désavoue, je la maudis.

— Ah ça! dit Athos au commissaire, si vous n'avez plus besoin de moi ici, renvoyez-moi quelque part. Il est très-ennuyeux, M. Bonacieux.

— Reconduisez les prisonniers dans leurs cachots, dit le commissaire en désignant d'un même geste Athos et Bonacieux, et qu'ils soient gardés sévèrement que jamais.

— Cependant, dit Athos avec son calme habituel, si c'est de M. d'Artagnan que vous avez affaire, je ne vois pas trop en quoi je puis le remplacer.

— Faites ce que j'ai dit! s'écria le commissaire, et le secret le plus absolu. Vous entendez!

Athos suivit ses gardes en levant les épaules, et M. Bonacieux en poussant des lamentations à fendre le cœur d'un tigre.

On ramena le mercier dans le même cachot où il avait passé la nuit, et on l'y laissa toute la journée. Toute la journée, Bonacieux pleura comme un véritable mercier, n'étant pas du tout homme d'épée, il nous l'a dit lui-même.

Le soir, vers les neuf heures, au moment où il allait se

décider à se mettre au lit, il entendit des pas dans son corridor. Ces pas se rapprochèrent de son cachot, sa porte s'ouvrit, des gardes parurent.

— Suivez-moi, dit un exempt qui venait à la suite des gardes.

— Vous suivre! s'écria Bonacieux; vous suivre à cette heure-ci! et où cela, mon Dieu?

— Où nous avons l'ordre de vous conduire.

— Mais ce n'est pas une réponse, cela.

— C'est cependant la seule que nous puissions vous faire.

— Ah! mon Dieu, mon Dieu! murmura le pauvre mercier, pour cette fois je suis perdu!

Et il suivit machinalement et sans résistance les gardes qui venaient le querir.

Il prit le même corridor qu'il avait déjà pris, traversa une première cour, puis un second corps de logis; enfin, à la porte de la cour d'entrée, il trouva une voiture entourée de quatre gardes à cheval. On le fit monter dans cette voiture; l'exempt se plaça près de lui; on ferma la portière à clef, et tous deux se retrouvèrent dans une prison roulante.

La voiture se mit en mouvement, lente comme un char funèbre. A travers la grille cadenassée le prisonnier apercevait les maisons et le pavé, voilà tout; mais, en véritable Parisien qu'il était, Bonacieux reconnaissait chaque rue aux bornes, aux enseignes, aux réverbères. Au moment d'arriver à Saint-Paul, lieu où l'on exécutait les condamnés de la Bastille, il faillit s'évanouir et se signa deux fois. Il avait cru que la voiture devait s'arrêter là. La voiture passa cependant. Plus loin, une grande terreur le prit encore; ce tut en côtoyant le cimetière Saint-Jean, où l'on enterrait les criminels d'Etat. Une seule chose le rassura un peu, c'est qu'avant de les enterrer on leur coupait généralement la tête, et que sa tête à lui était encore sur ses épaules. Mais, lorsqu'il vit que la voiture prenait la route de la Grève, qu'il aperçut les toits aigus de l'Hôtel de Ville, que la voiture s'engagea sous l'arcade, il crut que tout était fini pour lui, voulut se confesser à l'exempt, et sur son refus poussa des cris si pitoyables, que l'exempt annonça que, s'il continuait à l'assourdir ainsi, il lui mettrait un bâillon. Cette menace rassura quelque peu Bonacieux: si on eût dû l'exécuter en Grève, ce n'était pas la peine de le bâillonner, puisqu'on était presque arrivé au lieu de l'exécution. En effet, la voiture traversa la place fatale sans s'arrêter. Il ne restait plus à craindre que la Croix-du-Trahoir; la voiture en prit justement le chemin.

Cette fois, il n'y avait plus de doute, c'était à la Croix-du-Trahoir qu'on exécutait les criminels subalternes; Bonacieux s'était flatté en se croyant digne de Saint-Paul ou de la place de Grève. C'était à la Croix-du-Trahoir qu'allaient finir son voyage et sa destinée! Il ne pouvait voir encore cette malheureuse croix; mais il la sentait en quelque sorte venir au-devant de lui. Lorsqu'il n'en fut plus qu'à une vingtaine de pas, il entendit une rumeur, et la voiture s'arrêta. C'était plus que n'en pouvait supporter le pauvre Bonacieux, déjà écrasé par les émotions successives qu'il avait éprouvées; il poussa un faible gémissement qu'on eût pu prendre pour le dernier soupir d'un moribond, et il s'évanouit.

CHAPITRE XIV.

L'HOMME DE MEUNG.

Ce rassemblement était produit, non point par l'attente d'un homme qu'on devait pendre, mais par la contemplation d'un pendu. La voiture, arrêtée un instant, reprit donc sa marche, traversa la foule, continua son chemin, enfila la rue Saint-Honoré, tourna la rue des Bons-Enfants et s'arrêta devant une porte basse.

La porte s'ouvrit; deux gardes reçurent dans leurs bras Bonacieux soutenu par l'exempt, et on le poussa dans une allée; on lui fit monter un escalier, et on le déposa dans une antichambre. Tous ces mouvements s'étaient opérés pour lui d'une façon machinale. Il avait marché comme on marche en rêve; il avait entrevu les objets à travers un brouillard; ses oreilles avaient perçu des sons sans les comprendre; on eût pu l'exécuter dans ce moment, qu'il n'eût

Bonacieux chez Richelieu.

pas fait un geste pour entreprendre sa défense, qu'il n'eût pas poussé un cri pour implorer la pitié.

Il resta donc ainsi sur la banquette, le dos appuyé au mur et les bras pendants, à l'endroit même où les gardes l'avaient déposé.

Cependant, comme, en regardant autour de lui, il ne voyait aucun objet menaçant; comme rien n'indiquait qu'il courût un danger réel; comme la banquette était convenablement rembourrée; comme la muraille était recouverte d'un beau cuir de Cordoue; comme de grands rideaux de damas rouge flottaient devant la fenêtre, retenus par des embrasses d'or, il comprit peu à peu que sa frayeur était exagérée, et il commença de remuer la tête à droite et à gauche et de bas en haut. A ce mouvement, auquel personne ne s'opposa, il reprit un peu de courage et se risqua à remuer une jambe, puis l'autre; enfin, en s'aidant de ses deux mains, il se souleva sur sa banquette et se trouva su ses pieds.

En ce moment, un officier de bonne mine ouvrit une portière, continua d'échanger encore quelques paroles avec une personne qui se trouvait dans la pièce voisine, et se retournant vers le prisonnier:

— C'est vous qui vous nommez Bonacieux? dit-il.

— Oui, monsieur l'officier, balbutia le mercier plus mort que vif, pour vous servir.

— Entrez, dit l'officier.

obéit il s'effaça pour que le mercier pût passer. Celui-ci Et sans réplique et entra dans la chambre, où il paraissait être attendu.

C'était un grand cabinet, aux murailles garnies d'armes offensives et défensives, clos et étouffé, et dans lequel il y avait déjà du feu, quoique l'on fût à peine à la fin du mois de septembre. Une table carrée, couverte de livres et de papiers, sur lesquels était déroulé un plan immense de la ville de la Rochelle, tenait le milieu de l'appartement. Debout, devant la cheminée, était un homme de moyenne taille, à la mine hautaine et fière, aux yeux perçants, au front large, à la figure amaigrie, qu'allongeait encore une royale surmontée d'une paire de moustaches. Quoique cet homme eût trente-six à trente-sept ans à peine, cheveux, moustaches et royale s'en allaient grisonnants. Cet homme, moins l'épée, avait toute la mine d'un homme de guerre, et ses bottes de buffle, encore légèrement couvertes de poussière, indiquaient qu'il avait monté à cheval dans la journée.

Cet homme, c'était Armand-Jean Duplessis, cardinal de Richelieu, non point tel qu'on nous le représente, cassé comme un vieillard, souffrant comme un martyr, le corps brisé, la voix éteinte, enterré dans un grand fauteuil comme dans une tombe anticipée, ne vivant plus que par l'éternelle application de sa pensée; mais tel qu'il était réellement à cette époque, c'est-à-dire adroit et galant cavalier, faible de corps déjà, mais soutenu par cette puissance morale qui a fait de lui un des hommes les plus extraordinaires qui aient existé; se préparant enfin, après avoir soutenu le duc de Nevers dans son duché de Mantoue, après avoir pris Nîmes, Castres et Uzès, à chasser les Anglais de l'île de Rhé et à faire le siège de la Rochelle.

A la première vue, rien ne dénotait donc le cardinal, et il était impossible à ceux-là qui ne connaissaient point son visage de deviner devant qui ils se trouvaient.

Le pauvre mercier demeura debout à la porte, tandis que les yeux du personnage que nous venons de décrire se fixaient sur lui et semblaient vouloir pénétrer jusqu'au fond de sa pensée.

— C'est là ce Bonacieux? demanda-t-il après un moment de silence.

— Oui, monseigneur, reprit l'officier.

— C'est bien; donnez-moi ces papiers et laissez-nous.

L'officier prit sur la table les papiers désignés, les remit à celui qui les demandait, s'inclina jusqu'à terre et sortit.

Bonacieux reconnut dans ces papiers ses interrogatoires de la Bastille. De temps en temps, l'homme de la cheminée levait les yeux de dessus les écritures et les plongeait comme deux poignards jusqu'au fond du cœur du pauvre mercier.

Au bout de dix minutes de lecture et de dix secondes d'examen, le cardinal était fixé.

— Cette tête-là n'a jamais conspiré, murmura-t-il; mais, n'importe, voyons toujours.

— Vous êtes accusé de haute trahison, dit lentement le cardinal.

— C'est ce qu'on m'a déjà appris, monseigneur, s'écria Bonacieux, donnant à son interrogateur le titre qu'il avait entendu l'officier lui donner; mais je vous jure que je n'en savais rien.

Le cardinal réprima un sourire.

— Vous avez conspiré avec votre femme, avec madame de Chevreuse et avec milord duc de Buckingham.

— En effet, monseigneur, répondit le mercier, je l'ai entendue prononcer tous ces noms-là.

— Et à quelle occasion?

— Elle disait que le cardinal de Richelieu avait attiré le duc de Buckingham à Paris pour le perdre et pour perdre la reine avec lui.

— Elle disait cela? s'écria le cardinal avec violence.

— Oui, monseigneur; mais moi je lui ai dit qu'elle avait tort de tenir de pareils propos, et que Son Eminence était incapable...

— Taisez-vous! vous êtes un imbécile! reprit le cardinal.

— C'est justement ce que ma femme m'a répondu, monseigneur.

— Savez-vous qui vous a enlevé votre femme?

— Non, monseigneur.

— Vous avez des soupçons cependant?

— Oui, monseigneur, mais ces soupçons ont paru contrarier M. le commissaire, et je ne les ai plus.

— Votre femme s'est échappée; le saviez-vous?

— Non, monseigneur, je l'ai appris depuis que je suis en prison, et toujours par l'entremise de M. le commissaire, un homme bien aimable!

Le cardinal réprima un second sourire.

— Alors vous ignorez ce que votre femme est devenue depuis sa fuite?

— Absolument, monseigneur; mais elle a dû rentrer au Louvre.

— A une heure du matin elle n'y était pas rentrée encore.

— Ah! mon Dieu! mais qu'est-elle devenue alors?

— On le saura, soyez tranquille, on ne cache rien au cardinal; le cardinal sait tout.

— En ce cas, monseigneur, est-ce que vous croyez que le cardinal consentira à me dire ce qu'est devenue ma femme?

— Peut-être; mais il faut d'abord que vous avouiez tout ce que vous savez relativement aux relations de votre femme avec madame de Chevreuse.

— Mais, monseigneur, je ne sais rien, je ne l'ai jamais vue.

— Quand vous alliez chercher votre femme au Louvre, revenait-elle directement chez vous?

— Presque jamais, elle avait affaire à des marchands de toile chez lesquels je la conduisais.

— Et combien y en avait-il, de marchands de toile?

— Deux, monseigneur.

— Où demeurent-ils?

— L'un, rue de Vaugirard; l'autre, rue de la Harpe.

— Entriez-vous chez eux avec elle?

— Jamais, monseigneur, je l'attendais à la porte.

— Et quel prétexte vous donnait-elle pour entrer ainsi toute seule?

— Elle ne m'en donnait pas, elle me disait d'attendre, et j'attendais.

— Vous êtes un mari complaisant, mon cher monsieur Bonacieux, dit le cardinal.

— Il m'a appelé son cher monsieur, dit en lui-même le mercier; peste, les affaires vont bien!

— Reconnaîtriez-vous ces portes?

— Oui.

— Savez-vous les numéros?

— Oui.

— Quels sont-ils?

— N° 25 dans la rue de Vaugirard; n° 75 dans la rue de la Harpe.

— C'est bien, dit le cardinal.

A ces mots, il prit une sonnette d'argent, et sonna; l'officier rentra.

— Allez, dit-il à demi-voix, allez me chercher Rochefort, et qu'il vienne à l'instant même s'il est rentré.

— Le comte est là, dit l'officier, et il demande instamment à parler à Votre Eminence.

— A Votre Eminence! murmura Bonacieux, qui savait que tel était le titre qu'on donnait d'ordinaire au cardinal : à Votre Eminence!

— Qu'il vienne alors, qu'il vienne! dit vivement Richelieu.

L'officier s'élança hors de l'appartement avec cette rapidité que mettaient d'ordinaire tous les serviteurs du cardinal à lui obéir.

— A Votre Eminence! murmurait Bonacieux en roulant des yeux égarés.

Cinq minutes ne s'étaient pas écoulées depuis la disparition de l'officier, que la porte s'ouvrit et qu'un nouveau personnage entra.

— C'est lui! s'écria Bonacieux.

— Qui, lui? demanda le cardinal.

— Celui qui m'a enlevé ma femme.

Le cardinal sonna une seconde fois. L'officier reparut.

— Remettez cet homme aux mains de ses deux gardes, et qu'il attende que je le rappelle devant moi.

— Non, monseigneur, non, ce n'est pas lui! s'écria Bonacieux; non, je m'étais trompé, c'est un autre qui ne lui ressemble pas du tout; monsieur est un honnête homme

— Emmenez cet imbécile! dit le cardinal.

L'officier prit Bonacieux sous le bras et le reconduisit dans l'antichambre, où il retrouva ses deux gardes.

Le nouveau personnage que l'on venait d'introduire suivit des yeux avec impatience Bonacieux jusqu'à ce qu'il fût sorti, et dès que la porte se fût refermée sur lui :

— Ils se sont vus, dit-il en s'approchant vivement du cardinal.

— Qui? demanda Son Eminence.

— Elle et lui.

— La reine et le duc? s'écria Richelieu.

— Oui.

— Et où cela?

— Au Louvre.

— Vous en êtes sûr?

— Parfaitement sûr.

— Qui vous l'a dit?

— Madame de Lannoy, qui est tout à Votre Eminence, comme vous le savez.

— Pourquoi ne l'a-t-elle pas dit plus tôt?

— Soit hasard, soit défiance, la reine a fait coucher madame de Surgis dans sa chambre et l'a gardée toute la journée.

— C'est bien, nous sommes battus. Tâchons de prendre notre revanche.

— Je vous y aiderai de toute mon âme, monseigneur, soyez tranquille.

— Comment cela s'est-il passé?

— A minuit et demi la reine était avec ses femmes.

— Où cela?

— Dans sa chambre à coucher.

— Bien.

— Lorsqu'on est venu lui remettre un mouchoir de la part de sa dame de lingerie.

— Après?

— Aussitôt la reine a manifesté une grande émotion, et, malgré le rouge dont elle avait le visage couvert, elle a pâli.

— Après, après?

— Cependant elle s'est levée, et d'une voix altérée : « Mesdames, a-t-elle dit, attendez-moi ici dix minutes, puis je reviens. » Et elle a ouvert la porte de son alcôve et elle est sortie.

— Pourquoi madame de Lannoy n'est-elle pas venue vous prévenir à l'instant même?

— Rien n'était bien certain encore; d'ailleurs la reine avait dit : « Mesdames, attendez-moi, » et elle n'osait désobéir à la reine.

— Et combien de temps la reine est-elle restée hors de la chambre?

— Trois quarts d'heure.

— Aucune de ses femmes ne l'accompagnait?

— Dona Estefana seulement.

— Et elle est rentrée ensuite?

— Oui : mais pour prendre un petit coffret de bois de rose à son chiffre, et sortir aussitôt.

— Et quand elle est rentrée plus tard, a-t-elle rapporté le coffret?

— Non.

— Madame de Lannoy sait-elle ce qu'il y avait dans ce coffret?

— Oui : les ferrets en diamants que Sa Majesté a donnés à la reine.

— Et elle est rentrée sans ce coffret?

— Oui.

— L'opinion de madame de Lannoy est qu'elle les a remis lors à Buckingham.

— Elle en est sûre.

— Comment cela?

— Pendant la journée, madame de Lannoy, en sa qualité de dame d'atours de la reine, a cherché ce coffret, a paru inquiète de ne pas le trouver, et a fini par en demander des nouvelles à la reine.

— Et alors la reine...

— La reine est devenue fort rouge, et a répondu qu'ayant brisé la veille un de ces ferrets, elle l'avait envoyé raccommoder chez son orfèvre.

— Il faut y passer et s'assurer si la chose est vraie ou non.

— J'y suis passé.

— Eh bien ! l'orfèvre...

— L'orfèvre n'a entendu parler de rien.

— Bien ! bien ! Rochefort, tout n'est pas perdu, et peut-être... peut-être tout est-il pour le mieux !

— Le fait est que je ne doute pas que le génie de Votre Eminence...

— Ne répare les bêtises de mon agent, n'est-ce pas?

— C'est justement ce que j'allais dire, si Votre Eminence m'avait laissé achever ma phrase.

— Maintenant, savez-vous où se cachaient la duchesse de Chevreuse et le duc de Buckingham?

— Non, monseigneur, mes gens n'ont pu rien me dire de positif là-dessus.

— Je le sais, moi.

— Vous, monseigneur?

— Oui, ou du moins je m'en doute. Ils se tenaient, l'un rue de Vaugirard, n° 25, et l'autre rue de la Harpe, n° 75.

— Votre Eminence veut-elle que je les fasse arrêter tous deux?

— Il sera trop tard, ils seront partis.

— N'importe, on peut s'assurer.

— Prenez dix hommes de mes gardes et fouillez les deux maisons.

— J'y vais, monseigneur.

Et Rochefort s'élança hors de l'appartement.

Le cardinal, resté seul, réfléchit un instant et sonna une troisième fois.

Le même officier reparut.

— Faites entrer le prisonnier, dit le cardinal.

Maître Bonacieux fut introduit de nouveau, et, sur un signe du cardinal, l'officier se retira.

— Vous m'avez trompé, dit sévèrement le cardinal.

— Moi! s'écria Bonacieux, moi, tromper Votre Eminence !

— Votre femme, en allant rue de Vaugirard et rue de la Harpe, n'allait pas chez les marchands de toile.

— Et où allait-elle, juste Dieu?

— Elle allait chez la duchesse de Chevreuse et chez le duc de Buckingham.

— Oui, dit Bonacieux, rappelant tous ses souvenirs; oui, c'est cela; Votre Eminence a raison. J'ai dit plusieurs fois à ma femme qu'il était étonnant que des marchands de toile demeurassent dans des maisons qui n'avaient pas d'enseigne, et à chaque fois ma femme s'est mise à rire. Ah ! monseigneur, continua Bonacieux en se jetant aux pieds de l'Eminence, ah ! que vous êtes bien le cardinal, le grand cardinal, l'homme de génie que tout le monde révère !

Le cardinal, tout médiocre qu'était le triomphe remporté sur un être aussi vulgaire que l'était Bonacieux, n'en jouit pas moins un instant; puis, presque aussitôt, comme si une nouvelle pensée se présentait à son esprit, un sourire plissa ses lèvres, et tendant la main au marchand :

— Relevez-vous, mon ami, lui dit-il, vous êtes un brave homme.

— Le cardinal m'a touché la main ! j'ai touché la main du grand homme ! s'écria Bonacieux. Le grand homme m'a appelé son ami !

— Oui, mon ami, oui, dit le cardinal avec ce ton paterne qu'il savait prendre quelquefois, mais qui ne trompait que les gens qui ne le connaissaient pas; et, comme on vous a soupçonné injustement, eh bien ! il vous faut une indemnité. Tenez, prenez ce sac de cent pistoles, et pardonnez-moi.

— Que je vous pardonne, monseigneur ! dit Bonacieux, hésitant à prendre le sac, craignant, sans doute, que ce prétendu don ne fût qu'une plaisanterie. Mais vous étiez bien libre de me faire arrêter, vous êtes bien libre de me faire torturer, vous êtes bien libre de me faire pendre, vous êtes le maître, et je n'aurais pas eu le plus petit mot à dire. Vous pardonner, monseigneur ! Allons donc, vous n'y pensez pas !

— Ah ! mon cher monsieur Bonacieux, vous y mettez de la générosité, je le vois et je vous en remercie. Ainsi donc, vous prenez ce sac et vous vous en allez sans être trop mécontent?

— Je m'en vais enchanté, monseigneur.

— Adieu donc, ou plutôt au revoir, car j'espère que nous nous reverrons.

— Tant que monseigneur voudra, et je suis bien aux ordres de Son Eminence.

— Ce sera souvent, soyez tranquille, car j'ai trouvé un charme extrême dans votre conversation.

— Oh! monseigneur!

— Au revoir, monsieur Bonacieux, au revoir.

Et le cardinal lui fit un signe de la main, auquel Bonacieux répondit en s'inclinant jusqu'à terre : puis il sortit à reculons, et, quand il fut dans l'antichambre, le cardinal l'entendit qui, dans son enthousiasme, criait à tue-tête :

Vive monseigneur! vive Son Eminence! vive le grand cardinal!

Le cardinal écouta en souriant cette bruyante manifestation des sentiments enthousiastes de maître Bonacieux; puis, quand les cris de Bonacieux se furent perdus dans l'éloignement :

— Bien, dit-il, voici désormais un homme qui se fera tuer pour moi.

Et le cardinal se mit à examiner avec la plus grande attention la carte de la Rochelle, qui, ainsi que nous l'avons

Rochefort.

dit, était étendue sur son bureau, traçant avec un crayon la ligne où devait passer la fameuse digue qui, dix-huit mois plus tard, fermait le port de la cité assiégée.

Comme il en était au plus profond de ses méditations stratégiques, la porte se rouvrit, et Rochefort rentra.

— Eh bien? dit vivement le cardinal en se levant avec une promptitude qui prouvait le degré d'importance qu'il attachait à la commission dont il avait chargé le comte.

— Eh bien! dit celui-ci, une jeune femme de vingt-six à vingt-huit ans et un jeune homme de trente-cinq à quarante ont logé effectivement l'un quatre jours et l'autre cinq,

dans les maisons indiquées par Votre Eminence, mais la femme est partie cette nuit et l'homme ce matin.

— C'étaient eux! s'écria le cardinal, qui regardait à la pendule; et maintenant, continua-t-il, il est trop tard pour faire courir après; la duchesse est à Tours, et le duc à Boulogne. C'est à Londres qu'il faut les rejoindre.

— Quels sont les ordres de Votre Eminence?

— Pas un mot de ce qui s'est passe; que la reine reste dans une sécurité parfaite, qu'elle ignore que nous savons son secret; qu'elle croie que nous sommes à la recherche d'une conspiration quelconque. Envoyez-moi le garde des sceaux Séguier.

— Et cet homme, qu'en a fait Votre Eminence?

— Quel homme? demanda le cardinal.

— Ce Bonacieux?

— J'en ai fait tout ce qu'on pouvait en faire. J'en ai fait l'espion de sa femme.

Le comte de Rochefort s'inclina en homme qui reconnaît la grande supériorité du maître, et se retira.

Resté seul, le cardinal s'assit de nouveau, écrivit une lettre qu'il cacheta de son sceau particulier, puis il sonna. L'officier entra pour la quatrième fois.

— Faites-moi venir Vitray, dit-il, et dites-lui de s'apprêter pour un voyage.

Un instant après, l'homme qu'il avait demandé était debout devant lui, tout botté et tout éperonné.

— Vitray, dit-il, vous allez partir tout courant pour Londres. Vous ne vous arrêterez pas un instant en route; vous remettrez cette lettre à milady. Voici un bon de deux cents pistoles; passez chez mon trésorier, et faites-vous payer. Il y en a autant à toucher si vous êtes de retour ici dans six jours et si vous avez bien fait ma commission.

Madame, vous allez recevoir la visite de M. le chancelier.

Le messager, sans répondre un seul mot, s'inclina, prit la lettre, le bon de deux cents pistoles et sortit.

Voici ce que contenait la lettre ·

« Milady,

« Trouvez-vous au premier bal où se trouvera le duc de Buckingham. Il aura à son pourpoint douze ferrets de diamants; approchez-vous de lui, et coupez-en deux.

« Aussitôt que ces ferrets seront en votre possession, prévenez-moi. »

————o————

CHAPITRE XV.

GENS DE ROBE ET GENS D'ÉPÉE.

Le lendemain du jour où ces événements étaient arrivés, Athos n'ayant point reparu, M. de Tréville avait été prévenu par d'Artagnan et par Porthos de sa disparition.

8

Quant à Aramis, il avait demandé un congé de cinq jours, et il était à Rouen, disait-on, pour affaires de famille.

M. de Tréville était le père de ses soldats. Le moindre et le plus inconnu d'entre eux, dès qu'il portait l'uniforme de la compagnie, était aussi certain de son aide et de son appui qu'aurait pu l'être son frère lui-même.

Il se rendit donc à l'instant chez le lieutenant criminel. On fit venir l'officier qui commandait le poste de la Croix-Rouge, et les renseignements successifs apprirent qu'Athos était momentanément logé au Fort-l'Évêque.

Athos avait passé par toutes les épreuves que nous avons vu Bonacieux subir.

Nous avons assisté à la scène de confrontation entre les deux captifs. Athos, qui n'avait rien dit jusque-là, de peur que d'Artagnan, inquiété à son tour, n'eût point le temps qu'il lui fallait, Athos déclara à partir de ce moment qu'il se nommait Athos et non d'Artagnan.

Il ajouta qu'il ne connaissait ni M. ni madame Bonacieux; qu'il n'avait jamais parlé ni à l'un ni à l'autre; qu'il était venu vers dix heures du soir pour faire visite à M. d'Artagnan, son ami, mais que jusqu'à cette heure il était resté chez M. de Tréville, où il avait dîné; vingt témoins, ajouta-t-il, pouvaient attester le fait, et il nomma plusieurs gentilshommes distingués, entre autres M. le duc de la Trémouille.

Le second commissaire fut aussi étourdi que le premier de la déclaration simple et ferme de ce mousquetaire, sur lequel il aurait bien voulu prendre la revanche que les gens de robe aiment tant à gagner sur les gens d'épée; mais le nom de M. de Tréville et celui de M. le duc de la Trémouille méritaient réflexion.

Athos fut aussi envoyé au cardinal, mais malheureusement le cardinal était au Louvre chez le roi.

C'était précisément le moment où M. de Tréville, sortant de chez le lieutenant criminel et de chez le gouverneur du Fort-l'Évêque, sans avoir pu trouver Athos, arriva chez Sa Majesté.

Comme capitaine des mousquetaires, M. de Tréville avait à toute heure ses entrées chez le roi.

On sait quelles étaient les préventions du roi contre la reine, préventions habilement entretenues par le cardinal, qui, en fait d'intrigues, se défiait infiniment plus des femmes que des hommes. Une des grandes causes surtout de cette prévention était l'amitié d'Anne d'Autriche pour madame de Chevreuse. Ces deux femmes l'inquiétaient plus que les guerres avec l'Espagnol, les démêlés avec l'Angleterre et l'embarras des finances. A ses yeux et dans sa conviction, madame de Chevreuse servait la reine non-seulement dans ses intrigues politiques, mais, ce qui le tourmentait bien plus encore, dans ses intrigues amoureuses.

Au premier mot de ce qu'avait dit M. le cardinal, que madame de Chevreuse, exilée à Tours, et qu'on croyait dans cette ville, était venue à Paris, et, pendant cinq jours qu'elle y était restée, avait dépisté la police, le roi voulait être appelé *Louis le Juste* et *Louis le Chaste*. La postérité comprendra difficilement ce caractère, que l'histoire n'explique que par des faits et jamais par des raisonnements.

Mais, lorsque le cardinal ajouta que non-seulement madame de Chevreuse était venue à Paris, mais encore que la reine avait renoué avec elle à l'aide d'une de ces correspondances mystérieuses qu'à cette époque on nommait une cabale; lorsqu'il affirma que lui, le cardinal, allait démêler les fils les plus obscurs de cette intrigue; quand, au moment d'arrêter sur le fait, en flagrant délit, nantie de toutes les preuves, l'émissaire de la reine près de l'exilée, un mousquetaire avait osé interrompre violemment le cours de la justice en tombant l'épée à la main sur d'honnêtes gens de loi chargés d'examiner avec impartialité toute l'affaire pour la mettre sous les yeux du roi, Louis XIII ne se contint plus; il fit un pas vers l'appartement de la reine avec cette pâle et muette indignation qui, lorsqu'elle éclatait, conduisait ce prince jusqu'à la plus froide cruauté.

Et cependant dans tout cela le cardinal n'avait pas encore dit un mot du duc de Buckingham.

Ce fut alors que M. de Tréville entra froid, poli et dans une tenue irréprochable.

Averti de ce qui venait de se passer par la présence du cardinal et par l'altération de la figure du roi, M. de Tréville se sentit fort comme Samson devant les Philistins.

Louis XIII mettait déjà la main sur le bouton de la porte; au bruit que fit M. de Tréville en entrant, il se retourna.

— Vous arrivez bien, monsieur, dit le roi, qui, lorsque ses passions étaient montées à un certain point, ne savait pas dissimuler, et j'en apprends de belles sur le compte de vos mousquetaires.

— Et moi, dit froidement M. de Tréville, j'en ai de belles à apprendre à Votre Majesté sur ses gens de robe.

— Plaît-il? dit le roi avec hauteur.

— J'ai l'honneur d'apprendre à Votre Majesté, continua Tréville du même ton, qu'un parti de procureurs, de commissaires et de gens de robe, gens fort estimables, mais fort acharnés, à ce qu'il paraît, contre l'uniforme, s'est permis d'arrêter dans une maison, d'emmener en pleine rue, et de jeter au Fort-l'Évêque, tout cela sur un ordre qu'on a refusé de me présenter, un de mes mousquetaires, ou plutôt des vôtres, sire, d'une conduite irréprochable, d'une réputation presque illustre, et que Votre Majesté connaît favorablement, M. Athos.

— Athos, dit le roi machinalement; oui, au fait, je connais ce nom-là.

— Que Votre Majesté se le rappelle, dit M. de Tréville; M. Athos est ce mousquetaire qui, dans le fâcheux duel que vous savez, a eu le malheur de blesser grièvement M. Cahusac. —A propos, monseigneur, continua Tréville en s'adressant au cardinal, M. de Cahusac est tout à fait rétabli, n'est-ce pas?

— Merci, dit le cardinal en se pinçant les lèvres de colère.

— M. Athos était donc allé rendre visite à l'un de ses amis alors absent, continua M. de Tréville, à un jeune Béarnais, cadet aux gardes de Sa Majesté, compagnie des Essarts; mais à peine venait-il de s'installer chez son ami et de prendre un livre en l'attendant, qu'une nuée de recors et de soldats mêlés ensemble vint faire le siège de la maison, enfonça plusieurs portes...

Le cardinal fit au roi un signe qui signifiait : « C'est pour l'affaire dont je vous ai parlé. »

— Nous savons tout cela, répliqua le roi, car tout cela s'est fait pour notre service.

— Alors, dit Tréville, c'est aussi pour le service de Votre Majesté qu'on a saisi un de mes mousquetaires innocent, qu'on l'a placé entre deux gardes comme un malfaiteur, et qu'on a promené au milieu d'une populace insolente ce galant homme, qui a versé dix fois son sang pour le service de Votre Majesté et qui est prêt à le répandre encore?

— Bah! dit le roi ébranlé, les choses se sont passées ainsi?

— M. de Tréville ne dit pas, reprit le cardinal avec le plus grand flegme, que ce mousquetaire innocent, que ce galant homme venait, une heure auparavant, de frapper à coups d'épée quatre commissaires instructeurs délégués par moi afin d'instruire une affaire de la plus haute importance.

— Je défie Votre Éminence de le prouver, s'écria M. de Tréville avec sa franchise toute gasconne et sa rudesse toute militaire; car, une heure auparavant, M. Athos, qui, je le confierai à Votre Majesté, est un homme de la plus haute qualité, me faisait l'honneur, après avoir dîné chez moi, de causer dans le salon de mon hôtel avec M. le duc de la Trémouille et M. le comte de Châlus, qui s'y trouvaient.

Le roi regarda le cardinal.

— Un procès-verbal fait foi, dit le cardinal, répondant tout haut à l'interrogation muette de Sa Majesté, et les gens maltraités ont dressé le suivant, que j'ai l'honneur de présenter à Votre Majesté.

— Procès-verbal de gens de robe vaut-il la parole d'honneur, répondit fièrement Tréville, d'homme d'épée?

— Allons, allons, Tréville, taisez-vous, dit le roi.

— Si Son Éminence a quelques soupçons contre un de mes mousquetaires, dit Tréville, la justice de M. le cardinal est assez connue pour que je demande moi-même une enquête.

— Dans la maison où cette descente de justice a été faite, continua le cardinal impassible, loge, je crois, un Béarnais ami du mousquetaire.

— Votre Éminence veut parler de M. d'Artagnan.

— Je veux parler d'un jeune homme que vous protégez, monsieur de Tréville.

— Oui, Votre Éminence, c'est cela même.

— Ne soupçonnez-vous pas ce jeune homme d'avoir donné de mauvais conseils...

— A M. Athos, à un homme qui a le double de son âge? interrompit M. de Tréville; non, monseigneur. D'ailleurs, M. d'Artagnan a passé la soirée chez moi.

— Ah çà mais, dit le cardinal, tout le monde a donc passé la soirée chez vous?

— Son Éminence douterait-elle de ma parole? dit Tréville, le rouge de la colère au front.

— Non, Dieu m'en garde! dit le cardinal; mais seulement, à quelle heure était-il chez vous?

— Oh! cela, je puis le dire sciemment à Votre Éminence; car, comme il entrait, je remarquais qu'il était neuf heures et demie à la pendule, quoique j'eusse cru qu'il était plus tard.

— Et à quelle heure est-il sorti de votre hôtel?

— A dix heures et demie, une heure juste après l'événement.

— Mais enfin, répondit le cardinal, qui ne soupçonnait pas un instant la loyauté de Tréville, et qui sentait que la victoire lui échappait, mais enfin, M. Athos a été pris dans cette maison de la rue des Fossoyeurs.

— Est-il défendu à un ami de visiter un ami, à un mousquetaire de ma compagnie de fraterniser avec un garde de la compagnie de M. des Essarts?

— Oui, quand la maison où il fraternise avec cet ami est suspecte.

— C'est que cette maison est suspecte, Tréville, dit le roi; peut-être ne le savez-vous pas?

— En effet, sire, je l'ignorais. En tout cas, elle peut être suspecte partout; mais je nie qu'elle le soit dans la partie qu'habite M. d'Artagnan; car je puis vous affirmer, sire, que, si j'en crois ce qu'il a dit, il n'existe pas un plus dévoué serviteur de Sa Majesté, un admirateur plus profond de M. le cardinal.

— N'est-ce pas ce d'Artagnan qui a blessé un jour Jussac dans cette malheureuse rencontre qui a eu lieu près du couvent des Carmes-Déchaussés? demanda le roi en regardant le cardinal, qui rougit de dépit.

— Et le lendemain Bernajoux. Oui, sire; oui, c'est bien cela, et Votre Majesté a bonne mémoire.

— Allons, que résolvons-nous? dit le roi.

— Cela regarde Votre Majesté plus que moi, dit le cardinal. J'affirmerais la culpabilité.

— Et moi je la nie, dit Tréville. Mais Sa Majesté a des juges, et les juges décideront.

— C'est cela, dit le roi, renvoyons la cause devant les juges : c'est leur affaire de juger, et ils jugeront.

— Seulement, reprit Tréville, il est bien triste qu'en ce temps malheureux où nous sommes, la vie la plus pure, la vertu la plus incontestable, n'exemptent pas un homme de l'infamie et de la persécution. Aussi l'armée sera-t-elle peu contente, je puis en répondre, d'être en butte à des traitements rigoureux à propos d'affaires de police.

Le mot était imprudent, mais Tréville l'avait lancé avec connaissance de cause. Il voulait une explosion, parce qu'en cela la mine fait du feu, et que le feu éclaire.

— Affaires de police! s'écria le roi, relevant les paroles de M. de Tréville; affaires de police! et qu'en savez-vous, monsieur? Mêlez-vous de vos mousquetaires, et ne me rompez pas la tête. Il semble, à vous entendre, que si par malheur on arrête un mousquetaire, la France est en danger. Eh! que de bruit pour un mousquetaire! J'en ferai arrêter dix, ventrebleu! cent même... toute la compagnie... et je ne veux pas que l'on souffle le mot.

— Du moment où ils sont suspects à Votre Majesté, dit Tréville, les mousquetaires sont coupables; aussi me voyez-vous, sire, prêt à vous rendre mon épée, car, après avoir accusé mes soldats, M. le cardinal, je n'en doute pas, finira par m'accuser moi-même : ainsi mieux vaut que je me constitue prisonnier avec M. Athos, qui est arrêté déjà, et M. d'Artagnan, qu'on va arrêter sans doute.

— Tête gasconne, en finirez-vous? dit le roi.

— Sire, répondit Tréville sans baisser le moindrement la voix, ordonnez qu'on me rende mon mousquetaire, ou qu'il soit jugé.

— On le jugera, dit le cardinal.

— Eh bien! tant mieux, car, dans ce cas, je demanderai à Sa Majesté la permission de plaider pour lui.

Le roi craignit un éclat.

— Si Son Éminence, dit-il, n'avait pas personnellement des motifs...

Le cardinal vit venir le roi et alla au-devant de lui.

— Pardon, dit-il; mais du moment où Votre Majesté voit en moi un juge prévenu, je me retire.

— Voyons, dit le roi, me jurez-vous par mon père que M. Athos était chez vous pendant l'événement et qu'il n'y a point pris part?

— Par votre glorieux père et par vous-même, qui êtes ce que j'aime et ce que je vénère le plus au monde, je le jure!

— Veuillez réfléchir, sire, dit le cardinal; si nous relâchons ainsi le prisonnier, on ne pourra plus connaître la vérité.

— M. Athos sera toujours là, reprit M. de Tréville, prêt à répondre, quand il plaira aux gens de robe de l'interroger; il ne désertera pas, monsieur le cardinal; soyez tranquille, je réponds de lui, moi.

— Au fait, il ne désertera pas, dit le roi. On le retrouvera toujours, comme dit M. de Tréville. D'ailleurs, ajouta-t-il en baissant la voix et en regardant d'un air suppliant Son Éminence, donnons-leur de la sécurité; cela est politique.

Cette politique de Louis XIII fit sourire Richelieu.

— Ordonnez, sire, dit-il, vous avez le droit de grâce.

— Le droit de grâce ne s'applique qu'aux coupables, dit Tréville, qui voulait avoir le dernier mot, et mon mousquetaire est innocent. Ce n'est donc pas grâce que vous allez faire, sire, c'est justice.

— Et il est au Fort-l'Évêque? dit le roi.

— Oui, sire, et au secret, dans un cachot, comme le dernier des criminels.

— Diable! diable! murmura le roi, que faut-il faire?

— Signez l'ordre de mise en liberté, et tout sera dit, reprit le cardinal; je crois comme Votre Majesté que la garantie de M. de Tréville est plus que suffisante.

Tréville s'inclina respectueusement avec une joie qui n'était pas sans mélange de crainte; il eût préféré une résistance opiniâtre du cardinal à cette soudaine facilité.

Le roi signa l'ordre d'élargissement, et Tréville l'emporta sans retard.

Au moment où il allait sortir, le cardinal lui fit un sourire amical, et dit au roi :

— Une bonne harmonie règne entre les chefs et les soldats dans vos mousquetaires, sire; voilà qui est bien profitable au service et bien honorable pour tous.

— Il me jouera quelque mauvais tour incessamment, disait Tréville; on n'a jamais le dernier mot avec un pareil homme. Mais hâtons-nous, car le roi peut changer d'avis tout à l'heure; et, au bout du compte, il est plus difficile de remettre à la Bastille ou au Fort-l'Évêque un homme qui en est sorti que d'y garder un prisonnier qu'on y tient.

M. de Tréville fit triomphalement son entrée au Fort-l'Évêque, où il délivra son mousquetaire, que sa paisible indifférence n'avait pas abandonné.

Puis, la première fois qu'il revit d'Artagnan : — Vous l'avez échappé belle, lui dit-il; voilà votre coup d'épée à Jussac payé. Reste bien encore celui de Bernajoux, mais il ne faudrait pas trop vous y fier.

Au reste, M. de Tréville avait raison de se défier du cardinal et de penser que tout n'était pas fini, car, à peine le capitaine des mousquetaires eut-il fermé la porte derrière lui, que Son Éminence dit au roi :

— Maintenant que nous ne sommes plus que nous deux, nous allons causer sérieusement, s'il plaît à Votre Majesté. Sire, M. de Buckingham était à Paris depuis cinq jours et n'en est parti que ce matin.

--०--

CHAPITRE XVI

MONSIEUR LE GARDE DES SCEAUX SÉGUIER CHERCHA PLUS D'UNE
FOIS LA CLOCHE POUR LA SONNER, COMME IL LE FAISAIT
AUTREFOIS.

Il est impossible de se faire une idée de l'impression que
ces quelques mots produisirent sur Louis XIII; il rougit et
pâlit successivement, et le cardinal vit tout d'abord qu'il
venait de reconquérir d'un seul coup tout le terrain qu'il
avait perdu.

— M. de Buckingham à Paris! s'écria-t-il; et qu'y vient-
il faire?

— Sans doute conspirer avec vos ennemis les huguenots
et les Espagnols.

— Non! pardieu, non! Conspirer contre mon honneur
avec madame de Chevreuse, madame de Longueville et les
Condé!

— Oh! sire! quelle idée! La reine est trop sage, et surtout aime trop Votre Majesté.

— La femme est faible, monsieur le cardinal, dit le roi,
et, quant à m'aimer beaucoup, j'ai mon opinion faite sur
cet amour.

— Je n'en maintiens pas moins, dit le cardinal, que le
duc de Buckingham est venu à Paris pour un projet tout politique.

— Et moi je suis sûr qu'il est venu pour autre chose,
monsieur le cardinal; mais si la reine est coupable, qu'elle
tremble.

— Au fait, dit le cardinal, quelque répugnance que j'aie
à arrêter mon esprit sur une pareille trahison, Votre Majesté m'y fait penser: madame de Lannoy, que, d'après l'ordre de Votre Majesté, j'ai interrogée plusieurs fois, m'a dit
ce matin que la nuit avant celle-ci Sa Majesté avait veillé
fort tard, que ce matin elle avait beaucoup pleuré, et que
toute la journée elle avait écrit.

— C'est cela, dit le roi; à lui sans doute! Cardinal, il me
faut les papiers de la reine!

— Mais comment les prendre, sire? Il me semble que ce
n'est ni moi ni Votre Majesté qui pouvons nous charger
d'une pareille mission.

— Comment s'y est-on pris avec la maréchale d'Ancre?
s'écria le roi au plus haut degré de la colère; on a fouillé
ses armoires, et enfin on l'a fouillée elle-même.

— La maréchale d'Ancre n'était que la maréchale d'Ancre, une aventurière florentine, sire, voilà tout; tandis que
l'auguste épouse de Votre Majesté est Anne d'Autriche, reine
de France, c'est-à-dire une des plus grandes princesses du
monde.

— Elle n'en est que plus coupable, monsieur le duc!
Plus elle a oublié la haute position où elle était placée, plus
elle est bas descendue. Il y a longtemps d'ailleurs que je
suis décidé à en finir avec toutes ces petites intrigues de
politique et d'amour. Elle a aussi près d'elle un certain Laporte...

— Que je crois la cheville ouvrière de tout cela, je l'a-
voue, dit le roi.

— Vous pensez donc comme moi qu'elle me trompe? dit
le roi.

— Je crois et je le répète à Votre Majesté, que la reine
conspire contre la puissance de son roi, mais je n'ai point
dit contre son honneur.

— Et moi je vous dis contre tous deux; moi je vous dis
que la reine ne m'aime pas, je vous dis qu'elle en aime un
autre, je vous dis qu'elle aime cet infâme duc de Buckingham! Pourquoi ne l'avez-vous pas fait arrêter pendant qu'il
était à Paris?

— Arrêter le duc! arrêter le premier ministre du roi
Charles Iᵉʳ! Y pensez-vous, sire? Quel éclat! Et si alors les
soupçons de Votre Majesté, ce dont je continue à douter,
avaient quelque consistance, quel éclat terrible! quel scan-

— Mais puisqu'il s'exposait comme un vagabond et un
larroneur, il fallait...

Louis XIII s'arrêta lui-même, effrayé de ce qu'il allait
dire, tandis que Richelieu, allongeant le cou, attendait inutilement la parole qui était restée sur les lèvres du roi.

— Il fallait?

— Rien, dit le roi, rien. Mais, pendant tout le temps qu'il
a été à Paris, vous ne l'avez pas perdu de vue?

— Non, sire.

— Où logeait-il?

— Rue de la Harpe, nº 75.

— Où est-ce cela?

— Du côté du Luxembourg.

— Et vous êtes sûr que la reine et lui ne se sont pas vus?

— Je crois la reine trop attachée à ses devoirs, sire.

— Mais ils ont correspondu, c'est à lui que la reine a
écrit toute la journée; monsieur le duc, il me faut ces lettres!

— Sire, cependant...

— Monsieur le duc, à quelque prix que ce soit, je les
veux!

— Je ferai pourtant observer à Votre Majesté...

— Me trahissez-vous donc aussi, monsieur le cardinal,
pour vous opposer toujours ainsi à mes volontés? êtes-vous
aussi d'accord avec l'Espagnol et avec l'Anglais, avec madame de Chevreuse et avec la reine?

— Sire, répondit en souriant le cardinal, je croyais être
à l'abri d'un pareil soupçon.

— Monsieur le cardinal, vous m'avez entendu: je veux
ces lettres!

— Il n'y aurait qu'un moyen.

— Lequel?

— Ce serait de charger de cette mission M. le garde des
sceaux Séguier. La chose rentre complétement dans les devoirs de sa charge.

— Qu'on l'envoie chercher à l'instant même!

— Il doit être chez moi, sire; je l'avais fait prier de passer, et lorsque je suis venu au Louvre, j'ai laissé l'ordre,
s'il se présentait, de le faire attendre.

— Qu'on aille le chercher à l'instant même.

— Les ordres de Votre Majesté seront exécutés; mais...

— Mais quoi?

— Mais la reine se refusera peut-être à obéir.

— A mes ordres!

— Oui, si elle ignore que ces ordres viennent du roi.

— Eh bien! pour qu'elle n'en doute pas, je vais la prévenir moi-même.

— Votre Majesté n'oubliera pas que j'ai fait tout ce que
j'ai pu pour prévenir une rupture.

— Oui, duc, oui, je sais que vous êtes fort indulgent
pour la reine, trop indulgent peut-être, et nous aurons, je
vous en préviens, à parler plus tard de cela.

— Quand il plaira à Votre Majesté; mais je serai toujours
heureux et fier, sire, de me sacrifier à la bonne harmonie
que je désire voir régner entre le roi et la reine de France.

— Bien, cardinal, bien; mais, en attendant, envoyez
chercher M. le garde des sceaux; moi, j'entre chez la
reine.

— Et Louis XIII, ouvrant la porte de communication,
s'engagea dans le corridor qui conduisait de chez lui chez
Anne d'Autriche.

La reine était au milieu de ses femmes, madame de Guitaut, madame de Sablé, madame de Montbazon et madame
de Guéménée. Dans un coin était cette camériste espagnole,
dona Estefana, qui l'avait suivie de Madrid. Madame de Guéménée faisait la lecture, et tout le monde écoutait avec attention la lectrice, à l'exception de la reine, qui au contraire avait provoqué cette lecture afin de pouvoir, tout en
feignant d'écouter, suivre le fil de ses propres pensées.

Ces pensées, toutes dorées qu'elles étaient par un dernier reflet d'amour, n'en étaient pas moins tristes. Anne
d'Autriche, privée de la confiance de son mari, poursuivie
par la haine du cardinal, qui ne pouvait lui pardonner d'a-
voir repoussé un sentiment plus doux, ayant sous les yeux
l'exemple de la reine mère, que cette haine avait tourmen-
tée toute sa vie, quoique Marie de Médicis, s'il faut en
croire les mémoires du temps, eût commencé par accorder

au cardinal le sentiment qu'Anne d'Autriche finît toujours par lui refuser; Anne d'Autriche avait vu tomber autour d'elle ses serviteurs les plus dévoués, ses confidents les plus intimes, ses favoris les plus chers. Comme ces malheureux doués d'un don funeste, elle portait malheur à tout ce qu'elle touchait; son amitié était un signe fatal qui appelait la persécution. Madame de Chevreuse et madame de Vernel étaient exilées; enfin Laporte ne cachait pas à sa maîtresse qu'il s'attendait à être arrêté d'un instant à l'autre.

C'est au moment qu'elle était plongée au plus profond et au plus sombre de ces réflexions que la porte de la chambre s'ouvrit et que le roi entra.

La lectrice se tut à l'instant même, toutes les dames se levèrent, et il se fit un profond silence.

Quant au roi, il ne fit aucune démonstration de politesse, seulement, s'arrêtant devant la reine:

— Madame, dit-il d'une voix altérée, vous allez recevoir la visite de M. le chancelier, qui vous communiquera certaines affaires dont je l'ai chargé.

La malheureuse reine, qu'on menaçait sans cesse de di-

Le chancelier chez la reine.

vorce, d'exil et de jugement même, pâlit sous son rouge et ne put s'empêcher de dire:

— Mais pourquoi cette visite, sire? Que me dira M. le chancelier que Votre Majesté ne puisse me dire elle-même?

Le roi tourna sur ses talons sans répondre, et presque au même instant le capitaine des gardes, M. de Guitaut, annonça la visite de M. le chancelier.

Lorque le chancelier parut, le roi était déjà sorti par une autre porte.

Le chancelier entra demi-souriant, demi-rougissant. Comme nous le retrouverons probablement dans le cours

de cette histoire, il n'y a pas de mal à ce que nos lecteurs fassent dès à présent connaissance avec lui.

Ce chancelier était un plaisant homme. Ce fut des Roches le Masle, chanoine à Notre-Dame, et qui avait été autrefois valet de chambre du cardinal, qui le proposa à Son Eminence comme un homme tout dévoué. Le cardinal s'y fia et s'en trouva bien.

On racontait de lui certaines histoires, entre autres celle-ci.

Après une jeunesse orageuse il s'était retiré dans un couvent pour y expier au moins pendant quelque temps les folies de l'adolescence.

Mais, en entrant dans ce saint lieu, le pauvre pénitent n'avait pu refermer si vite la porte que les passions qu'il fuyait n'y entrassent avec lui. Il en était obsédé sans relâche, et le supérieur, auquel il avait confié cette disgrâce, voulant autant qu'il était en lui l'en garantir, lui avait recommandé, pour conjurer le démon tentateur, de recourir à la corde de la cloche et de la tirer à toute volée. Au bruit dénonciateur, les moines seraient prévenus que la tentation assiégeait un frère, et toute la communauté se mettrait en prières.

Le conseil parut bon au futur chancelier. Il conjura l'esprit malin à grand renfort de prières faites par les moines; mais le diable ne se laisse pas déposséder facilement d'une place où il a mis garnison; à mesure qu'on redoublait les exorcismes, il redoublait les tentations, de sorte que jour et nuit la cloche sonnait à toute volée, annonçant l'extrême désir de mortification qu'éprouvait le pénitent.

Les moines n'avaient plus un instant de repos. Le jour il ne faisait que monter et descendre les escaliers qui conduisaient à la chapelle. La nuit, outre complies et matines, ils étaient encore obligés de sauter vingt fois à bas de leurs lits et de se prosterner sur le carreau de leurs cellules.

On ignore si ce fut le diable qui lâcha prise ou les moines qui se lassèrent, mais au bout de trois mois le pénitent reparut dans le monde avec la réputation du plus terrible possédé qui eût jamais existé.

En sortant du couvent, il entra dans la magistrature, devint président à mortier à la place de son oncle, embrassa le parti du cardinal, ce qui ne prouvait pas peu de sagacité, devint chancelier, servit Son Éminence avec zèle dans sa haine contre la reine mère et sa vengeance contre Anne d'Autriche, stimula les juges dans l'affaire de Chalais, encouragea les essais de M. de Laffemas, grand gibecier de France, puis, enfin, investi de toute la confiance du cardinal, confiance qu'il avait si bien gagnée; il en vint à recevoir la singulière commission pour l'exécution de laquelle il se présentait chez la reine.

La reine était encore debout quand il entra; mais, à peine l'eut-elle aperçu, qu'elle se rassit sur son fauteuil et fit signe à ses femmes de se rasseoir sur leurs coussins et leurs tabourets, et d'un ton de suprême hauteur

— Que désirez-vous, monsieur, demanda Anne d'Autriche, et dans quel but vous présentez-vous ici?

— Pour y faire, au nom du roi, madame, et sauf tout le respect que j'ai l'honneur de devoir à Votre Majesté, une perquisition exacte dans tous vos papiers.

— Comment! monsieur, une perquisition dans mes papiers... à moi! Mais voilà une chose indigne!

— Veuillez me le pardonner, madame; mais, dans cette circonstance, je ne suis que l'instrument dont le roi se sert. Sa Majesté ne sort-elle pas d'ici et ne vous a-t-elle pas invitée elle-même à vous préparer à cette visite?

— Fouillez donc, monsieur; je suis une criminelle, à ce qu'il paraît. Estefana, donnez les clefs de mes tables et de mes secrétaires.

Le chancelier fit, pour la forme, une visite dans les meubles; mais il savait bien que ce n'était pas dans un meuble que la reine avait dû serrer la lettre importante qu'elle avait écrite dans la journée.

Quand le chancelier eut rouvert et refermé vingt fois les tiroirs du secrétaire, il fallut bien, quelque hésitation qu'il éprouvât, il fallut bien, dis-je, en venir à la conclusion de l'affaire, c'est-à-dire à fouiller la reine elle-même. Le chancelier s'avança donc vers Anne d'Autriche, et, d'un ton très-perplexe et d'un air très-embarrassé:

— Et maintenant, dit-il, il me reste à faire la perquisition principale.

— Laquelle? demanda la reine, qui ne comprenait pas, ou plutôt qui ne voulait pas comprendre.

— Sa Majesté est certaine qu'une lettre a été écrite par vous dans la journée; elle sait que cette lettre n'a pas encore été envoyée à son adresse. Cette lettre ne se trouve ni dans votre table ni dans votre secrétaire, et cependant cette lettre est quelque part.

— Oseriez-vous porter la main sur votre reine? dit Anne d'Autriche en se dressant de toute sa hauteur et en fixant sur le chancelier ses yeux, dont l'expression était devenue presque menaçante.

— Je suis un fidèle sujet du roi, madame, et tout ce que Sa Majesté ordonnera, je le ferai.

— Eh bien! c'est vrai, dit Anne d'Autriche, et les espions de M. le cardinal l'ont bien servi; j'ai écrit aujourd'hui une lettre: cette lettre n'est point partie; elle est ici.

Et la reine ramena sa belle main à son corsage.

— Alors, donnez-moi cette lettre, madame, dit le chancelier.

— Je ne la donnerai qu'au roi, monsieur, dit Anne.

— Si le roi eût voulu que cette lettre lui fût remise, madame, il vous l'eût demandée lui-même. Mais, je vous le répète, c'est moi qu'il a chargé de vous la réclamer, et, si vous ne la rendiez pas...

— Eh bien?

— C'est encore moi qu'il a chargé de vous la prendre.

— Comment? que voulez-vous dire?

— Que mes ordres vont loin, madame, et que je suis autorisé à chercher le papier suspect sur la personne même de Votre Majesté.

— Quelle horreur! s'écria la reine.

— Veuillez donc, madame, agir plus facilement.

— Cette conduite est d'une violence infâme; savez-vous cela, monsieur?

— Le roi commande, madame; excusez-moi.

— Je ne le souffrirai pas, non, non, plutôt mourir! s'écria la reine, chez laquelle se révoltait le sang impérieux de l'Espagnole et de l'Autrichienne.

Le chancelier fit une profonde révérence, puis, avec l'intention bien patente de ne pas reculer d'une semelle dans l'accomplissement de la commission dont il s'était chargé, et comme eût pu le faire un valet de bourreau dans la chambre de la question, il s'approcha d'Anne d'Autriche, des yeux de laquelle on vit à l'instant même jaillir des pleurs de rage.

La reine était, comme nous l'avons dit, d'une grande beauté. La commission pouvait donc passer pour délicate, et le roi en était arrivé, à force de jalousie contre Buckingham, à n'être plus jaloux de personne.

Sans doute le chancelier Séguier chercha des yeux, à ce moment, le cordon de la fameuse cloche; mais, ne le trouvant pas, il en prit son parti et tendit la main vers l'endroit où la reine avait avoué que se trouvait le papier.

Anne d'Autriche fit un pas en arrière, si pâle, qu'on eût dit qu'elle allait mourir, et, s'appuyant de la main gauche, pour ne pas tomber, à une table qui se trouvait derrière elle, elle tira de la droite un papier de sa poitrine et le tendit au garde des sceaux.

— Tenez, monsieur, la voilà, cette lettre! s'écria la reine d'une voix entrecoupée et frémissante; prenez-la, et me délivrez de votre odieuse présence.

Le chancelier, qui, de son côté, tremblait d'une émotion facile à concevoir, prit la lettre, salua jusqu'à terre et se retira.

À peine la porte se fut-elle refermée sur lui, que la reine tomba, à demi évanouie, dans les bras de ses femmes.

Le chancelier alla porter la lettre au roi sans en avoir lu un seul mot. Le roi la prit d'une main tremblante, chercha l'adresse, qui manquait, devint très-pâle, l'ouvrit lentement; puis, voyant, par les premiers mots, qu'elle était adressée au roi d'Espagne, il lut très-rapidement.

C'était tout un plan d'attaque contre le cardinal. La reine invitait son frère et l'empereur d'Autriche à faire semblant, blessés qu'ils étaient par la politique de Richelieu, dont l'éternelle préoccupation fut l'abaissement de la maison d'Autriche, de déclarer la guerre à la France et d'imposer comme condition de la paix le renvoi du cardinal; mais, d'amour, il n'y en avait pas un seul mot dans toute cette lettre.

Le roi, tout joyeux, s'informa si le cardinal était encore au Louvre. On lui dit que Son Éminence attendait, dans le cabinet de travail, les ordres de Sa Majesté.

Le roi se rendit aussitôt auprès de lui.

— Tenez, duc, lui dit-il, vous aviez raison, et c'est moi qui avais tort; toute l'intrigue est politique, et il n'était aucunement question d'amour dans cette lettre, que voici. En échange, il est fort question de vous.

Le cardinal prit la lettre et la lut avec la plus grande attention ; puis, lorsqu'il fut arrivé au bout, il la relut une seconde fois.

— Eh bien ! Votre Majesté, dit-il, vous voyez jusqu'où vont mes ennemis ; on vous menace de deux guerres si vous ne me renvoyez pas. A votre place, en vérité, sire, je céderais à de si puissantes instances, et ce serait, de mon côté, avec un véritable bonheur que je me retirerais des affaires.

— Que dites-vous là, duc ?

— Je dis, sire, que ma santé se perd dans ces luttes excessives et dans ces travaux éternels ; je dis que, selon toute probabilité, je ne pourrai pas soutenir les fatigues du siège de la Rochelle, et que mieux vaut que vous nommiez là, ou M. de Condé, ou M. de Bassompierre, ou enfin quelque vaillant homme dont c'est l'état de mener la guerre, et non pas moi qui suis homme d'église et qu'on détourne sans cesse de ma vocation, pour m'appliquer à des choses auxquelles je n'ai aucune aptitude. Vous en serez plus heureux à l'intérieur, sire, et je ne doute pas que vous n'en soyez plus grand à l'étranger.

— Monsieur le duc, dit le roi, je comprends, soyez tranquille ; tous ceux qui sont nommés dans cette lettre seront punis comme ils le méritent, et la reine elle-même.

— Que dites-vous là, sire ! Dieu me garde que, pour moi, la reine éprouve le moindre contrariété ; elle m'a toujours cru son ennemi, sire, quoique Votre Majesté puisse attester que j'ai toujours pris chaudement son parti, même contre vous. Oh ! si elle trahissait Votre Majesté à l'endroit de son honneur, ce serait autre chose, et je serais le premier à dire : Pas de grâce, sire, pas de grâce pour la coupable ! Heureusement il n'en est rien, et Votre Majesté vient d'en acquérir une nouvelle preuve.

— C'est vrai, monsieur le cardinal, dit le roi, et vous aviez raison, comme toujours ; mais la reine n'en mérite pas moins toute ma colère.

— C'est vous, sire, qui avez encouru la sienne, et véritablement, quand elle bouderait sérieusement Votre Majesté, je le comprendrais ; Votre Majesté l'a traitée avec une sévérité...

— C'est ainsi que je traiterai toujours mes ennemis et les vôtres, sire, si haut placés qu'ils soient et quelque péril que je coure à agir sévèrement avec eux.

— La reine est mon ennemie, mais n'est pas la vôtre, sire ; au contraire, elle est épouse dévouée, soumise et irréprochable ; laissez-moi donc, sire, intercéder pour elle près de Votre Majesté.

— Qu'elle s'humilie alors, et qu'elle revienne à moi la première.

— Au contraire, sire, donnez l'exemple ; vous avez eu le premier tort, puisque c'est vous qui avez soupçonné la reine

— Moi revenir le premier ! dit le roi ; jamais !

— Sire, je vous en supplie.

— D'ailleurs, comment reviendrais-je le premier ?

— En faisant une chose que vous saurez lui être agréable.

— Laquelle ?

— Donnez un bal ; vous savez combien la reine aime la danse ; je vous réponds que sa rancune ne tiendra point à une pareille attention.

— Monsieur le cardinal, vous savez que je n'aime pas tous les plaisirs mondains

— La reine ne vous en sera que plus reconnaissante, puisqu'elle sait votre antipathie pour ce plaisir ; d'ailleurs, ce sera une occasion pour elle de mettre ses beaux ferrets de diamants que vous lui avez donnés l'autre jour à sa fête, et dont elle n'a pas encore eu le temps de se parer.

— Nous verrons, monsieur le cardinal, nous verrons, dit le roi, qui, dans sa joie de trouver la reine coupable d'un crime dont il se souciait peu, et innocente d'une faute qu'il redoutait fort, était tout prêt à se raccommoder avec elle ; nous verrons, mais, sur mon honneur, vous êtes trop indulgent.

— Sire, dit le cardinal, laissez la sévérité aux ministres ; l'indulgence est vertu royale ; usez-en, et vous verrez que vous vous en trouverez bien.

Sur quoi le cardinal, entendant la pendule sonner onze heures, s'inclina profondément, demandant congé au roi pour se retirer, et le suppliant de se raccommoder avec la reine.

Anne d'Autriche, qui, à la suite de la saisie de sa lettre, s'attendait à quelque reproche, fut fort étonnée de voir, le lendemain, le roi faire près d'elle des tentatives de rapprochement. Son premier mouvement fut répulsif ; son orgueil de femme et sa dignité de reine avaient été tous deux si cruellement offensés, qu'elle ne pouvait revenir ainsi du premier coup ; mais, vaincue par les conseils de ses femmes, elle eut enfin l'air de commencer à oublier. Le roi profita de ce premier moment de retour pour lui dire qu'incessamment il comptait donner une fête.

C'était une chose si rare qu'une fête pour la pauvre Anne d'Autriche, qu'à cette annonce, ainsi que l'avait pensé le cardinal, la dernière trace de ses ressentiments disparut, sinon dans son cœur, du moins sur son visage. Elle demanda quel jour cette fête devait avoir lieu ; mais le roi répondit qu'il fallait qu'il s'entendît sur ce point avec le cardinal.

En effet, chaque jour le roi demandait au cardinal à quelle époque cette fête aurait lieu, et chaque jour le cardinal, sous un prétexte quelconque, différait de la fixer. Dix jours s'écoulèrent ainsi.

Le huitième jour après la scène que nous avons racontée, le cardinal reçut une lettre au timbre de Londres, qui contenait seulement ces quelques lignes :

« Je les ai ; mais je ne puis quitter Londres, attendu que je manque d'argent ; envoyez-moi cinq cents pistoles, et, quatre ou cinq jours après les avoir reçues, je serai à Paris. »

Le jour même où le cardinal avait reçu cette lettre, le roi lui adressa sa question habituelle.

Richelieu compta sur ses doigts et se dit tout bas :

« Elle arrivera, dit-elle, quatre ou cinq jours après avoir reçu l'argent ; il faut quatre ou cinq jours à l'argent pour aller, quatre ou cinq jours à elle pour revenir : cela fait dix jours ; maintenant, faisons la part des vents contraires, des mauvais hasards, des faiblesses de femme, et mettons cela à douze jours. »

— Eh bien ! monsieur le duc, dit le roi, avez-vous calculé ?

— Oui, sire ; nous sommes aujourd'hui le 20 septembre ; les échevins de la ville donnent une fête le 3 octobre. Cela s'arrangera à merveille, car vous n'aurez pas l'air de faire un retour vers la reine.

Puis le cardinal ajouta :

— A propos, sire, n'oubliez pas de dire à Sa Majesté, la veille de cette fête, que vous désirez voir comment lui vont ses ferrets de diamants.

CHAPITRE XVII.

LE MÉNAGE BONACIEUX.

C'était la seconde fois que le cardinal revenait sur ce point des ferrets de diamants avec le roi. Louis XIII fut donc frappé de cette insistance, et pensa que cette recommandation cachait un mystère.

Plus d'une fois le roi avait été humilié que le cardinal, dont la police, sans avoir atteint encore la perfection de la police moderne, était excellente, fût mieux instruit que lui-même de ce qui se passait dans son propre ménage. Il espéra donc, dans une conversation avec Anne d'Autriche, tirer quelque lumière de cette conversation et revenir ensuite près de Son Éminence avec quelque secret que le cardinal sût ou ne sût pas, ce qui, dans l'un ou l'autre cas, rehaussait infiniment aux yeux de son ministre.

À propos, Sire, n'oubliez pas de dire à Sa Majesté que vous désirez voir comment lui vont ses ferrets de diamants. — Page 63.

Il alla donc trouver la reine, et, selon son habitude, l'aborda avec de nouvelles menaces contre ceux qui l'entouraient. Anne d'Autriche baissa la tête, laissa s'écouler le torrent sans répondre, et espérant qu'il finirait par s'arrêter; mais ce n'était pas cela que voulait Louis XIII; Louis XIII voulait une discussion de laquelle jaillît une lumière quelconque, convaincu qu'il était que le cardinal avait quelque arrière-pensée et lui machinait une de ces surprises terribles comme en savait faire Son Éminence. Il arriva à ce but par sa persistance à accuser.

— Mais, s'écria Anne d'Autriche, lassée de ces vagues attaques; mais, sire, vous ne me dites pas tout ce que vous avez dans le cœur. Qu'ai-je donc fait? Voyons, quel crime ai-je donc commis? Il est impossible que Votre Majesté fasse tout ce bruit pour une lettre écrite à mon frère.

Le roi, attaqué à son tour d'une manière si directe, ne sut que répondre; il pensa que c'était là le moment de placer la recommandation qu'il ne devait faire que la veille de la fête.

— Madame, dit-il avec majesté, il y aura incessamment bal à l'Hôtel de Ville; j'entends que, pour faire honneur à nos braves échevins, vous y paraissiez en habit de cérémonie, et surtout parée des ferrets de diamants que je vous ai donnés pour votre fête. Voici ma réponse.

La réponse était terrible. Anne d'Autriche crut que Louis XIII savait tout, et que le cardinal avait obtenu de lui cette longue dissimulation de sept ou huit jours, qui était au reste dans son caractère. Elle devint excessivement pâle, appuya sur une console sa main d'une admirable beauté, et qui semblait alors une main de cire, et, regardant le roi avec des yeux épouvantés, elle ne répondit pas une seule syllabe.

— Vous entendez, madame, dit le roi, qui jouissait de cet embarras dans toute son étendue, mais sans en deviner la cause, vous entendez?

— Oui, sire, j'entends, balbutia la reine.

— Vous paraîtrez à ce bal?

— Oui.

— Avec vos ferrets?

— Oui.

La pâleur de la reine augmenta encore, s'il était possible; le roi s'en aperçut et en jouit avec cette cruauté froide qui était un des mauvais côtés de son caractère.

Eh bien! qu'importe que ce soit lui ou moi? Y a-t-il un crime dans cette invitation?

— Alors, c'est convenu, dit le roi, et voilà tout ce que j'avais à vous dire.

— Mais quel jour ce bal aura-t-il lieu? demanda Anne d'Autriche.

Louis XIII sentit instinctivement qu'il ne devait pas répondre à cette question, la reine l'ayant faite d'une voix presque mourante.

— Mais très-incessamment, madame, dit-il; je ne me rappelle plus précisément la date du jour; je la demanderai au cardinal.

— C'est donc le cardinal qui vous a annoncé cette fête? s'écria la reine.

— Oui, madame, répondit le roi étonné; mais pourquoi cela?

— C'est lui qui vous a dit de m'inviter à y paraître avec ces ferrets?

— C'est-à-dire, madame...

— C'est lui, sire, c'est lui!

— Eh bien! qu'importe que ce soit lui ou moi? Y a-t-il un crime dans cette invitation?

— Non, sire.

— Alors, vous paraîtrez?

— Oui, sire.

— C'est bien, dit le roi en se retirant, c'est bien, j'y compte.

La reine fit une révérence, moins par étiquette que parce que ses genoux se dérobaient sous elle.

Le roi partit enchanté.

— Je suis perdue, murmura la reine, perdue, car le cardinal sait tout, et c'est lui qui pousse le roi, qui ne sait rien encore, mais qui saura tout bientôt. Je suis perdue! Mon Dieu! mon Dieu. mon Dieu!

Elle s'agenouilla sur un coussin et pria, la tête enfoncée entre ses bras palpitants.

En effet, la position était terrible. Buckingham était retourné à Londres, madame de Chevreuse était à Tours. Plus surveillée que jamais, la reine sentait sourdement qu'une de ses femmes la trahissait sans savoir dire laquelle. Laporte ne pouvait pas quitter le Louvre; elle n'avait pas une âme au monde à qui se fier.

Aussi, en présence du malheur qui la menaçait et de l'abandon qui était le sien, éclata-t-elle en sanglots.

— Ne puis-je donc être bonne à rien à Votre Majesté? dit tout à coup une voix pleine de douceur et de pitié.

La reine se retourna vivement, car il n'y avait pas à se tromper à l'expression de cette voix: c'était une amie qui parlait ainsi.

En effet, à l'une des portes qui donnait dans l'appartement de la reine apparut la jolie madame Bonacieux; elle était occupée à ranger les robes et le linge dans un cabinet, lorsque le roi était entré; elle n'avait pas pu sortir et avait tout entendu.

La reine poussa un cri perçant en se voyant surprise, car, dans son trouble, elle ne reconnut pas d'abord la jeune femme qui lui avait été donnée par Laporte.

— Oh! ne craignez rien, madame, dit la jeune femme en joignant les mains et en pleurant elle-même des angoisses de la reine; je suis à Votre Majesté corps et âme, et, si loin que je sois d'elle, si inférieure que soit ma position, je crois que j'ai trouvé un moyen de tirer Votre Majesté de peine.

— Vous! ô ciel! vous! s'écria la reine; mais voyons, regardez-moi en face. Je suis trahie de tous les côtés; puis-je me fier à vous?

— Oh! madame! s'écria la jeune femme en tombant à genoux: oh! sur mon âme, je suis prête à mourir pour Votre Majesté!

Ce cri était sorti du plus profond du cœur, et, comme le premier, il n'y avait pas à se tromper.

— Oui, continua madame Bonacieux. oui, il y a des traîtres ici; mais, par le saint nom de la Vierge, je vous jure que personne n'est plus dévoué que moi à Votre Majesté. Ces ferrets que le roi redemande, vous les avez donnés au duc de Buckingham, n'est-ce pas? Ces ferrets étaient enfermés dans une petite boîte en bois de rose qu'il tenait sous son bras. Est-ce que je me trompe? Est-ce que ce n'est pas cela?

— Oh! mon Dieu! mon Dieu! murmura la reine dont les dents claquaient d'effroi.

— Eh bien! ces ferrets, continua madame Bonacieux, il faut les ravoir!

— Oui, sans doute, il le faut! s'écria la reine; mais, comment faire, comment y arriver?

— Il faut envoyer quelqu'un au duc.

— Mais qui?... qui?... A qui me fier?

— Ayez confiance en moi, madame; faites-moi cet honneur, ma reine, et je trouverai ce messager, moi.

— Mais il faudra écrire!

— Oh! oui C'est indispensable. Deux mots de la main de Votre Majesté et votre cachet particulier.

— Mais ces deux mots, c'est ma condamnation: le divorce, l'exil!

— Oui, s'ils tombent entre des mains infâmes! Mais je réponds que ces deux mots seront remis à leur adresse.

— Oh! mon Dieu! il faut donc que je remette ma vie, mon honneur. ma réputation entre vos mains?

— Oui, oui, madame, il le faut, et je sauverai tout cela, moi!

— Mais comment? dites-le-moi, au moins!

— Mon mari a été remis en liberté il y a deux ou trois jours; je n'ai pas encore eu le temps de le revoir. C'est un brave et honnête homme qui n'a ni haine ni amour pour personne. Il fera tout ce que je voudrai: il partira sur un ordre de moi, sans savoir ce qu'il porte, et il remettra la lettre de Votre Majesté, sans même savoir qu'elle est de Votre Majesté, à l'adresse qu'elle indiquera.

La reine prit les deux mains de la jeune femme avec un élan passionné, la regarda comme pour lire au fond de son cœur, et, ne voyant que sincérité dans ses beaux yeux, elle l'embrassa tendrement.

— Fais cela, s'écria-t-elle, et tu m'auras sauvé la vie, tu m'auras sauvé l'honneur!

— Oh! n'exagérez pas le service que j'ai le bonheur de vous rendre; je n'ai rien à sauver à Votre Majesté, qui est seulement victime de perfides complots.

— C'est vrai, c'est vrai, mon enfant, dit la reine, et tu as raison.

— Donnez-moi donc cette lettre, madame, le temps presse.

La reine courut à une petite table sur laquelle se trouvaient encre, papier et plumes: elle écrivit deux lignes, cacheta la lettre de son cachet, et la remit à madame Bonacieux.

— Et maintenant, dit la reine, nous oublions une chose bien nécessaire.

— Laquelle?

— L'argent.

Madame Bonacieux sourit.

— Oui, c'est vrai, dit-elle, et j'avouerai à Votre Majesté que mon mari...

— Ton mari n'en a pas, c'est ce que tu veux dire.

— Si fait, il en a, mais il est fort avare, c'est là son défaut. Cependant, que Votre Majesté ne s'inquiète pas, nous trouverons moyen.

— C'est que je n'en ai pas non plus, dit la reine. — Ceux qui liront les mémoires de madame de Motteville ne s'étonneront pas de cette réponse. — Mais attends.

Anne d'Autriche courut à son écrin.

— Tiens, dit-elle, voici une bague d'un grand prix, à ce qu'on m'assure; elle vient de mon frère le roi d'Espagne; elle est à moi et j'en peux disposer. Prends cette bague et fais-en de l'argent, et que ton mari parte.

— Dans une heure vous serez obéie.

— Tu vois l'adresse, ajouta la reine, parlant si bas qu'à peine pouvait-on entendre ce qu'elle disait: A milord duc de Buckingham, à Londres.

— La lettre sera remise à lui-même.

— Généreuse enfant! s'écria Anne d'Autriche.

Madame Bonacieux baisa les mains de la reine, cacha le papier dans son corsage et disparut avec la légèreté d'un oiseau.

Dix minutes après, elle était chez elle, comme elle l'avait dit à la reine; elle n'avait pas revu son mari depuis sa mise en liberté; elle ignorait donc le changement qui s'était fait en lui à l'endroit du cardinal, changement qu'avaient opéré l'argent et la flatterie de Son Éminence, et qu'avaient corroboré depuis deux ou trois visites du comte de Rochefort, devenu le meilleur ami de Bonacieux, auquel il avait fait croire, sans beaucoup de peine, qu'aucun sentiment coupable n'avait amené l'enlèvement de sa femme, mais que c'était seulement une précaution politique.

Elle trouva M. Bonacieux seul: le pauvre cher homme remettait à grand'peine de l'ordre dans sa maison, dont il avait trouvé les meubles à peu près brisés et les armoires à peu près vides, la justice n'étant pas une des trois choses que le roi Salomon indique comme ne laissant point de trace de son passage. Quant à la servante, elle s'était enfuie lors de l'arrestation de son maître. La terreur avait gagné la pauvre fille au point qu'elle n'avait cessé de marcher de Paris jusqu'en Bourgogne, son pays natal.

Le digne mercier avait, aussitôt sa rentrée dans sa maison, fait part à sa femme de son heureux retour, et sa

LES TROIS MOUSQUETAIRES.
67

femme lui avait répondu pour le féliciter et pour lui dire que le premier moment qu'elle pourrait dérober à ses devoirs serait consacré tout entier à lui rendre visite.

Ce premier moment s'était fait attendre cinq jours, ce qui, dans toute autre circonstance, eût paru un peu bien long à maître Bonacieux; mais il avait, dans la visite qu'il avait faite au cardinal et dans les visites que lui faisait Rochefort, ample sujet à réflexion; et, comme on sait, rien ne fait passer le temps comme de réfléchir.

D'autant plus que les réflexions de Bonacieux étaient toutes couleur de rose. Rochefort l'appelait son ami, son cher Bonacieux, et ne cessait de lui dire que le cardinal faisait le plus grand cas de lui. Le mercier se voyait déjà sur le chemin des honneurs et de la fortune.

De son côté, madame Bonacieux avait réfléchi, mais, il faut le dire, à toute autre chose que l'ambition; malgré elle, ses pensées avaient eu pour mobile constant ce beau jeune homme si brave et qui paraissait si amoureux. Mariée à dix-huit ans à M. Bonacieux, ayant toujours vécu au milieu des amis de son mari, peu susceptible d'inspirer un sentiment quelconque à une jeune femme dont le cœur était plus élevé que sa position, madame Bonacieux était restée insensible aux séductions vulgaires; mais, à cette époque surtout, le titre de gentilhomme avait une grande influence sur la bourgeoisie, et d'Artagnan était gentilhomme; de plus, il portait l'uniforme des gardes, qui, après l'uniforme des mousquetaires, était le plus apprécié des dames. Il était, nous le répétons, beau, jeune, aventureux; il parlait d'amour en homme qui aime et qui a soif d'être aimé; il y en avait là plus qu'il n'en fallait pour tourner une tête de vingt-trois ans, et madame Bonacieux en était arrivée juste à cet âge heureux de la vie.

Les deux époux, quoiqu'ils ne se fussent pas vus depuis plus de huit jours, et que pendant cette semaine de graves événements se fussent passés entre eux, s'abordèrent donc avec une certaine préoccupation: néanmoins, M. Bonacieux manifesta une joie réelle et s'avança vers sa femme à bras ouverts.

Madame Bonacieux lui présenta le front

— Causons un peu, dit-elle.

— Comment! dit Bonacieux étonné.

— Oui, sans doute, j'ai une chose de la plus haute importance à vous dire.

— Au fait, et moi aussi j'ai quelques questions assez sérieuses à vous adresser. Expliquez-moi un peu votre enlèvement, je vous prie.

— Il ne s'agit point de cela pour le moment, dit madame Bonacieux.

— Et de quoi s'agit-il donc? de ma captivité?

— Je l'ai apprise le jour même; mais, comme vous n'étiez coupable d'aucun crime, comme vous n'étiez complice d'aucune intrigue, comme vous ne saviez rien enfin qui pût vous compromettre, ni vous ni personne, je n'ai attaché à cet événement que l'importance qu'il méritait.

— Vous en parlez bien à votre aise, madame, reprit Bonacieux blessé du peu d'intérêt que lui témoignait sa femme; savez-vous que j'ai été plongé un jour et une nuit dans un cachot de la Bastille?

— Un jour et une nuit sont bientôt passés: laissons donc votre captivité, et revenons à ce qui m'amène près de vous.

— Comment! ce qui vous amène près de moi! n'est-ce donc pas le désir de revoir un mari dont vous êtes séparée depuis huit jours? demanda le mercier piqué au vif.

— C'est cela d'abord, et autre chose ensuite.

— Parlez!

— Une chose du plus haut intérêt, et de laquelle dépend notre fortune à venir, peut-être.

— Notre fortune a fort changé de face depuis que je ne vous ai vue, madame Bonacieux, et je ne serais pas étonné que, d'ici quelques mois, elle ne fît envie à beaucoup de gens.

— Oui, surtout si vous voulez suivre les instructions que je vais vous donner.

— A moi?

— Oui, à vous, il y a une bonne et sainte action à

faire, monsieur, et beaucoup d'argent à gagner en même temps.

Madame Bonacieux savait qu'en parlant d'argent à son mari elle le prenait par son faible.

Mais un homme, fût-ce un mercier, lorsqu'il a causé dix minutes avec un cardinal de Richelieu, n'est plus le même homme.

— Beaucoup d'argent à gagner? dit Bonacieux en allongeant les lèvres.

— Oui, beaucoup.

— Combien, à peu près?

— Mille pistoles, peut-être.

— Ce que vous avez à me demander est donc bien grave

— Oui.

— Que faut-il faire?

— Vous partirez sur-le-champ; je vous donnerai un papier dont vous ne vous dessaisirez sous aucun prétexte, et que vous remettrez en mains propres.

— Et pour où partirai-je?

— Pour Londres.

— Moi! pour Londres! Allons donc, vous vous raillez; je n'ai pas affaire à Londres.

— Mais d'autres ont besoin que vous y alliez.

— Quels sont ces autres? Je vous avertis que je ne fais plus rien en aveugle, et je veux savoir non-seulement à quoi je m'expose, mais encore pour qui je m'expose.

— Une personne illustre vous envoie, une personne illustre vous attend; la récompense dépassera vos désirs, voilà tout ce que je puis vous promettre.

— Des intrigues encore, toujours des intrigues; merci, je m'en défie maintenant, et M. le cardinal m'a éclairé là-dessus.

— Le cardinal! s'écria madame Bonacieux: avez-vous vu le cardinal?

— Il m'a fait appeler, répondit fièrement le mercier.

— Et vous vous êtes rendu à son invitation, imprudent que vous êtes?

— Je dois dire que je n'avais pas le choix de m'y rendre ou de ne pas m'y rendre, car j'étais entre deux gardes. Il est vrai encore de dire que, comme alors je ne connaissais pas Son Eminence, si j'avais pu me dispenser de cette visite, j'en eusse été fort enchanté.

— Il vous a donc maltraité? il vous a donc fait des menaces?

— Il m'a tendu la main et m'a appelé son ami, — son ami! entendez-vous, madame! je suis l'ami du grand cardinal!

— Du grand cardinal!

— Lui contesteriez-vous ce titre par hasard, madame?

— Je ne lui conteste rien; mais je vous dis que la faveur d'un ministre est éphémère, et qu'il faut être fou pour s'attacher à un ministre: il est des pouvoirs au-dessus des siens qui ne reposent pas sur le caprice d'un homme ou l'issue d'un événement; c'est à ces pouvoirs qu'il faut se rallier.

— J'en suis fâché, madame, mais je ne connais pas d'autre pouvoir que celui du grand homme que j'ai l'honneur de servir.

— Vous servez le cardinal?

— Oui, madame, et, comme son serviteur, je ne permettrai pas que vous vous livriez à des complots contre la sûreté de l'Etat, et que vous serviez, vous, les intrigues d'une femme qui n'est pas Française et qui a le cœur espagnol. Heureusement le grand cardinal est là; son regard vigilant surveille et pénètre jusqu'au fond du cœur.

Bonacieux répétait mot pour mot une phrase qu'il avait entendu dire au comte de Rochefort; mais la pauvre femme, qui avait compté sur son mari, et qui, dans cet espoir, avait répondu de lui à la reine, ne frémit pas moins et du danger où elle avait failli se jeter et de l'impuissance où elle se trouvait. Cependant, connaissant la faiblesse et surtout la cupidité de son mari, elle ne désespéra pas de l'amener à ses fins.

— Ah! vous êtes cardinaliste, monsieur! s'écria-t-elle; ah! vous servez le parti de ceux qui maltraitent votre femme et qui insultent votre reine!

— Les intérêts particuliers ne sont rien devant les intérêts de tous. Je suis pour ceux qui sauvent l'Etat, dit avec emphase Bonacieux.

C'était une autre phrase du comte de Rochefort qu'il avait retenue et qu'il trouvait l'occasion de placer.

— Et savez-vous ce que c'est que l'Etat dont vous parlez? dit madame Bonacieux en haussant les épaules. Contentez-vous d'être un bourgeois sans finesse aucune, et tournez-vous du côté qui vous offre le plus d'avantage.

— Eh! eh! dit Bonacieux en frappant sur un sac à la panse arrondie, et qui rendit un son argentin; que dites-vous de ceci, madame la prêcheuse?

— D'où vient cet argent?

— Vous ne devinez pas?

— Du cardinal?

— De lui et de mon ami le comte de Rochefort.

— Le comte de Rochefort! mais c'est celui qui m'a enlevée!

— Cela se peut, madame.

— Et vous recevez de l'argent de cet homme?

— Ne m'avez-vous pas dit que cet enlèvement était tout politique?

— Oui; mais cet enlèvement avait pour but de me faire trahir ma maîtresse, de m'arracher, par des tortures, des aveux qui pussent compromettre l'honneur et peut-être la vie de mon auguste maîtresse.

— Madame, reprit Bonacieux, votre maîtresse est une perfide Espagnole, et ce que le grand cardinal fait est bien fait.

— Monsieur, dit la jeune femme, je vous savais lâche, avare et imbécile; mais je ne vous savais pas infâme!

— Madame, dit Bonacieux, qui n'avait jamais vu sa femme en colère, et qui reculait devant le courroux conjugal; madame, que dites-vous donc?

— Je dis que vous êtes un misérable! continua madame Bonacieux, qui vit qu'elle reprenait quelque influence sur son mari. Ah! vous faites de la politique, vous! et de la politique cardinaliste encore! Ah! vous vendez corps et âme au démon pour de l'argent!

— Non, mais au cardinal.

— C'est la même chose, s'écria la jeune femme; qui dit Richelieu dit Satan!

— Taisez-vous, madame, taisez-vous, on pourrait vous entendre.

— Oui, vous avez raison, et je serais honteuse pour vous de votre lâcheté!

— Mais qu'exigez-vous donc de moi? voyons.

— Je vous l'ai dit: que vous partiez à l'instant même, monsieur; que vous accomplissiez loyalement la commission dont je daigne vous charger, et, à cette condition, j'oublie tout, je pardonne tout; et il y a plus, — elle lui tendit la main, — je vous rends mon amitié.

Bonacieux était poltron et avare, mais il aimait sa femme; il fut attendri. Un homme de cinquante ans ne tient pas longtemps rancune à une femme de vingt-trois. Madame Bonacieux vit qu'il hésitait :

— Allons, êtes-vous décidé? lui dit-elle.

— Mais, ma chère amie, réfléchissez donc un peu à ce que vous exigez de moi; Londres est loin de Paris, fort loin, et peut-être la commission dont vous me chargez n'est-elle pas sans danger?

— Qu'importe! si vous les évitez.

— Tenez, madame Bonacieux, dit le mercier, tenez, décidément, je refuse : les intrigues me font peur. J'ai vu la Bastille, moi. Brrrron! c'est affreux! la Bastille! Rien que d'y penser, j'en ai la chair de poule. On m'a menacé de la torture. Savez-vous ce que c'est que la torture? Des coins de bois qu'on vous enfonce entre les jambes jusqu'à ce que les os en éclatent! Non, décidément, je n'irai pas. Et morbleu! que n'y allez-vous vous-même? car, en vérité, je crois que je me suis trompé sur votre compte jusqu'à présent : je crois que vous êtes un homme, et des plus enragés, encore!

— Et vous, vous êtes une femme, une misérable femme stupide et abrutie. Ah! vous avez peur! Eh bien! si vous ne partez pas à l'instant même, je vous fais arrêter par l'ordre de la reine, et je vous fais mettre à cette Bastille que vous craignez tant.

Bonacieux tomba dans une réflexion profonde; il pesa mûrement les deux colères dans son cerveau, celle du cardinal et celle de la reine : celle du cardinal l'emporta énormément.

— Faites-moi arrêter de la part de la reine, dit-il, et moi je me réclamerai de Son Eminence.

Pour le coup, madame Bonacieux vit qu'elle avait été trop loin, et elle fut épouvantée de s'être si fort avancée. Elle contempla un instant avec effroi cette figure stupide d'une résolution invincible, comme celle des sots qui ont peur.

— Eh bien! soit! dit-elle. Peut-être, au bout du compte, avez-vous raison; un homme en sait plus long que les femmes en politique, et vous surtout, monsieur Bonacieux, qui avez causé avec le cardinal. Et cependant il est bien dur, ajoute-t-elle, que mon mari, qu'un homme sur l'affection duquel je croyais pouvoir compter, me traite aussi disgracieusement et ne satisfasse point à ma fantaisie.

— C'est que vos fantaisies peuvent mener trop loin, reprit Bonacieux triomphant, et je m'en défie.

— J'y renoncerai donc, dit la jeune femme en soupirant, c'est bien, n'en parlons plus.

— Si au moins vous me disiez quelle chose je vais faire à Londres, reprit Bonacieux, qui se rappelait un peu tard que Rochefort lui avait recommandé d'essayer de surprendre les secrets de sa femme.

— Il est inutile que vous le sachiez, dit la jeune femme, qu'une défiance instinctive repoussait maintenant en arrière : il s'agissait d'une bagatelle comme en désirent les femmes, d'une emplette sur laquelle il y avait beaucoup à gagner.

Mais, plus la femme se défendait, plus au contraire Bonacieux pensa que le secret qu'elle refusait de lui confier était important. Il résolut donc de courir à l'instant même chez le comte de Rochefort, et de lui dire que la reine cherchait un messager pour l'envoyer à Londres.

— Pardon si je vous quitte, ma chère madame Bonacieux, dit-il; mais, ne sachant pas que vous me viendriez voir, j'avais pris rendez-vous avec un de mes amis; je reviens à l'instant même, et, si vous voulez m'attendre seulement une demi-minute, aussitôt que j'en aurai fini avec cet ami, je reviens vous prendre, et, comme il commence à se faire tard, je vous reconduis au Louvre.

— Merci, monsieur, répondit madame Bonacieux; vous n'êtes point assez brave pour m'être d'une utilité quelconque, et je m'en retournerai bien au Louvre toute seule.

— Comme il vous plaira, madame Bonacieux, reprit l'ex-mercier. Vous reverrai-je bientôt?

— Sans doute; la semaine prochaine, je l'espère, mon service me laissera quelque liberté, et j'en profiterai pour revenir mettre de l'ordre dans nos affaires, qui doivent être quelque peu dérangées.

— C'est bien; je vous attendrai. Vous ne m'en voulez pas?

— Moi! pas le moins du monde.

— A bientôt, alors?

— A bientôt.

Bonacieux baisa la main de sa femme et s'éloigna rapidement.

— Allons, dit madame Bonacieux lorsque son mari eut refermé la porte de la rue et qu'elle se trouva seule, il ne manquait plus à cet imbécile que d'être cardinaliste! Et moi qui avais répondu à la reine, moi qui avais promis à ma pauvre maîtresse... Ah! mon Dieu, mon Dieu! elle va me prendre pour quelqu'une de ces misérables dont fourmille le palais et qu'on a placées près d'elle pour l'espionner! Ah! monsieur Bonacieux, je ne vous ai jamais beaucoup aimé, mais, maintenant, c'est bien pis! je vous hais, et, sur ma parole, vous me le payerez.

Au moment où elle disait ces mots, un coup frappé au plafond lui fit lever la tête, et une voix qui parvint à elle à travers le plancher lui cria :

— Chère madame Bonacieux, ouvrez-moi la petite porte de l'allée, et je vais descendre près de vous.

CHAPITRE XVIII.

L'AMANT ET LE MARI.

— Ah ! madame, dit d'Artagnan en entrant par la porte que lui ouvrait la jeune femme, permettez-moi de vous le dire, vous avez là un triste mari.

— Vous avez donc entendu notre conversation ? demanda vivement madame Bonacieux en regardant d'Artagnan avec inquiétude.

— Tout entière.

— Mais comment cela, mon Dieu ?

— Par un procédé à moi connu, et par lequel j'ai entendu aussi la conversation plus animée que vous avez eue avec les sbires du cardinal.

— Et qu'avez-vous compris à ce que nous disions ?

— Mille choses : d'abord que votre mari est un niais et

Permettez-moi de vous le dire, vous avez là un triste mari.

ot, heureusement, puisque vous étiez embarrassée, ce j'ai été fort aise, et que cela me donne une occasion de mettre à votre service, et Dieu sait si je suis prêt à me eter dans le feu pour vous ; enfin que la reine a besoin qu'un omme brave, intelligent et dévoué fasse pour elle un voyage Londres. J'ai au moins deux des trois qualités qu'il vous t, et me voilà.

Madame Bonacieux ne répondit pas, mais son cœur battait joie, et une secrète espérance brilla à ses yeux.

— Et quelle garantie me donnerez-vous, demanda-t-elle, i je consens à vous confier cette mission ?

— Mon amour pour vous. Voyons, dites, ordonnez : que faut-il faire ?

— Mon Dieu ! mon Dieu ! murmura la jeune femme, dois-je vous confier un pareil secret, monsieur ? Vous êtes presque un enfant !

— Allons, je vois qu'il vous faut quelqu'un qui vous réponde de moi.

— J'avoue que cela me rassurerait fort.

— Connaissez-vous Athos ?

— Non.

— Porthos?

— Non.

— Aramis?

— Non. Quels sont ces messieurs ?

— Des mousquetaires du roi. Connaissez-vous M. de Tréville, leur capitaine ?

— Oh ! oui, celui-là je le connais, non pas personnellement, mais pour en avoir entendu plus d'une fois parler à la reine comme d'un brave et loyal gentilhomme.

— Vous ne craignez pas que lui vous trahisse pour le cardinal, n'est-ce pas ?

— Oh ! non, certainement.

— Eh bien ! révélez-lui votre secret et demandez-lui, si important, si précieux, si terrible qu'il soit, si vous pouvez me le confier.

— Mais ce secret ne m'appartient pas, et je ne puis le révéler ainsi.

— Vous l'alliez bien confier à M. Bonacieux, dit d'Artagnan avec dépit.

— Comme on confie une lettre au creux d'un arbre, à l'aile d'un pigeon, au collier d'un chien.

— Et cependant, moi, vous voyez bien que je vous aime.

— Vous le dites.

— Je suis un galant homme !

— Je le crois.

— Je suis brave !

— Oh ! cela, j'en suis sûre.

— Alors, mettez-moi donc à l'épreuve.

Madame Bonacieux regarda le jeune homme, retenue par une dernière hésitation. Mais il y avait une telle ardeur dans ses yeux, une telle persuasion dans sa voix, qu'elle se sentit entraînée à se fier à lui. D'ailleurs elle se trouvait dans une de ces circonstances où il faut risquer le tout pour le tout. La reine était aussi bien perdue par une trop grande retenue que par une trop grande confiance. Puis, avouons-le, le sentiment involontaire qu'elle éprouvait pour ce jeune protecteur la décida à parler.

— Écoutez, lui dit-elle. Je me rends à vos protestations et je cède à vos assurances. Mais je vous jure devant Dieu, qui nous entend, que, si vous me trahissez et que mes ennemis me pardonnent, je me tuerai en vous accusant de ma mort.

— Et moi, je vous jure devant Dieu, madame, dit d'Artagnan, que, si je suis pris en accomplissant les ordres que vous me donnez, je mourrai avant de rien faire ou dire qui compromette quelqu'un.

Alors la jeune femme lui confia le terrible secret dont le hasard lui avait déjà révélé une partie en face de la Samaritaine.

Ce fut leur mutuelle déclaration d'amour.

D'Artagnan rayonnait de joie et d'orgueil. Ce secret qu'il possédait, cette femme qu'il aimait, la confiance et l'amour, faisaient de lui un géant.

— Je pars, dit-il, je pars sur-le-champ.

— Comment ! vous partez ! s'écria madame Bonacieux ; et votre régiment ? votre capitaine ?

— Sur mon âme, vous m'aviez fait oublier tout cela, chère Constance ; oui, vous avez raison, il me faut un congé.

— Encore un obstacle ! murmura madame Bonacieux avec douleur.

— Oh ! celui-là, s'écria d'Artagnan après un moment de réflexion, je le surmonterai, soyez tranquille.

— Comment cela ?

— J'irai trouver ce soir même M. de Tréville, que je chargerai de demander pour moi cette faveur à son beau-frère, M. des Essarts.

— Maintenant, autre chose.

— Quoi ? demanda d'Artagnan, voyant que madame Bonacieux hésitait à continuer.

— Vous n'avez peut-être pas d'argent ?

— Peut-être est de trop, dit d'Artagnan en souriant.

— Alors, reprit madame Bonacieux en ouvrant une armoire et en tirant de cette armoire le sac qu'une demi-heure auparavant caressait si amoureusement son mari, prenez ce sac.

— Celui du cardinal, s'écria en éclatant de rire d'Artagnan, qui, comme on s'en souvient, grâce à ses carreaux enlevés, n'avait pas perdu une syllabe de la conversation du mercier et de sa femme.

— Celui du cardinal, répondit madame Bonacieux ; vous voyez qu'il se présente sous un aspect assez respectable.

— Pardieu ! s'écria d'Artagnan, ce sera une chose doublement divertissante que de sauver la reine avec l'argent de Son Éminence.

— Vous êtes un aimable et charmant jeune homme, dit madame Bonacieux. Croyez que Sa Majesté ne sera point ingrate.

— Oh ! je suis déjà grandement récompensé, s'écria d'Artagnan. Je vous aime, vous me permettez de vous le dire ; c'est déjà plus de bonheur que je n'en osais espérer.

— Silence ! dit madame Bonacieux en tressaillant.

— Quoi ?

— On parle dans la rue.

— C'est la voix...

— De mon mari. Oui, je l'ai reconnue !

D'Artagnan courut à la porte et poussa le verrou.

— Il n'entrera pas que je ne sois parti, dit-il, et, quand je serai parti, vous lui ouvrirez.

— Mais je devrais être partie aussi, moi. Et la disparition de cet argent, comment la justifier si je suis là ?

— Vous avez raison, il faut sortir.

— Sortir, comment ? Il nous verra si nous sortons.

— Alors il faut monter chez moi.

— Ah ! s'écria madame Bonacieux, vous me dites cela d'un ton qui me fait peur.

Madame Bonacieux prononça ces paroles avec une larme dans les yeux. D'Artagnan vit cette larme, et, troublé, attendri, il se jeta à ses genoux.

— Chez moi, dit-il, vous serez en sûreté comme dans un temple, je vous en donne ma parole de gentilhomme.

— Partons, dit-elle, je me fie à vous, mon ami.

D'Artagnan rouvrit avec précaution le verrou, et tous deux, légers comme des ombres, se glissèrent par la porte intérieure dans l'allée, montèrent sans bruit l'escalier et rentrèrent dans la chambre de d'Artagnan.

Une fois chez lui, pour plus de sûreté, le jeune homme barricada la porte ; puis ils s'approchèrent tous deux de la fenêtre, et, par une fente du volet, ils virent M. Bonacieux qui causait avec un homme en manteau.

À la vue de l'homme en manteau, d'Artagnan bondit, et, tirant son épée à demi, s'élança vers la porte.

C'était l'homme de Meung.

— Qu'allez-vous faire ? s'écria madame Bonacieux ; vous nous perdez.

— Mais j'ai juré de tuer cet homme ! dit d'Artagnan.

— Votre vie est vouée en ce moment et ne vous appartient pas. Au nom de la reine, je vous défends de vous jeter dans aucun péril étranger à celui du voyage.

— Et en votre nom, n'ordonnez-vous rien ?

— En mon nom, dit madame Bonacieux avec une vive émotion ; en mon nom, je vous en prie. Mais écoutons, il me semble qu'ils parlent de moi.

D'Artagnan se rapprocha de la fenêtre et prêta l'oreille.

M. Bonacieux avait rouvert sa porte, et, voyant l'appartement vide, il était revenu à l'homme au manteau qu'un instant il avait laissé seul.

— Elle est partie, dit-il, elle sera retournée au Louvre.

— Vous êtes sûr, répondit l'étranger, qu'elle ne s'est pas doutée dans quelles intentions vous êtes sorti ?

— Non, répondit Bonacieux avec suffisance ; c'est une femme trop superficielle.

— Le cadet aux gardes est-il chez lui ?

— Je ne le crois pas ; comme vous voyez, son volet est fermé, et l'on ne voit aucune lumière briller à travers les fenêtres.

— C'est égal, il faudrait s'en assurer.

— Comment cela ?

— En allant frapper à sa porte.

— Je demanderai à son valet.

— Allez.

Bonacieux rentra chez lui, passa par la même porte qui venait de donner passage aux deux fugitifs, monta jusqu'au palier de d'Artagnan et frappa.

Personne ne répondit. Porthos, pour faire plus grande figure, avait emprunté ce soir-là Planchet. Quant à d'Artagnan, il n'avait garde de donner signe d'existence.

Au moment où le doigt de Bonacieux résonna sur la porte, les deux jeunes gens sentirent bondir leur cœur.

— Il n'y a personne chez lui, dit Bonacieux.

— N'importe, rentrons toujours chez vous, nous serons plus en sûreté que sur le seuil d'une porte.

— Ah! mon Dieu, murmura madame Bonacieux, nous n'allons plus rien entendre.

— Au contraire, dit d'Artagnan, nous n'entendrons que mieux.

D'Artagnan enleva les trois ou quatre carreaux qui faisaient de sa chambre une autre oreille de Denys, étendit un tapis à terre, se mit à genoux, et fit signe à madame Bonacieux de se pencher, comme il le faisait, vers l'ouverture.

— Vous êtes sûr qu'il n'y a personne? dit l'inconnu.

— J'en réponds, dit Bonacieux.

— Et vous pensez que votre femme..

— Est retournée au Louvre.

— Sans parler à aucune autre personne qu'à vous?

— J'en suis sûr.

— C'est un point important, comprenez-vous?

— Ainsi, la nouvelle que je vous ai apportée a donc une valeur...

— Très-grande, mon cher Bonacieux, je ne vous le cache pas.

— Alors le cardinal sera content de moi?

— Je n'en doute pas.

— Le grand cardinal!

— Vous êtes sûr que, dans sa conversation avec vous, votre femme n'a pas prononcé de noms propres?

— Je ne crois pas.

— Elle n'a nommé ni madame de Chevreuse, ni M. de Buckingham, ni madame de Vernet?

— Non, elle m'a dit seulement qu'elle voulait m'envoyer à Londres pour servir les intérêts d'une personne illustre.

— Le traître! murmura madame Bonacieux.

— Silence! dit d'Artagnan en lui prenant une main qu'elle lui abandonna sans y penser.

— N'importe, continua l'homme au manteau, vous êtes un niais de n'avoir pas feint d'accepter la commission, vous auriez la lettre à présent; l'État, qu'on menace, était sauvé, et vous...

— Et moi?...

— Eh bien! vous, le cardinal vous donnait des lettres de noblesse.

— Il vous l'a dit?

— Oui. Je sais qu'il voulait vous faire cette surprise.

— Soyez tranquille, reprit Bonacieux; ma femme m'adore, et il est encore temps.

— Le niais! murmura madame Bonacieux.

— Silence! dit d'Artagnan en lui serrant plus fortement la main.

— Comment est-il encore temps? reprit l'homme au manteau.

— Je retourne au Louvre, je demande madame Bonacieux, je dis que j'ai réfléchi, je renoue l'affaire, j'obtiens la lettre, et je cours chez le cardinal.

— Eh bien! allez vite; je reviendrai bientôt savoir le résultat de votre démarche.

L'inconnu sortit.

— L'infâme! dit madame Bonacieux en adressant encore cette épithète à son mari.

— Silence! répéta d'Artagnan en lui serrant la main plus fortement encore.

Un hurlement terrible interrompit alors les réflexions de d'Artagnan et de madame Bonacieux. C'était son mari, qui s'était aperçu de la disparition de son sac et qui criait au voleur.

— Oh! mon Dieu! s'écria madame Bonacieux, il va ameuter tout le quartier.

Bonacieux cria longtemps; mais comme de pareils cris, attendu leur fréquence, n'attiraient personne dans la rue des Fossoyeurs, et que d'ailleurs la maison du mercier était depuis quelque temps assez mal famée, voyant que personne ne venait, il sortit en continuant de crier, et l'on entendit sa voix qui s'éloignait dans la direction de la rue du Bac.

— Et maintenant qu'il est parti, à votre tour de vous éloigner, dit madame Bonacieux; du courage, mais surtout de la prudence, et songez que vous vous devez à la reine.

— A elle et à vous! s'écria d'Artagnan. Soyez tranquille, belle Constance, je reviendrai digne de sa reconnaissance; mais reviendrai-je digne aussi de votre amour?

La jeune femme ne répondit que par la vive rougeur qui colora ses joues. Quelques instants après, d'Artagnan sortit à son tour, enveloppé lui aussi d'un grand manteau que retroussait cavalièrement le fourreau d'une longue épée.

Madame Bonacieux le suivit des yeux avec ce long regard d'amour dont la femme accompagne l'homme qu'elle se sent aimer; mais lorsqu'il eut disparu à l'angle de la rue, elle tomba à genoux, et joignant les mains:

— Oh! mon Dieu! s'écria-t-elle, protégez la reine, protégez-moi!

CHAPITRE XIX,

PLAN DE CAMPAGNE.

D'Artagnan se rendit droit chez M. de Tréville. Il avait
réfléchi que dans quelques minutes le cardinal serai* averti
par ce damné inconnu, qui paraissait être son agent, et

il pensait avec raison qu'il n'y avait pas un instant à
perdre.

Le cœur du jeune homme débordait de joie. Une aventure où il y avait à la fois gloire à acquérir et argent à gagner se présentait à lui, et, comme premier encouragement,
venait de le rapprocher d'une femme qu'il adorait. Ce hasard faisait donc presque du premier coup, pour lui, plus
qu'il n'eût osé demander à la Providence.

M. de Tréville était dans son salon avec sa cour habituelle de gentilshommes. D'Artagnan, que l'on connaissait
comme un familier de la maison, alla droit à son cabi-

Il ne s'agit de rien moins, dit d'Artagnan en baissant la voix, que de l'honneur et peut-être de la vie
de la reine.

net et le fit prévenir qu'il l'attendait pour chose d'importance.

D'Artagnan était là depuis cinq minutes à peine, lorsque
M. de Tréville entra. Au premier coup d'œil et à la joie
qui se peignait sur le visage du jeune homme, le digne capitaine comprit qu'il se passait effectivement quelque chose
de nouveau.

Tout le long de la route, d'Artagnan s'était demandé s'il
se confierait à M. de Tréville, ou si seulement il lui demanderait de lui accorder carte blanche pour une affaire secrète. Mais M. de Tréville avait toujours été si parfait pour

lui, il était si fort dévoué au roi et à la reine, il haïssait
si cordialement le cardinal, que d'Artagnan résolut de tout
lui dire.

— Vous m'avez fait demander, mon jeune ami ? dit M. de
Tréville.

— Oui, monsieur, dit d'Artagnan, et vous me pardonnerez, je l'espère, de vous avoir dérangé, quand vous saurez
de quelle chose importante il est question.

— Dites alors, je vous écoute.

— Il ne s'agit de rien moins, dit d'Artagnan en baissant
la voix, que de l'honneur et peut-être de là vie de la reine.

— Que dites-vous là? demanda M. de Tréville en regardant tout autour de lui s'ils étaient bien seuls, et en ramenant son regard interrogateur sur d'Artagnan.

— Je dis, monsieur, que le hasard m'a rendu maître d'un secret...

— Que vous garderez, j'espère, jeune homme, sur votre vie.

— Mais que je dois vous confier, à vous, monsieur; car vous seul pouvez m'aider dans la mission que je viens de recevoir de Sa Majesté.

— Ce secret est-il à vous?

— Non, monsieur, c'est celui de la reine.

— Etes-vous autorisé par Sa Majesté à me le confier?

— Non, monsieur, car, au contraire, le plus profond mystère m'est recommandé.

— Et pourquoi donc allez-vous le trahir vis-à-vis de moi?

— Parce que, je vous le dis, sans vous je ne puis rien, et que j'ai peur que vous ne me refusiez la grâce que je

Qu'est-ce que cela? demanda Aramis. — Le congé que monsieur a demandé.

viens vous demander, si vous ne savez pas dans quel but je vous la demande.

— Gardez votre secret, jeune homme, et dites-moi ce que vous désirez.

— Je désire que vous obteniez pour moi, de M. des Essarts, un congé de quinze jours.

— Quand cela?

— Cette nuit même.

— Vous quittez Paris?

— Je vais en mission.

— Pouvez-vous me dire où?

— A Londres.

— Quelqu'un a-t-il intérêt que vous n'arriviez pas à votre but?

— Le cardinal, je le crois, donnerait tout au monde pour m'empêcher de réussir.

— Et vous partez seul?

— Je pars seul.

— En ce cas, vous ne passerez pas Bondy; c'est moi qui vous le dis, foi de Tréville.

— Comment cela?

— On vous fera assassiner.

— Je serai mort en faisant mon devoir.

— Mais votre mission ne sera pas remplie

— C'est vrai, dit d'Artagnan.

— Croyez-moi, continua Tréville, dans les entreprises de ce genre, il faut être quatre pour arriver un.

— Ah! vous avez raison, monsieur, dit d'Artagnan; mais vous connaissez Athos, Porthos et Aramis, et vous savez si je puis disposer d'eux.

— Sans leur confier le secret que je n'ai pas voulu savoir?

— Nous nous sommes juré, une fois pour toutes, confiance aveugle et dévouement à toute épreuve; d'ailleurs, vous pouvez leur dire que vous avez confiance en moi, et ils ne seront pas plus incrédules que vous.

— Je puis leur envoyer à chacun un congé de quinze jours, voilà tout : à Athos, que sa blessure fait toujours souffrir, pour aller aux eaux de Forges; à Porthos et à Aramis, pour suivre leur ami, qu'ils ne veulent pas abandonner dans une si douloureuse position. L'envoi de leur congé sera la preuve que j'autorise le voyage.

— Merci, monsieur, et vous êtes cent fois bon.

— Allez donc les trouver à l'instant même, et que tout s'exécute cette nuit. Ah! et d'abord, écrivez-moi votre requête à M. des Essarts. Peut-être aviez-vous un espion à vos trousses, et votre visite, qui dans ce cas est déjà connue du cardinal, sera légitimée ainsi.

D'Artagnan formula cette demande, et M. de Tréville, en la recevant de ses mains, lui assura qu'avant deux heures du matin les quatre congés seraient au domicile respectif des voyageurs.

— Ayez la bonté d'envoyer le mien chez Athos, dit d'Artagnan. Je craindrais, en rentrant chez moi, d'y faire quelque mauvaise rencontre.

— Soyez tranquille. Adieu et bon voyage! A propos, dit M. de Tréville en le rappelant.

D'Artagnan revint sur ses pas

— Avez-vous de l'argent?

D'Artagnan fit sonner le sac qu'il avait dans sa poche.

— Assez? demanda M. de Tréville.

— Trois cents pistoles.

— C'est bien, on va au bout du monde avec cela; allez donc.

D'Artagnan salua M. de Tréville, qui lui tendit la main, d'Artagnan la lui serra avec un respect mêlé de reconnaissance. Depuis qu'il était arrivé à Paris, il n'avait eu qu'à se louer de cet excellent homme, qu'il avait toujours trouvé digne, loyal et grand.

Sa première visite fut pour Aramis; il n'était pas venu chez son ami depuis la fameuse soirée où il avait suivi madame Bonacieux. Il y a plus : à peine avait-il vu le jeune mousquetaire, et, à chaque fois qu'il l'avait revu, il avait cru remarquer une profonde tristesse empreinte sur son visage.

Ce soir encore, Aramis veillait sombre et rêveur; d'Artagnan lui fit quelques questions sur cette mélancolie prolongée, Aramis s'en excusa sur un commentaire du dix-huitième chapitre de saint Augustin qu'il était forcé d'écrire en latin pour la semaine suivante, et qui le préoccupait beaucoup.

Comme les deux amis causaient depuis quelques instants, un serviteur de M. de Tréville entra, porteur d'un paquet cacheté.

— Qu'est-ce que cela? demanda Aramis.

— Le congé que monsieur a demandé, répondit le laquais.

— Moi! je n'ai pas demandé de congé.

— Taisez-vous et prenez, dit d'Artagnan. Et vous, mon ami, voici une demi-pistole pour votre peine; vous direz à M. de Tréville que M. Aramis le remercie bien sincèrement. Allez.

Le laquais salua jusqu'à terre et sortit.

— Que signifie cela? demanda Aramis

— Prenez ce qu'il vous faut pour un voyage de quinze jours, et suivez-moi.

— Mais je ne puis quitter Paris, en ce moment, sans savoir..

Aramis s'arrêta...

— Ce qu'Elle est devenue, n'est-ce pas? s'écria d'Artagnan.

— Qui? reprit Aramis.

— La femme qui était ici, la femme au mouchoir brodé.

— Qui vous a dit qu'il y avait une femme ici? répliqua Aramis en devenant pâle comme la mort Et vous savez qui elle est?

— Je crois m'en douter, du moins.

— Ecoutez, dit Aramis, puisque vous savez tant de choses, savez-vous ce qu'est devenue cette femme?

— Je présume qu'elle est retournée à Tours.

— A Tours? oui, c'est bien cela; vous la connaissez. Mais comment est-elle retournée à Tours sans me rien dire?

— Parce qu'elle a craint d'être arrêtée.

— Pourquoi ne m'a-t-elle pas écrit?

— Parce qu'elle a craint de vous compromettre.

— D'Artagnan, vous me rendez la vie! s'écria Aramis. Je me croyais méprisé, trahi. J'étais si heureux de la revoir! Je ne pouvais croire qu'elle risquât sa liberté pour moi, et, cependant, pour quelle cause serait-elle revenue à Paris?

— Pour la cause qui aujourd'hui nous fait aller en Angleterre.

— Et pour quelle cause? demanda Aramis.

— Vous le saurez un jour, Aramis; mais, pour le moment, j'imiterai la retenue de la nièce du docteur.

Aramis sourit, car il se rappelait le conte qu'il avait fait, certain soir, à ses amis.

— Eh bien donc! puisqu'elle a quitté Paris, et que vous en êtes sûr, d'Artagnan, rien ne m'y arrête plus et je suis prêt à vous suivre. Vous dites que nous allons...

— Chez Athos, pour le moment, et, si vous voulez venir, je vous invite même à vous hâter, car nous avons déjà perdu beaucoup de temps. A propos, prévenez Bazin

— Bazin vient avec nous? demanda Aramis.

— Peut-être. En tout cas, il est bon qu'il nous suive pour le moment chez Athos.

Aramis appela Bazin, et, après lui avoir ordonné de le venir joindre chez Athos : — Partons donc, — dit-il en prenant son manteau, son épée et ses pistolets, et en ouvrant inutilement trois ou quatre tiroirs pour voir s'il n'y trouverait pas quelque pistole égarée. Puis, quand il se fut bien assuré que cette recherche était superflue, il suivit d'Artagnan en se demandant comment il se faisait que le jeune cadet aux gardes sût aussi bien que lui quelle était la femme à laquelle il avait donné l'hospitalité, et sût mieux que lui ce qu'elle était devenue.

Seulement, en sortant, Aramis posa sa main sur le bras de d'Artagnan, et le regardant fixement :

— Vous n'avez parlé de cette femme à personne? dit-il

— A personne au monde.

— Pas même à Athos et à Porthos?

— Je ne leur ai pas soufflé le mot.

— A la bonne heure

Tranquille sur ce point important, Aramis continua son chemin avec d'Artagnan, et tous deux arrivèrent bientôt chez Athos.

Ils le trouvèrent tenant son congé d'une main et la lettre de M. de Tréville de l'autre.

— Pouvez-vous m'expliquer ce que signifient ce congé et cette lettre que je viens de recevoir? dit Athos étonné.

« Mon cher Athos, je veux bien, puisque votre santé l'exige absolument, que vous vous reposiez quinze jours. Allez donc prendre les eaux de Forges ou celles autres qui vous conviendront, et rétablissez-vous promptement.

« Votre affectionné,

« Tréville. »

— Eh bien! ce congé et cette lettre signifient qu'il faut me suivre, Athos.

— Aux eaux de Forges?

— Là ou ailleurs.

— Pour le service du roi?

— Du roi ou de la reine : ne sommes-nous pas serviteurs de Leurs Majestés !

En ce moment Porthos entra.

— Pardieu ! dit-il, voici une chose étrange. depuis quand, dans les mousquetaires, accorde-t-on aux gens des congés sans qu'ils les demandent ?

— Depuis, dit d'Artagnan, qu'ils ont des amis qui les demandent pour eux.

— Ah! ah! dit Porthos, il paraît qu'il y a du nouveau ici?

— Oui, nous partons, dit Aramis.

— Pour quel pays? demanda Porthos

— Ma foi, je n'en sais trop rien, dit Athos; demande cela à d'Artagnan.

— Pour Londres, messieurs, dit d'Artagnan.

— Pour Londres ! s'écria Porthos; et qu'allons-nous faire à Londres ?

— Voilà ce que je ne puis vous dire, messieurs, et il faut vous fier à moi.

— Mais, pour aller à Londres, ajouta Porthos, il est besoin d'argent, et je n'en ai pas.

— Ni moi, dit Aramis.

— Ni moi, dit Athos.

— J'en ai, moi, reprit d'Artagnan en tirant son trésor de sa poche et en le posant sur la table. Il y a dans ce sac trois cents pistoles; prenons-en chacun soixante-quinze; c'est autant qu'il en faut pour aller à Londres et pour en revenir. D'ailleurs, soyez tranquilles, nous n'y arriverons pas tous à Londres.

— Et pourquoi cela?

— Parce que, selon toute probabilité, il y aura quelques-uns d'entre nous qui resteront en route.

— Mais est-ce donc une campagne que nous entreprenons?

— Et des plus dangereuses, je vous en avertis.

— Ah çà! puisque nous risquons de nous faire tuer, dit Porthos, je voudrais bien savoir pourquoi, au moins.

— Tu en seras bien plus avancé, dit Athos.

— Cependant, dit Aramis, je suis de l'avis de Porthos.

— Le roi a-t-il l'habitude de vous rendre des comptes? Non, il vous dit tout bonnement : Messieurs, on se bat en Gascogne ou dans les Flandres; allez vous battre, et vous y allez. Pourquoi? vous ne nous en inquiétez même pas.

— D'Artagnan a raison, dit Athos, voilà nos trois congés qui viennent de M. de Tréville, et voilà trois cents pistoles qui viennent je ne sais d'où. Allons nous faire tuer où l'on nous dit d'aller. La vie d'ailleurs vaut-elle la peine de faire tant de questions ? D'Artagnan, je suis prêt à te suivre.

— Et moi aussi, dit Porthos.

— Et moi aussi, dit Aramis. Aussi bien je ne suis pas fâché de quitter Paris. J'ai besoin de distractions.

— Eh bien ! vous en aurez, des distractions, messieurs, soyez tranquilles ! dit d'Artagnan.

— Et maintenant, quand partons-nous? dit Athos.

— Tout de suite, répondit d'Artagnan ; il n'y a pas une minute à perdre.

— Holà, Grimaud, Planchet, Mousqueton, Bazin ! crièrent les quatre jeunes gens appelant leurs laquais; graissez nos bottes et ramenez les chevaux de l'hôtel.

En effet, chaque mousquetaire laissait à l'hôtel général comme à une caserne son cheval et celui de son laquais.

Planchet, Grimaud, Mousqueton et Bazin partirent en toute hâte.

— Maintenant, dressons le plan de la campagne, dit Porthos. Où allons-nous d'abord?

— A Calais, dit d'Artagnan; c'est la ligne la plus directe pour arriver à Londres.

— Eh bien! dit Porthos, voici mon avis.

— Parle.

— Quatre hommes voyageant ensemble seraient suspects, d'Artagnan nous donnera à chacun ses instructions. Je partirai en avant par la route de Boulogne pour éclairer le chemin; Athos partira deux heures après par celle d'Amiens; Aramis nous suivra par celle de Noyon; quant à d'Artagnan, il partira par celle qu'il voudra avec les habits de Planchet, tandis que Planchet nous suivra en d'Artagnan et avec l'uniforme des gardes.

— Messieurs, dit Athos, mon avis est qu'il ne convient pas de mettre en rien des laquais dans une pareille affaire : un secret peut par hasard être trahi par des gentilshommes; mais il est presque toujours vendu par des laquais

— Le plan de Porthos me semble impraticable, dit d'Artagnan, en ce que j'ignore moi-même quelles instructions je puis vous donner. Je suis porteur d'une lettre, voilà tout. Je n'ai pas et ne puis pas faire trois copies de cette lettre, puisqu'elle est scellée; il faut donc, à mon avis, voyager de compagnie. Cette lettre est là, dans cette poche. Et il montra la poche où était la lettre. Si je suis tué, l'un de vous la prendra, et vous continuerez la route; s'il est tué, ce sera le tour d'un autre, et ainsi de suite; pourvu qu'un seul arrive, c'est tout ce qu'il faut.

— Bravo, d'Artagnan ! ton avis est le mien, dit Athos. Il faut être conséquent d'ailleurs; je vais prendre les eaux, vous m'accompagnerez ; au lieu des eaux de Forges, je vais prendre les eaux de mer; je suis libre. On veut nous arrêter; je montre la lettre de M. de Tréville, et vous montrez vos congés; on nous attaque, nous nous défendons; on nous juge, nous soutenons mordicus que nous n'avions d'autre intention que de nous tremper un certain nombre de fois dans l'eau salée; on aurait trop bon marché de quatre hommes isolés, tandis que quatre hommes réunis font une troupe. nous armerons les quatre laquais de pistolets et de mousquetons; si l'on envoie une armée contre nous, nous livrerons bataille, et le survivant, comme l'a dit d'Artagnan, portera la lettre.

— Bien dit ! s'écria Aramis; tu ne parles pas souvent, Athos, mais, quand tu parles, c'est comme saint Jean Bouche-d'Or. J'adopte le plan d'Athos. Et toi, Porthos?

— Moi aussi, dit Porthos, s'il convient à d'Artagnan. D'Artagnan, porteur de la lettre, est naturellement le chef de l'entreprise; qu'il décide, et nous exécuterons.

— Eh bien ! dit d'Artagnan, je décide que nous adoptions le plan d'Athos et que nous partions dans une demi-heure.

— Adopté! reprirent en chœur les trois mousquetaires.

Et chacun, allongeant la main vers le sac, prit soixante-quinze pistoles et fit ses préparatifs pour partir à l'heure convenue.

CHAPITRE XX.

VOYAGE

A deux heures du matin nos quatre aventuriers sortirent de Paris par la barrière Saint-Denis. Tant qu'il fit nuit ils restèrent muets ; malgré eux ils subissaient l'influence de l'obscurité et voyaient des embûches partout.

Aux premiers rayons du jour leurs langues se délièrent, avec le soleil la gaieté revint : c'était comme à la veille d'un combat, le cœur battait, les yeux riaient, on sentait que la vie qu'on allait peut-être quitter était au bout du compte une bonne chose.

L'aspect de la caravane, au reste, était des plus formidables : les chevaux noirs des mousquetaires, leur tournure martiale, cette habitude de l'escadron qui fait marcher régulièrement les nobles compagnons du soldat, eussent trahi le plus strict incognito.

Les valets suivaient, armés jusqu'aux dents.

Tout alla bien jusqu'à Chantilly, où l'on arriva vers les huit heures du matin. Il fallait déjeuner. On descendit devant une auberge que recommandait une enseigne représentant saint Martin donnant la moitié de son manteau à un pauvre. On enjoignit aux laquais de ne pas desseller les chevaux et de se tenir prêts à repartir immédiatement.

On entra dans la salle commune et l'on se mit à table.

Un gentilhomme qui venait d'arriver par la route de Dampmartin était assis à cette même table et déjeunait. Il entama la conversation sur la pluie et le beau temps ; les voyageurs répondirent ; il but à leur santé ; les voyageurs lui rendirent sa politesse.

Mais, au moment où Mousqueton venait annoncer que les chevaux étaient prêts et où l'on se levait de table, l'étranger proposa à Porthos la santé du cardinal. Porthos répondit qu'il ne demandait pas mieux, si l'étranger à son tour voulait boire à la santé du roi. L'étranger s'écria qu'il ne connaissait d'autre roi que Son Éminence. Porthos l'appela ivrogne ; l'étranger tira son épée.

— Vous avez fait une sottise, dit Athos ; n'importe, il n'y a pas à reculer maintenant ; tuez cet homme et venez nous rejoindre le plus vite que vous pourrez.

Et tous trois remontèrent à cheval et repartirent à toute bride tandis que Porthos promettait à son adversaire de le perforer de tous les coups connus dans l'escrime.

— Et d'un ! dit Athos au bout de cinq cents pas.

— Mais pourquoi cet homme s'est-il attaqué à Porthos plutôt qu'à tout autre? demanda Aramis.

— Parce que, Porthos parlant plus haut que nous tous, il l'a pris pour le chef, dit d'Artagnan.

— J'ai toujours dit que ce cadet de Gascogne était un puits de sagesse, murmura Athos.

Et les voyageurs continuèrent leur route.

A Beauvais on s'arrêta deux heures, tant pour faire souffler les chevaux que pour attendre Porthos. Au bout de deux heures, comme Porthos n'arrivait pas, ni aucune nouvelle de lui, on se remit en chemin.

A une lieue de Beauvais, à un endroit où le chemin se trouvait resserré entre deux talus, on rencontra huit ou dix hommes qui, profitant de ce que la route était dépavée en cet endroit, avaient l'air d'y travailler en y creusant des trous et en y pratiquant des ornières boueuses.

Aramis, craignant de salir ses bottes dans ce bourbier artificiel, les apostropha durement. Athos voulut le retenir, il était trop tard. Les ouvriers se mirent à railler les voyageurs, et firent perdre, par leur insolence, la tête même au froid Athos, qui poussa son cheval contre l'un d'eux.

Alors chacun de ces hommes recula jusqu'au fossé et y prit un mousquet caché ; il en résulta que nos voyageurs furent littéralement passés par les armes. Aramis reçut une balle qui lui traversa l'épaule, et Mousqueton une autre balle qui se logea dans les parties charnues qui prolongent le bas des reins. Cependant Mousqueton seul tomba de cheval, non pas qu'il fût grièvement blessé, mais, comme il ne pouvait voir sa blessure, sans doute il crut être plus dangereusement touché qu'il ne l'était.

— C'est une embuscade, dit d'Artagnan, ne brûlons pas une amorce et en route.

Aramis, tout blessé qu'il était, saisit la crinière de son cheval, qui l'emporta avec les autres. Celui de Mousqueton les avait rejoints et galopait tout seul à son rang.

— Cela nous fera un cheval de rechange, dit Athos.

— J'aimerais mieux un chapeau, dit d'Artagnan ; le mien a été emporté par une balle. C'est bien heureux, ma foi, que la lettre que je porte n'ait pas été dedans.

— Ah çà ! mais ils vont tuer le pauvre Porthos quand il passera, dit Aramis.

— Si Porthos était sur ses jambes, il nous aurait rejoints maintenant, dit Athos. M'est avis que, sur le terrain, l'ivrogne se sera dégrisé.

Et l'on galopa encore pendant deux heures, quoique les chevaux fussent si fatigués qu'il était à craindre qu'ils refusassent bientôt le service.

Les voyageurs avaient pris la traverse, espérant de cette façon être moins inquiétés ; mais à Crèvecœur, Aramis déclara qu'il ne pouvait aller plus loin. En effet, il avait fallu tout le courage qu'il cachait sous sa forme élégante et sous ses façons polies pour arriver jusque-là. A tout moment il pâlissait, et l'on était obligé de le soutenir sur son cheval ; on le descendit à la porte d'un cabaret, on lui laissa Bazin, qui, au reste, dans une escarmouche, était plus embarrassant qu'utile, et l'on repartit dans l'espérance d'aller coucher à Amiens.

— Morbleu ! dit Athos, quand ils se retrouvèrent en route, réduits à deux maîtres et à Grimaud et Planchet, morbleu ! je ne serai plus leur dupe, et je vous réponds qu'ils ne me feront pas ouvrir la bouche ni tirer l'épée d'ici à Calais. J'en jure...

— Ne jurons pas, dit d'Artagnan, galopons, si toutefois nos chevaux y consentent.

Et les voyageurs enfoncèrent leurs éperons dans le ventre de leurs chevaux, qui, vigoureusement stimulés, retrouvèrent des forces. On arriva à Amiens à minuit, et l'on descendit à l'auberge du Lis d'Or.

L'hôtelier avait l'air du plus honnête homme de la terre, il reçut les voyageurs son bougeoir d'une main et son bonnet de coton de l'autre : il voulut loger les deux voyageurs chacun dans une charmante chambre ; malheureusement chacune de ces chambres était à l'extrémité de l'hôtel. D'Artagnan et Athos refusèrent ; l'hôte répondit qu'il n'y en avait cependant pas d'autres dignes de Leurs Excellences ; mais les voyageurs déclarèrent qu'ils coucheraient dans la chambre commune chacun sur un matelas qu'on leur jetterait à terre ; l'hôte insista, les voyageurs tinrent bon, il fallut faire ce qu'ils voulurent.

Ils venaient de disposer leur lit et de barricader leur porte en dedans, lorsqu'on frappa au volet de la cour ; ils demandèrent qui était là, reconnurent la voix de leurs valets et ouvrirent.

En effet, c'étaient Planchet et Grimaud.

— Grimaud suffira pour garder les chevaux, dit Planchet ; si ces messieurs veulent, je coucherai en travers de leur porte ; de cette façon-là, ils seront sûrs qu'on n'arrivera pas jusqu'à eux.

— Et sur quoi coucheras-tu ? dit d'Artagnan.

— Voici mon lit, répondit Planchet.

Et il montra une botte de paille.

— Viens donc, dit d'Artagnan, tu as raison ; la figure de l'hôte ne me convient pas, elle est trop gracieuse.

— Ni à moi non plus, dit Athos.

Planchet monta par la fenêtre, s'installa en travers de la porte, tandis que Grimaud allait s'enfermer dans l'écurie, répondant qu'à cinq heures du matin lui et les quatre chevaux seraient prêts.

La nuit fut assez tranquille : on essaya bien, vers les deux heures du matin, d'ouvrir la porte, mais, comme Planchet se réveilla en sursaut et cria *qui va là?* on répondit qu'on se trompait et on s'éloigna.

A quatre heures du matin, on entendit un grand bruit dans les écuries. Grimaud avait voulu éveiller les garçons d'écurie, et ces garçons le battaient. Quand on ouvrit la fenêtre, on vit le pauvre Grimaud sans connaissance; il avait la tête fendue d'un coup de manche de fourche.

Planchet descendit dans la cour et voulut seller les chevaux: les chevaux étaient fourbus. Celui de Mousqueton seul, qui avait voyagé sans maître pendant cinq ou six heu-res, la veille, aurait pu continuer la route; mais, par une erreur inconcevable, le chirurgien vétérinaire, qu'on avait envoyé chercher, à ce qu'il paraît, pour saigner le cheval de l'hôte, avait saigné celui de Mousqueton.

Cela commençait à devenir inquiétant: tous ces accidents successifs étaient peut-être le résultat du hasard, mais ils pouvaient tout aussi bien être le fruit d'un complot. Athos et d'Artagnan sortirent, tandis que Planchet allait s'informer s'il n'y avait pas trois chevaux à vendre dans les environs. A la porte étaient deux chevaux tout équipés, frais et vi-

Les hommes reculèrent jusqu'au fossé.

goureux. Cela faisait bien l'affaire. Il demanda où étaient les maîtres; on lui dit que les maîtres avaient passé la nuit dans l'auberge et réglaient leur compte à cette heure avec l'hôtelier.

Athos descendit pour payer la dépense, tandis que d'Artagnan et Planchet se tenaient sur la porte de la rue; l'hôtelier était dans une chambre basse et reculée; on pria Athos d'y passer.

Athos entra sans défiance et tira deux pistoles pour payer: l'hôte était seul et assis devant son bureau, dont un des tiroirs étaient entr'ouvert. Il prit l'argent que lui présenta Athos, le tourna et le retourna dans ses mains, et tout à coup, s'écriant que la pièce était fausse, il déclara qu'il allait le faire arrêter, lui et son compagnon, comme faux monnayeurs.

— Drôle, dit Athos en marchant sur lui, je vais te couper les oreilles!

Mais l'hôte se baissa, prit deux pistolets dans les deux tiroirs et les dirigea sur Athos, appelant au secours.

Au même instant, quatre hommes armés jusqu'aux dents entrèrent par les portes latérales et se jetèrent sur Athos.

— Je suis pris, cria Athos de toutes les forces de ses poumons; au large, d'Artagnan, pique, pique ! Et il lâcha deux coups de pistolet.

D'Artagnan et Planchet ne se le firent pas répéter deux fois; ils détachèrent les chevaux qui attendaient à la porte, sautèrent dessus, leur enfoncèrent les éperons dans le ventre, et partirent au triple galop.

— Sais-tu ce qu'est devenu Athos ? demanda d'Artagnan à Planchet en courant.

— Ah ! monsieur, dit Planchet, j'en ai vu tomber deux à ses deux coups, et il m'a semblé à travers la porte vitrée qu'il ferraillait avec les autres.

— Brave Athos ! murmura d'Artagnan. Et quand on pense qu'il faut l'abandonner ! Au reste, autant nous en attend peut-être à dix pas d'ici. En avant ! Planchet, en avant ! tu es un brave homme.

— Je vous l'ai dit, monsieur, répondit Planchet, les Picards, ça se reconnaît à l'user; d'ailleurs, je suis ici dans mon pays, ça m'excite.

Et tous deux piquant de plus belle arrivèrent à Saint-Omer d'une seule traite. A Saint-Omer, ils firent souffler les chevaux la bride passée à leur bras, de peur d'accident, et mangèrent un morceau sur le pouce tout debout dans la rue, après quoi ils repartirent.

A cent pas des portes de Calais, le cheval de d'Artagnan s'abattit; il n'y eut pas moyen de le faire se relever, le sang lui sortait par le nez et par les yeux, restait celui de Planchet; mais celui-là s'était arrêté, et il n'y eut plus moyen de le faire repartir.

Heureusement, comme nous l'avons dit, ils étaient à cent pas de la ville : ils laissèrent les deux montures sur le grand chemin et coururent au port. Planchet fit remarquer à son maître un gentilhomme qui arrivait avec son valet et qui ne les précédait que d'une cinquantaine de pas.

Ils s'approchèrent vivement de ce gentilhomme, qui paraissait fort affairé. Il avait ses bottes couvertes de poussière et s'informait s'il ne pourrait point passer à l'instant même en Angleterre.

— Rien ne serait plus facile, répondit le patron du bâtiment prêt à mettre à la voile; mais ce matin est arrivé l'ordre de ne laisser partir personne sans une permission expresse de M. le cardinal.

— J'ai cette permission, dit le gentilhomme en tirant le papier de sa poche; la voici.

— Faites-la viser par le gouverneur du port, dit le patron, et donnez-moi la préférence.

— Où trouverai-je le gouverneur ?

— A sa campagne.

— Et cette campagne est située ?

— A un quart de lieue de la ville; tenez, vous la voyez d'ici, au pied de cette petite éminence, ce toit en ardoises.

— Très-bien ! dit le gentilhomme.

Et, suivi de son laquais, il prit le chemin de la maison de campagne du gouverneur.

D'Artagnan et Planchet suivirent le gentilhomme à cinq cents pas de distance.

Une fois hors de la ville, d'Artagnan pressa le pas et rejoignit le gentilhomme comme il entrait dans un petit bois.

— Monsieur, lui dit d'Artagnan, vous me paraissez fort pressé.

— On ne peut plus pressé, monsieur.

— J'en suis désespéré, dit d'Artagnan, car, comme je suis très-pressé aussi, je voulais vous prier de me rendre un service.

— Lequel ?

— De me laisser passer le premier.

— Impossible, dit le gentilhomme. J'ai fait soixante lieues en quarante-quatre heures, et il faut que demain à midi je sois à Londres.

— J'ai fait le même chemin en quarante heures, et il faut que demain à dix heures du matin je sois à Londres.

— Désespéré, monsieur, mais je suis arrivé le premier, et je ne passerai pas le second.

— Désespéré, monsieur, mais je suis arrivé le second, et je passerai le premier.

— Service du roi ! dit le gentilhomme.

— Service de moi ! dit d'Artagnan.

— Mais c'est une mauvaise querelle que vous me cherchez là, ce me semble.

— Parbleu ! et que voulez-vous que ce soit ?

— Que désirez-vous ?

— Vous voulez le savoir ?

— Certainement.

— Eh bien ! je veux l'ordre dont vous êtes porteur, attendu que je n'en ai pas, moi, et qu'il m'en faut un.

— Vous plaisantez, je présume.

— Je ne plaisante jamais.

— Laissez-moi passer.

— Vous ne passerez pas.

— Mon brave jeune homme, je vais vous casser la tête. Holà ! Lubin, mes pistolets.

— Planchet, dit d'Artagnan, charge-toi du valet, je me charge du maître.

Planchet, enhardi par le premier exploit, sauta sur Lubin, et, comme il était fort et vigoureux, il le renversa les reins contre terre et lui mit le genou sur la poitrine.

— Faites votre affaire, monsieur, dit Planchet, moi j'ai fait la mienne.

Voyant cela, le gentilhomme tira son épée et fondit sur d'Artagnan; mais il avait affaire à forte partie.

En trois secondes d'Artagnan lui fournit trois coups d'épée, disant à chaque coup :

— Un pour Athos, un pour Porthos, un pour Aramis.

Au troisième coup le gentilhomme tomba comme une masse.

D'Artagnan le crut mort ou tout au moins évanoui, et s'approcha pour lui prendre l'ordre; mais, au moment où il étendait le bras afin de le fouiller, le blessé, qui n'avait pas lâché son épée, lui porta un coup de pointe dans la poitrine en disant :

— Un pour vous !

— Et un pour moi ! Au dernier les bons ! s'écria d'Artagnan furieux en le clouant par terre d'un quatrième coup d'épée dans le ventre.

Cette fois le gentilhomme ferma les yeux et s'évanouit.

D'Artagnan fouilla dans la poche où il l'avait vu remettre l'ordre de passage et le prit. Il était au nom du comte de Wardes.

Puis, jetant un dernier coup d'œil sur le beau jeune homme, qui avait vingt-cinq ans à peine, et qu'il laissait là gisant, privé de sentiment, et peut-être mort, il poussa un soupir sur cette étrange destinée qui porte les hommes à se détruire les uns les autres pour les intérêts de gens qui leur sont étrangers et qui souvent ne savent pas même qu'ils existent.

Mais il fut bientôt tiré de ses réflexions par Lubin, qui poussait des hurlements et criait de toutes ses forces au secours.

Planchet lui appliqua la main sur la gorge et serra de toutes ses forces.

— Monsieur, dit-il, tant que je le tiendrai ainsi, il ne criera pas, j'en suis bien sûr; mais, aussitôt que je le lâcherai, il va se remettre à crier. Je le reconnais pour un Normand, et les Normands sont entêtés.

En effet, tout comprimé qu'il était, Lubin essayait encore de filer des sons.

— Attends ! dit d'Artagnan, et, prenant son mouchoir, il le bâillonna.

— Maintenant, dit Planchet, lions-le à un arbre.

La chose fut faite en conscience, puis on tira le comte de Wardes près de son domestique, et, comme la nuit commençait à tomber et que le garrotté et le blessé étaient tous deux à quelques pas dans le bois, il était évident qu'ils devaient rester là jusqu'au lendemain.

— Et maintenant, dit d'Artagnan, vite chez le gouverneur.

— Mais vous êtes blessé, ce me semble, dit Planchet.

-- Ce n'est rien ; occupons-nous du plus pressé, puis nous reviendrons à ma blessure, qui, au reste, ne me paraît pas très-dangereuse.

Et tous deux s'acheminèrent à grands pas vers la campagne du digne fonctionnaire

On annonça M. le comte de Wardes.

D'Artagnan fut introduit.

— Vous avez un ordre signé du cardinal? dit le gouverneur.

— Oui, monsieur, répondit d'Artagnan ; le voici.

— Ah! ah! il est en règle et bien recommandé, dit le gouverneur.

— C'est tout simple, répondit d'Artagnan, je suis de ses plus fidèles.

— Il paraît que Son Eminence veut empêcher quelqu'un de parvenir en Angleterre?

— Oui, un certain d'Artagnan, un gentilhomme béarnais qui est parti de Paris avec trois de ses amis dans l'intention de gagner Londres.

— Le connaissez-vous personnellement? demanda le gouverneur.

— Qui cela?

— Ce d'Artagnan.

— A merveille.

— Donnez-moi son signalement alors

— Rien de plus facile.

Et d'Artagnan donna trait pour trait le signalement du comte de Wardes.

— Est-il accompagné? demanda le gouverneur.

— Oui, d'un valet nommé Lubin.

— On veillera sur eux, et, si on leur met la main dessus, Son Eminence peut être tranquille, ils seront reconduits à Paris sous bonne escorte.

— Et ce faisant, monsieur le gouverneur, dit d'Artagnan, vous aurez bien mérité du cardinal.

— Vous le reverrez à votre retour, monsieur le comte ?

— Sans aucun doute.

— Dites-lui, je vous prie, que je suis bien son serviteur.

— Je n'y manquerai pas

Et, joyeux de cette assurance, le gouverneur visa le laissez-passer et le remit à d'Artagnan.

D'Artagnan ne perdit pas son temps en compliments inutiles : il salua le gouverneur, le remercia et partit.

Une fois dehors, lui et Planchet prirent leur course, et, faisant un long détour, ils évitèrent le bois et rentrèrent par une autre porte.

Le bâtiment était toujours prêt à partir ; le patron attendait sur le port.

— Eh bien? dit-il en apercevant d'Artagnan.

— Voici ma passe visée, dit celui-ci

— Et cet autre gentilhomme?

— Il ne partira pas aujourd'hui, dit d'Artagnan, mais soyez tranquille, je payerai le passage pour nous deux.

— En ce cas, partons, dit le patron.

— Partons, répéta d'Artagnan.

Et il sauta avec Planchet dans le canot; cinq minutes après, ils étaient à bord.

A une demi-lieue en mer, d'Artagnan vit briller une lumière et entendit une détonation.

C'était le coup de canon qui annonçait la fermeture du port.

Il était temps pour d'Artagnan de s'occuper de sa blessure ; heureusement, comme il l'avait pensé, elle n'était pas des plus dangereuses : la pointe de l'épée avait rencontré une côte et avait glissé le long de l'os ; de plus, la chemise s'était collée aussitôt à la plaie, et à peine avait-elle répandu quelques gouttes de sang.

D'Artagnan était brisé de fatigue : on lui étendit un matelas sur le pont ; il se jeta dessus et s'endormit.

Le lendemain, au point du jour, il se trouva à trois ou quatre lieues seulement des côtes d'Angleterre ; la brise avait été faible toute la nuit, et l'on avait peu marché.

A deux heures, le bâtiment jetait l'ancre dans le port de Douvres.

A deux heures et demie, d'Artagnan mettait le pied sur la terre d'Angleterre en s'écriant :

— Enfin m'y voilà!

Mais ce n'était pas le tout. Il fallait gagner Londres. En Angleterre, la poste était assez bien servie. D'Artagnan et Planchet prirent chacun un bidet ; un postillon courut devant eux ; en quatre heures, ils arrivèrent aux portes de la capitale.

D'Artagnan ne connaissait pas Londres ; d'Artagnan ne savait pas un mot d'anglais, mais il écrivit le nom de Buckingham sur un papier, et chacun lui indiqua l'hôtel du duc.

Le duc était à la chasse à Windsor avec le roi.

D'Artagnan demanda le valet de chambre de confiance du duc, qui, l'ayant accompagné dans tous ses voyages, parlait parfaitement français ; il lui dit qu'il arrivait de Paris pour affaire de vie et de mort, et qu'il fallait qu'il parlât à son maître à l'instant même.

La confiance avec laquelle parlait d'Artagnan convainquit Patrice : c'était le nom de ce ministre du ministre. Il fit seller deux chevaux, et se chargea de conduire le jeune garde. Quant à Planchet, on l'avait descendu de sa monture, roide comme un jonc. Le pauvre garçon était au bout de ses forces ; d'Artagnan semblait de fer.

On arriva au château ; là, on se renseigna : le roi et Buckingham chassaient à l'oiseau dans des marais situés à deux ou trois lieues de là.

En vingt minutes, on fut au lieu indiqué. Bientôt Patrice entendit la voix de son maître qui rappelait son faucon.

— Qui faut-il que j'annonce à milord-duc? demanda Patrice.

— Le jeune homme qui un soir lui a cherché une querelle sur le pont Neuf, en face de la Samaritaine.

— Singulière recommandation !

— Vous verrez qu'elle en vaut bien une autre.

Patrice mit son cheval au galop, atteignit le duc, et lui annonça dans les termes que nous avons dits qu'un messager l'attendait.

Buckingham reconnut d'Artagnan à l'instant même, et, se doutant que quelque chose se passait en France dont on lui faisait parvenir la nouvelle, il ne prit que le temps de demander où était celui qui la lui apportait, et, ayant reconnu de loin l'uniforme des gardes, il mit son cheval au galop et vint droit à d'Artagnan. Patrice, par discrétion, se tint à l'écart.

— Il n'est point arrivé malheur à la reine? s'écria Buckingham, répandant toute sa pensée et tout son amour dans cette interrogation.

— Je ne crois pas, répondit le Gascon ; cependant je crois qu'elle court quelque grand péril dont Votre Grâce seule peut la tirer.

— Moi? s'écria Buckingham. Eh quoi ! je serais assez heureux pour lui être bon à quelque chose? Parlez ! parlez !

— Prenez cette lettre, dit d'Artagnan.

— Cette lettre? de qui vient cette lettre?

— De Sa Majesté, à ce que je pense.

— De Sa Majesté! dit Buckingham pâlissant si fort, que d'Artagnan crut qu'il allait se trouver mal.

Et il brisa le cachet.

— Quelle est cette déchirure? dit-il en montrant à d'Artagnan un endroit où elle était percée à jour.

— Ah! dit d'Artagnan, je n'avais pas vu cela : c'est l'épée du comte de Wardes qui aura fait ce beau coup en me trouant la poitrine.

— Vous êtes blessé? demanda Buckingham en rompant le cachet.

— Oh ! ce n'est rien, dit d'Artagnan, une égratignure.

— Juste ciel ! qu'ai-je lu ! s'écria le duc. Patrice, reste ici, ou plutôt rejoins le roi partout où il sera, et dis à Sa Majesté que je le supplie bien humblement de m'excuser, mais qu'une affaire de la plus haute importance me rappelle à Londres. Venez, monsieur, venez.

Et tous deux reprirent au galop le chemin de la capitale.

CHAPITRE XXI.

LA COMTESSE DE WINTER.

Tout le long de la route, le duc se fit mettre au courant par d'Artagnan, non pas de tout ce qui s'était passé, mais de ce que d'Artagnan savait. En rapprochant ce qu'il en-tendait sortir de la bouche du jeune homme de ses souve-nirs à lui, il put donc se faire une idée assez exacte d'une position de la gravité de laquelle, au reste, la lettre de la reine, si courte et si explicite qu'elle fût, lui donnait la mesure. Mais ce qui l'étonnait surtout, c'est que le cardi-nal, intéressé comme il l'était à ce que ce jeune homme ne mit pas le pied en Angleterre, ne fût point parvenu à l'ar-rêter en route. Ce fut alors, et sur la manifestation de cet étonnement, que d'Artagnan lui raconta les précautions prises, et comment, grâce au dévouement de ses trois amis, qu'il avait éparpillés tout sanglants sur la route, il était ar-

J.A.BEAUCÉ

Et tous deux reprirent au galop le chemin de la capitale. — Page 79.

rivé à en être quitte pour le coup d'épée qui avait traversé le billet de la reine, et qu'il avait rendu à M. de Wardes en si terrible monnaie. Tout en écoutant ce récit, fait avec la plus grande simplicité, le duc regardait de temps en temps le jeune homme d'un air étonné, comme s'il n'eût pas com-pris que tant de prudence, de courage et de dévouement, pût s'allier avec un visage qui n'indiquait pas encore vingt ans.

Les chevaux allaient comme le vent, et, en quelques mi-nutes, ils furent aux portes de Londres. D'Artagnan avait cru qu'en arrivant dans la ville le duc allait ralentir l'allure du sien, mais il n'en fut pas ainsi; il continua sa route à fond de train, s'inquiétant peu de renverser ceux qui étaient sur son chemin. En effet, en traversant la cité, deux ou trois accidents de ce genre arrivèrent; mais Buckingham ne détourna pas même la tête pour regarder ce qu'étaient de-venus ceux qu'il avait culbutés. D'Artagnan le suivait au milieu des cris qui ressemblaient fort à des malédictions.

En entrant dans la cour de l'hôtel, Buckingham sauta à bas de son cheval, et, sans s'inquiéter de ce qu'il devien-drait, il lui jeta la bride sur le cou et s'élança vers le per-ron. D'Artagnan en fit autant avec un peu plus d'inquiétude, cependant, pour ces nobles animaux dont il avait pu apprécier le mérite ; mais il eut la consolation de voir que trois ou quatre valets s'étaient déjà élancés des cuisines et des écuries, et s'emparaient aussitôt de leurs montures.

Le duc marchait si rapidement, que d'Artagnan avait peine à le suivre. Il traversa successivement plusieurs salons d'une élégance dont les plus grands seigneurs de France n'avaient pas même l'idée, et il parvint enfin dans une chambre à coucher qui était à la fois un miracle de goût et de richesse. Dans l'alcôve de cette chambre était une porte, prise dans la tapisserie, que le duc ouvrit avec une petite clef d'or qu'il portait suspendue à son cou par une chaîne du même métal. Par discrétion, d'Artagnan était resté en arrière ; mais, au moment où Buckingham franchissait le seuil de cette porte, il se retourna, et voyant l'hésitation du jeune homme :

— Venez, lui dit-il, et, si vous avez le bonheur d'être admis en la présence de Sa Majesté, dites-lui ce que vous avez vu.

Encouragé par cette invitation, d'Artagnan suivit le duc, qui referma la porte derrière lui.

La reine me les avait donnés, la reine me les reprend : sa volonté, comme celle de Dieu,
soit faite en toutes choses.

Tous deux se trouvèrent alors dans une petite chapelle toute tapissée de soie de Perse, brochée d'or et ardemment éclairée par un grand nombre de bougies. Au-dessus d'une espèce d'autel et au-dessous d'un dais de velours bleu surmonté de plumes blanches et rouges, était un portrait de grandeur naturelle représentant Anne d'Autriche, portrait si parfaitement ressemblant, que d'Artagnan poussa un cri de surprise en l'apercevant : on eût cru que la reine allait parler.

Sur l'autel, et au-dessous du portrait, était le coffret qui renfermait les ferrets de diamants.

Le duc s'approcha de l'autel, s'agenouilla comme eût pu faire un prêtre devant le Christ, puis il ouvrit le coffret.

— Tenez, lui dit-il en tirant du coffre un gros nœud de ruban bleu tout étincelant de diamants, tenez, voici ces précieux ferrets avec lesquels j'avais fait le serment d'être enterré. La reine me les avait donnés, la reine me les reprend : sa volonté, comme celle de Dieu, soit faite en toutes choses.

Puis il se mit à baiser les uns après les autres ces ferrets dont il allait se séparer. Tout à coup il poussa un cri terrible.

— Qu'y a-t-il? demanda d'Artagnan avec inquiétude, et que vous arrive-t-il, milord?

— Il y a que tout est perdu! s'écria Buckingham en devenant pâle comme un trépassé; deux de ces ferrets manquent, il n'y en a plus que dix.

— Milord les a-t-il perdus, ou croit-il qu'on les lui a volés?

— On me les a volés, reprit le duc, et c'est le cardinal qui a fait le coup. Tenez, voyez : les rubans qui les soutenaient ont été coupés avec des ciseaux.

— Si milord pouvait se douter qui a commis le vol... Peut-être la personne les a-t-elle encore entre les mains.

— Attendez, attendez! s'écria le duc. La seule fois que j'aie mis ces ferrets, c'était au bal du roi, il y a huit jours, à Windsor. La comtesse de Winter, avec laquelle j'étais brouillé, s'est rapprochée de moi à ce bal. Ce raccommodement, c'était une vengeance de femme jalouse. Depuis ce jour, je ne l'ai pas revue. Cette femme est un agent du cardinal.

— Mais il en a donc dans le monde entier? s'écria d'Artagnan.

— Oh! oui, oui, dit Buckingham en serrant les dents de colère; oui, c'est un terrible lutteur. Mais cependant, quand doit avoir lieu le bal de Paris?

— Lundi prochain.

— Lundi prochain! Cinq jours encore, c'est plus de temps qu'il ne nous en faut. Patrice! s'écria le duc en ouvrant la porte de la chapelle; Patrice!

Son valet de chambre de confiance parut.

— Mon joaillier et mon secrétaire!

Le valet sortit avec une promptitude et un mutisme qui prouvaient l'habitude qu'il avait contractée d'obéir aveuglément et sans réplique.

Mais, quoique ce fût le joaillier qui eût été appelé le premier, ce fut le secrétaire qui parut d'abord. C'était tout simple, il habitait l'hôtel. Il trouva Buckingham assis devant une table, dans sa chambre à coucher, et écrivant quelques ordres de sa propre main.

— Monsieur Jackson, lui dit-il, vous allez vous rendre de ce pas chez le lord chancelier, et lui dire que je le charge de l'exécution de ces ordres. Je désire qu'ils soient promulgués à l'instant même.

— Mais, monseigneur, si le lord chancelier m'interroge sur les motifs qui ont pu porter Votre Grâce à une mesure si extraordinaire, que répondrai-je?

— Que tel a été mon bon plaisir, et que je n'ai de compte à rendre à personne de ma volonté.

— Sera-ce la réponse qu'il devra transmettre à Sa Majesté, reprit en souriant le secrétaire, si par hasard le roi avait la curiosité de savoir pourquoi aucun vaisseau ne peut sortir des ports de la Grande-Bretagne?

— Vous avez raison, monsieur, répondit Buckingham, il dirait en ce cas au roi que j'ai décidé la guerre, et que cette mesure est mon premier acte d'hostilité contre la France.

Le secrétaire s'inclina et sortit.

— Nous voilà tranquilles de ce côté, dit Buckingham en se retournant vers d'Artagnan. Si les ferrets ne sont point déjà partis pour la France, ils n'y arriveront qu'après vous.

— Comment cela?

— Je viens de mettre un embargo sur tous les bâtiments qui se trouvent à cette heure dans les ports de Sa Majesté, et, à moins de permission particulière, pas un seul n'osera lever l'ancre.

D'Artagnan regarda avec stupéfaction cet homme, qui mettait le pouvoir illimité dont il était revêtu par la confiance d'un roi au service de ses amours. Buckingham vit à l'expression du visage du jeune homme ce qui se passait dans sa pensée et il sourit.

— Oui, dit-il, oui, c'est qu'Anne d'Autriche est ma véritable reine; sur un mot d'elle, je trahirais mon pays, je trahirais mon roi, je trahirais mon Dieu. Elle m'a demandé de ne point envoyer aux protestants de la Rochelle le secours que je leur avais promis, et je l'ai fait. Je manquais à ma parole, mais n'importe, j'obéissais à son désir; n'ai-je point été grandement payé de mon obéissance, dites, car c'est à cette obéissance que je dois son portrait?

D'Artagnan admira à quels fils fragiles et inconnus sont parfois suspendues les destinées d'un peuple et la vie des hommes.

Il en était au plus profond de ses réflexions lorsque l'orfèvre entra : c'était un Irlandais des plus habiles dans son art, et qui avouait lui-même qu'il gagnait cent mille livres par an avec le duc de Buckingham.

— Monsieur O'Reilly, lui dit le duc en le conduisant dans la chapelle, voyez ces ferrets de diamants, et dites-moi ce qu'ils valent la pièce.

L'orfèvre jeta un seul coup d'œil sur la façon élégante dont ils étaient montés, calcula l'un dans l'autre la valeur des diamants, et sans hésitation aucune :

— Quinze cents pistoles la pièce, milord, répondit-il.

— Combien faudrait-il de jours pour faire deux ferrets comme ceux-là? Vous voyez qu'il en manque deux.

— Huit jours, milord.

— Je les payerai trois mille pistoles la pièce, il me les faut pour après demain.

— Milord les aura.

— Vous êtes un homme précieux, monsieur O'Reilly, mais ce n'est pas le tout : ces ferrets ne peuvent être confiés à personne, il faut qu'ils soient faits dans ce palais.

— Impossible, milord, il n'y a que moi qui puisse les exécuter pour qu'on ne voie pas la différence entre les nouveaux et les anciens.

— Aussi, mon cher monsieur O'Reilly, vous êtes mon prisonnier, et vous voudriez sortir à cette heure de mon palais que vous ne le pourriez pas; prenez-en donc votre parti. Nommez-moi ceux de vos garçons dont vous avez besoin, et désignez-moi les ustensiles qu'ils doivent apporter.

L'orfèvre connaissait le duc, il savait que toute observation était inutile, il en prit donc à l'instant même son parti.

— Il me sera permis de prévenir ma femme? demanda-t-il.

— Oh! il vous sera même permis de la voir, mon cher monsieur O'Reilly; votre captivité sera douce, soyez tranquille, et, comme tout dérangement veut un dédommagement, voici, en dehors du prix des deux ferrets, un bon de mille pistoles pour vous faire oublier l'ennui que je vous cause.

D'Artagnan ne revenait pas de la surprise que lui causait ce ministre, qui remuait à pleines mains les hommes et les millions.

Quant à l'orfèvre, il écrivait à sa femme en lui envoyant le bon de mille pistoles et en la chargeant de lui retourner en échange, avec son plus habile apprenti, un assortiment de diamants dont il lui donnait le poids et le titre, et une liste des outils qui lui étaient nécessaires.

Buckingham conduisit l'orfèvre dans la chambre qui lui était destinée et qui, au bout d'une demi-heure, fut transformée en atelier. Puis il mit une sentinelle à chaque porte, avec défense de laisser entrer qui que ce fût, à l'exception de son valet de chambre Patrice. Il est inutile d'ajouter qu'il était absolument défendu à l'orfèvre O'Reilly et à son aide de sortir sous aucun prétexte.

Ce point réglé, le duc revint à d'Artagnan.

— Maintenant, mon jeune ami, lui dit-il, l'Angleterre est à nous deux; que voulez-vous, que désirez-vous?

— Un lit, répondit d'Artagnan; c'est, pour le moment, je l'avoue, la chose dont j'ai le plus besoin.

Buckingham donna à d'Artagnan une chambre qui touchait à la sienne. Il voulait garder le jeune homme sous sa main, non pas qu'il se défiât de lui, mais pour avoir quelqu'un à qui parler constamment de la reine.

Une heure après fut promulguée dans Londres l'ordonnance de ne laisser sortir des ports aucun bâtiment chargé pour la France, pas même le paquebot des lettres. Aux yeux de tous, c'était une déclaration de guerre entre les deux royaumes.

Le surlendemain à onze heures, les deux ferrets en diamants étaient achevés, mais si exactement imités, mais si parfaitement pareils, que Buckingham ne put reconnaître les nouveaux des anciens, et que les plus exercés en pareille matière y auraient été trompés comme lui.

Aussitôt il fit appeler d'Artagnan.

— Tenez, lui dit-il, voici les ferrets de diamants que vous êtes venu chercher, et soyez mon témoin que tout ce que la puissance humaine pouvait faire, je l'ai fait.

— Soyez tranquille, milord : je dirai ce que j'ai vu ; mais Votre Grâce me remet les ferrets sans la boîte.

— La boîte vous embarrasserait. D'ailleurs la boîte m'est d'autant plus précieuse qu'elle me reste seule. Vous direz que je la garde.

— Je ferai votre commission mot à mot, milord.

— Et maintenant, reprit Buckingham en regardant fixement le jeune homme, comment m'acquitterai-je jamais envers vous ?

D'Artagnan rougit jusqu'au blanc des yeux. Il vit que le duc cherchait un moyen de lui faire accepter quelque chose, et cette idée que le sang de ses compagnons et le sien lui allait être payé par de l'or anglais lui répugnait étrangement.

— Entendons-nous, milord, répondit d'Artagnan, et pesons bien les faits d'avance, afin qu'il n'y ait point de méprise. Je suis au service du roi et de la reine de France, et fais partie de la compagnie des gardes de M. des Essarts, lequel, ainsi que son beau-frère M. de Tréville, est tout particulièrement attaché à Leurs Majestés. J'ai donc tout fait pour la reine et rien pour Votre Grâce. Il y a plus, c'est que peut-être n'eussé-je rien fait de tout cela, s'il ne se fût agi d'être agréable à quelqu'un qui est ma dame à moi, comme la reine est la vôtre.

— Oui, dit le duc en souriant, et je crois même connaître cette autre personne, c'est.....

— Milord, je ne l'ai point nommée, interrompit vivement le jeune homme.

— C'est juste, dit le duc ; c'est donc à cette personne que je dois être reconnaissant de votre dévouement.

— Vous l'avez dit, milord, car justement à cette heure qu'il est question de guerre, je vous avoue que je ne vois, dans Votre Grâce, qu'un Anglais, et par conséquent un ennemi que je serais encore plus enchanté de rencontrer sur le champ de bataille que dans le parc de Windsor ou dans les corridors du Louvre ; ce qui au reste ne m'empêchera pas d'exécuter de point en point ma mission et de me faire tuer, si besoin est, pour l'accomplir ; mais, je le répète à Votre Grâce, sans qu'elle ait personnellement pour cela plus à me remercier de ce que je fais pour moi dans cette seconde entrevue, que de ce que j'ai déjà fait pour elle dans la première.

— Nous disons, nous : « Fier comme un Écossais, » murmura Buckingham.

— Et nous disons, nous : « Fier comme un Gascon, » répondit d'Artagnan. Les Gascons sont les Écossais de la France.

D'Artagnan salua le duc et s'apprêta à partir.

— Eh bien ! vous vous en allez comme cela ? Par où ? Comment ?

— C'est vrai.

— Dieu me damne ! les Français ne doutent de rien !

— J'avais oublié que l'Angleterre était une île, et que vous en étiez le roi.

— Allez au port, demandez le brick le Sund, remettez cette lettre au capitaine ; il vous conduira à un petit port où certes on ne vous attend pas, et où n'abordent ordinairement que des bâtiments pêcheurs.

— Ce port s'appelle ?

— Saint-Valery ; mais attendez donc ; arrivé là, vous entrerez dans une mauvaise auberge sans nom et sans enseigne, un véritable bouge à matelots, il n'y a pas à vous y tromper, il n'y en a qu'une.

— Après ?

— Vous demanderez l'hôte et vous lui direz : For'ward.

— Ce qui veut dire ?

— En avant : c'est le mot d'ordre. Il vous donnera un cheval tout sellé et vous indiquera le chemin que vous devez suivre ; vous trouverez ainsi quatre relais sur votre route. Si vous voulez, à chacun d'eux, donner votre adresse à Paris, les quatre chevaux vous y suivront ; vous en connaissez déjà

deux, et vous m'avez paru les apprécier en amateur : ce sont ceux que nous montions ; rapportez-vous-en à moi, les autres ne leur seront point inférieurs. Ces quatre chevaux sont équipés pour la campagne. Si fier que vous soyez, vous ne refuserez pas d'en accepter un et de faire accepter les trois autres à vos compagnons ; c'est pour nous faire la guerre, d'ailleurs. La fin excuse les moyens, comme vous dites, vous autres Français, n'est-ce pas ?

— Oui, milord, j'accepte, dit d'Artagnan, et, s'il plaît à Dieu, nous ferons bon usage de vos présents.

— Maintenant, votre main, jeune homme, peut-être nous rencontrerons-nous bientôt sur le champ de bataille ; mais, en attendant, nous nous quitterons bons amis, je l'espère.

— Oui, milord, mais avec l'espérance de devenir ennemis bientôt.

— Soyez tranquille, je vous le promets.

— Je compte sur votre parole, milord.

D'Artagnan salua le duc et s'avança vivement vers le port.

En face la tour de Londres, il trouva le bâtiment désigné, remit sa lettre au capitaine, qui la fit viser par le gouverneur du port, et appareilla aussitôt.

Cinquante bâtiments étaient en partance et attendaient.

En passant bord à bord de l'un d'eux, d'Artagnan crut reconnaître la femme de Meung, la même que le gentilhomme inconnu avait appelée milady, et que lui, d'Artagnan, avait trouvée si belle ; mais, grâce au courant du fleuve et au bon vent qui soufflait, son navire allait si vite, qu'au bout d'un instant on fut hors de vue.

Le lendemain vers neuf heures du matin on aborda à Saint-Valery.

D'Artagnan se dirigea à l'instant même vers l'auberge indiquée, et la reconnut aux cris qui s'en échappaient : on parlait de la guerre entre l'Angleterre et la France, comme de chose prochaine et indubitable, et les matelots joyeux faisaient bombance.

D'Artagnan fendit la foule, s'avança vers l'hôte, et prononça le mot for'ward. A l'instant même l'hôte lui fit signe de le suivre, sortit avec lui par une porte qui donnait dans la cour, le conduisit à l'écurie, où l'attendait un cheval tout sellé, et lui demanda s'il avait besoin de quelque autre chose.

— J'ai besoin de connaître la route que je dois suivre, dit d'Artagnan.

— Allez d'ici à Blangy, et de Blangy à Neufchâtel. A Neufchâtel, entrez à l'auberge de la Herse d'Or, donnez le mot d'ordre à l'hôtelier, et vous trouverez comme ici un cheval tout sellé.

— Dois-je quelque chose ? demanda d'Artagnan.

— Tout est payé, dit l'hôte, et largement. Allez donc, et que Dieu vous conduise !

— Amen ! répondit le jeune homme en partant au galop.

Quatre heures après, il était à Neufchâtel.

Il suivit strictement les instructions reçues ; à Neufchâtel comme à Saint-Valery, il trouva une monture toute sellée et qui l'attendait ; il voulut transporter les pistolets de la selle qu'il venait de quitter à la selle qu'il allait prendre : les fontes étaient garnies de pistolets pareils.

— Votre adresse à Paris ?

— Hôtel des Gardes, compagnie des Essarts.

— Bien, répondit celui-ci.

— Quelle route faut-il prendre ? demanda à son tour d'Artagnan.

— Celle de Rouen ; mais vous laisserez la ville à votre droite. Au petit village d'Écouis, vous vous arrêterez, il n'y a qu'une auberge, l'Écu de France. Ne la jugez pas d'après son apparence ; elle aura dans ses écuries un cheval qui vaudra celui-ci.

— Même mot d'ordre ?

— Exactement.

— Adieu, maître.

— Bon voyage, mon gentilhomme. Avez-vous besoin de quelque chose ?

D'Artagnan fit signe de la tête que non et repartit à fond de train. A Écouis la même scène se répéta : il trouva un hôte aussi prévenant, un cheval frais et reposé, il laissa son adresse comme il l'avait fait et repartit du même train pour

Pontoise. A Pontoise, il changea une dernière fois de monture, et à neuf heures il entrait au grand galop dans la cour de l'hôtel de M. de Tréville.

Il avait fait près de soixante lieues en douze heures.

M. de Tréville le reçut comme s'il l'avait vu le matin même ; seulement, en lui serrant la main un peu plus vivement que de coutume, il lui annonça que la compagnie de M. des Essarts était de garde au Louvre et qu'il pouvait se rendre à son poste.

—◦◆◦—

CHAPITRE XXII.

LE BALLET DE LA MERLAISON.

Le lendemain, il n'était bruit dans tout Paris que du bal que MM. les échevins de la ville donnaient au roi et à la reine, et dans lequel Leurs Majestés devaient danser le fameux ballet de la Merlaison, qui était le ballet favori du roi.

Depuis huit jours, on préparait, en effet, toutes choses à l'Hôtel de Ville pour cette solennelle soirée. Le menuisier de la ville avait dressé des échafauds sur lesquels devaient se tenir les dames invitées ; l'épicier de la ville avait garni les salles de deux cents flambeaux de cire blanche, ce qui était un luxe inouï pour cette époque ; enfin vingt violons avaient été prévenus, et le prix qu'on leur accordait avait été fixé au double du prix ordinaire, attendu, dit ce rapport, qu'ils devaient sonner toute la nuit.

A dix heures du matin, le sieur de la Coste, enseigne des gardes du roi, suivi de deux exempts et de plusieurs archers du corps, vint demander au greffier de la ville nommé Clément toutes les clefs des portes, des chambres et bureaux de l'hôtel. Ces clefs lui furent remises à l'instant même ; chacune d'elles portait un billet qui devait servir à la faire reconnaître, et, à partir de ce moment, le sieur de la Coste fut chargé de la garde de toutes les portes et de toutes les avenues.

A onze heures, vint à son tour Duhallier, capitaine des gardes, amenant avec lui cinquante archers, qui se répartirent aussitôt, dans l'Hôtel de Ville, aux portes qui leur avaient été assignées.

A trois heures arrivèrent deux compagnies des gardes, l'une française, l'autre suisse. La compagnie des gardes françaises était composée moitié des hommes de M. Duhallier, moitié des hommes de M. des Essarts.

A six heures du soir, les invités commencèrent à entrer. A mesure qu'ils entraient, ils étaient placés dans la grande salle, sur les échafauds préparés.

A neuf heures arriva madame la première présidente. Comme c'était, après la reine, la personne la plus considérable de la fête, elle fut reçue par messieurs de la ville, et placée dans la loge en face de celle que devait occuper la reine.

A dix heures, on dressa la collation des confitures pour le roi dans la petite salle du côté de l'église Saint-Jean, et cela en face du buffet d'argent de la ville, qui était gardé par quatre archers.

A minuit, on entendit de grands cris et de nombreuses acclamations : c'était le roi qui s'avançait à travers les rues qui conduisent du Louvre à l'Hôtel de Ville, et qui étaient toutes illuminées avec des lanternes de couleur.

Aussitôt MM. les échevins, vêtus de leurs robes de drap, et précédés de dix sergents tenant chacun un flambeau à la main, allèrent au-devant du roi, qu'ils rencontrèrent sur les degrés, où le prévôt des marchands lui fit compliment sur sa bienvenue, compliment auquel Sa Majesté répondit en s'excusant d'être venue si tard, mais en rejetant la faute sur M. le cardinal, lequel l'avait retenu jusqu'à onze heures pour parler des affaires de l'État.

Sa Majesté, en habit de cérémonie, était accompagnée de S. A. R. Monsieur, du comte de Soissons, du grand prieur du duc de Longueville, du duc d'Elbeuf, du comte d'Harcourt, du comte de la Roche-Guyon, de M. de Liancourt, de M. de Baradas, du comte de Cramail et du chevalier de Souveray.

Chacun remarqua que le roi avait l'air triste et préoccupé.

Un cabinet avait été préparé pour le roi et un autre pour Monsieur. Dans chacun de ces cabinets étaient déposés des habits de masque. Autant avait été fait pour la reine et pour madame la présidente. Les seigneurs et les dames de la suite de Leurs Majestés devaient s'habiller deux par deux dans des chambres préparées à cet effet.

Avant d'entrer dans le cabinet, le roi recommanda qu'on le vint prévenir aussitôt que paraîtrait le cardinal.

Une demi-heure après l'entrée du roi, de nouvelles acclamations retentirent ; celles-là annonçaient l'arrivée de la reine ; les échevins firent ainsi qu'ils avaient fait déjà, et, précédés des sergents, ils s'avancèrent au-devant de leur illustre convive.

La reine entra dans la salle ; on remarqua que, comme le roi, elle avait l'air triste et surtout fatigué.

Au moment où elle entrait, le rideau d'une petite tribune qui, jusque-là, était restée fermée, s'ouvrit, et l'on vit apparaître la tête pâle du cardinal, vêtu en cavalier espagnol. Ses yeux se fixèrent sur ceux de la reine, et un sourire de joie terrible passa sur ses lèvres : la reine n'avait pas ses ferrets de diamants.

La reine resta quelque temps à recevoir les compliments de messieurs de la ville et à répondre aux saluts des dames.

Tout à coup le roi apparut avec le cardinal à l'une des portes de la salle. Le cardinal lui parlait tout bas, et le roi était très-pâle.

Le roi fendit la foule et, sans masque, les rubans de son pourpoint à peine noués, il s'approcha de la reine, et d'une voix altérée :

— Madame, lui dit-il, pourquoi donc, s'il vous plaît, n'avez-vous point vos ferrets de diamants, quand vous savez qu'il m'eût été agréable de les voir ?

La reine étendit son regard autour d'elle, et vit derrière le roi le cardinal, qui souriait d'un sourire diabolique.

— Sire, répondit la reine d'une voix altérée, parce qu'au milieu de cette grande foule j'ai craint qu'il ne leur arrivât malheur.

— Et vous avez eu tort, madame ! si je vous ai fait ce cadeau, c'est pour que vous vous en pariez. Je vous dis que vous avez eu tort.

Et la voix du roi était tremblante de colère. Chacun regardait et écoutait avec étonnement, ne comprenant rien à ce qui se passait.

— Sire, dit la reine, je puis les envoyer chercher au Louvre, où ils sont, et ainsi les désirs de Votre Majesté seront accomplis.

— Faites, madame, faites, et cela au plus tôt ; car dans une heure le ballet va commencer.

La reine salua en signe de soumission et suivit les dames qui devaient la conduire à son cabinet.

De son côté le roi regagna le sien.

Il y eut dans la salle un moment de trouble et de confusion.

Tout le monde avait pu remarquer qu'il s'était passé quelque chose entre le roi et la reine ; mais tous deux avaient parlé si bas, que chacun par respect s'étant éloigné de quelques pas, personne n'avait rien entendu. Les violons sonnaient de toutes leurs forces, mais on ne les écoutait pas.

Le roi sortit le premier de son cabinet ; il était en costume de chasse des plus élégants, et Monsieur et les autres seigneurs étaient habillés comme lui. C'était le costume que le roi portait le mieux, et, vêtu ainsi, il semblait véritablement le premier gentilhomme de son royaume.

Le cardinal s'approcha du roi et lui remit une boîte. Le roi l'ouvrit et y trouva deux ferrets de diamants.

— Que veut dire cela ? demanda-t-il au cardinal.

— Rien, répondit celui-ci ; seulement, si la reine a les ferrets, ce dont je doute, comptez-les, sire, et si vous n'en trouvez que dix, demandez à Sa Majesté qui peut lui avoir dérobé les deux ferrets que voici.

Le roi regarda le cardinal comme pour l'interroger; mais il n'eut le temps de lui adresser aucune question : un cri d'admiration sortit de toutes les bouches. Si le roi semblait le premier gentilhomme de son royaume, la reine était à coup sûr la plus belle femme de France.

Il est vrai que sa toilette de chasseresse lui allait à merveille; elle avait un chapeau de feutre avec des plumes bleues, un surtout de velours gris-perle et une jupe de satin bleu toute brodée d'argent. A ce surtout étincelaient les ferrets de diamants.

Le roi tressaillit de joie et le cardinal de colère; cependant, distants comme ils l'étaient de la reine, ils ne pou-

Anne d'Autriche.

vaient compter les ferrets; la reine les avait; seulement en avait-elle dix ou en avait-elle douze ?

En ce moment les violons sonnèrent le signal du ballet. Le roi s'avança vers madame la présidente, avec laquelle il devait danser, et Son Altesse Monsieur vers la reine. On se mit en place, et le ballet commença.

Le roi figurait en face de la reine, et, chaque fois qu'il passait près d'elle, il dévorait du regard ces ferrets, dont il ne pouvait savoir le compte. Une sueur froide couvrait le front du cardinal.

Le ballet dura une heure; il avait seize entrées.

Le ballet fini au milieu des applaudissements de toute la salle, chacun reconduisit sa dame à sa place; mais le roi profita du privilége qu'il avait de laisser la sienne où il se trouvait pour s'avancer vivement vers la reine.

— Je vous remercie, madame, lui dit-il, de la déférence que vous avez montrée pour mes désirs, mais je crois qu'il vous manque deux ferrets, et je vous les rapporte.

A ces mots, il tendit à la reine les deux ferrets que lui avait remis le cardinal.

— Comment! sire, s'écria la reine jouant la surprise, vous m'en donnez encore deux autres; mais alors cela m'en fera donc quatorze.

En effet, le roi compta, et les douze ferrets se trouvèrent sur Sa Majesté.

Le roi appela le cardinal.

— Eh bien! que signifie cela, monsieur le cardinal? demanda le roi d'un ton sévere.

— Cela signifie, sire, répondit le cardinal, que je désirais faire accepter ces deux ferrets à la reine, et que, n'osant les lui offrir moi-même, j'ai adopté ce moyen.

— Et j'en suis d'autant plus reconnaissante à Votre Eminence, répondit Anne d'Autriche avec un sourire qui prouvait qu'elle n'était point dupe de cette ingénieuse galanterie, que je suis certaine que ces deux ferrets vous coûtent aussi cher à eux seuls que les douze autres ont coûté à Sa Majesté.

Puis, ayant salué le roi et le cardinal, la reine reprit le chemin de la chambre où elle s'était habillée et où elle devait se dévêtir.

L'attention que nous avons été obligés de donner pendant le commencement de ce chapitre aux personnages illustres que nous y avons introduits nous a écartés un instant de celui à qui Anne d'Autriche devait le triomphe inouï qu'elle venait de remporter sur le cardinal, et qui, confondu, ignoré, perdu dans la foule entassée à l'une des portes, regardait de là cette scène compréhensible seulement pour quatre personnes, le roi, la reine, Son Eminence et lui.

La reine venait de regagner sa chambre, et d'Artagnan s'apprêtait à se retirer, lorsqu'il sentit qu'on lui touchait légèrement l'épaule; il se retourna et vit une jeune femme qui lui faisait signe de la suivre. Cette jeune femme avait le visage couvert d'un loup de velours noir; mais, malgré cette précaution, qui, au reste, était bien plutôt prise pour les autres que pour lui, il reconnut à l'instant même son guide ordinaire, la légère et spirituelle madame Bonacieux.

La veille ils s'étaient vus à peine chez le suisse Germain, où d'Artagnan l'avait fait demander. La hâte qu'avait la jeune femme de porter à la reine cette excellente nouvelle de l'heureux retour de son messager fit que les deux amants échangèrent à peine quelques paroles. D'Artagnan suivit donc madame Bonacieux, mû par un double sentiment, l'amour et la curiosité. Pendant toute la route, et à mesure que les corridors devenaient plus déserts, d'Artagnan voulait arrêter la jeune femme, la saisir, la contempler, ne fût-ce qu'un instant; mais, vive comme un oiseau, elle glissait toujours entre ses mains, et, lorsqu'il essayait de parler, son doigt ramené sur sa bouche avec un petit geste impératif plein de charme lui rappelait qu'il était sous l'empire d'une puissance à laquelle il devait aveuglément obéir et qui lui interdisait jusqu'à la plus légère plainte; enfin, après une minute ou deux de tours et de détours, madame Bonacieux ouvrit une porte et introduisit le jeune homme dans un cabinet tout à fait obscur. Là elle lui fit un nouveau signe de mutisme, et, ouvrant une seconde porte cachée par une tapisserie dont les ouvertures répandirent tout à coup une vive clarté, elle disparut.

D'Artagnan demeura un instant immobile et se demandant où il était; mais bientôt un rayon de lumière qui pénétrait par cette chambre, l'air chaud et parfumé qui arrivait jusqu'à lui, la conversation de deux ou trois femmes, au langage à la fois respectueux et élégant, le mot de Majesté plusieurs fois répété, lui indiquèrent clairement qu'il était dans un cabinet attenant à la chambre de la reine.

Le jeune homme se tint dans l'ombre et attendit.

La reine paraissait gaie et heureuse, ce qui semblait fort étonner les personnes qui l'entouraient, et qui avaient, au contraire, l'habitude de la voir presque toujours soucieuse. La reine rejetait ce sentiment joyeux sur la beauté de la fête, sur le plaisir que lui avait fait éprouver le ballet, et, comme il n'est pas permis de contredire une reine, qu'elle sourie ou qu'elle pleure, chacun renchérissait sur la galanterie de MM. les échevins de la ville de Paris.

Quoique d'Artagnan ne connût point la reine, il distingua bientôt sa voix des autres voix, d'abord à un léger accent étranger, puis à ce sentiment de domination naturellement empreint dans toutes les paroles souveraines. Il l'entendait s'approcher et s'éloigner de cette porte ouverte, et deux ou trois fois il vit même l'ombre d'un corps intercepter la lumière. Enfin, tout à coup une main et un bras adorables de forme et de blancheur passèrent à travers la tapisserie : d'Artagnan comprit que c'était sa récompense; il se jeta à genoux, saisit cette main, y appuya respectueusement ses lèvres; puis cette main se retira, laissant dans les siennes un objet qu'il reconnut pour être une bague; aussitôt la porte se referma, et d'Artagnan se retrouva dans la plus complète obscurité.

D'Artagnan mit la bague à son doigt et attendit de nouveau; il était évident que tout n'était pas fini encore. Après la récompense de son dévouement venait la récompense de son amour. D'ailleurs, le ballet était dansé; mais la soirée était commencée à peine; on soupait à trois heures, et l'horloge Saint-Jean depuis quelque temps déjà avait sonné deux heures trois quarts.

En effet, peu à peu le bruit des voix diminua dans la chambre voisine, puis on l'entendit s'éloigner; puis la porte du cabinet où était d'Artagnan se rouvrit, et madame Bonacieux s'y élança.

— Vous, enfin! s'écria d'Artagnan.

— Silence! dit la jeune femme en appuyant sa main sur les lèvres du jeune homme; silence, et allez-vous-en par où vous êtes venu.

— Mais où et quand vous reverrai-je? s'écria d'Artagnan.

— Un billet que vous trouverez en rentrant vous le dira. Partez! partez!

Et, à ces mots, elle ouvrit la porte du corridor, et poussa d'Artagnan hors du cabinet.

D'Artagnan obéit comme un enfant, sans résistance et sans objection aucune, ce qui prouve qu'il était bien réellement amoureux.

CHAPITRE XXIII.

LE RENDEZ-VOUS.

D Artagnan revint chez lui tout courant, et, quoiqu'il fût plus de trois heures du matin et qu'il eût les plus méchants quartiers de Paris à traverser, il ne fit aucune mauvaise rencontre. On sait qu'il y a un dieu pour les ivrognes et les amoureux.

Il trouva la porte de son allée entr'ouverte, monta son escalier, et frappa doucement et d'une façon convenue entre lui et son laquais. Planchet, qu'il avait renvoyé deux heures auparavant de l'Hôtel de Ville en lui recommandant de l'attendre, vint lui ouvrir la porte.

— Quelqu'un a-t-il apporté une lettre pour moi? demanda vivement d'Artagnan.

— Personne n'a apporté de lettre, monsieur, répondit Planchet, mais il y en a une qui est venue toute seule.

— Que veux-tu dire, imbécile?

— Je veux dire qu'en rentrant, quoique j'eusse la clef de votre appartement dans ma poche et que cette clef ne m'eût point quitté, j'ai trouvé une lettre sur le tapis vert de la table, dans votre chambre à coucher.

— Et où est cette lettre?

— Je l'ai laissée où elle était, monsieur. Il n'est pas naturel que les lettres entrent ainsi chez les gens. Si la fenêtre était ouverte encore ou seulement entre-bâillée, je ne dis pas; mais non, tout était hermétiquement fermé. Monsieur, prenez garde, car il y a très-certainement quelque magie là-dessous.

Pendant ce temps, le jeune homme s'élançait dans la chambre et ouvrait la lettre : elle était de madame Bonacieux, et conçue en ces termes :

On a de vifs remerciments à vous faire et à vous transmettre. Trouvez-vous ce soir vers dix heures à Saint-Cloud, en face du pavillon qui s'élève à l'angle de la maison de M. d'Estrées.

« C. B. »

En lisant cette lettre, d'Artagnan sentait son cœur se dilater et s'étreindre de ce doux spasme qui torture et caresse le cœur des amants.

C'était le premier billet qu'il recevait, c'était le premier rendez-vous qui lui était accordé. Son cœur, gonflé par l'ivresse de la joie, se sentait prêt à défaillir sur le seuil de ce paradis terrestre qu'on appelle l'amour.

— Eh bien! monsieur, dit Planchet, qui avait vu son maître rougir et pâlir successivement; eh bien! n'est-ce pas que j'avais deviné juste, et que c'est quelque méchante affaire?

— Tu te trompes, Planchet, répondit d'Artagnan, et la preuve, c'est que voici un écu pour que tu boives à ma santé.

— Je remercie monsieur de l'écu qu'il me donne, et je lui promets de suivre exactement ses instructions; mais il n'en est pas moins vrai que les lettres qui entrent ainsi dans les maisons fermées...

— Tombent du ciel, mon ami, tombent du ciel.

— Alors monsieur est content? demanda Planchet.

— Mon cher Planchet, je suis le plus heureux des hommes!

— Et je puis profiter du bonheur de monsieur pour aller me coucher?

— Oui, va.

— Que toutes les bénédictions du ciel descendent sur monsieur, mais il n'en est pas moins vrai que cette lettre...

Et Planchet se retira en secouant la tête avec un air de doute qui n'était point parvenue à effacer entièrement la libéralité de d'Artagnan.

Resté seul, d'Artagnan lut et relut son billet; puis il baisa et rebaisa vingt fois ces lignes tracées par la main de

sa belle maîtresse. Enfin il se coucha, s'endormit et fit des rêves d'or.

A sept heures du matin, il se leva et appela Planchet, qui, au second appel, ouvrit la porte, le visage encore mal nettoyé de son inquiétude de la veille.

— Planchet, dit d'Artagnan, je sors pour toute la journée peut-être; tu es donc libre jusqu'à sept heures du soir, mais à sept heures du soir tiens-toi prêt avec deux chevaux.

— Allons, dit Planchet, il paraît que nous allons encore nous faire traverser la peau en plusieurs endroits.

— Tu prendras ton mousqueton et tes pistolets.

— Eh bien! que disais-je? s'écria Planchet. Là, j'en étais sûr; maudite lettre!

— Mais rassure-toi donc, imbécile : il s'agit tout simplement d'une partie de plaisir.

— Oui, comme les voyages d'agrément de l'autre jour, où il pleuvait des balles et où il poussait des chausse-trappes.

— Au reste, si vous avez peur, monsieur Planchet, reprit d'Artagnan, j'irai sans vous; j'aime mieux voyager seul que d'avoir un compagnon qui tremble.

— Monsieur me fait injure, dit Planchet; il me semblait cependant qu'il m'avait vu à l'œuvre.

— Oui, mais j'ai cru que tu avais usé tout ton courage d'une seule fois.

— Monsieur verra que, dans l'occasion, il m'en reste encore; seulement je prie monsieur de ne pas trop le prodiguer, s'il veut qu'il m'en reste longtemps.

— Crois-tu en avoir encore une certaine somme à dépenser ce soir?

— Je l'espère.

— Eh bien! je compte sur toi.

— A l'heure dite, je serai prêt; seulement je croyais que monsieur n'avait qu'un cheval à l'écurie des gardes.

— Peut-être n'y en a-t-il qu'un encore dans ce moment-ci; mais ce soir il y en aura quatre.

— Il paraît que notre voyage était un voyage de remonte?

— Justement, dit d'Artagnan; et, ayant fait à Planchet un dernier geste de recommandation, il sortit.

M. Bonacieux était sur sa porte. L'intention de d'Artagnan était de passer outre, sans parler au digne mercier; mais celui-ci lui fit un salut si doux et si bénin, que force fut à son locataire, non-seulement de le lui rendre, mais encore de lier conversation avec lui.

Comment d'ailleurs ne pas avoir un peu de condescendance pour un mari dont la femme vous a donné un rendez-vous le soir même à Saint-Cloud, en face du pavillon de M. d'Estrées! D'Artagnan s'approcha de l'air le plus aimable qu'il put prendre.

La conversation tomba tout naturellement sur l'incarcération du pauvre homme. M. Bonacieux, qui ignorait que d'Artagnan eût entendu sa conversation avec l'inconnu de Meung, raconta à son jeune locataire les persécutions de ce monstre de M. de Laffmas, qu'il ne cessa de qualifier pendant tout son récit du titre de bourreau du cardinal, s'étendit longuement sur la Bastille, les verrous, les guichets, les soupiraux, les grilles et les instruments de torture.

D'Artagnan l'écouta avec une complaisance exemplaire; puis, lorsqu'il eut fini :

— Et madame Bonacieux, dit-il enfin, savez-vous qui l'avait enlevée; car je n'oublie pas que c'est à cette circonstance fâcheuse que je dois le bonheur d'avoir fait votre connaissance.

— Ah! dit M. Bonacieux, ils se sont bien gardés de me le dire, et ma femme de son côté m'a juré ses grands dieux qu'elle ne le savait pas. Mais vous-même, continua M. Bonacieux d'un ton de bonhomie parfaite, qu'êtes-vous devenu tous ces jours passés? Je ne vous ai vu, ni vous, ni vos amis, et ce n'est pas sur le pavé de Paris, je pense, que vous avez ramassé toute la poussière que Planchet époussetait hier sur vos bottes.

— Vous avez raison, mon cher monsieur Bonacieux, mes amis et moi nous avons fait un petit voyage.

— Loin d'ici?

— Oh ! mon Dieu, non, à une quarantaine de lieues seulement : nous avons été conduire M. Athos aux eaux de Forges, où mes amis sont restés.

— Et vous êtes revenu, vous, n'est-ce pas ? reprit M. Bonacieux en donnant à sa physionomie son air le plus malin. Un beau garçon comme vous n'obtient pas de longs congés de sa maîtresse, et nous étions impatiemment attendu à Paris, n'est-ce pas ?

— Ma foi, dit en riant le jeune homme, je vous l'avoue, d'autant mieux, mon cher monsieur Bonacieux, que je vois

qu'on ne peut rien vous cacher. Oui, j'étais attendu, et bien impatiemment, je vous en réponds.

Un léger nuage passa sur le front de Bonacieux, mais si léger, que d'Artagnan ne s'en aperçut pas.

— Et nous allons être récompensé de notre diligence ? continua le mercier avec une légère altération dans la voix, altération que d'Artagnan ne remarqua pas plus qu'il n'avait fait du nuage momentané qui, un instant auparavant, avait assombri la figure du digne homme.

— Ah ! faites donc le bon apôtre, dit en riant d'Artagnan.

Depuis mes malheurs, je suis sujet à des faiblesses qui me prennent tout à coup.

— Non, ce que je vous en dis, reprit Bonacieux, c'est seulement pour savoir si vous rentrerez tard.

— Pourquoi cette question, mon cher hôte ? demanda d'Artagnan ; est-ce que vous comptez m'attendre ?

— Non, c'est que depuis mon arrestation et le vol qui a été commis chez moi, je m'effraye chaque fois que j'entends ouvrir une porte, et surtout la nuit. Dame ! que voulez-vous, je ne suis point homme d'épée, moi !

— Eh bien ! ne vous effrayez pas si je rentre à une heure, à deux heures ou à trois heures ; si je ne rentre pas du tout, ne vous effrayez pas encore.

Cette fois, Bonacieux devint si pâle, que d'Artagnan ne put faire autrement que de s'en apercevoir, et lui demanda ce qu'il avait.

— Rien, répondit Bonacieux, rien. Depuis mes malheurs, seulement, je suis sujet à des faiblesses qui me prennent tout à coup, et je viens de me sentir passer un frisson. Ne faites pas attention à cela, vous qui n'avez à vous occuper que d'être heureux.

— Alors j'ai de l'occupation, car je le suis.

— Pas encore ; attendez donc, vous avez dit à ce soir.

— Eh bien ! ce soir arrivera, Dieu merci ! et peut-être

l'attendez-vous avec autant d'impatience que moi Peut-être ce soir madame Bonacieux visitera-t-elle le domicile conjugal.

— Madame Bonacieux n'est pas libre ce soir, répondit gravement le mari; elle est retenue au Louvre pour son service.

— Tant pis pour vous, mon cher hôte, tant pis; quand je suis heureux, moi, je voudrais que tout le monde le fût: mais il parait que ce n'est pas possible.

Et le jeune homme s'éloigna en riant aux éclats de la plaisanterie que lui seul, pensait-il, pouvait comprendre.

— Amusez-vous bien ! répondit Bonacieux d'un accent sépulcral.

Mais d'Artagnan était déjà trop loin pour l'entendre, et, l'eût-il entendu, dans la disposition d'esprit où il était, il ne l'eût certes pas remarqué.

Il se dirigea vers l'hôtel de M. de Tréville: sa visite de

— Qu'ai-je à craindre tant que j'aurai le bonheur de jouir de la faveur de Leurs Majestés?

la veille avait été, on se le rappelle, très-courte et très-peu explicative.

Il trouva M. de Tréville dans la joie de son âme. Le roi et la reine avaient été charmants pour lui au bal. Il est vrai que le cardinal avait été parfaitement maussade. A une heure du matin, il s'était retiré sous prétexte qu'il était indisposé. Quant à Leurs Majestés, elles n'étaient rentrées au Louvre qu'à six heures du matin.

— Maintenant, dit M. de Tréville en baissant la voix et en interrogeant du regard tous les angles de l'appartement pour voir s'ils étaient bien seuls; maintenant, parlons de

vous, mon jeune ami : car il est évident que votre heureux retour est pour quelque chose dans la joie du roi, dans le triomphe de la reine et dans l'humiliation de Son Eminence. Il s'agit de bien vous tenir.

— Qu'ai-je à craindre, répondit d'Artagnan, tant que j'aurai le bonheur de jouir de la faveur de Leurs Majestés?

— Tout, croyez-moi. Le cardinal n'est point homme à oublier une mystification tant qu'il n'aura pas réglé ses comptes avec le mystificateur, et le mystificateur m'a bien l'air d'être certain Gascon de ma connaissance.

12

— Croyez-vous que le cardinal soit aussi avancé que vous et sache que c'est moi qui ai été à Londres?

— Diable! vous avez été à Londres. Est-ce de Londres que vous avez rapporté ce beau diamant qui brille à votre doigt? Prenez garde, mon cher d'Artagnan, ce n'est pas une bonne chose que le présent d'un ennemi. N'y a-t-il pas là-dessus certain vers latin... Attendez donc.

— Oui, sans doute, répondit d'Artagnan, qui n'avait jamais pu se fourrer la première règle du Rudiment dans la tête et qui, par son ignorance, avait fait le désespoir de son précepteur, oui, sans doute, il doit y en avoir un.

— Il y en a un certainement, dit M. de Tréville, qui avait une teinte de lettres, et M. de Benserade me le citait l'autre jour... Attendez donc... Ah! m'y voici :

...Timeo Danaos et dona ferentes.

Ce qui veut dire : « Défiez-vous de l'ennemi qui vous fait des présents. »

— Ce diamant ne vient pas d'un ennemi, monsieur, reprit d'Artagnan : il vient de la reine.

— De la reine! oh! oh! dit M. de Tréville. Effectivement, c'est un véritable bijou royal, qui vaut mille pistoles comme un denier. Par qui la reine vous a-t-elle fait remettre ce cadeau?

— Elle me l'a remis elle-même.

— Où cela?

— Dans le cabinet attenant à la chambre où elle a changé de toilette.

— Comment?

— En me donnant sa main à baiser.

— Vous avez baisé la main de la reine! s'écria M. de Tréville en regardant d'Artagnan.

— Sa Majesté m'a fait l'honneur de m'accorder cette grâce.

— Et cela en présence de témoins? Imprudente, trois fois imprudente!

— Non, monsieur, rassurez-vous, personne ne l'a vue, reprit d'Artagnan. Et il raconta à M. de Tréville comment les choses s'étaient passées.

— Oh! les femmes! les femmes! s'écria le vieux soldat, je les reconnais bien à leur imagination romanesque; tout ce qui sent le mystérieux les charme. Ainsi vous avez vu le bras, voilà tout; vous rencontreriez la reine, que vous ne la reconnaîtriez pas; elle vous rencontrerait, qu'elle ne saurait pas qui vous êtes?

— Non, mais grâce à ce diamant... reprit le jeune homme.

— Écoutez, dit M. de Tréville, voulez-vous que je vous donne un conseil, un bon conseil, un conseil d'ami?

— Vous me ferez honneur, monsieur, dit d'Artagnan.

— Eh bien! allez chez le premier orfèvre venu et vendez-lui ce diamant pour ce qu'il vous en donnera; si juif qu'il soit, vous en trouverez toujours bien huit cents pistoles. Les pistoles n'ont pas de nom, jeune homme, et cette bague en a un terrible, et qui peut trahir celui qui la porte.

— Vendre cette bague! une bague qui me vient de ma souveraine! jamais! dit d'Artagnan.

— Alors tournez-en le chaton en dedans, pauvre fou, car on sait qu'un cadet de Gascogne ne trouve pas de pareils bijoux dans l'écrin de sa mère.

— Vous croyez donc que j'ai quelque chose à craindre? demanda d'Artagnan.

— C'est-à-dire, jeune homme, que celui qui s'endort sur une mine dont la mèche est allumée doit se regarder comme en sûreté en comparaison de vous.

— Diable! dit d'Artagnan, que le ton d'assurance de M. de Tréville commençait à inquiéter; diable! et que faut-il faire?

— Vous tenir sur vos gardes toujours et avant toutes choses. Le cardinal a la mémoire tenace et la main longue; croyez-moi, il vous jouera quelque tour.

— Mais lequel?

— Et le sais-je, moi! est-ce qu'il n'a pas à son service toutes les ruses du démon? Le moins qui puisse vous arriver, c'est qu'on vous arrête.

— Comment! on oserait arrêter un homme au service de Sa Majesté?

— Pardieu! on s'est bien gêné pour Athos, en tous cas, jeune homme, croyez-en un homme qui est depuis trente ans à la cour; ne vous endormez pas dans votre sécurité, ou vous êtes perdu. Bien au contraire, et c'est moi qui vous le dis, voyez des ennemis partout. Si l'on vous cherche querelle, évitez-la, fût-ce un enfant de dix ans qui vous la cherche; si l'on vous attaque de nuit ou de jour, battez en retraite et sans honte; si vous traversez un pont, tâtez les planches, de peur qu'une planche ne vous manque sous le pied; si vous passez devant une maison qu'on bâtit, regardez en l'air, de peur qu'une pierre ne vous tombe sur la tête; si vous rentrez tard, faites-vous suivre par votre laquais, et que votre laquais soit armé, si toutefois vous êtes sûr de votre laquais. Défiez-vous de tout le monde : de votre ami, de votre frère, de votre maîtresse, de votre maîtresse surtout.

D'Artagnan rougit.

— De ma maîtresse, répéta-t-il machinalement; et pourquoi d'elle plutôt que d'une autre?

— C'est que la maîtresse est un des moyens favoris du cardinal; il n'en a pas de plus expéditif : une femme vous vend pour dix pistoles, témoin Dalila. — Vous savez les Écritures, hein?

D'Artagnan pensa au rendez-vous que lui avait donné madame Bonacieux pour le soir même; mais nous devons dire à la louange de notre héros que la mauvaise opinion que M. de Tréville avait des femmes en général ne lui inspira pas le moindre petit soupçon contre sa jolie hôtesse.

— Mais à propos, reprit M. de Tréville, que sont devenus vos trois compagnons?

— J'allais vous demander si vous n'en aviez pas appris quelques nouvelles.

— Aucune, monsieur.

— Eh bien! je les ai laissés sur ma route, Porthos à Chantilly, avec un duel sur les bras; Aramis à Crèvecœur, avec une balle dans l'épaule, et Athos à Amiens, avec une accusation de faux monnayeur sur le corps.

— Voyez-vous! dit M. de Tréville; et comment avez-vous échappé, vous?

— Par miracle, monsieur, je dois le dire, avec un coup d'épée dans la poitrine et en clouant M. le comte de Wardes sur le revers de la route de Calais, comme un papillon à une tapisserie.

— Voyez-vous encore! De Wardes, un homme au cardinal, un cousin de Rochefort; tenez, mon cher ami, il me vient une idée.

— Dites, monsieur.

— A votre place, je ferais une chose.

— Laquelle?

— Tandis que Son Éminence me ferait chercher à Paris, je reprendrais, moi, sans tambour ni trompette, la route de Picardie, et je m'en irais savoir des nouvelles de mes trois compagnons. Que diable! ils méritent bien cette petite attention de votre part.

— Le conseil est bon, monsieur, et demain je partirai.

— Demain? et pourquoi pas ce soir?

— Ce soir, monsieur, je suis retenu à Paris pour une affaire indispensable.

— Ah! jeune homme! jeune homme! quelque amourette. Prenez garde, je vous le répète : c'est la femme qui nous a perdus, tous tant que nous sommes, et qui nous perdra encore tous tant que nous serons. Croyez-moi, partez ce soir.

— Impossible, monsieur.

— Vous avez donc donné votre parole?

— Oui, monsieur.

— Alors c'est autre chose; mais promettez-moi que, si vous n'êtes pas tué cette nuit, vous partirez demain.

— Je vous le promets.

— Avez-vous besoin d'argent?

— J'ai encore cinquante pistoles. C'est autant qu'il m'en faut, je le pense.

— Mais vos compagnons?

— Je pense qu'ils ne doivent pas en manquer. Nous sommes sortis de Paris chacun avec soixante-quinze pistoles dans nos poches.

— Vous reverrai-je avant votre départ?

— Non pas que je pense, monsieur; à moins qu'il n'y ait du nouveau.

— Allons, bon voyage!

— Merci, monsieur.

Et d'Artagnan prit congé de M. de Tréville, touché plus que jamais de sa sollicitude toute paternelle pour ses mousquetaires.

Il passa successivement chez Athos, cnez Porthos et chez Aramis. Aucun d'eux n'était rentré. Leurs laquais aussi étaient absents, et l'on n'avait de nouvelles ni des uns ni des autres.

Il se serait bien informé d'eux à leurs maîtresses, mais il ne connaissait ni celle de Porthos, ni celle d'Aramis; quant à Athos, il n'en avait pas.

En passant devant l'hôtel des gardes, il jeta un coup d'œil dans l'écurie : trois chevaux étaient déjà rentrés sur quatre. Planchet, tout ébahi, était en train de les étriller et avait fini avec deux d'entre eux.

— Ah! monsieur, dit Planchet en apercevant d'Artagnan, que je suis aise de vous voir!

— Et pourquoi cela, Planchet? demanda le jeune homme.

— Auriez-vous confiance en M. Bonacieux, notre hôte?

— Moi? pas le moins du monde.

— Oh! que vous faites bien, monsieur!

— Mais, d'où vient cette question?

— De ce que, tandis que vous causiez avec lui, je vous observais sans vous écouter, monsieur; sa figure a changé deux ou trois fois de couleur.

— Bah!

— Monsieur n'a pas remarqué cela, préoccupé qu'il était de la lettre qu'il venait de recevoir, mais moi, au contraire, que l'étrange façon dont cette lettre était parvenue à la maison avait mis sur mes gardes, je n'ai pas perdu un mouvement de sa physionomie.

— Et tu l'as trouvée?

— Traîtreuse, monsieur.

— Vraiment?

— De plus, aussitôt que monsieur l'a eu quitté et qu'il a disparu au coin de la rue, M. Bonacieux a pris son chapeau, a fermé sa porte et s'est mis à courir par la rue opposée.

— En effet, tu as raison, Planchet, tout cela me paraît fort louche, et, sois tranquille, nous ne lui payerons pas notre loyer que la chose ne nous ait été catégoriquement expliquée.

— Monsieur plaisante, mais monsieur verra.

— Que veux-tu, Planchet? ce qui doit arriver est écrit.

— Monsieur ne renonce donc pas à sa promenade de ce soir?

— Bien au contraire, Planchet; plus j'en voudrai à M. Bonacieux, et plus j'irai au rendez-vous que m'a donné cette lettre qui m'inquiète tant.

— Alors, si c'est la résolution de monsieur...

— Inébranlable, mon ami; ainsi donc, à neuf heures tiens-toi prêt ici, à l'hôtel, je viendrai te prendre.

Planchet, voyant qu'il n'y avait plus aucun espoir de faire renoncer son maître à son projet, poussa un profond soupir et se mit à étriller le troisième cheval.

Quant à d'Artagnan, comme c'était au fond un garçon plein de prudence, au lieu de rentrer chez lui, il alla dîner chez ce prêtre gascon qui, au moment de la détresse des quatre amis, leur avait donné un déjeuner de chocolat.

—•◦•—

CHAPITRE XXIV.

LE PAVILLON.

A neuf heures, d'Artagnan était à l'hôtel des gardes; il trouva Planchet sous les armes. Le quatrième cheval était arrivé.

Planchet était armé de son mousqueton et d'un pistolet.

D'Artagnan avait son épée et passa deux pistolets à sa ceinture, puis tous deux enfourchèrent chacun un cheval et s'éloignèrent sans bruit. Il faisait nuit close, et personne ne les vit sortir. Planchet se mit à la suite de son maître et marcha par derrière à dix pas.

D'Artagnan traversa les quais, sortit par la porte de la Conférence et suivit alors le charmant chemin, bien plus beau alors qu'aujourd'hui, qui mène à Saint-Cloud.

Tant que l'on fut dans la ville, Planchet garda respectueusement la distance qu'il s'était imposée; mais, dès que le chemin commença à devenir plus désert et plus obscur, il se rapprocha tout doucement, si bien que, lorsqu'on entra dans le bois de Boulogne, il se trouva tout naturellement marcher côte à côte avec son maître. En effet, nous ne devons pas dissimuler que l'oscillation des grands arbres et le reflet de la lune dans les taillis sombres lui causaient une vive inquiétude. D'Artagnan s'aperçut qu'il se passait chez son laquais quelque chose d'extraordinaire.

— Eh bien! monsieur Planchet, lui demanda-t-il, qu'avons-nous donc?

— Ne trouvez-vous pas, monsieur, que les bois sont comme les églises?

— Pourquoi cela, Planchet?

— Parce qu'on n'ose parler haut dans les uns pas plus que dans les autres.

— Pourquoi n'oses-tu pas parler plus haut, Planchet? parce que tu as peur.

— Peur d'être entendu, oui, monsieur.

— Peur d'être entendu? Notre conversation est cependant morale, mon cher Planchet, et nul n'y trouverait à redire.

— Ah! monsieur, reprit Planchet en revenant à son idée mère, que ce M. Bonacieux a quelque chose de sournois dans ses sourcils et de déplaisant dans le jeu de ses lèvres!

— Qui diable te fait penser à M. Bonacieux?

— Monsieur, l'on pense à ce que l'on peut et non pas à ce que l'on veut.

— Parce que tu es un poltron, Planchet.

— Monsieur, ne confondons pas la prudence avec la poltronnerie; la prudence est une vertu.

— Et tu es vertueux, n'est-ce pas, Planchet?

— Monsieur, n'est-ce point le canon d'un mousquet qui brille là-bas? Si nous baissions la tête.

— En vérité, murmura d'Artagnan, à qui les recommandations de M. de Tréville revenaient en mémoire; en vérité, cet animal finirait par me faire peur. Et il mit son cheval au trot.

Planchet suivit le mouvement de son maître, exactement comme s'il eût été son ombre, et se trouva trottant près de lui.

— Est-ce que nous allons marcher comme cela toute la nuit, monsieur? demanda-t-il.

— Non, Planchet, car tu es arrivé, toi.

— Comment! je suis arrivé et monsieur?

— Moi, je vais encore à quelques pas.

— Et monsieur me laisse seul ici?

— Tu as peur, Planchet?

— Non, mais je fais seulement observer à monsieur que la nuit sera très-froide, que les fraîcheurs donnent des rhumatismes, et qu'un laquais qui a des rhumatismes est un triste serviteur, surtout pour un maître alerte comme monsieur.

— Eh bien! si tu as froid, Planchet, tu entreras dans un de ces cabarets que tu vois là-bas; et tu m'attendras demain matin à six heures devant la porte.

— Monsieur, j'ai bu et mangé respectueusement l'écu que vous m'avez donné ce matin, de sorte qu'il ne me reste pas un traître sou dans le cas où j'aurais froid.

— Voici une demi-pistole. A demain.

D'Artagnan descendit de son cheval, en jeta la bride au bras de Planchet et s'éloigna rapidement en s'enveloppant de son manteau.

— Dieu! que j'ai froid! s'écria Planchet dès qu'il eut perdu son maître de vue. Et, pressé qu'il était de se réchauffer, il se hâta d'aller frapper à la porte d'une maison parée de tous les attributs d'un cabaret de banlieue.

Cependant d'Artagnan, qui s'était jeté dans un petit chemin de traverse, continuait sa route et atteignait Saint-Cloud; mais, au lieu de suivre la grande rue, il tourna derrière le château, gagna une espèce de ruelle fort écartée, et se trouva bientôt en face du pavillon indiqué. Il était situé dans un lieu tout à fait désert. Un grand mur, à l'angle du-

A. BEAUCE.   POUGET.

D'Artagnan descendit de son cheval, en jeta la bride au bras de Planchet, et s'éloigna rapidement.

quel était ce pavillon, régnait d'un côté de cette ruelle, et de l'autre une haie défendait contre les passants un petit jardin, au fond duquel s'élevait une maigre cabane.

Il était arrivé au rendez-vous, et, comme on ne lui avait pas dit d'annoncer sa présence par aucun signal, il attendit.

Nul bruit ne se faisait entendre, on eût dit qu'on était à cent lieues de la capitale. D'Artagnan s'adossa à la haie après avoir jeté un coup d'œil derrière lui. Par delà cette haie, ce jardin et cette cabane, un brouillard sombre enveloppait de

ses plis cette immensité où dort Paris, vide béant, océan de vapeurs où brillaient quelques points lumineux, étoiles funèbres de cet enfer.

Mais pour d'Artagnan tous les aspects revêtaient une forme heureuse; toutes les idées avaient un sourire; toutes les ténèbres étaient diaphanes. L'heure du rendez-vous allait sonner.

En effet, au bout de quelques instants, le beffroi de Saint-Cloud laissa lentement tomber dix coups de sa large gueule mugissante.

Il y avait quelque chose de lugubre à cette voix de bronze qui se lamentait ainsi au milieu de la nuit. Mais chacune de ces heures qui composaient l'heure attendue, vibrait harmonieusement au cœur du jeune homme. Ses yeux étaient fixés sur le petit pavillon situé à l'angle du mur, et dont toutes les fenêtres étaient fermées par des volets, excepté une seule du premier étage.

A travers cette fenêtre brillait une lumière douce qui argentait le feuillage tremblant de deux ou trois tilleuls qui s'élevaient formant groupe en dehors du parc. Evidemment derrière cette petite fenêtre si gracieusement éclairée, la jolie madame Bonacieux l'attendait.

Bercé par cette douce idée, d'Artagnan attendit de son côté une demi-heure sans impatience aucune, les yeux fixés sur ce charmant petit séjour, dont il apercevait une partie du plafond aux moulures dorées, attestant l'élégance du reste de l'appartement.

Le beffroi de Saint-Cloud sonna dix heures et demie

— Oh! monsieur, si je vous disais ce que j'ai vu, il ne m'arriverait rien de bon. — Page 94.

Cette fois-ci, sans que d'Artagnan comprît pourquoi, un frisson courut dans ses veines. Peut-être aussi le froid commençait-il à le gagner, et prenait-il pour une impression morale une sensation tout à fait physique.

Puis l'idée lui revint qu'il avait mal lu et que le rendez-vous était pour onze heures seulement.

Il s'approcha de la fenêtre, se plaça dans un rayon de lumière, tira sa lettre de sa poche et la relut; il ne s'était point trompé: le rendez-vous était bien pour dix heures.

Il alla reprendre son poste, commençant à être assez inquiet de ce silence et de cette solitude.

Onze heures sonnèrent.

D'Artagnan commença à craindre véritablement qu'il ne fût arrivé quelque chose à madame Bonacieux.

Il frappa trois coups dans ses mains, signal ordinaire des amoureux, mais personne ne lui répondit, pas même l'écho.

Alors il pensa avec un certain dépit que peut-être la jeune femme s'était endormie en l'attendant.

Il s'approcha du mur et essaya d'y monter; mais le mur était nouvellement crépi, et d'Artagnan se retourna inutilement les ongles.

En ce moment il avisa les arbres, dont la lumière continuait d'argenter les feuilles, et, comme l'un d'eux faisait saillie sur le chemin, il pensa que du milieu de ses branches son regard pourrait pénétrer dans le pavillon.

L'arbre était facile à escalader. D'ailleurs, d'Artagnan avait vingt ans à peine, et, par conséquent, se souvenait de son métier de collégien. En un instant il fut au milieu des branches, et, par les vitres transparentes, ses yeux plongèrent dans l'intérieur du pavillon.

Chose étrange et qui fit frissonner d'Artagnan de la plante des pieds à la racine des cheveux, cette douce lumière, cette calme lampe, éclairait une scène de désordre épouvantable; une des vitres de la fenêtre était cassée, la porte de la chambre avait été enfoncée, et, à demi brisée, pendait à ses gonds; une table qui avait dû être couverte d'un élégant souper gisait à terre; les flacons en éclats, les fruits écrasés, jonchaient le parquet; tout témoignait dans cette chambre d'une lutte violente et désespérée; d'Artagnan crut même reconnaître, au milieu de ce pêle-mêle étrange, des lambeaux de vêtements et quelques taches sanglantes maculant la nappe et les rideaux.

Il se hâta de redescendre sur la route avec un horrible battement de cœur; il voulait voir s'il ne trouverait pas d'autres traces de violence.

La petite lueur suave brillait toujours dans le calme de la nuit. D'Artagnan s'aperçut alors, chose qu'il n'avait pas remarquée d'abord, car rien ne le poussait à cet examen, que le sol, battu ici, troué là, présentait des traces confuses de pas d'hommes et de pieds de chevaux. En outre, les roues d'une voiture, qui paraissait venir de Paris, avaient creusé dans la terre molle une profonde empreinte qui ne dépassait pas la hauteur du pavillon et qui retournait vers Paris.

Enfin d'Artagnan, en poursuivant ses recherches, trouva près du mur un gant de femme déchiré. Cependant ce gant, par tous les points où il n'avait pas touché la terre boueuse, était d'une fraîcheur irréprochable. C'était un de ces gants parfumés comme les amants aiment à les arracher d'une jolie main.

A mesure que d'Artagnan poursuivait ses investigations, une sueur plus abondante et plus glacée perlait sur son front; son cœur était serré par une horrible angoisse; sa respiration était haletante, et cependant il se disait, pour se rassurer, que ce pavillon n'avait peut-être rien de commun avec madame Bonacieux; que la jeune femme lui avait donné rendez-vous devant ce pavillon, et non dans ce pavillon; qu'elle avait pu être retenue à Paris par son service, par la jalousie d'un mari peut-être. Mais tous ces raisonnements étaient battus en brèche, détruits, renversés par ce sentiment intime qui, dans certaines occasions, s'empare de tout notre être et nous crie, par tout ce qui est destiné chez nous à entendre, qu'un grand malheur plane sur nous.

Alors d'Artagnan devint presque insensé; il courut sur la grande route, prit le même chemin qu'il avait déjà fait, s'avançant jusqu'au bac et interrogeant le passeur.

Vers les sept heures du soir, le passeur avait fait traverser la rivière à une femme enveloppée d'une mante noire, qui paraissait avoir le plus grand intérêt à ne pas être reconnue; mais, justement à cause des précautions qu'elle prenait, le passeur avait prêté une attention plus grande, et il avait reconnu que la femme était jeune et jolie.

Il y avait alors, comme aujourd'hui, une foule de jeunes et jolies femmes qui venaient à Saint-Cloud et qui avaient intérêt à ne pas être vues, et cependant d'Artagnan ne doutait point un instant que ce ne fût madame Bonacieux qu'avait remarquée le passeur.

D'Artagnan profita de la lampe qui brillait dans la cabane du passeur pour relire encore une fois le billet de madame Bonacieux et s'assurer qu'il ne s'était pas trompé, que le rendez-vous était bien à Saint-Cloud et non ailleurs, devant le pavillon de M. d'Estrées, et non dans une autre rue.

Tout concourait à prouver à d'Artagnan que ses pressentiments ne le trompaient point et qu'un grand malheur était arrivé.

Il reprit le chemin du château tout courant: il lui semblait qu'en son absence quelque chose de nouveau s'était

peut-être passé au pavillon et que des renseignements l'attendaient là.

La ruelle était toujours déserte, et la même lueur calme et douce s'épanchait de la fenêtre.

D'Artagnan songea alors à cette masure muette et aveugle, mais qui sans doute avait vu et qui peut-être pouvait parler.

La porte de clôture était fermée; mais il sauta par-dessus la haie, et, malgré les aboiements d'un chien à la chaîne, il s'approcha de la cabane.

Aux premiers coups qu'il frappa, rien ne répondit. Un silence de mort régnait dans la cabane comme dans le pavillon; cependant, comme cette cabane était sa dernière ressource, il s'obstina.

Bientôt il lui sembla entendre un léger bruit intérieur, bruit craintif et qui paraissait trembler lui-même d'être entendu.

Alors d'Artagnan cessa de frapper et pria, avec un accent si plein d'inquiétude et de promesses, d'effroi et de cajolerie, que sa voix était de nature à rassurer les plus peureux. Enfin, un vieux volet vermoulu s'ouvrit ou plutôt s'entrebâilla, et se referma dès que la lueur d'une misérable lampe qui brûlait dans un coin eut éclairé le baudrier, la poignée de l'épée et le pommeau des pistolets de d'Artagnan. Cependant, si rapide qu'eût été le mouvement, d'Artagnan avait eu le temps d'entrevoir une tête de vieillard.

— Au nom du ciel, dit-il, écoutez-moi; j'attendais quelqu'un qui ne vient pas; je meurs d'inquiétude. Serait-il arrivé quelque malheur aux environs? parlez.

La fenêtre se rouvrit lentement, et la même figure apparut de nouveau; seulement elle était plus pâle encore que la première fois.

D'Artagnan raconta naïvement son histoire, aux noms près; il dit comment il avait rendez-vous avec une jeune femme devant ce pavillon, et comment, ne la voyant pas venir, il était monté sur le tilleul, et, à la lueur de la lampe, il avait vu le désordre de la chambre.

Le vieillard l'écouta attentivement, tout en faisant signe que c'était bien cela; puis, lorsque d'Artagnan eut fini, il hocha la tête d'un air qui n'annonçait rien de bon.

— Que voulez-vous dire? s'écria d'Artagnan. Au nom du ciel, voyons, expliquez-vous.

— Oh! monsieur, dit le vieillard, ne m'interrogez pas, car, si je vous disais ce que j'ai vu, bien certainement il ne m'arriverait rien de bon.

— Vous avez donc vu quelque chose? reprit d'Artagnan. En ce cas, au nom du ciel, continua-t-il en lui jetant une pistole, dites, dites ce que vous avez vu, et, sur ma foi de gentilhomme que pas une de vos paroles ne sortira de mon cœur.

Le vieillard lut tant de franchise et de douleur sur le visage de d'Artagnan, qu'il lui fit signe d'écouter et qu'il lui dit à voix basse:

— Il était neuf heures à peu près, j'avais entendu quelque bruit dans la rue, et je désirais savoir ce que ce pouvait être, lorsqu'en m'approchant de ma porte je m'aperçus qu'on cherchait à entrer. Comme je suis pauvre et que je n'ai pas peur qu'on me vole, j'allai ouvrir et je vis trois hommes à quelques pas de là. Dans l'ombre était un carrosse avec des chevaux attelés et des chevaux de main. Ces chevaux de main appartenaient évidemment aux trois hommes qui étaient vêtus en cavaliers.

— Ah! mes bons messieurs, m'écriai-je, que demandez-vous?

— Tu dois avoir une échelle? me dit celui qui paraissait le chef de l'escorte.

— Oui, monsieur, celle avec laquelle je cueille mes fruits.

— Donne-nous-la et rentre chez toi; voilà un écu pour le dérangement que nous te causons. Souviens-toi seulement que, si tu dis un mot de ce que tu vas voir et de ce que tu vas entendre (car tu regarderas et tu écouteras, quelques menaces que nous te fassions, j'en suis sûr), tu es perdu.

A ces mots, il me jeta un écu, que je ramassai, et il prit mon échelle.

Effectivement, après avoir refermé la porte de la haie

derrière eux, je fis semblant de rentrer à la maison ; mais j'en sortis aussitôt par la porte de derrière, et, me glissant dans l'ombre, je parvins jusqu'à cette touffe de sureau, du milieu de laquelle je pouvais tout voir sans être vu.

Les trois hommes avaient fait avancer la voiture sans aucun bruit ; ils en tirèrent un petit homme, gros, court, grisonnant, mesquinement vêtu de couleur sombre, lequel monta avec précaution à l'échelle, regarda sournoisement dans l'intérieur de la chambre, redescendit à pas de loup et murmura à voix basse.

— C'est elle !

Aussitôt celui qui m'avait parlé s'approcha de la porte du pavillon, l'ouvrit avec une clef qu'il avait sur lui, referma la porte et disparut. En même temps les deux autres hommes montèrent à l'échelle. Le petit vieux demeurait à la portière ; le cocher maintenait les chevaux de la voiture, et un laquais les chevaux de selle.

Tout à coup de grands cris retentirent dans le pavillon, une femme accourut à la fenêtre et l'ouvrit comme pour se précipiter. Mais, aussitôt qu'elle aperçut les deux hommes, elle se jeta en arrière ; les deux hommes s'élancèrent après elle dans la chambre.

Alors je ne vis plus rien ; mais j'entendis le bruit de meubles que l'on brise. — La femme criait et appelait au secours. Mais bientôt ses cris furent étouffés ; les trois hommes se rapprochèrent de la fenêtre, emportant la femme dans leurs bras ; deux descendirent par l'échelle et la transportèrent dans la voiture, où le petit vieux entra après elle. Celui qui était resté dans le pavillon referma la croisée, sortit un instant après par la porte et s'assura que la femme était bien dans la voiture ; ses deux compagnons l'attendaient déjà à cheval, il sauta à son tour en selle ; le laquais reprit sa place près du cocher ; le carrosse s'éloigna au galop escorté par les trois cavaliers, et tout fut fini.

A partir de ce moment-là, je n'ai plus rien vu, rien entendu.

D'Artagnan, écrasé par une si terrible nouvelle, resta immobile et muet, tandis que tous les démons de la colère et de la jalousie hurlaient dans son cœur.

— Mais, mon gentilhomme, reprit le vieillard, sur lequel ce muet désespoir causait certes plus d'effet que n'en eussent produit des cris et des larmes ; allons, ne vous désolez pas ; ils ne vous l'ont pas tuée, voilà l'essentiel.

— Savez-vous à peu près, dit d'Artagnan, quel est l'homme qui conduisait cette infernale expédition ?

— Je ne le connais pas.

— Mais, puisqu'il vous a parlé, vous avez pu le voir.

— Ah ! c'est son signalement que vous me demandez ?

— Oui.

— Un grand sec, basané, moustaches noires, œil noir, l'air d'un gentilhomme.

— C'est cela ! s'écria d'Artagnan ; encore lui ! toujours lui ! C'est mon démon, à ce qu'il paraît ! Et l'autre ?

— Lequel ?

— Le petit.

— Oh ! celui-là n'est pas un seigneur, j'en réponds ;

d'ailleurs, il ne portait pas d'épée, et les autres le traitaient sans aucune considération.

— Quelque laquais, murmura d'Artagnan. Ah ! pauvre femme ! pauvre femme ! qu'en ont-ils fait ?

— Vous m'avez promis le secret, dit le vieillard.

— Et je vous renouvelle ma promesse, soyez tranquille, je suis gentilhomme. Un gentilhomme n'a que sa parole, et je vous ai donné la mienne.

D'Artagnan reprit, l'âme navrée, le chemin du bac. Tantôt il ne pouvait croire que ce fût madame Bonacieux, et il espérait, le lendemain, la retrouver au Louvre ; tantôt il craignait qu'elle n'eût une intrigue avec quelque autre et qu'un jaloux ne l'eût surprise et fait enlever. Il flottait, il se désolait, il se désespérait.

— Oh ! si j'avais là mes amis ! s'écriait-il, j'aurais au moins quelque espérance de la retrouver ; mais qui sait ce qu'ils sont devenus eux-mêmes ?

Il était minuit à peu près ; il s'agissait de retrouver Planchet. D'Artagnan se fit ouvrir successivement tous les cabarets dans lesquels il aperçut un peu de lumière ; dans aucun d'eux il ne retrouva Planchet.

Au sixième, il commença de réfléchir que la recherche était un peu hasardée. D'Artagnan n'avait donné rendez-vous à son laquais qu'à six heures du matin, et, quelque part qu'il fût, il était dans son droit.

D'ailleurs, il vint au jeune homme cette idée qu'en restant aux environs du lieu où l'événement s'était passé, il obtiendrait peut-être quelque éclaircissement sur cette mystérieuse affaire. Au sixième cabaret, comme nous l'avons dit, d'Artagnan s'arrêta donc, demanda une bouteille de vin de première qualité, s'accouda dans l'angle le plus obscur et se décida à attendre ainsi le jour ; mais cette fois encore son espérance fut trompée, et, quoiqu'il écoutât de toutes ses oreilles, il n'entendit, au milieu des jurons, des lazzis et des injures qu'échangeaient entre eux les ouvriers, les laquais et les rouliers qui composaient l'honorable société dont il faisait partie, rien qui pût le mettre sur la trace de la pauvre femme enlevée. Force lui fut donc, après avoir avalé sa bouteille par désœuvrement et pour ne pas éveiller les soupçons, de chercher dans son coin la posture la plus satisfaisante possible et de s'endormir tant bien que mal. D'Artagnan avait vingt ans, on se le rappelle, et à cet âge le sommeil a des droits imprescriptibles qu'il réclame impérieusement, même sur les cœurs les plus désespérés.

Vers six heures du matin, d'Artagnan se réveilla avec ce malaise qu'accompagne ordinairement le point du jour après une mauvaise nuit. Sa toilette n'était pas longue à faire ; il se tâta pour s'assurer qu'on n'avait point profité de son sommeil pour le voler, et, ayant retrouvé son diamant à son doigt, sa bourse dans sa poche et ses pistolets à sa ceinture, il se leva, paya sa bouteille, et sortit pour voir s'il n'aurait pas plus de bonheur dans la recherche de son laquais le matin que la nuit. En effet, la première chose qu'il aperçut à travers le brouillard humide et grisâtre, ce fut l'honnête Planchet qui, les deux chevaux en main, l'attendait à la porte d'un petit cabaret borgne devant lequel d'Artagnan avait passé sans même soupçonner son existence.

CHAPITRE XXV.

LA MAÎTRESSE DE PORTHOS

Au lieu de rentrer chez lui directement. d'Artagnan mit pied à terre a la porte de M. de Tréville, et monta rapide-

ment l'escalier. Cette fois, il était décidé à lui raconter tout ce qui venait de se passer. Sans doute, il lui donnerait de bons conseils dans toute cette affaire ; puis, comme M. de Tréville voyait presque journellement la reine, il pourrait peut-être tirer de Sa Majesté quelque renseignement sur la pauvre femme à qui l'on faisait sans doute payer son dévouement à sa maîtresse.

M. de Tréville écouta le récit du jeune homme avec une gravité qui prouvait qu'il voyait autre chose, dans toute cette aventure, qu'une intrigue d'amour ; puis, quand d'Artagnan eut achevé :

La première chose qu'il aperçut, ce fut l'honnête Planchet, qui, les deux chevaux en mains, l'attendait à la porte. — PAGE 95.

— Hum ! dit-il, tout ceci sent Son Eminence d'une lieue.

— Mais que faire ? dit d'Artagnan.

— Rien, absolument rien, à cette heure, que quitter Paris, comme je vous l'ai dit, le plus tôt possible. Je verrai la reine, je lui raconterai les détails de la disparition de cette pauvre femme, qu'elle ignore sans doute ; ces détails la guideront de son côté, et, à votre retour, peut-être aurai-je quelque bonne nouvelle à vous dire. Reposez-vous sur moi.

D'Artagnan savait que, quoique Gascon, M. de Tréville n'avait pas l'habitude de promettre, et que, lorsque par hasard il promettait, il tenait plus qu'il n'avait promis. Il le salua donc, plein de reconnaissance pour le passé et pour l'avenir, et le digne capitaine, qui, de son côté, éprouvait un vif intérêt pour ce jeune homme si brave et si résolu, lui serra affectueusement la main, en lui souhaitant un bon voyage.

Décidé à mettre les conseils de M. de Tréville en pratique à l'instant même, d'Artagnan s'achemina vers la rue des

Fossoyeurs, afin de veiller à la confection de son porte-manteau. En s'approchant du n° 11, il reconnut M. Bona-cieux, en costume du matin et debout sur le seuil de sa porte. Tout ce que lui avait dit la veille le prudent Planchet sur le caractère sinistre de son hôte revint alors à l'esprit de d'Artagnan, qui le regarda plus attentivement qu'il n'a-vait fait encore. En effet, outre cette pâleur jaunâtre et ma-ladive qui indique l'infiltration de la bile dans le sang, et qui pouvait d'ailleurs n'être qu'accidentelle, d'Artagnan re-marqua quelque chose de sournoisement perfide dans l'ha-bitude des rides de sa face. Un fripon ne rit pas de la même manière qu'un honnête homme, un hypocrite ne pleure pas les mêmes larmes qu'un homme de bonne foi. Toute fausseté est un masque, et, si bien fait que soit le masque, on arrive toujours, avec un peu d'attention, à le distinguer du visage.

Il sembla donc à d'Artagnan que M. Bonacieux portait un masque, et même que ce masque était des plus désagréables à voir

— Il paraît qu'il ne faisait pas bon dans les chemins de travers

Il allait donc, vaincu par sa répugnance pour cet homme, passer devant lui sans lui parler, quand, ainsi que la veille, M. Bonacieux l'interpella.

— Eh bien! jeune homme, lui dit-il, il paraît que nous faisons de grasses nuits? sept heures du matin, peste! Il me semble que vous retournez tant soit peu les habitudes reçues, et que vous rentrez à l'heure où les autres sortent.

— On ne vous fera pas le même reproche, maître Bona-cieux, dit le jeune homme, et vous êtes le modèle des gens rangés. Il est vrai que, lorsqu'on possède une jeune et jolie femme, on n'a pas besoin de courir après le bonheur; c'est le bonheur qui vient vous trouver, n'est-ce pas, monsieur Bonacieux?

Bonacieux devint pâle comme la mort et grimaça un sou rire.

— Ah! ah! dit Bonacieux, vous êtes un plaisant compa-gnon. Mais où diable avez-vous été courir cette nuit, mon jeune maître? Il paraît qu'il ne faisait pas bon dans les che-mins de traverse.

D'Artagnan baissa les yeux vers ses bottes toutes couvertes de boue; mais dans ce mouvement ses regards se portèrent en même temps sur les souliers et les bas du mercier ; on eût dit qu'on les avait trempés dans le même bourbier ; les uns et les autres étaient maculés de taches absolument pareilles.

Alors une idée subite traversa l'esprit de d'Artagnan. Ce petit homme gros, court, grisonnant, cette espèce de laquais, vêtu d'un habit sombre, traité sans considération par les gens d'épée qui composaient l'escorte, c'était Bonacieux lui-même. Le mari avait présidé à l'enlèvement de sa femme.

Il prit à d'Artagnan une terrible envie de sauter à la gorge du mercier et de l'étrangler ; mais, nous l'avons dit, c'était un garçon fort prudent, et il se contint. Cependant la révolution qui s'était faite sur son visage était si visible, que Bonacieux en fut effrayé et essaya de reculer d'un pas ; mais justement il se trouvait devant le battant de la porte, qui était fermé, et l'obstacle matériel qu'il rencontra le força de se tenir à la même place.

— Ah çà ! mais vous qui plaisantez, mon brave homme, dit d'Artagnan, il me semble que, si mes bottes ont besoin d'un coup d'éponge, vos bas et vos souliers réclament bien aussi un coup de brosse. Est-ce que, de votre côté, vous auriez couru la pretantaine, maître Bonacieux ? Ah ! diable ! ceci ne serait point pardonnable à un homme de votre âge, et qui, de plus, à une jolie femme comme la vôtre.

— Oh ! mon Dieu, non, dit Bonacieux ; mais hier j'ai été à Saint-Mandé pour prendre des renseignements sur une servante dont je ne puis absolument me passer, et, comme les chemins étaient mauvais, j'en ai rapporté toute cette fange, que je n'ai pas encore eu le temps de faire disparaître.

Le lieu que désignait Bonacieux comme celui qui avait été le but de sa course fut une nouvelle preuve à l'appui des soupçons qu'avait conçus d'Artagnan. Bonacieux avait dit Saint-Mandé, parce que Saint-Mandé est le point absolument opposé à Saint-Cloud.

Cette probabilité lui fut une première consolation. Si Bonacieux savait où était sa femme, on pourrait toujours, en employant des moyens extrêmes, forcer le mercier à desserrer les dents et à laisser échapper son secret. Il s'agissait seulement de changer cette probabilité en certitude.

— Pardon, mon cher monsieur Bonacieux, si j'en use avec vous sans façon, dit d'Artagnan ; mais rien n'altère comme de ne pas dormir : j'ai donc une soif d'enragé ; permettez-moi de prendre un verre d'eau chez vous ; vous le savez, cela ne se refuse pas entre voisins.

Et, sans attendre la permission de son hôte, d'Artagnan entra vivement dans la maison, et jeta un coup d'œil rapide sur le lit. Le lit n'était pas défait. Bonacieux ne s'était pas couché. Il rentrait donc seulement de il y avait une heure ou deux ; il avait accompagné sa femme jusqu'à l'endroit où on l'avait conduite, ou tout au moins jusqu'au premier relais.

— Merci, maître Bonacieux, dit d'Artagnan en vidant son verre, voilà tout ce que je voulais de vous. Maintenant je rentre chez moi ; je vais faire brosser mes bottes par Planchet, et, quand il aura fini, je vous l'enverrai, si vous voulez, pour brosser vos souliers.

Et il quitta le mercier tout ébahi de ce singulier adieu, et se demandant s'il ne s'était pas enferré lui-même.

Sur le haut de l'escalier, d'Artagnan trouva Planchet tout effaré.

— Ah ! monsieur, s'écria le laquais dès qu'il eut aperçu son maître, en voilà bien d'une autre, et il me tardait fort que vous rentrassiez !

— Qu'y a-t-il donc ? demanda d'Artagnan.

— Oui, je vous le donne en cent, monsieur, je vous le donne en mille, de deviner la visite que j'ai reçue pour vous en votre absence.

— Quand cela ?

— Il y a une demi-heure, tandis que vous étiez chez M. de Tréville.

— Et qui donc est venu ? Voyons, parle.

— M. de Cavois.

— M. de Cavois ?

— En personne.

— Le capitaine des gardes de Son Eminence !

— Lui-même.

— Il venait m'arrêter ?

— Je m'en suis douté, monsieur, et cela malgré son air patelin.

— Il avait l'air patelin, dis-tu ?

— C'est-à-dire qu'il était tout miel, monsieur.

— Vraiment ?

— Il venait, disait-il, de la part de Son Eminence, qui vous veut beaucoup de bien, vous prier de le suivre au Palais-Royal.

— Et tu lui as répondu ?

— Que la chose était impossible, attendu que vous étiez hors de la maison, comme il le pouvait voir.

— Alors, qu'a-t-il dit ?

— Que vous ne manquiez pas de passer chez lui dans la journée ; puis il a ajouté tout bas : « Dis à ton maître que Son Eminence est parfaitement disposée pour lui, et que sa fortune dépend de cette entrevue. »

— Le piège est assez maladroit pour le cardinal, reprit en souriant le jeune homme.

— Aussi, je l'ai vu, le piège, et j'ai répondu que vous seriez désespéré à votre retour.

— Où est-il allé ? a demandé M. de Cavois.

— A Troyes, en Champagne, ai-je répondu.

— Et quand est-il parti ?

— Hier soir.

— Planchet, mon ami, interrompit d'Artagnan, tu es véritablement un homme précieux.

— Vous comprenez, monsieur, j'ai pensé qu'il serait toujours temps, si vous désirez voir M. de Cavois, de me démentir, en disant que vous n'étiez point parti ; ce serait moi, dans ce cas, qui aurais fait le mensonge, et, comme je ne suis pas gentilhomme, moi, je puis mentir.

— Rassure-toi, Planchet, tu conserveras ta réputation d'homme véridique ; dans un quart d'heure nous partons.

— C'est le conseil que j'allais donner à monsieur ; et où allons-nous, sans être trop curieux ?

— Pardieu ! du côté opposé à celui vers lequel tu as dit que j'étais allé. D'ailleurs, n'as-tu pas autant de hâte d'avoir des nouvelles de Grimaud, de Mousqueton et de Bazin, que j'en ai, moi, de savoir ce que sont devenus Athos, Porthos et Aramis ?

— Si fait, monsieur, dit Planchet, et je partirai quand vous voudrez ; l'air de la province vaut mieux pour nous, à ce que je crois, en ce moment, que l'air de Paris. Ainsi donc...

— Ainsi donc, fais notre paquet, Planchet, et partons ; moi, je m'en vais devant, les mains dans mes poches, pour qu'on ne se doute de rien. Tu me rejoindras à l'hôtel des gardes. A propos, Planchet, je crois que tu avais raison à l'endroit de notre hôte, et que c'est décidément une affreuse canaille.

— Ah ! croyez-moi, monsieur, quand je vous dis quelque chose ; je suis physionomiste, moi, allez !

D'Artagnan descendit le premier, comme la chose avait été convenue ; puis, pour n'avoir rien à se reprocher, il se dirigea une dernière fois vers la demeure de ses amis. On n'avait reçu aucune nouvelle d'eux : seulement une lettre toute parfumée et d'une écriture élégante et menue était arrivée pour Aramis. D'Artagnan s'en chargea. Dix minutes après, Planchet le rejoignait dans les écuries de l'hôtel des gardes. D'Artagnan, pour qu'il n'y eût pas de temps perdu, avait déjà sellé son cheval lui-même.

— C'est bien, dit-il à Planchet, lorsque celui-ci eut joint le portemanteau à l'équipement ; maintenant selle les trois autres montures, et partons.

— Croyez-vous que nous irons plus vite avec chacun deux chevaux ? demanda Planchet de son air narquois.

— Non, monsieur le mauvais plaisant, répondit d'Artagnan, mais avec nos quatre chevaux, nous pourrons ramener nos trois amis, si toutefois nous les retrouvons vivants.

— Ce qui serait une grande chance, répondit Planchet ; mais enfin il ne faut point désespérer de la miséricorde de Dieu.

— Amen, dit d'Artagnan en enfourchant son cheval.

Et tous deux sortirent de l'hôtel des gardes, s'éloignant

chacun par un bout de la rue, l'un devant quitter Paris par la barrière de la Villette et l'autre par la barrière Montmartre, pour se rejoindre au delà de Saint-Denis, manœuvre stratégique qui, ayant été exécutée avec une égale ponctualité, fut couronnée des plus heureux résultats. D'Artagnan et Planchet entrèrent donc ensemble à Pierrefitte.

Planchet était plus courageux, il faut le dire, le jour que la nuit.

Cependant sa prudence naturelle ne l'abandonnait pas un seul instant; il n'avait oublié aucun des incidents du premier voyage, et il tenait pour ennemis tous ceux qu'il rencontrait sur la route. Il en résultait qu'il avait sans cesse le chapeau à la main, ce qui lui valait de sévères mercuriales de la part de d'Artagnan, qui craignait que, grâce à cet excès de politesse, on ne le prît pour le valet d'un homme de peu.

Cependant, soit qu'effectivement les passants fussent touchés de l'urbanité de Planchet, soit que cette fois personne ne fût aposté sur la route du jeune homme, nos deux voyageurs arrivèrent à Chantilly sans accident aucun et descendirent à l'hôtel du Grand-Saint-Martin, le même dans lequel ils s'étaient arrêtés lors de leur premier voyage.

L'hôte, en voyant un jeune homme suivi d'un laquais et de deux chevaux de main, s'avança respectueusement sur le seuil de la porte. Or, comme il avait déjà fait onze lieues, d'Artagnan jugea à propos de s'arrêter, que Porthos fût ou ne fût pas dans l'hôtel. Puis peut-être n'était-il pas prudent de s'informer du premier coup de ce qu'était devenu le mousquetaire. Il résulta de ces réflexions que d'Artagnan, sans demander aucune nouvelle de qui que ce fût, descendit, recommanda les chevaux à son laquais, entra dans une petite chambre destinée à recevoir ceux qui désiraient être seuls, et demanda à son hôte une bouteille de son meilleur vin et un déjeuner aussi bon que possible, demande qui corrobora encore la bonne opinion que l'aubergiste avait prise de son voyageur à la première vue.

Aussi d'Artagnan fut-il servi avec une célérité miraculeuse. Le régiment des gardes se recrutait parmi les premiers gentilshommes du royaume, et d'Artagnan suivi d'un laquais et voyageant avec quatre chevaux magnifiques ne pouvait, malgré la simplicité de son uniforme, manquer de faire sensation. L'hôte voulut le servir lui-même; ce que voyant, d'Artagnan fit apporter deux verres et entama la conversation suivante :

— Ma foi, mon cher hôte, dit d'Artagnan en remplissant les deux verres, je vous ai demandé de votre meilleur vin, et, si vous m'avez trompé, vous allez être puni par où vous avez péché, attendu que, comme je déteste boire seul, vous allez boire avec moi. Prenez donc ce verre et buvons. A quoi boirons-nous, voyons, pour ne blesser aucune susceptibilité? Buvons à la prospérité de votre établissement.

— Votre Seigneurie me fait honneur, dit l'hôte, et je la remercie bien sincèrement de son bon souhait.

— Mais ne vous y trompez pas, dit d'Artagnan, il y a plus d'égoïsme peut-être que vous ne le pensez dans mon toast, il n'y a que les établissements qui prospèrent dans lesquels on soit bien reçu; dans les hôtels qui périclitent, tout va à la débandade, et le voyageur est victime des embarras de son hôte; or, moi qui voyage beaucoup et surtout sur cette route, je voudrais voir tous les aubergistes faire fortune.

— En effet, dit l'hôte, il me semble que ce n'est pas la première fois que j'ai l'honneur de voir monsieur.

— Bah! je suis passé dix fois peut-être à Chantilly, et, sur les dix fois, je me suis arrêté au moins trois ou quatre fois chez vous. Tenez, j'y étais encore il y a dix ou douze jours à peu près; je faisais la conduite à des amis, à des mousquetaires, à telle enseigne que l'un d'eux s'est pris de dispute avec un étranger, un inconnu, un homme qui lui a cherché je ne sais quelle querelle.

— Ah! oui, vraiment! dit l'hôte, et je me le rappelle parfaitement. N'est-ce pas de M. Porthos que Votre Seigneurie veut me parler?

— C'est justement le nom de mon compagnon de voyage. Mon Dieu! mon cher hôte, dites-moi, lui serait-il arrivé malheur?

— Mais Votre Seigneurie a dû remarquer qu'il n'a pas pu continuer sa route.

— En effet, il nous avait promis de nous rejoindre, et nous ne l'avons pas revu.

— Il nous a fait l'honneur de rester ici, continua l'hôte.

— Comment! il vous a fait l'honneur de rester ici?

— Oui monsieur, dans cet hôtel; nous sommes même bien inquiets.

— Et de quoi?

— De certaines dépenses qu'il a faites.

— Eh bien! mais les dépenses qu'il a faites, il les payera.

— Ah! monsieur! vous me mettez véritablement du baume dans le sang. Nous avons risqué de fort grandes avances, et ce matin encore le chirurgien nous déclarait que, si M. Porthos ne le payait pas, c'était à moi qu'il s'en prendrait, attendu que c'était moi qui l'avais envoyé chercher.

— Mais Porthos est donc blessé?

— Je ne saurais vous le dire, monsieur.

— Comment, vous ne sauriez me le dire! vous devriez cependant être mieux informé que personne.

— Oui, mais dans notre état nous ne disons pas tout ce que nous savons, monsieur, surtout quand on nous a prévenus que nos oreilles répondaient pour notre langue.

— Eh bien! puis-je voir Porthos?

— Certainement, monsieur. Prenez l'escalier, montez au premier et frappez au n° 1. Seulement, prévenez que c'est vous.

— Comment, que je prévienne que c'est moi?

— Oui, car il pourrait vous arriver malheur.

— Et quel malheur voulez-vous qu'il m'arrive?

— M. Porthos peut vous prendre pour quelqu'un de la maison, et dans un mouvement de colère vous passer son épée au travers du corps ou vous brûler la cervelle.

— Que lui avez-vous donc fait?

— Nous lui avons demandé de l'argent.

— Ah! diable! je comprends cela; c'est une demande qu'il reçoit très-mal quand il n'est pas en fonds, mais je sais qu'il devait y être.

— C'est ce que nous avions pensé aussi, monsieur; comme la maison est fort régulière et que nous faisons nos comptes toutes les semaines, au bout de huit jours nous lui avons présenté notre note, mais il paraît que nous sommes tombés dans un mauvais moment, car, au premier mot que nous avons prononcé sur la chose, il nous a envoyé à tous les diables; il est vrai qu'il avait joué la veille.

— Comment, il avait joué la veille, et avec qui?

— Oh! mon Dieu, qui sait cela? avec un seigneur qui passait et auquel il avait fait proposer une partie de lansquenet.

— C'est cela, le malheureux aura tout perdu.

— Jusqu'à son cheval, monsieur, car, lorsque l'étranger a été pour partir, nous nous sommes aperçus que son laquais sellait le cheval de M. Porthos. Alors nous lui en avons fait l'observation, mais il nous a répondu que nous nous mêlions de ce qui ne nous regardait pas et que ce cheval était à lui. Nous avons aussitôt fait prévenir M. Porthos de ce qui se passait, mais il nous a fait répondre que nous étions des faquins de douter de la parole d'un gentilhomme, et que, puisque celui-là avait dit que le cheval lui appartenait, il fallait bien que cela fût.

— Je le reconnais bien là, murmura d'Artagnan.

— Alors, continua l'hôte, je lui fis dire que, du moment où nous paraissions destinés à ne pas nous entendre à l'endroit du payement, j'espérais qu'il aurait au moins la bonté d'accorder la faveur de sa pratique à mon confrère le maître de l'Aigle-d'Or; mais M. Porthos me répondit que mon hôtel étant le meilleur, il désirait y rester. Cette réponse était trop flatteuse pour que j'insistasse sur son départ. Je me bornai donc à le prier de me rendre sa chambre, qui est la plus belle de l'hôtel, et de se contenter d'un joli petit cabinet au troisième. Mais à ceci M. Porthos répondit que, comme il attendait d'un moment à l'autre sa maîtresse, qui était une des plus grandes dames de la cour, je devais comprendre que la chambre qu'il me faisait l'honneur d'habiter chez moi était encore un peu bien médiocre pour une pareille personne. Cependant, tout en reconnaissant la vérité de ce qu'il disait, je crus devoir insister ; mais, sans même se donner la peine d'entrer en discussion avec moi, il prit son pistolet, le mit sur sa table de nuit et déclara qu'au premier mot qu'on lui dirait d'un déménagement quelconque à l'extérieur ou à l'intérieur, il brûlerait la cervelle à celui qui serait assez imprudent pour se mêler d'une chose qui ne regardait que lui. Aussi, depuis ce temps-là, monsieur, personne n'entre plus dans sa chambre, si ce n'est son domestique.

— Mousqueton est donc ici ?

— Oui, monsieur ; cinq jours après son départ, il est revenu de fort mauvaise humeur de son côté ; il paraît que lui aussi a eu du désagrément dans son voyage. Malheureusement il est plus ingambe que son maître, ce qui fait que pour son maître il met tout sens dessus dessous, attendu que, comme il pense qu'on pourrait lui refuser ce qu'il demande, il prend tout ce dont il a besoin sans demander.

— Le fait est, répondit d'Artagnan, que j'ai toujours re-

— Aussi, depuis ce temps-là, monsieur, personne n'entre plus dans sa chambre, si ce n'est son domestique.

marqué dans Mousqueton un dévouement et une intelligence très-supérieurs.

— Cela est possible, monsieur ; mais supposez qu'il m'arrive seulement quatre fois par an de me trouver en contact avec une intelligence et un dévouement semblables, et je suis un homme ruiné.

— Non, car Porthos vous payera.

— Hum ! fit l'hôtelier d'un ton de doute

— C'est le favori d'une très-grande dame qui ne le laissera pas dans l'embarras pour une misère comme celle qu'il vous doit.

— Si j'osais dire ce que je crois là-dessus...

— Ce que vous croyez ?

— Je dirai plus : ce que je sais.

— Ce que vous savez ?

— Et même ce dont je suis sûr.

— Et de quoi êtes-vous sûr, voyons ?

— Je dirai que je connais cette grande dame.

— Vous ?

— Oui, moi

— Et comment la connaissez-vous

— Oh! monsieur, puis-je me fier à votre discrétion?...

— Parlez, et, foi de gentilhomme, vous n'aurez pas à vous repentir de votre confiance

— Eh bien! monsieur, vous concevez, l'inquiétude fait faire bien des choses.

— Qu'avez-vous fait?

— Oh! d'ailleurs, rien qui ne soit dans le droit d'un créancier.

— Enfin!

— M. Porthos nous a remis un billet pour cette duchesse, en nous recommandant de le jeter à la poste. Son domestique n'était pas encore arrivé. Comme il ne pouvait pas quitter sa chambre, il fallait bien qu'il nous chargeât de ses commissions.

— Ensuite?

— Au lieu de mettre la lettre à la poste, ce qui n'est jamais bien sûr, nous avons profité de l'occasion de l'un de mes garçons qui allait à Paris, et nous lui avons recommandé de la remettre à cette duchesse elle-même. C'était remplir les intentions de M. Porthos, qui nous avait si fort recommandé cette lettre, n'est-ce pas?

— A peu près.

— Eh bien! monsieur, savez-vous ce que c'est que cette grande dame?

— Non; j'en ai entendu parler à Porthos, voilà tout.

— Savez-vous ce que c'est que cette prétendue duchesse?

— Je vous le répète, je ne la connais pas.

— C'est une vieille procureuse au Châtelet, monsieur,

D'Artagnan retrouve Porthos.

nommée madame Coquenard, laquelle a au moins cinquante ans et se donne encore des airs d'être jalouse. Cela me paraissait aussi fort singulier, une princesse qui demeure rue aux Ours!

— Comment savez-vous cela?

— Parce qu'elle s'est mise dans une grande colère en recevant la lettre, disant que M. Porthos était un volage, et que c'était encore pour quelque femme qu'il avait reçu ce coup d'épée.

— Mais il a donc reçu un coup d'épée?

— Ah! mon Dieu! qu'ai-je dit là?

— Vous avez dit que Porthos avait reçu un coup d'épée.

— Oui, mais il m'avait si fort défendu de le dire!

— Pourquoi cela?

— Dame! monsieur, parce qu'il s'était vanté de perforer cet étranger avec lequel vous l'avez laissé en dispute, et que

c'est cet étranger, au contraire, qui, malgré toutes ses rodomontades, l'a couché sur le carreau. Or, comme M. Porthos est un homme fort glorieux, excepté envers la duchesse, qu'il avait cru intéresser en lui faisant le récit de son aventure, il ne veut avouer à personne que c'est un coup d'épée qu'il a reçu.

— Ainsi, c'est donc un coup d'épée qui le retient dans son lit?

— Et un maître coup d'épée, je vous l'assure. Il faut que votre ami ait l'âme chevillée dans le corps.

— Vous étiez donc là?

— Monsieur, je les avais suivis par curiosité, de sorte que j'ai vu le combat sans que les combattants me vissent.

— Et comment cela s'est-il passé?

— Oh! la chose n'a pas été longue, je vous en réponds. Ils se sont mis en garde, l'étranger a fait une feinte et s'est fendu, tout cela si rapidement, que, lorsque M. Porthos est arrivé à la parade, il avait déjà trois pouces de fer dans la poitrine. Il est tombé en arrière. L'étranger lui a mis aussitôt la pointe de son épée à la gorge, et M. Porthos, se voyant à la merci de son adversaire, s'est avoué vaincu. Sur quoi l'étranger lui a demandé son nom, et, apprenant qu'il s'appelait M. Porthos et non M. d'Artagnan, lui a offert son bras, l'a ramené à l'hôtel, est monté à cheval et a disparu.

— Ainsi, c'est à M. d'Artagnan qu'en voulait cet étranger?

— Il parait qu'oui.

— Et savez-vous ce qu'il est devenu?

— Non; je ne l'avais jamais vu jusqu'à ce moment, et nous ne l'avons pas revu depuis.

— Très-bien, c'est ce que je voulais savoir. Maintenant vous dites que la chambre de Porthos est au premier, n° 4?

— Oui, monsieur, la plus belle de l'auberge; une chambre que j'aurais déjà eu dix fois l'occasion de louer.

— Bah! tranquillisez-vous, dit d'Artagnan en riant; Porthos vous payera avec l'argent de la duchesse Coquenard.

— Oh! monsieur, procureuse ou duchesse, si elle lâchait les cordons de sa bourse, ce ne serait rien; mais elle a positivement répondu qu'elle était lasse des exigences et des infidélités de M. Porthos, et qu'elle ne lui enverrait pas un denier.

— Et avez-vous rendu cette réponse à votre hôte?

— Nous nous en sommes bien gardés, il aurait vu de quelle manière nous avions fait la commission.

— Si bien qu'il attend toujours son argent?

— Oh! mon Dieu oui! Hier encore il a écrit; mais, cette fois, c'est son domestique qui a mis la lettre à la poste.

— Et vous dites que la procureuse est vieille et laide?

— Cinquante ans au moins, monsieur, et pas belle du tout, à ce qu'a dit Pathaud.

— En ce cas, soyez tranquille, elle se laissera attendrir; d'ailleurs Porthos ne peut pas vous devoir grand'chose.

— Comment, pas grand'chose! Une vingtaine de pistoles déjà, sans compter le médecin. Oh! il ne se refuse rien, allez; on voit qu'il est habitué à bien vivre.

— Eh bien! si sa maîtresse l'abandonne, il trouvera des amis, je vous le certifie. Ainsi, mon cher hôte, n'ayez aucune inquiétude et continuez à avoir pour lui tous les soins qu'exige son état.

— Monsieur m'a promis de ne pas ouvrir la bouche au sujet de la procureuse et de ne pas dire un mot de la blessure.

— C'est chose convenue, vous avez ma parole.

— Oh! c'est qu'il me tuerait, voyez-vous!

— N'ayez pas peur, il n'est pas si diable qu'il en a l'air.

Et en disant ces mots, d'Artagnan monta l'escalier, laissant son hôte un peu plus rassuré à l'endroit de deux choses auxquelles il paraissait tenir beaucoup : sa créance et sa vie.

Au haut de l'escalier, sur la porte la plus apparente du corridor, était tracé, à l'encre noire, un n° 4 gigantesque; d'Artagnan frappa un coup, et, sur l'invitation de passer outre qui lui vint de l'intérieur, il entra.

Porthos était couché et faisait une partie de lansquenet avec Mousqueton, pour s'entretenir la main, tandis qu'une broche chargée de perdrix tournait devant le feu, et qu'à chaque coin d'une grande cheminée bouillaient sur deux réchauds deux casseroles d'où s'exhalait une double odeur de gibelotte et de matelote qui réjouissait l'odorat. En outre, le haut d'un secrétaire et le marbre d'une commode étaient couverts de bouteilles vides.

A la vue de son ami, Porthos jeta un cri de joie, et Mousqueton, se levant respectueusement, lui céda la place et s'en alla donner un coup d'œil aux deux casseroles, dont il paraissait avoir l'inspection particulière.

— Ah! pardieu! c'est vous, dit Porthos à d'Artagnan, soyez le bienvenu, et excusez-moi si je ne vais pas au-devant de vous. Mais, ajouta-t-il en regardant d'Artagnan avec une certaine inquiétude, vous savez ce qui m'est arrivé?

— Non.

— L'hôte ne vous a rien a dit?

— Je me suis informé de vous, et, sachant que vous étiez ici, je suis monté tout droit.

Porthos parut respirer plus librement.

— Et que vous est-il donc arrivé, mon cher Porthos? continua d'Artagnan.

— Il m'est arrivé qu'en me fendant sur mon adversaire, à qui j'avais déjà allongé trois coups d'épée et avec lequel je voulais en finir d'un quatrième, mon pied a porté sur une pierre, et je me suis foulé le genou.

— Vraiment!

— D'honneur! Heureusement pour le maraud, car je ne l'aurais laissé que mort sur place, je vous en réponds.

— Et qu'est-il devenu?

— Oh! je n'en sais rien; il en a eu assez, et il est parti sans demander son reste. Mais vous, mon cher d'Artagnan, que vous est-il arrivé?...

— De sorte, continua d'Artagnan, que cette foulure, mon cher Porthos, vous retient au lit.

— Ah! mon Dieu, oui, voilà tout; du reste, dans quelques jours je serai sur pied.

— Mais pourquoi ne vous êtes-vous pas fait transporter à Paris? Vous devez vous ennuyer cruellement ici.

— C'était mon intention; mais, mon cher ami, il faut que je vous avoue une chose.

— Laquelle?

— C'est que, comme je m'ennuyais cruellement, ainsi que vous le dites, et que j'avais dans ma poche les soixante-quinze pistoles que vous m'aviez distribuées, j'ai, pour me distraire, fait monter près de moi un gentilhomme qui était de passage, et auquel j'ai proposé de faire une partie de dés. Il a accepté; et, ma foi, mes soixante-quinze pistoles sont passées de ma poche dans la sienne, sans compter mon cheval, qu'il a encore emporté par-dessus le marché. Mais vous, mon cher d'Artagnan?

— Que voulez-vous? mon cher Porthos, on ne peut pas être privilégié de toutes façons, dit d'Artagnan; vous savez le proverbe : « Malheureux au jeu, heureux en amour. » Vous êtes trop heureux en amour pour que le jeu ne se venge pas, mais que vous importent à vous les revers de la fortune? n'avez-vous pas, heureux coquin que vous êtes, n'avez-vous pas votre duchesse qui ne peut manquer de vous venir en aide?

— Eh bien! voyez, mon cher d'Artagnan, comme je joue de guignon, répondit Porthos de l'air le plus dégagé du monde; je lui ai écrit de m'envoyer quelque cinquante louis dont j'avais absolument besoin, vu la position où je me trouvais.

— Eh bien?

— Eh bien! il faut qu'elle soit dans ses terres, car elle ne m'a pas répondu!

— Vraiment?

— Non. Aussi je lui ai envoyé hier une seconde épître plus pressante encore que la première; mais vous voilà, mon très-cher, parlons de vous. Je commençais, je vous l'avoue, à être dans une certaine inquiétude sur votre compte.

— Votre hôte se conduit bien envers vous, à ce qu'il paraît, mon cher Porthos? dit d'Artagnan, montrant au malade les casseroles pleines et les bouteilles vides.

— Coussi! coussi! répondit Porthos. Il y a déjà trois ou quatre jours que l'impertinent m'a monté son compte, et que je les ai mis à la porte, son compte et lui; de sorte que je suis ici comme une façon de vainqueur, comme une manière de conquérant. Aussi, vous le voyez, craignant toujours d'être forcé dans la position, je suis armé jusqu'aux dents.

— Cependant, dit en riant d'Artagnan, il me semble que de temps en temps vous faites des sorties.

Et il montrait du doigt les bouteilles et les casseroles.

— Non pas moi, malheureusement, dit Porthos. Cette misérable foulure me retient au lit; mais Mousqueton bat la campagne, et il rapporte des vivres. Mousqueton, mon ami, continua Porthos, vous voyez qu'il nous arrive du renfort; il nous faudra un supplément de victuailles.

— Mousqueton, dit d'Artagnan, vous me rendrez un service, n'est-ce pas?

— Lequel, monsieur?

— C'est de donner votre recette à Planchet; je pourrais me trouver assiégé à mon tour, et je ne serais pas fâché qu'il me fît jouir des mêmes avantages dont vous gratifiez votre maître.

— Eh! mon Dieu, monsieur, dit Mousqueton d'un air modeste, rien de plus facile. Il s'agit d'être adroit, voilà tout. J'ai été élevé à la campagne, et mon père, dans ses moments perdus, était quelque peu braconnier.

— Et le reste du temps, que faisait-il?

— Monsieur, il pratiquait une industrie que j'ai toujours trouvée assez heureuse.

— Laquelle?

— Comme c'était au temps des guerres des catholiques et des huguenots, et qu'il voyait les catholiques exterminer les huguenots et les huguenots exterminer les catholiques, le tout au nom de la religion, il s'était fait une croyance mixte, ce qui lui permettait d'être tantôt catholique, tantôt huguenot. Or, il se promenait habituellement, son escopette sur l'épaule, derrière les haies qui bordent les chemins, et, quand il voyait venir un catholique seul, la religion protestante l'emportait aussitôt dans son esprit; il abaissait son escopette dans la direction du voyageur; puis, lorsqu'il était à dix pas de lui, il entamait un dialogue qui finissait presque toujours par l'abandon que le voyageur faisait de sa bourse pour sauver sa vie. Il va sans dire que, lorsqu'il voyait venir un huguenot, il se sentait pris d'un zèle catholique si ardent, qu'il ne comprenait pas comment un quart d'heure auparavant il avait pu avoir des doutes sur la supériorité de notre sainte religion. Car moi, monsieur, je suis catholique, mon père, fidèle à ses principes, ayant fait mon frère aîné huguenot.

— Et comment a fini ce digne homme? demanda d'Artagnan.

— Oh! de la façon la plus malheureuse, monsieur : un jour, il s'est trouvé pris, dans un chemin creux, entre un huguenot et un catholique à qui il avait déjà eu affaire, et qui le reconnurent tous deux; de sorte qu'ils se réunirent contre lui et le pendirent à un arbre, puis ils vinrent se vanter de la belle équipée qu'ils avaient faite, dans le cabaret du premier village où nous étions à boire, mon frère et moi.

— Et que fîtes-vous? dit d'Artagnan.

— Nous les laissâmes dire, reprit Mousqueton. Puis, comme, en sortant de ce cabaret, ils prenaient chacun une route opposée, mon frère alla s'embusquer sur le chemin du catholique, et moi sur celui du protestant. Deux heures après, tout était fini, nous leur avions fait à chacun son affaire, tout en admirant la prévoyance de notre pauvre père, qui avait pris la précaution de nous élever chacun dans une religion différente.

— En effet, comme vous le dites, Mousqueton, votre père me paraissait être un gaillard fort intelligent. Et vous dites donc que, dans ses moments perdus, le brave homme était braconnier?

— Oui, monsieur, et c'est lui qui m'a appris à nouer un collet et à placer une ligne de fond. Il en résulte que, lorsque j'ai vu que notre gredin d'hôte nous nourrissait d'un tas de grosses viandes, bonnes pour des manants, et qui n'allaient point à deux estomacs aussi débilités que les nôtres, je me suis remis quelque peu à mon ancien métier. Tout en me promenant dans le bois, j'ai tendu des collets dans les passées; tout en me couchant au bord des pièces d'eau, j'ai glissé des lignes dans les étangs. De sorte que maintenant, grâce à Dieu, nous ne manquons pas, comme monsieur peut s'en assurer, de perdrix et de lapins, de carpes et d'anguilles, tous aliments légers et sains, convenables pour des malades.

— Mais le vin, dit d'Artagnan, qui fournit le vin? C'est votre hôte.

— C'est-à-dire oui et non.

— Comment, oui et non?

— Il le fournit, il est vrai; mais il ignore qu'il a cet honneur.

— Expliquez-vous, Mousqueton, votre conversation est pleine de choses instructives.

— Voici, monsieur : le hasard a fait que j'ai rencontré dans mes pérégrinations un Espagnol qui avait vu beaucoup de pays et entre autres le nouveau monde.

— Quel rapport le nouveau monde peut-il avoir avec les bouteilles qui sont sur ce secrétaire et sur cette commode?

— Patience, monsieur, chaque chose viendra à son tour.

— C'est juste, Mousqueton; je m'en rapporte à vous, et j'écoute.

— Cet Espagnol avait à son service un laquais qui l'avait accompagné dans son voyage au Mexique. Ce laquais était mon compatriote, de sorte que nous nous liâmes d'autant plus rapidement, qu'il y avait entre nous de grands rapports de caractère. Nous aimions tous deux la chasse surtout; il me raconta donc comment, dans les plaines des Pampas, les naturels du pays chassent le tigre et les taureaux avec de simples nœuds coulants qu'ils jettent au cou de ces terribles animaux. D'abord je ne voulais pas croire qu'on pût en arriver à ce degré d'adresse, de jeter à vingt ou trente pas l'extrémité d'une corde où l'on veut; mais devant la preuve il fallait bien reconnaître la vérité du récit. Mon ami plaçait une bouteille à trente pas, et à chaque coup il lui prenait le goulot dans un nœud coulant. Je me livrai à cet exercice, et, comme la nature m'a doué de quelque faculté, aujourd'hui je jette le lasso aussi bien qu'homme du monde. Eh bien! comprenez-vous? notre hôte a une cave très-bien garnie, mais dont la clef ne le quitte pas; seulement cette cave a un soupirail. Or, par ce soupirail, je jette le lasso. Et, comme je sais maintenant où est le bon coin coin, j'y puise. Voilà, monsieur, comment le nouveau monde se trouve être en rapport avec les bouteilles qui sont sur cette commode et sur ce secrétaire. Maintenant, goûtez de notre vin, et, sans prévention, vous nous direz ce que vous en pensez.

— Merci, mon ami, merci; malheureusement je viens de déjeuner.

— Eh bien! dit Porthos, mets la table, Mousqueton, et, tandis que nous déjeunerons, nous, d'Artagnan nous racontera ce qu'il est devenu lui-même depuis dix jours qu'il nous a quittés.

— Volontiers, dit d'Artagnan.

Tandis que Porthos et Mousqueton déjeunaient avec des appétits de convalescents et cette cordialité de frères qui rapproche les hommes dans le malheur, d'Artagnan raconta comment Aramis blessé avait été forcé de s'arrêter à Crève-cœur, comment il avait laissé Athos se débattre à Amiens entre les mains de quatre hommes qui l'accusaient d'être un faux monnayeur, et comment lui, d'Artagnan, avait été forcé de passer sur le ventre du comte de Wardes pour arriver jusqu'en Angleterre.

Mais là s'arrêta la confidence de d'Artagnan; il annonça seulement qu'à son retour de la Grande-Bretagne il avait ramené quatre chevaux magnifiques, dont un pour lui et un autre pour chacun de ses compagnons; puis il termina en annonçant à Porthos que celui qui lui était destiné était déjà installé dans l'écurie de l'hôtel.

En ce moment, Planchet entra; il prévenait son maître que les chevaux étaient suffisamment reposés, et qu'il serait possible d'aller coucher à Clermont.

Comme d'Artagnan était à peu près rassuré sur Porthos, et qu'il lui tardait d'avoir des nouvelles de ses deux autres amis, il tendit la main à malade, et le prévint qu'il allait se mettre en route pour continuer ses recherches. Au reste, comme il comptait revenir par la même route, si, dans sept à huit jours, Porthos était encore à l'hôtel du Grand-Saint-Martin, il le reprendrait en passant.

Porthos répondit que, selon toute probabilité, sa foulure ne lui permettrait pas de se lever d'ici là. D'ailleurs, il fallait qu'il restât à Chantilly pour attendre une réponse de sa duchesse.

D'Artagnan lui souhaita cette réponse prompte et bonne, et, après avoir recommandé de nouveau Porthos à Mousqueton, et payé sa dépense à l'hôte, il se remit en route avec Planchet, déjà débarrassé d'un de ses chevaux de main

CHAPITRE XXVI.

LA THÈSE D'ARAMIS.

D'Artagnan n'avait rien dit à Porthos ni de sa blessure ni sa procureuse. C'était un garçon fort sage que notre Béarnais, si jeune qu'il fût. En conséquence, il avait fait semblant de croire à tout ce que lui avait raconté le glorieux mousquetaire, bien convaincu qu'il n'y avait pas d'amitié qui tienne à un secret surpris, surtout quand ce secret intéresse l'orgueil : puis on a toujours une certaine supériorité morale sur ceux dont on sait la vie. Or, d'Artagnan, dans ses projets d'intrigue à venir, et décidé qu'il était à faire de ses trois compagnons les instruments de sa fortune, d'Artagnan n'était pas fâché de réunir d'avance dans sa main les fils invisibles à l'aide desquels il comptait les mener.

M. de Cavois, capitaine des gardes.

Cependant, tout le long de la route, une profonde tristesse lui serrait le cœur : il pensait à cette jeune et jolie madame Bonacieux, qui devait lui donner le prix de son dévouement ; mais, hâtons-nous de le dire, cette tristesse venait moins chez le jeune homme du regret de son bonheur perdu que de la crainte qu'il éprouvait qu'il n'arrivât malheur à cette pauvre femme. Pour lui, il n'y avait pas de doute, elle était victime d'une vengeance du cardinal, et, comme on le sait, les vengeances de Son Eminence étaient terribles. Comment avait-il trouvé grâce devant les yeux du ministre ? c'est ce qu'il ignorait lui-même et sans doute ce que lui eût révélé M. de Cavois, si le capitaine des gardes l'eût trouvé chez lui.

Rien ne fait marcher le temps et n'abrége la route comme une pensée qui absorbe en elle-même toutes les facultés de l'organisation de celui qui pense. L'existence extérieure ressemble alors à un sommeil dont cette pensée est le rêve. Par son influence, le temps n'a plus de mesure, l'espace n': plus de distance. On part d'un lieu, et l'on arrive à un autre, voilà tout. De l'intervalle parcouru, rien n'est resté présent à votre souvenir qu'un brouillard vague dans lequel s'effacent mille images confuses d'arbres, de montagnes et de paysages. Ce fut en proie à cette hallucination que d'Artagnan franchit, à l'allure que voulut prendre son cheval, les six ou huit lieues qui séparent Chantilly de Crévecœur, sans qu'en arrivant dans ce village il se souvînt d'aucune des choses qu'il avait rencontrées sur sa route.

Là seulement la mémoire lui revint, il secoua la tête, aperçut le cabaret où il avait laissé Aramis, et, mettant son cheval au trot, il s'arrêta à la porte.

Cette fois, ce ne fut point un hôte mais une hôtesse qui le reçut; d'Artagnan était physionomiste, il enveloppa d'un coup d'œil la grosse figure réjouie de la maîtresse du lieu, et comprit qu'il n'avait pas besoin de dissimuler avec elle et qu'il n'avait rien à craindre de la part d'une si joyeuse physionomie.

— Ma bonne dame, lui demanda d'Artagnan, pourriez-vous me dire ce qu'est devenu un de mes amis, que nous avons été forcés de laisser ici, il y a une douzaine de jours ?

Au bruit que fit d'Artagnan en ouvrant la porte, Aramis leva la tête et reconnut son ami. — Page 105.

— Un beau jeune homme de vingt-trois à vingt-quatre ans, doux, aimable, bien fait?

— C'est cela, de plus blessé à l'épaule.

— Justement.

— Eh bien ! monsieur, il est toujours ici.

— Ah pardieu ! ma chère dame, dit d'Artagnan en mettant pied à terre et en jetant la bride de son cheval au bras de Planchet, vous me rendez la vie. Où est-il, ce cher Aramis, que je l'embrasse; car, je l'avoue, j'ai hâte de le revoir ?

— Pardon, monsieur, mais je doute qu'il puisse vous recevoir en ce moment.

— Pourquoi cela ? est-ce qu'il est avec une femme ?

— Jésus ! que dites-vous là? Le pauvre garçon ! Non, monsieur, il n'est pas avec une femme.

— Avec qui est-il donc?

— Avec le curé de Montdidier et le supérieur des jésuites d'Amiens.

— Mordioux ! s'écria d'Artagnan; est-ce que le pauvre garçon irait plus mal?

— Non, monsieur, au contraire; mais, à la suite de sa maladie, la grâce l'a touché, et il s'est décidé à entrer dans les ordres.

— C'est juste, dit d'Artagnan, j'avais oublié qu'il n'était mousquetaire que par intérim.

— Monsieur insiste-t-il toujours pour le voir?

— Plus que jamais.

— Eh bien! monsieur n'a qu'à prendre l'escalier à droite dans la cour, au second, n° 5.

D'Artagnan s'élança dans la direction indiquée, et trouva un de ces escaliers extérieurs comme nous en voyons encore aujourd'hui dans les cours des anciennes auberges. Mais on n'arrivait pas ainsi chez le futur abbé: les défilés de la chambre d'Aramis étaient gardés ni plus ni moins que les jardins d'Armide; Bazin stationnait dans le corridor et lui barra le passage avec d'autant plus d'intrépidité, qu'après bien des années d'épreuve Bazin se voyait enfin près d'arriver au résultat qu'il avait éternellement ambitionné.

En effet, le rêve du pauvre Bazin avait toujours été de servir un homme d'église, et il attendait avec impatience le moment, sans cesse entrevu dans l'avenir, où Aramis jetterait enfin la casaque aux orties pour prendre la soutane. La promesse renouvelée chaque jour par le jeune homme que le moment ne pouvait tarder l'avait seul retenu au service d'un mousquetaire, service dans lequel, disait-il, il ne pouvait manquer de perdre son âme.

Bazin était donc au comble de la joie. Selon toute probabilité, cette fois son maître ne s'en dédirait pas. La réunion de la douleur physique à la douleur morale avait produit l'effet si longtemps désiré: Aramis, souffrant à la fois du corps et de l'âme, avait enfin arrêté sur la religion ses yeux et sa pensée, et il avait regardé comme un avertissement du ciel le double accident qui lui était arrivé, c'est-à-dire la disparition subite de sa maîtresse et sa blessure à l'épaule.

On comprend que rien ne pouvait, dans la disposition où il se trouvait, être plus désagréable à Bazin que l'arrivée de d'Artagnan, laquelle pouvait rejeter son maître dans le tourbillon des idées mondaines qui l'avaient si longtemps entraîné. Il résolut donc de défendre bravement la porte; et comme, trahi par la maîtresse de l'auberge, il ne pouvait dire qu'Aramis était absent, il essaya de prouver au nouvel arrivant que ce serait le comble de l'indiscrétion que de déranger son maître dans la pieuse conférence qu'il avait entamée depuis le matin, et qui, au dire de Bazin, ne pouvait être terminée avant le soir.

Mais d'Artagnan ne tint aucun compte de l'éloquent discours de maître Bazin, et, comme il ne se souciait pas d'entamer une polémique avec le valet de son ami, il l'écarta tout simplement d'une main et de l'autre il tourna le bouton de la porte du n° 5.

La porte s'ouvrit, et d'Artagnan pénétra dans la chambre.

Aramis, en surtout noir, le chef accommodé d'une espèce de coiffure ronde et plate qui ne ressemblait pas mal à une calotte, était assis devant une table oblongue couverte de rouleaux de papier et d'énormes in-folio; à sa droite était assis le supérieur des jésuites et à sa gauche le curé de Montdidier. Les rideaux étaient à demi clos et ne laissaient pénétrer qu'un jour mystérieux, ménagé pour une béate rêverie. Tous les objets mondains qui peuvent frapper l'œil quand on entre dans la chambre d'un jeune homme, et surtout lorsque ce jeune homme est mousquetaire, avaient disparu comme par enchantement, et, de peur sans doute que leur vue ne ramenât son maître aux idées de ce monde, Bazin avait fait main basse sur l'épée, les pistolets, le chapeau à plumes, les broderies et les dentelles de tout genre et de toute espèce.

Mais, en leur lieu et place, d'Artagnan crut apercevoir, dans un coin obscur, comme une forme de discipline suspendue par un clou à la muraille.

Au bruit que fit d'Artagnan en ouvrant la porte, Aramis leva la tête et reconnut son ami. Mais, au grand étonnement du jeune homme, sa vue ne parut pas produire une grande impression sur le mousquetaire, tant son esprit était détaché des choses de la terre.

— Bonjour cher d'Artagnan, dit Aramis; croyez que je suis heureux de vous voir.

— Et moi aussi, dit d'Artagnan, quoique je ne sois pas encore bien sûr que ce soit à Aramis que je parle.

— A lui-même, mon ami, à lui-même; mais qui a pu vous faire douter?...

— J'avais peur de me tromper de chambre, et j'ai cru d'abord entrer dans l'appartement de quelque homme d'Église; puis une terreur m'a pris en vous trouvant en compagnie de ces messieurs: c'est que vous ne fussiez gravement malade.

Les deux hommes noirs lancèrent sur d'Artagnan, dont ils comprirent l'intention, un regard presque menaçant; mais d'Artagnan ne s'en inquiéta point.

— Je vous trouble peut-être, mon cher Aramis, continua d'Artagnan, car, d'après ce que je vois, je suis porté à croire que vous vous confessez à ces messieurs.

Aramis rougit imperceptiblement

Vous, me troubler? oh! bien au contraire, cher ami, je vous le jure; et, comme preuve de ce que je dis, permettez-moi d'abord de me réjouir en vous voyant sain et sau.

— Ah! il y vient enfin! pensa d'Artagnan; ce n'est pas malheureux!

— Car monsieur, qui est mon ami, vient d'échapper à un rude danger, continua Aramis avec onction en montrant de la main d'Artagnan aux deux ecclésiastiques.

— Louez Dieu, mon frère, répondirent ceux-ci en s'inclinant à l'unisson.

— Je n'y ai pas manqué, mes révérends, répondit le jeune homme en leur rendant leur salut à son tour.

Puis, se retournant vers son ami:

— Vous arrivez à propos, cher d'Artagnan, continua Aramis, et vous allez, en prenant part à la discussion, l'éclairer de vos lumières. M. le principal d'Amiens, M. le curé de Montdidier et moi, nous argumentons sur certaines questions théologiques dont l'intérêt nous captive depuis longtemps; je serais charmé d'avoir votre avis.

— L'avis d'un homme d'épée est bien dénué de poids, répondit d'Artagnan, qui commençait à s'inquiéter de la tournure que prenaient les choses, et vous pouvez vous en tenir, croyez-moi, à la science de ces messieurs.

Les deux hommes noirs saluèrent à leur tour.

— Au contraire, reprit Aramis, et votre avis nous sera précieux; voici de quoi il s'agit: M. le principal croit que ma thèse doit être surtout dogmatique et didactique.

— Votre thèse! Vous faites donc une thèse?

— Sans doute, répondit le jésuite: pour l'examen qui précède l'ordination, une thèse est de rigueur.

— L'ordination! s'écria d'Artagnan, qui ne pouvait croire à ce que lui avaient dit successivement l'hôtesse et Bazin; l'ordination!

Et il promenait ses yeux stupéfaits sur les trois personnages qu'il avait devant lui.

— Or, continua Aramis en prenant sur son fauteuil la même pose gracieuse que s'il eût été dans une ruelle et en examinant avec complaisance sa main blanche et potelée comme une main de femme, qu'il tenait en l'air pour en faire descendre le sang; or, comme vous l'avez entendu, d'Artagnan, M. le principal voudrait que ma thèse fût dogmatique, tandis que je le voudrais, moi, qu'elle fût idéale. C'est donc pourquoi M. le principal me proposait ce sujet qui n'a point encore été traité, et dans lequel je reconnais qu'il y a matière à de magnifiques développements:

« *Utraque manus in benedicendo clericis inferioribus necessaria est.* »

D'Artagnan, dont nous connaissons l'érudition, ne sourcilla pas plus à cette citation qu'à celle que lui avait faite M. de Tréville à propos des présents qu'il prétendait que d'Artagnan avait reçus de M. de Buckingham.

— Ce qui veut dire, reprit Aramis pour lui donner toute facilité: *Les deux mains sont indispensables aux prêtres des ordres inférieurs quand ils donnent la bénédiction.*

— Admirable sujet! s'écria le jésuite.

— Admirable et dogmatique! répéta le curé, qui, de la force de d'Artagnan à peu près sur le latin, surveillait soigneusement le jésuite pour emboîter le pas avec lui et répéter ses paroles comme un écho.

Quant à d'Artagnan, il demeura parfaitement indifférent à enthousiasme des deux hommes noirs.

— Oui, admirable! *prorsùs admirabile!* continua Aramis, mais qui exige une étude approfondie des Pères et des Écritures. Or, j'ai avoué à ces savants ecclésiastique et cela en toute humilité, que les veilles des corps de ga.. et le service du roi m'avaient un peu fait négliger l'étud.. Je me trouverais donc plus à mon aise, *facilius natans*, dans un sujet de mon choix qui serait à ces rudes questions théologiques ce que la morale est à la métaphysique en philosophie.

D'Artagnan s'ennuyait profondément; le cure a ussi

— Voyez quel exorde! s'écria le jésuite.

— *Exordium*, répéta le curé pour dire quelque chose.

— *Quemadmodum inter colorum immensitatem.*

Aramis jeta un coup d'œil de côté sur d'Artagnan, et il vit que son ami bâillait à se démonter la mâchoire.

— Parlons français, mon père, dit-il au jésuite, M. d'Artagnan goûtera plus vivement nos paroles.

— Oui, je suis fatigué de la route, dit d'Artagnan, et tout ce latin m'échappe.

— D'accord, dit le jésuite un peu dépité, tandis que le curé, transporté d'aise, tournait sur d'Artagnan un regard plein de reconnaissance; eh bien! voyez le parti qu'on tirerait de cette glose :

« Moïse, serviteur de Dieu... il n'est que serviteur, entendez-vous bien? Moïse bénit avec les mains; il se fait tenir les deux bras, tandis que les Hébreux battent leurs ennemis ; donc il bénit avec les deux mains. D'ailleurs, que dit l'Évangile? *Imponite manus*, et non pas *man.. m*; imposez les mains, et non pas la main.

— Imposez les mains, répéta le curé en faisant le geste.

— A saint Pierre, au contraire, de qui les papes sont successeurs, continua le jésuite : *porrige digitos*, présentez les doigts ; y êtes-vous maintenant ?

— Certes, répondit Aramis en se délectant, mais la chose est subtile.

— Les doigts, reprit le jésuite; saint Pierre bénit avec les doigts. Le pape bénit donc aussi avec les doigts. Et avec combien de doigts bénit-il ? Avec trois doigts, un pour le Père, un pour le Fils et un pour le Saint-Esprit.

Tout le monde se signa; d'Artagnan crut devoir imiter cet exemple.

— Le pape est successeur de saint Pierre et représente les trois pouvoirs divins; le reste, *ordines inferiores* de la hiérarchie ecclésiastique, bénit par le nom des saints archanges et des anges. Les plus humbles clercs, tels que nos diacres et sacristains, bénissent avec les goupillons, qui simulent un nombre indéfini de doigts bénissants. Voilà le sujet simplifié. *Argumentum omni denudatum ornamento.* Je ferais avec cela, continua le jésuite, deux volumes de la taille de celui-ci.

Et, dans son enthousiasme, il frappait sur le Saint-Chrysostome in-folio qui faisait plier la table sous son poids.

D'Artagnan frémit.

— Certes, dit Aramis, je rends justice aux beautés de cette thèse, mais en même temps je la reconnais écrasante pour moi. J'avais choisi ce texte; dites-moi, cher d'Artagnan, s'il n'est point de votre goût : *Non inutile est desiderium in oblatione*, ou mieux encore : *Un peu de regret ne messied pas dans une offrande au Seigneur.*

Halte-là! dit le jésuite, car cette thèse frise l'hérésie, il y a une proposition presque semblable dans l'*Augustinus* de l'hérésiarque Jansénius, dont tôt ou tard le livre sera brûlé par la main du bourreau. Prenez garde, mon jeune ami, vous penchez vers les fausses doctrines, mon jeune ami; prenez garde, vous vous perdrez.

— Vous vous perdrez, dit le curé en secouant douloureusement la tête.

— Vous touchez à ce fameux point du libre arbitre, qui est un écueil mortel. Vous abordez de front les insinuations des Pélagiens et des semi-Pélagiens.

— Mais, mon révérend, reprit Aramis, quelque peu abasourdi de la grêle d'arguments qui lui tombait sur la tête...

— Comment prouverez-vous, continua le jésuite sans lui donner le temps de parler, que l'on doit regretter le monde

lorsqu'on s'offre à Dieu? Écoutez ce dilemme : Dieu est Dieu, et le monde est le diable. Regretter le monde, c'est regretter le diable; voilà ma conclusion.

— C'est la mienne aussi, dit le curé.

— Mais, de grâce, reprit Aramis...

— *Desideras diabolum*, infortuné! s'écria le jésuite.

— Il regrette le diable! Ah! mon jeune ami, reprit le curé en gémissant, ne regrettez pas le diable, c'est moi qui vous en supplie.

D'Artagnan tournait à l'idiotisme; il lui semblait être dans une maison de fous, et qu'il allait devenir fou comme ceux qu'il voyait. Seulement il était forcé de se taire, ne comprenant point la langue qui se parlait devant lui.

— Mais écoutez-moi donc, reprit Aramis avec une politesse sous laquelle commençait de percer un peu d'impatience; je ne dis pas que je regrette ; non, je ne prononce jamais cette phrase, qui ne serait pas orthodoxe...

Le jésuite leva les bras au ciel, et le curé en fit autant.

— Non, mais convenez au moins qu'on a mauvaise grâce de n'offrir au Seigneur que ce dont on est parfaitement dégoûté. Ai-je raison, d'Artagnan ?

— Je le crois pardieu bien! s'écria celui-ci.

Le curé et le jésuite firent un bond sur leur chaise.

— Voici mon point de départ; c'est un syllogisme : le monde ne manque pas d'attraits, je quitte le monde, donc je fais un sacrifice; or, l'Écriture dit positivement : *Faites un sacrifice au Seigneur.*

— Cela est vrai, dirent les antagonistes.

— Et puis, continua Aramis en se pinçant l'oreille pour la rendre rouge, comme il se secouait les mains pour les rendre blanches, et puis j'ai fait certain rondeau là-dessus que je communiquai à M. Voiture l'an passé, et duquel ce grand homme m'a fait mille compliments.

— Un rondeau! fit dédaigneusement le jésuite.

— Un rondeau, dit machinalement le curé.

— Dites, dites, s'écria d'Artagnan, cela nous changer quelque peu.

— Non, car il est religieux, répondit Aramis, et c'est de la théologie en vers.

— Diable! fit d'Artagnan.

— Le voici, dit Aramis d'un petit air modeste qui n'était pas exempt d'une certaine teinte d'hypocrisie.

> Vous qui pleurez un passé plein de charmes,
> Et qui traînez des jours infortunés,
> Tous vos malheurs seront terminés,
> Quand à Dieu seul vous offrirez vos larmes,
> Vous qui pleurez.

D'Artagnan et le curé parurent flattés. Le jésuite persista dans son opinion.

— Gardez-vous du goût profane dans le style théologique. Que dit, en effet, saint Augustin? *Severus sit clericorum sermo.*

— Oui, que le sermon soit clair, dit le curé.

— Or, se hâta d'interrompre le jésuite en voyant que son acolyte se fourvoyait, or, votre thèse plaira aux dames, voilà tout ; elle aura le succès d'une plaidoirie de M° Patru.

— Plaise à Dieu! s'écria Aramis transporté.

— Vous le voyez, reprit le jésuite, le monde parle encore en vous à haute voix, *altissimâ voce*. Vous suivez le monde, mon jeune ami, et je tremble que la grâce ne soit point efficace.

— Rassurez-vous, mon révérend, je réponds de moi.

— Présomption mondaine!

— Je me connais, mon père, ma résolution est irrévocable.

— Alors vous vous obstinez à poursuivre cette thèse?

— Je me sens appelé à traiter celle-là et non pas une autre; je vais donc la continuer, et demain j'espère que vous serez satisfait des corrections que j'y aurai faites d'après vos avis.

— Travaillez lentement, dit le curé, nous vous laissons dans des dispositions excellentes.

— Oui, le terrain est tout ensemencé, dit le jésuite, et nous n'avons pas à craindre qu'une partie du grain soit tombée sur la pierre, l'autre le long du chemin, et que les oiseaux du ciel aient mangé le reste : *Aves cœli comederunt illam*.

— Que la peste t'étouffe avec ton latin! dit d'Artagnan, qui se sentait au bout de ses forces.

— Adieu, mon fils, dit le curé, à demain.

— A demain, jeune téméraire, dit le jésuite; vous promettez d'être une des lumières de l'Eglise; veuille le ciel que cette lumière ne soit pas un feu dévorant!

D'Artagnan, qui, pendant une heure, s'était rongé les ongles d'impatience, commençait à attaquer la chair.

Les deux hommes noirs se levèrent, saluèrent Aramis et d'Artagnan, et s'avancèrent vers la porte. Bazin, qui s'était tenu debout et qui avait écouté toute cette controverse avec

POUCE.

— J'entends des épinards, reprit Aramis, mais pour vous j'ajouterai des œufs. — Page 109.

une pieuse jubilation, s'élança vers eux, prit le bréviaire du curé, le missel du jésuite, et marcha respectueusement devant eux pour leur frayer le chemin.

Aramis les conduisit jusqu'au bas de l'escalier et remonta aussitôt près de d'Artagnan, qui rêvait encore.

Restés seuls, les deux amis gardèrent d'abord un silence embarrassé; cependant il fallait que l'un des deux le rompît le premier, et comme d'Artagnan paraissait décidé à laisser cet honneur à son ami :

— Vous le voyez, dit Aramis, vous me trouvez revenu à mes idées fondamentales.

— Oui, la grâce efficace vous a touché, comme disait monsieur tout à l'heure.

— Oh! ces plans de retraite sont formés depuis longtemps, et vous m'en avez déjà ouï parler, n'est-ce pas, mon ami?

— Sans doute; mais je vous avoue que j'ai cru que vous plaisantiez.

— Avec ces sortes de choses? Oh! d'Artagnan!

— Dame! on plaisante bien avec la mort.

— Et l'on a tort, d'Artagnan, car la mort c'est la porte qui conduit à la perdition ou au salut.

— D'accord; mais, s'il vous plaît, ne théologisons pas, Aramis; vous devez en avoir assez pour le reste de la journée; quant à moi, j'ai à peu près oublié le peu de latin que je n'ai jamais su; puis, je vous l'avouerai, je n'ai rien mangé depuis ce matin dix heures, et j'ai une faim de tous les diables.

— Nous dînerons tout à l'heure, cher ami : seulement, vous vous rappelez que c'est aujourd'hui vendredi; or, dans un pareil jour, je ne puis manger ni voir manger de la chair.

Si vous voulez vous contenter de mon dîner, il se compose de tétragones cuit et de fruits.

— Qu'entendez vous par tétragones? demanda d'Artagnan avec inquiétude.

— J'entends des épinards, reprit Aramis; mais pour vous j'ajouterai des œufs, et c'est une grave infraction à la règle, car les œufs sont viande, puisqu'ils engendrent le poulet.

— Ce festin n'est pas succulent, mais n'importe, pour rester avec vous, je le subirai

Porthos.

— Je vous suis reconnaissant du sacrifice, dit Aramis; mais, s'il ne profite pas à votre corps, il profitera, soyez-en certain, à votre âme.

— Ainsi, décidément, Aramis, vous entrez en religion. Que vont dire nos amis? que va dire M. de Tréville? ils vous traiteront de déserteur, je vous en préviens.

— Je n'entre pas en religion, j'y rentre. C'est l'Église que j'avais désertée pour le monde, car vous savez que je me suis fait violence pour prendre la casaque de mousquetaire.

— Moi, je n'en sais rien.

— Vous ignorez comment j'ai quitté le séminaire?

— Tout à fait.

— Voici mon histoire; d'ailleurs les Écritures disent Confessez-vous les uns aux autres, et je me confesse à vous, d'Artagnan.

— Et moi je vous donne l'absolution d'avance; vous voyez que je suis bon homme.

— Ne plaisantez pas avec les choses saintes, mon ami.

— Alors, dites, je vous écoute.

— J'étais donc au séminaire depuis l'âge de neuf ans, j'en

avais vingt dans trois jours; j'allais être abbé, et tout était dit.

Un soir que je me rendais, selon mon habitude, dans une maison que je fréquentais avec plaisir — on est jeune, que voulez-vous, on est faible, — un officier qui me voyait d'un œil jaloux lire les vies des saints à la maîtresse de la maison entra tout à coup et sans être annoncé. Justement, ce soir-là, j'avais traduit un épisode de Judith, et je venais de communiquer mes vers à la dame, qui me faisait toutes sortes de compliments, et, penchée sur mon épaule, les relisait avec moi. La pose, qui était quelque peu abandonnée, je l'avoue, blessa cet officier; il ne dit rien, mais, lorsque je sortis, il sortit derrière moi, et me rejoignant ·

— Monsieur l'abbé, dit-il, aimez-vous les coups de canne?

— Je ne puis le dire, monsieur, répondis-je, personne n'ayant jamais osé m'en donner.

— Eh bien, écoutez-moi, monsieur l'abbé, si vous retournez dans la maison où je vous ai rencontré ce soir, j'oserai, moi.

Je crois que j'eus peur; je devins fort pâle, je sentis les jambes qui me manquaient, je cherchai une réponse que je ne trouvai pas, je me tus.

L'officier attendit cette réponse, et, voyant qu'elle tardait, il se mit à rire, me tourna le dos et rentra dans la maison.

Je rentrai au séminaire.

Je suis bon gentilhomme et j'ai le sang vif, comme vous avez pu le remarquer, mon cher d'Artagnan; l'insulte était terrible, et, tout inconnue qu'elle était restée au monde, je la sentais vivre et remuer au fond de mon cœur. Je déclarai à mes supérieurs que je ne me sentais pas suffisamment préparé pour l'ordination, et, sur ma demande, on remit la cérémonie à un an.

J'allai trouver le meilleur maître d'armes de Paris, je fis condition avec lui pour prendre une leçon d'escrime chaque jour, et chaque jour, pendant une année, je pris cette leçon. Puis, le jour anniversaire de celui où j'avais été insulté, j'accrochai ma soutane à un clou, je pris un costume complet de cavalier, et je me rendis à un bal que donnait une dame de mes amies, et où je savais que devait se trouver mon homme. C'était rue des Francs-Bourgeois, tout près de la Force.

En effet, mon officier y était; je m'approchai de lui comme il chantait un lai d'amour en regardant tendrement une femme, et je l'interrompis au beau milieu du second couplet.

— Monsieur, lui dis-je, vous déplait-il toujours que je retourne dans certaine maison de la rue Payenne, et me donnerez-vous encore des coups de canne s'il me prend fantaisie de vous désobéir?

L'officier me regarda avec étonnement, puis il dit :

— Que me voulez-vous, monsieur? je ne vous connais pas.

— Je suis, répondis-je, le petit abbé qui lit les vies des saints et qui traduit Judith en vers.

— Ah! ah! je me rappelle, dit l'officier en goguenardant; que me voulez-vous?

— Je voudrais que vous eussiez le loisir de venir faire un tour de promenade avec moi.

— Demain matin, si vous le voulez bien, et ce sera avec le plus grand plaisir.

— Non pas demain matin, s'il vous plaît tout de suite.

— Si vous l'exigez absolument...

— Mais, oui, je l'exige.

— Alors, sortons. Mesdames, dit l'officier, ne vous dérangez pas. Le temps de tuer monsieur seulement, et je reviens vous achever le second couplet.

Nous sortîmes.

Je le menai rue Payenne, juste à l'endroit où, un an auparavant, heure pour heure, il m'avait fait le compliment que je vous ai rapporté. Il faisait un clair de lune superbe. Nous mîmes l'épée à la main, et à la première passe je le tuai roide.

— Diable! fit d'Artagnan.

— Or, continua Aramis, comme les dames ne virent pas revenir le r chanteur et qu'on le trouva rue Payenne avec

un grand coup d'épée au travers du corps, on pensa que c'était moi qui l'avais accommodé ainsi, et la chose fit scandale. Je fus donc pour quelque temps forcé de renoncer à la soutane. Athos, dont je fis la connaissance à cette époque, et Porthos, qui m'avait, en dehors de mes leçons d'escrime, appris quelques bottes gaillardes, me décidèrent à demander une casaque de mousquetaire. Le roi avait fort aimé mon père, tué au siége d'Arras, et l'on m'accorda cette casaque. Vous comprenez donc qu'aujourd'hui le moment est venu pour moi de rentrer dans le sein de l'Eglise.

— Et pourquoi aujourd'hui plutôt qu'hier et que demain? Que vous est-il donc arrivé aujourd'hui qui vous donne de si méchantes idées?

— Cette blessure, mon cher d'Artagnan, m'a été un avertissement du ciel.

— Cette blessure? bah! elle est à peu près guérie, et je suis sûr qu'aujourd'hui ce n'est pas celle-là qui vous fait le plus souffrir.

— Et laquelle? demanda Aramis en rougissant.

— Vous en avez une au cœur, Aramis, une plus vive et plus saignante, une blessure faite par une femme.

L'œil d'Aramis étincela malgré lui.

— Ah! dit-il en dissimulant son émotion sous une feinte négligence, ne parlez pas de ces choses-là! moi, penser à ces choses-là! avoir des chagrins d'amour! vanitas vanitatum! Me serais-je donc, à votre avis, retourné la cervelle, et pour qui? pour quelque grisette, pour quelque fille de chanoine, à qui j'aurais fait la cour dans une garnison, fi!

— Pardon, mon cher Aramis, mais je croyais que vous portiez vos visées plus haut.

— Plus haut? Et que suis-je pour avoir tant d'ambition? un pauvre mousquetaire fort gueux et fort obscur, qui hait les servitudes, et se trouve grandement déplacé dans le monde.

— Aramis! Aramis! s'écria d'Artagnan en regardant son ami avec un air de doute.

— Poussière dit Aramis, je rentre dans la poussière. La vie est pleine d'humiliations et de douleurs, continua-t-il en s'assombrissant; tous les fils qui la rattachent au bonheur se rompent tour à tour dans la main de l'homme, surtout les fils d'or. Oh! mon cher d'Artagnan, reprit Aramis en donnant à sa voix une légère teinte d'amertume, croyez-moi, cachez bien vos plaies quand vous en aurez. Le silence est la dernière joie des malheureux; gardez-vous de mettre qui que ce soit sur la trace de vos douleurs; les curieux pompent nos larmes comme les mouches font du sang d'un daim blessé.

— Hélas! mon cher Aramis, dit d'Artagnan en poussant à son tour un profond soupir, c'est mon histoire à moi-même que vous faites là.

— Comment?

— Oui, une femme que j'aimais, que j'adorais, vient de m'être enlevée de force. Je ne sais pas où elle est, où on l'a conduite; elle est peut-être prisonnière, elle est peut-être morte.

— Mais vous avez au moins cette consolation de vous dire qu'elle ne vous a pas quitté volontairement, que, si vous n'avez point de ses nouvelles, c'est que toute communication avec vous lui est interdite, tandis que...

— Tandis que?..

— Rien, reprit Aramis, rien.

— Ainsi, vous renoncez à jamais au monde, c'est un parti pris, une résolution arrêtée?

— A tout jamais. Vous êtes mon ami, aujourd'hui, demain vous ne serez plus pour moi qu'une ombre, ou plutôt même vous n'existerez plus. Quant au monde, c'est un sépulcre et pas autre chose.

— Diable! c'est fort triste ce que vous me dites là.

— Que voulez-vous! ma vocation m'attire! elle m'enlève.

D'Artagnan sourit et ne répondit point. Aramis continua

— Et cependant, tandis que je tiens encore à la terre, j'eusse voulu vous parler de vous, de vos amis.

— Et moi, dit d'Artagnan, j'eusse voulu vous parler de

vous-même, mais je vous vois si détaché de tout : les amours vous en faites fi, les amis sont des ombres, le monde est un sépulcre.

— Hélas ! vous le verrez par vous-même, dit Aramis avec un soupir.

— N'en parlons donc plus, dit d'Artagnan, et brûlons cette lettre qui, sans doute, vous annonçait quelque nouvelle infidélité de votre grisette ou de votre fille de chambre.

— Quelle lettre ? s'écria vivement Aramis.

— Une lettre qui était venue chez vous en votre absence et qu'on m'a remise pour vous.

— Mais de qui cette lettre ?

— Ah ! de quelque suivante éplorée, de quelque grisette au désespoir, de la fille de chambre de madame de Chevreuse peut-être, qui aura été obligée de retourner à Tours avec sa maitresse, et qui, pour se faire pimpante, aura pris du papier parfumé et aura cacheté sa lettre avec une couronne de duchesse.

— Que dites-vous là ?

— Tiens, je l'aurai perdue, dit sournoisement le jeune homme en faisant semblant de chercher. Heureusement que le monde est un sépulcre, que les hommes, et par conséquent les femmes, sont des ombres, que l'amour est un sentiment dont vous faites fi !

— Ah ! d'Artagnan, d'Artagnan ! s'écria Aramis, tu me fais mourir !

— Enfin, la voici, dit d'Artagnan ; et il tira la lettre de sa poche.

Aramis fit un bond, saisit la lettre, la lut ou plutôt la dévora ; son visage rayonnait.

— Il paraît que la suivante a un beau style, dit nonchalamment le messager.

— Merci, d'Artagnan ! s'écria Aramis presque en délire. Elle a été forcée de retourner à Tours ; elle ne m'est pas infidèle ; elle m'aime toujours. Viens, mon ami, viens que je t'embrasse : le bonheur m'étouffe !

Et les deux amis se mirent à danser autour du vénérable Saint-Chrysostome, piétinant bravement les feuillets de la thèse, qui avaient roulé sur le parquet.

En ce moment, Bazin entrait avec les épinards et l'omelette.

— Fuis, malheureux ! s'écria Aramis en lui jetant sa calotte au visage ; retourne d'où tu viens, remporte ces horribles légumes et cet affreux entremets, demande un lièvre piqué, un chapon gras, un gigot à l'ail et quatre bouteilles de vieux bourgogne.

Bazin, qui regardait son maître et qui ne comprenait rien à ce changement, laissa mélancoliquement glisser l'omelette dans les épinards, et les épinards sur le parquet.

— Voilà le moment de consacrer votre existence au Roi des rois, dit d'Artagnan, si vous tenez à lui faire une politesse, non inutile desiderium in oblatione.

— Allez-vous en au diable avec votre latin ! Mon cher d'Artagnan, buvons, morbleu, buvons, et racontez-moi un peu ce qu'on fait là-bas !

—◦◊◦—

CHAPITRE XXVII.

LA FEMME D'ATHOS.

— Il reste maintenant à savoir des nouvelles d'Athos, dit d'Artagnan au fringant Aramis quand il l'eut mis au courant de ce qui s'était passé dans la capitale depuis leur départ et qu'un excellent dîner leur eut fait oublier à l'un sa thèse, à l'autre sa fatigue.

— Croyez-vous donc qu'il lui soit arrivé malheur ? demanda Aramis. Athos est si froid, si brave, et manie si habilement son épée !

— Oui, sans doute, et personne ne reconnaît mieux que moi le courage et l'adresse d'Athos ; mais j'aime mieux sur mon épée le choc des lames que celui des bâtons : je crains qu'Athos n'ait été étrillé par de la valetaille : les valets sont gens qui frappent fort et ne finissent pas tôt. J'en sais quelque chose, j'ai débuté par là. Voilà pourquoi, je vous l'avoue, je voudrais repartir le plus vite possible.

— Je tâcherai de vous accompagner, dit Aramis, quoique je ne me sente guère en état de monter à cheval. Hier j'essayai de la discipline que vous voyez sur ce mur, et la douleur me força d'interrompre ce pieux exercice.

— C'est qu'aussi, mon cher ami, on n'a jamais vu essayer de guérir des coups d'escopette avec des coups de martinet ; mais vous étiez malade, et la maladie rend la tête faible, ce qui fait que je vous excuse.

— Et quand partez-vous ?

— Demain, au point du jour ; reposez-vous de votre mieux cette nuit, et demain, si vous le pouvez, nous partirons ensemble.

— A demain donc, dit Aramis, car, tout de fer que vous êtes, vous devez avoir besoin de repos.

Le lendemain, lorsque d'Artagnan entra chez Aramis, il le trouva à sa fenêtre.

— Que regardez-vous donc là ? demanda d'Artagnan.

— Ma foi ! j'admire ces trois magnifiques chevaux que les garçons d'écurie tiennent en bride ; c'est un plaisir de prince que de voyager sur de pareilles montures.

— Eh bien ! mon cher Aramis, vous vous donnerez ce plaisir-là, car l'un de ces trois chevaux est à vous.

— Ah bah ! Et lequel ?

— Celui des trois que vous voudrez, je n'ai pas de préférence.

— Et le riche caparaçon qui le couvre est à moi aussi ?

— Sans doute.

— Vous voulez rire, d'Artagnan.

— Je ne ris plus depuis que vous parlez français.

— C'est pour moi, ces fontes dorées, cette housse de velours, cette selle chevillée d'argent ?

— A vous-même, comme ce cheval qui piaffe est à moi, comme cet autre cheval qui caracole est à Athos.

— Peste ! ce sont trois bêtes superbes.

— Je suis flatté qu'elles soient de votre goût.

— C'est donc le roi qui vous a fait ce cadeau-là ?

— A coup sûr ce n'est point le cardinal ; mais ne vous inquiétez pas d'où ils viennent, et songez seulement qu'un des trois est à vous.

— Je prends celui que tient le valet roux.

— A merveille !

— Vive Dieu ! s'écria Aramis, voilà qui me fait passer le reste de ma douleur ; je monterais là-dessus avec trente balles dans le corps. Ah ! sur mon âme ! les beaux étriers ! Holà ! Bazin, venez çà, et à l'instant même.

Bazin apparut morne et languissant sur le seuil de la porte.

— Fourbissez mon épée, redressez mon feutre, brossez mon manteau et chargez mes pistolets ! dit Aramis.

— Cette dernière recommandation est inutile, interrompit d'Artagnan, il y a des pistolets chargés dans vos fontes.

Bazin soupira.

— Allons, maître Bazin, tranquillisez-vous, dit d'Artagnan, on gagne le royaume des cieux dans toutes les conditions.

— Monsieur était déjà si bon théologien, dit Bazin presque larmoyant, il fût devenu évêque et peut-être cardinal.

— Eh bien ! mon pauvre Bazin, voyons, réfléchis un peu à quoi sert d'être homme d'Eglise, je te prie ? on n'évite pas pour cela d'aller à la guerre ; tu vois bien que le cardinal va faire la première campagne avec le pot en tête et la pertuisane au poing ; et M. de Nogaret de la Valette, qu'en dis-tu ! il est cardinal aussi ; demande à son laquais combien de fois il lui a fait de la charpie.

— Hélas ! soupira Bazin, je le sais, monsieur, tout est bouleversé dans ce monde aujourd'hui.

Pendant ce temps les deux jeunes gens et le pauvre laquais étaient descendus.

— Tiens-moi l'étrier, Bazin, dit Aramis.

Et Aramis s'élança en selle avec sa grâce et sa légèreté ordinaires ; mais après quelques voltes et quelques courbettes du noble animal, son cavalier ressentit des douleurs tellement insupportables qu'il pâlit et chancela. D'Artagnan,

qui, dans la prévision de cet accident, ne l'avait pas perdu des yeux, s'élança vers lui, le retint dans ses bras et le conduisit à sa chambre.

— C'est bien, mon cher Aramis ; soignez-vous, dit-il, j'irai seul à la recherche d'Athos.

— Vous êtes un homme d'airain, lui dit Aramis.

— Non, j'ai du bonheur, voilà tout ; mais comment allez-vous vivre en m'attendant ? plus de thèse, plus de glose sur les doigts, et les bénédictions, hein !

En ce moment, Bazin entrait avec les épinards et l'omelette. — Page 111.

Aramis sourit.

— Je ferai des vers, dit-il.

— Oui, des vers parfumés à l'odeur du billet de la suivante de madame de Chevreuse. Enseignez donc la prosodie à Bazin, cela le consolera ; quant au cheval, montez-le tous les jours un peu, et cela vous habituera aux manœuvres.

— Oh ! quant à cela, soyez tranquille, dit Aramis, vous me retrouverez prêt à vous suivre.

Ils se dirent adieu, et, dix minutes après, d'Artagnan, après avoir recommandé son ami à Bazin et à l'hôtesse, trottait dans la direction d'Amiens.

Comment allait-il retrouver Athos, et même le retrouverait-il ?

La position dans laquelle il l'avait laissé était critique, et ce dernier pouvait bien avoir succombé. Cette idée assombrit le front de d'Artagnan et lui fit formuler tout bas quelques serments de vengeance. De tous ses amis, Athos était le plus âgé, et partant le moins rapproché en apparence de ses goûts et de ses sympathies. Cependant il avait pour ce gentilhomme une préférence marquée. L'air noble et distingué d'Athos, ces éclairs de grandeur qui jaillissaient de temps en temps de l'ombre où il se tenait volontairement enfermé, cette inaltérable égalité d'humeur qui en faisait le plus facile compagnon de la terre, cette gaieté forcée et mordante, cette bravoure qu'on eût appelée aveugle si elle n'eût été le résultat du plus rare sang-froid, tant de qualités attiraient plus que l'estime, plus que l'amitié de d'Artagnan, elles attiraient son admiration.

En effet, considéré même auprès de M. de Tréville, l'élégant et noble courtisan, Athos, dans ses jours de belle humeur, pouvait soutenir avantageusement la comparaison; il était de taille moyenne, mais cette taille était si admirablement prise et si bien proportionnée, que plus d'une fois dans ses luttes avec Porthos il avait fait plier le géant dont la force physique était devenue proverbiale parmi les mousquetaires; sa tête aux yeux perçants, au nez aquilin, au menton dessiné comme celui de Brutus, avait un caractère indéfinissable de grandeur et de grâce; ses mains, dont il ne prenait aucun soin, faisaient le désespoir d'Aramis, qui cultivait les siennes à grand renfort de pâte d'amande et

J.A. BEAUCE.   GUICHON.

— Me reconnaissez-vous? dit-il à l'hôte, qui s'avançait pour le saluer. —

d'huile parfumée; le son de sa voix était pénétrant et mélodieux tout à la fois; et puis, ce qu'il y avait d'indéfinissable dans Athos, qui se faisait toujours obscur et petit, c'était cette science délicate du monde et des usages de la plus brillante société, cette habitude de bonne maison qui perçait comme à son insu dans ses moindres actions.

S'agissait-il d'un repas, Athos l'ordonnait mieux qu'aucun homme du monde, plaçant chaque convive à la place et au rang que lui avaient faits ses ancêtres ou qu'il s'était faits lui-même. S'agissait-il de science héraldique, Athos connaissait toutes les familles nobles du royaume, leur généalogie, leurs alliances, leurs armes et l'origine de leurs armes. L'étiquette n'avait pas de minuties qui lui fussent étrangères, il savait quels étaient les droits des grands propriétaires, il connaissait à fond la vénerie et la fauconnerie, et un jour il avait, en causant de ce grand art, étonné le roi Louis XIII lui-même, qui cependant y était passé maître.

Comme tous les grands seigneurs de cette époque, il montait à cheval et faisait des armes dans la perfection. Il y a plus: son éducation avait été si peu négligée, même sous le rapport des études scolatiques, si rares à cette épo-

15

que chez les gentilshommes, qu'il souriait aux bribes de latin que détachait Aramis, et qu'avait l'air de comprendre Porthos ; deux ou trois fois même, au grand étonnement de ses amis, il lui était arrivé, lorsque Aramis laissait échapper quelque erreur de rudiment, de remettre un verbe à son temps et un nom à son cas ; en outre, sa probité était inattaquable, et c'était merveille dans ce siècle où les hommes de guerre transigeaient si facilement avec leur religion et leur conscience, les amants avec la délicatesse rigoureuse de nos jours, et les pauvres avec le septième commandement de Dieu. C'était donc un homme fort extraordinaire qu'Athos.

Et cependant on voyait cette nature si distinguée, cette créature si belle, cette essence si fine, tourner insensiblement à la vie matérielle, comme les vieillards tournent à l'imbécillité physique et morale. Athos, dans ses heures de préoccupation, et ces heures étaient fréquentes, s'éteignait dans toute sa partie lumineuse, et son côté brillant disparaissait comme dans une profonde nuit. Alors, le demi-dieu évanoui, il restait à peine un homme. La tête basse, l'œil terne, la parole lourde et pénible, Athos regardait pendant de longues heures, soit sa bouteille et son verre, soit Grimaud, qui, habitué à lui obéir par signe, lisait dans le regard atone de son maître jusqu'à son moindre désir, qu'il satisfaisait aussitôt. La réunion des quatre amis avait-elle lieu dans un de ces moments-là, un mot, échappé avec un violent effort, était tout le contingent qu'Athos fournissait à la conversation. En échange, Athos à lui seul buvait comme quatre, et cela sans qu'il y parût autrement que par un froncement de sourcil plus indiqué et par une tristesse plus profonde.

D'Artagnan, dont nous connaissons l'esprit investigateur et pénétrant, n'avait, quelque intérêt qu'il eût à satisfaire sa curiosité sur ce sujet, pu encore assigner aucune cause à ce marasme, ni en noter les occurrences. Jamais Athos ne recevait de lettres, jamais Athos ne faisait une démarche qui ne fût connue de tous ses amis. On ne pouvait dire que ce fût le vin qui lui donnât cette tristesse, car au contraire il ne buvait que pour combattre cette tristesse, que ce remède, comme nous l'avons dit, rendait plus sombre encore. On ne pouvait attribuer cet excès d'humeur noire au jeu, car, au contraire de Porthos, qui accompagnait de ses chants ou de ses jurons toutes les variations de la chance, Athos, lorsqu'il avait gagné, demeurait aussi impassible que lorsqu'il avait perdu. On l'avait vu au cercle des mousquetaires gagner un soir trois mille pistoles, les perdre, puis perdre son cheval, ses armes, perdre jusqu'au ceinturon brodé d'or des jours de gala ; regagner tout cela, plus cent louis, sans que son beau sourcil noir eût haussé ou baissé d'une demi-ligne, sans que ses mains eussent perdu leur nuance nacrée, sans que sa conversation, qui était agréable ce soir-là, eût cessé d'être calme et agréable.

Ce n'était pas non plus, comme chez nos voisins les Anglais, une influence atmosphérique qui assombrissait son visage, car cette tristesse devenait plus intense en général vers les plus beaux jours de l'année : juin et juillet étaient les mois terribles d'Athos.

Pour le présent, il n'avait pas de chagrin, il haussait les épaules quand on lui parlait de l'avenir ; son secret était donc dans le passé, comme on l'avait dit vaguement à d'Artagnan.

Cette teinte mystérieuse répandue sur toute sa personne rendait encore plus intéressant, l'homme dont jamais les yeux ni la bouche, dans l'ivresse la plus complète, n'avaient rien révélé, quelle que fût l'adresse des questions dirigées contre lui.

— Eh bien, pensait d'Artagnan, le pauvre Athos est peut-être mort à cette heure, et mort par ma faute, car c'est moi qui l'ai entraîné dans cette affaire, dont il ignorait l'origine, dont il ignorera le résultat, et dont il ne devait tirer aucun profit.

— Sans compter, monsieur, répondait Planchet, que nous lui devons probablement la vie. Vous rappelez-vous comme il a crié : Au large, d'Artagnan ! je suis pris. Et, après avoir déchargé ses deux pistolets, quel bruit terrible il faisait avec son épée ! On eût dit vingt hommes, ou plutôt vingt diables enragés !

Et ces mots redoublaient l'ardeur de d'Artagnan, qui ex-

citait son cheval, lequel, n'ayant pas besoin d'être excité, emportait son cavalier au galop.

Vers onze heures du matin, on aperçut Amiens ; à onze heures et demie, on était à la porte de l'auberge maudite.

D'Artagnan avait souvent médité contre l'hôte perfide une de ces bonnes vengeances qui consolent, rien qu'en espérance. Il entra donc dans l'hôtellerie le feutre sur les yeux, la main gauche sur le pommeau de l'épée et faisant siffler sa cravache de la main droite.

— Me reconnaissez-vous ? dit-il à l'hôte, qui s'avançait pour le saluer.

— Je n'ai pas cet honneur, monseigneur, répondit celui-ci, les yeux encore éblouis du brillant équipage avec lequel d'Artagnan se présentait.

— Ah ! vous ne me connaissez pas !

— Non, monseigneur.

— Eh bien ! deux mots vont vous rendre la mémoire. Qu'avez-vous fait de ce gentilhomme à qui vous eûtes l'audace, voici quinze jours passés à peu près, d'intenter une accusation de fausse monnaie ?

L'hôte pâlit, car d'Artagnan avait pris l'attitude la plus menaçante, et Planchet se modelait sur son maître.

— Ah ! monseigneur, ne m'en parlez pas, s'écria l'hôte de son ton de voix le plus larmoyant ; ah ! Seigneur, combien j'ai payé cher cette faute. Ah ! malheureux que je suis !

— Ce gentilhomme, vous dis-je, qu'est-il devenu ?

— Daignez m'écouter, monseigneur, et soyez clément. Voyons, asseyez-vous, par grâce !

D'Artagnan, muet de colère et d'inquiétude, s'assit, menaçant comme un juge. Planchet s'adossa fièrement à son fauteuil.

— Voici l'histoire, monseigneur, reprit l'hôte tout tremblant, car je vous reconnais à cette heure : c'est vous qui êtes parti quand j'eus ce malheureux démêlé avec ce gentilhomme dont vous parlez.

— Oui, c'est moi ; ainsi vous voyez que vous n'avez pas de grâce à attendre si vous ne dites pas toute la vérité.

— Aussi, veuillez m'écouter, et vous la saurez tout entière.

— J'écoute.

— J'avais été prévenu par les autorités qu'un faux monnayeur célèbre arriverait à mon auberge avec plusieurs de ses compagnons, tous déguisés sous le costume de gardes ou de mousquetaires. Vos chevaux, vos laquais, votre figure, messeigneurs, tout m'avait été dépeint.

— Après ? après ? dit d'Artagnan, qui reconnut bien vite d'où venait le signalement si exactement donné.

— Je pris donc, d'après les ordres de l'autorité, qui m'envoya un renfort de six hommes, telles mesures que je crus urgentes, afin de m'assurer de la personne des prétendus faux monnayeurs.

— Encore ! dit d'Artagnan, à qui ce mot de faux monnayeurs échauffait terriblement les oreilles.

— Pardonnez-moi, monseigneur, de dire de telles choses, mais elles sont justement mon excuse. L'autorité m'avait fait peur, et vous savez qu'un aubergiste doit ménager l'autorité.

— Mais, encore une fois, ce gentilhomme, où est-il ? qu'est-il devenu ? Est-il mort ? est-il vivant ?

— Patience, monseigneur, nous y voici. Il arriva donc ce que vous savez, et ce dont votre départ précipité, ajouta l'hôte avec une finesse qui n'échappa point à d'Artagnan, semblait autoriser l'issue. Ce gentilhomme, votre ami, se défendit en désespéré. Son valet, qui, par un malheur imprévu, avait cherché querelle aux gens de l'autorité, déguisés en garçons d'écurie...

— Ah ! misérable ! s'écria d'Artagnan, vous étiez tous d'accord, et je ne sais à quoi tient que je ne vous extermine tous !

— Hélas ! non, monseigneur, nous n'étions pas tous d'accord, et vous allez bien voir. M. votre ami (pardon de ne point l'appeler par le nom honorable qu'il porte sans doute, mais nous ignorons ce nom), M. votre ami, après avoir mis hors de combat deux hommes de ses deux coups de pistolet, battit en retraite en se défendant avec son épée, dont il estropia encore un de mes hommes, et d'un coup du plat de laquelle il m'étourdit.

— Mais, bourreau, finiras-tu! dit d'Artagnan. Athos, que devint Athos?

— En battant en retraite, comme je l'ai dit à monseigneur, il trouva derrière lui l'escalier de la cave, et par hasard la porte en étant ouverte, il s'y précipita. Une fois dans la cave, il tira la clef à lui et se barricada en dedans. Comme on était sûr de le retrouver là, on le laissa libre.

— Oui, dit d'Artagnan, on ne tenait pas tout à fait à le tuer : on ne cherchait qu'à l'emprisonner.

— Juste Dieu! à l'emprisonner, monseigneur! il s'emprisonna bien lui-même, je vous le jure. D'abord il avait fait de rude besogne; un homme était tué sur le coup et deux autres étaient blessés grièvement. Le mort et les deux blessés furent emportés par leurs camarades, et jamais je n'ai plus entendu parler ni des uns ni des autres. Moi-même, quand je repris mes sens, j'allai trouver M. le gouverneur, auquel je racontai tout ce qui s'était passé, et auquel je demandai ce que je devais faire du prisonnier; mais M. le gouverneur eut l'air de tomber des nues; il me dit qu'il ignorait complètement ce que je voulais dire, que les ordres qui m'étaient parvenus n'émanaient pas de lui, et que, si j'avais le malheur de dire à qui que ce fût qu'il était pour quelque chose dans toute cette échauffourée, il me ferait pendre. Il paraît que je m'étais trompé, monsieur, que j'avais arrêté l'un pour l'autre, et que celui qu'on devait arrêter était sauvé.

— Mais Athos? s'écria d'Artagnan, dont l'impatience doublait de l'abandon où l'autorité laissait la chose; Athos, qu'est-il devenu?

— Comme j'avais hâte de réparer mes torts envers le prisonnier, reprit l'aubergiste, je m'acheminai vers la cave, afin de lui rendre sa liberté. Ah! monsieur, ce n'était plus un homme, c'était un diable. A cette proposition de liberté, il déclara que c'était un piège qu'on lui tendait, et qu'avant de sortir il entendait imposer ses conditions. Je lui dis bien humblement, car je ne me dissimulais pas la mauvaise position où je m'étais mis en portant la main sur un mousquetaire de Sa Majesté, je lui dis que j'étais prêt à me soumettre à ses conditions.

— D'abord, dit-il, je veux qu'on me rende mon valet tout armé.

On s'empressa d'obéir à cet ordre; car, vous comprenez bien, monsieur, nous étions disposés à faire tout ce que voudrait votre ami. M. Grimaud (il a dit son nom, celui-là, quoiqu'il ne parle pas beaucoup), M. Grimaud fut donc descendu à la cave, tout blessé qu'il était; alors, son maître l'ayant reçu, rebarricada la porte, et nous ordonna de rester dans notre boutique.

— Mais enfin, s'écria d'Artagnan, où est-il? où est Athos?

— Dans la cave, monsieur.

— Comment, malheureux, vous le retenez dans la cave depuis ce temps-là!

— Bonté divine! Non, monsieur. Nous, le retenir dans la cave! Vous ne savez donc pas ce qu'il y fait dans la cave? Ah! si vous pouviez l'en faire sortir, monsieur, je vous en serais reconnaissant toute ma vie, je vous adorerais comme mon patron.

— Alors il est là? je le retrouverai là?

— Sans doute, monsieur; il s'est obstiné à y rester. Tous les jours on lui passe par le soupirail du pain au bout d'une fourche, et de la viande quand il en demande; mais, hélas! ce n'est pas de pain et de viande qu'il fait la plus grande consommation. Une fois, j'ai essayé de descendre avec deux de mes garçons, mais il est entré dans une terrible fureur. J'ai entendu le bruit de ses pistolets qu'il armait et de son mousqueton qu'armait son domestique. Puis, comme nous leur demandions quelles étaient leurs intentions, le maître a répondu qu'ils avaient quarante coups à tirer lui et son laquais, et qu'ils les tireraient jusqu'au dernier plutôt que de permettre qu'un seul de nous mit le pied dans la cave. Alors, monsieur, j'ai été me plaindre au gouverneur, lequel m'a répondu que je n'avais que ce que je méritais, et que

cela m'apprendrait à insulter les honorables seigneurs qui prenaient gîte chez moi.

— De sorte que depuis ce temps... reprit d'Artagnan, ne pouvant s'empêcher de rire de la figure piteuse de son hôte.

— De sorte que depuis ce temps, monsieur, continua celui-ci, nous menons la vie la plus triste qui se puisse voir; car, monsieur, il faut que vous sachiez que toutes nos provisions sont dans la cave : il y a notre vin en bouteilles et notre vin en pièces; la bière, l'huile et les épices, le lard et les saucissons; et, comme il nous est défendu d'y descendre, nous sommes forcés de refuser le boire et le manger aux voyageurs qui nous arrivent, de sorte que tous les jours notre hôtellerie se perd. Encore une semaine avec votre ami dans ma cave, et nous sommes ruinés.

— Et ce sera justice, drôle! Ne voyait-on pas bien, à notre mine, que nous étions gens de qualité et non faussaires dites?

— Oui, monsieur, oui, vous avez raison, dit l'hôte. Mais tenez, tenez, le voilà qui s'emporte.

— Sans doute qu'on l'aura troublé, dit d'Artagnan.

— Mais il faut bien qu'on le trouble, s'écria l'hôte; il vient de nous arriver deux gentilshommes anglais.

— Eh bien?

— Eh bien! les Anglais aiment le bon vin, comme vous savez, monsieur; ceux-ci ont demandé du meilleur. Ma femme alors aura sollicité de M. Athos la permission d'entrer pour satisfaire ces messieurs, et il aura refusé comme de coutume. Ah! bonté divine! voilà le sabbat qui redouble!

D'Artagnan, en effet, entendit mener un grand bruit du côté de la cave; il se leva, et, précédé de l'hôte, qui se tordait les mains, et suivi de Planchet, qui tenait son mousqueton tout armé, il s'approcha du lieu de la scène.

Les deux gentilshommes étaient exaspérés, ils avaient fait une longue course, et mouraient de faim et de soif.

— Mais c'est une tyrannie! s'écriaient-ils en très-bon français, quoiqu'avec un accent étranger, que ce maître fou ne veuille pas laisser à ces bonnes gens l'usage de leur vin. Çà, nous allons enfoncer la porte, et, s'il est trop enragé, eh bien! nous le tuerons.

— Tout beau! messieurs, dit d'Artagnan en tirant ses pistolets de sa ceinture, vous ne tuerez personne, s'il vous plaît.

— Bon! bon! disait derrière la porte la voix calme d'Athos, qu'on les laisse un peu entrer, ces mangeurs de petits enfants, et nous allons voir!

Tout braves qu'ils paraissaient être, les deux gentilshommes anglais se regardèrent en hésitant; on eût dit qu'il y avait dans cette cave un de ces ogres faméliques, gigantesques héros de légendes populaires, et dont nul ne force impunément la caverne.

Il y eut un moment de silence; mais enfin les deux Anglais eurent honte de reculer, et le plus hargneux des deux descendit les cinq ou six marches dont se composait l'escalier, et donna dans la porte un coup de pied à fendre une muraille.

— Planchet, dit d'Artagnan en armant ses pistolets, je me charge de celui qui est en haut; charge-toi de celui qui est en bas. Ah! messieurs, vous voulez de la bataille! eh bien! on va vous en donner!

— Mordieu! s'écria la voix creuse d'Athos, j'entends d'Artagnan, ce me semble?

— En effet, dit d'Artagnan en haussant la voix à son tour, c'est moi-même, mon ami.

— Ah! bon, alors, dit Athos, nous allons les travailler, ces enfonceurs de portes!

Les gentilshommes avaient mis l'épée à la main; mais ils se trouvaient pris entre deux feux; ils hésitèrent encore un instant, cependant, comme la première fois, l'orgueil l'emporta, et un second coup de pied fit craquer la porte dans toute sa hauteur.

— Range-toi, d'Artagnan, range-toi, cria Athos, range-toi, je vais tirer.

— Messieurs, dit d'Artagnan, que la réflexion n'abandonnait jamais; messieurs, songez-y! De la patience, Athos.

Vous vous engagez là dans une mauvaise affaire, et vous allez être criblés. Voici mon valet et moi qui vous lâcherons trois coups de feu, autant vous arriveront de la cave, puis nous aurons encore nos épées, dont, je vous assure, mon ami et moi nous jouons passablement. Laissez-moi faire vos affaires et les miennes. Tout à l'heure vous aurez à boire, je vous en donne ma parole.

— S'il en reste, grogna la voix railleuse d'Athos.

L'hôtelier sentit une sueur froide couler le long de son échine.

— Comment? s'il en reste! murmura-t-il.

— Que diable! il en restera, reprit d'Artagnan; soyez donc tranquille; à eux deux ils n'auront pas bu toute la cave. Messieurs, remettez vos épées au fourreau.

— Eh bien! vous, remettez vos pistolets à votre ceinture.

Un instant après la porte s'ébranla, et l'on vit paraître la tête pâle d'Athos.

— Volontiers.

Et d'Artagnan donna l'exemple. Puis, se retournant vers Planchet, il lui fit signe de désarmer son mousqueton.

Les Anglais, convaincus, remirent en grommelant leurs épées au fourreau. On leur raconta l'histoire de l'emprisonnement d'Athos, et, comme ils étaient bons gentilshommes, ils donnèrent tort à l'hôtelier.

— Maintenant, messieurs, dit d'Artagnan, remontez chez vous, et, dans dix minutes, je vous réponds qu'on vous y portera tout ce que vous pouvez désirer.

Les Anglais saluèrent et sortirent.

— A présent que je suis seul, mon cher Athos, dit d'Artagnan, ouvrez-moi la porte, je vous en prie.

— A l'instant même, dit Athos.

Alors on entendit un grand bruit de fagots entrechoqués et de poutres gémissantes : c'étaient les contrescarpes et les bastions d'Athos, que l'assiégé démolissait lui-même.

Un instant après, la porte s'ébranla, et l'on vit paraître la tête pâle d'Athos, qui, d'un coup d'œil rapide, explorait les environs.

D'Artagnan se jeta à son cou et l'embrassa tendrement,

puis il voulut l'entraîner hors de ce séjour humide ; alors seulement il s'aperçut qu'Athos chancelait.

— Vous êtes blessé ? lui dit-il.

— Moi ! pas le moins du monde ; je suis ivre mort, voilà tout, et jamais homme n'a mieux fait ce qu'il fallait pour cela. Vive Dieu ! mon hôte ; il faut que j'en aie bu au moins pour ma part cent cinquante bouteilles.

— Miséricorde ! s'écria l'hôte, si le valet a bu seulement la moitié du maître, je suis ruiné.

— Grimaud est un laquais de bonne maison, qui ne se serait pas permis de faire le même ordinaire que moi : il a bu à la pièce ; seulement, tenez, je crois qu'il a oublié de remettre le fosset ; entendez-vous ? cela coule.

D'Artagnan partit d'un éclat de rire qui changea le frisson de l'hôte en fièvre chaude.

En même temps, Grimaud parut à son tour derrière son maître, le mousqueton sur l'épaule, la tête tremblante, comme ces satyres ivres des tableaux de Rubens. Il était ar-

L'hôte et sa femme se précipitèrent dans la cave, où un affreux spectacle les attendait

rosé par devant et par derrière d'une liqueur grasse que l'hôte reconnut pour être sa meilleure huile d'olive.

Le cortège traversa la grande salle et alla s'installer dans la meilleure chambre de l'auberge, que d'Artagnan occupa d'autorité.

Pendant ce temps l'hôte et sa femme se précipitèrent avec des lampes dans la cave qui leur avait été si longtemps interdite et où un affreux spectacle les attendait.

Au delà des fortifications auxquelles Athos avait fait brèche pour sortir, et qui se composaient de fagots, de planches et de futailles vides, entassés selon toutes les règles de l'art stratégique, on voyait çà et là, nageant dans les mares d'huile et de vin les ossements de tous les jambons mangés, tandis qu'un amas de bouteilles cassées jonchait tout l'angle gauche de la cave et qu'un tonneau, dont le robinet était resté ouvert, perdait par cette ouverture les dernières gouttes de son sang. L'image de la dévastation et de la mort, comme dit le poëte de l'antiquité, régnait là comme sur un champ de bataille.

Sur cinquante saucissons pendus aux solives, dix restaient à peine.

Alors les hurlements de l'hôte et de l'hôtesse percèrent

la voûte de la cave ; d'Artagnan lui-même en fut ému, Athos ne tourna pas même la tête.

Mais à la douleur succéda la rage. L'hôte s'arma d'une broche, et, dans son désespoir, s'élança dans la chambre où les deux amis s'étaient retirés.

— Du vin ! dit Athos en apercevant l'hôte.

— Du vin ! s'écria l'hôte stupéfait, du vin ! mais vous m'en avez bu pour plus de cent pistoles ; mais je suis un homme ruiné, perdu, anéanti.

— Bah ! dit Athos, nous sommes constamment restés sur notre soif.

— Si vous vous étiez contentés de boire encore, mais vous avez cassé toutes les bouteilles.

— Vous m'avez poussé sur un tas qui a dégringolé. C'est votre faute.

— Toute mon huile perdue.

— L'huile est un baume souverain pour les blessures, et il fallait bien que ce pauvre Grimaud pansât celles que vous lui avez faites.

— Tous mes saucissons rongés.

— Il y a énormément de rats dans cette cave.

— Vous allez me payer tout cela, cria l'hôte exaspéré.

— Triple drôle ! dit Athos en se soulevant, mais il retomba aussitôt : il venait de donner la mesure de ses forces. D'Artagnan vint à son secours en levant sa cravache.

L'hôte recula d'un pas et se mit à fondre en larmes.

— Cela vous apprendra, dit d'Artagnan, à traiter d'une façon plus courtoise les hôtes que Dieu vous envoie.

— Dieu ! dites le diable !

— Mon cher ami, dit d'Artagnan, si vous nous rompez encore les oreilles, nous allons nous renfermer tous les quatre dans votre cave, et nous verrons si véritablement le dégât est aussi grand que vous le dites.

— Eh bien ! oui, messieurs, dit l'hôte, j'ai tort, je l'avoue ; mais à tout péché miséricorde. Vous êtes des seigneurs et je suis un pauvre aubergiste : vous aurez pitié de moi.

— Ah ! si tu parles comme cela, dit Athos, tu vas me fendre le cœur, et les larmes vont me couler des yeux comme le vin coulait de tes futailles. On n'est pas si diable qu'on en a l'air. Voyons, viens ici et causons.

L'hôte s'approcha fort inquiète.

— Viens, te dis-je, et n'aie pas peur, continua Athos. Au moment où j'allais te payer, j'avais posé ma bourse sur la table.

— Oui, monsieur.

— Cette bourse contenait soixante pistoles ; où est-elle ?

— Déposée au greffe, monseigneur ; on avait dit que c'était de la fausse monnaie.

— Eh bien ! fais-toi rendre ma bourse et garde les soixante pistoles.

— Mais monseigneur sait bien que le greffe ne lâche pas ce qu'il tient ; si c'était de la fausse monnaie, il y aurait encore de l'espoir, mais malheureusement ce sont de bonnes pièces.

— Arrange-toi avec lui, mon brave homme, cela ne me regarde pas, d'autant plus qu'il ne me reste pas une livre.

— Voyons, dit d'Artagnan, l'ancien cheval d'Athos, où est-il ?

— A l'écurie.

— Combien vaut-il ?

— Cinquante pistoles tout au plus.

— Il en vaut quatre-vingts, prends-le, et que tout soit dit.

— Comment ? tu vends mon cheval, dit Athos, tu vends mon Bajazet, et sur quoi ferai-je la campagne ? sur Grimaud ?

— Je t'en amène un autre, dit d'Artagnan.

— Un autre ?

— Et magnifique ! s'écria l'hôte.

— Alors, s'il y en a un autre plus beau et plus jeune, prends le vieux ; et à boire.

— Duquel ? demanda l'hôte tout à fait rasséréné

— De celui qui est au fond, près des lattes ; il en reste encore vingt-cinq bouteilles, toutes les autres ont été cassées dans ma chute. Montez-en six.

— Mais c'est un foudre que cet homme, dit l'hôte à part lui ; s'il reste seulement quinze jours ici, et qu'il paye ce qu'il boira, je rétablirai mes affaires.

— Et n'oublie pas, continua d'Artagnan, de monter quatre bouteilles du pareil aux deux seigneurs anglais.

— Maintenant, dit Athos, en attendant qu'on nous apporte du vin, conte-moi, d'Artagnan, ce que sont devenus les autres, voyons.

D'Artagnan lui raconta comment il avait trouvé Porthos dans son lit avec une foulure et Aramis à une table entre deux théologiens. Comme il achevait, l'hôte rentra avec les bouteilles demandées et un jambon, qui, heureusement pour lui, était resté hors de la cave.

— C'est bien, dit Athos en remplissant son verre et celui de d'Artagnan, voilà pour Porthos et pour Aramis ; mais vous, mon ami, qu'avez-vous et que vous est-il arrivé personnellement ? Je vous trouve un air sinistre.

— Hélas ! répondit d'Artagnan, c'est que je suis le plus malheureux de nous tous, moi.

— Toi, malheureux ! demanda Athos. Voyons, comment es-tu malheureux ? dis-moi cela.

— Plus tard, dit d'Artagnan.

— Plus tard ! Et pourquoi plus tard ? Parce que tu crois que je suis ivre ? D'Artagnan, retiens bien ceci : je n'ai jamais les idées plus nettes que dans le vin. Parle donc : je suis tout oreilles.

D'Artagnan raconta son aventure avec madame Bonacieux. Athos l'écouta sans sourciller ; puis, lorsqu'il eut fini :

— Misères que tout cela, dit Athos, misères !

C'était son mot favori.

— Vous dites toujours misères, mon cher Athos, dit d'Artagnan, cela vous sied bien mal, à vous, qui n'avez jamais aimé.

L'œil mort d'Athos s'enflamma soudain ; mais ce ne fut qu'un éclair, il redevint terne et vague comme auparavant.

— C'est vrai, dit-il tranquillement, je n'ai jamais aimé, moi.

— Vous voyez bien, alors, cœur de pierre, dit d'Artagnan, que vous avez tort d'être dur pour nous autres, cœurs tendres.

— Cœurs tendres, cœurs percés, dit Athos.

— Que dites-vous ?

— Je dis que l'amour est une loterie où celui qui gagne gagne la mort ! Vous êtes bien heureux d'avoir perdu, croyez-moi, mon cher d'Artagnan. Et, si j'ai un conseil à vous donner, c'est de perdre toujours.

— Elle avait l'air de si bien m'aimer !

— Elle en avait l'air.

— Oh ! elle m'aimait !

— Enfant ! il n'y a pas un homme qui n'ait cru comme vous que sa maîtresse l'aimait, et il n'y a pas un homme qui n'ait été trompé par sa maîtresse.

— Excepté vous, Athos, qui n'en avez jamais eu.

— C'est vrai, dit Athos après un moment de silence, je n'en ai jamais eu. Buvons.

— Mais alors, philosophe que vous êtes, dit d'Artagnan, instruisez-moi, soutenez-moi, ; j'ai besoin de savoir et d'être consolé.

— Consolé de quoi ?

— De mon malheur.

— Votre malheur fait rire, dit Athos en haussant les épaules ; je serais curieux de savoir ce que vous diriez si je vous racontais une histoire d'amour ?

— Arrivée à vous ?

— Ou à un de mes amis, qu'importe !

— Dites, Athos, dites.

— Buvons, nous ferons mieux.

— Buvez et racontez.

*— Au fait, cela se peut, dit Athos en vidant et en remplissant son verre, les deux choses vont à merveille.

— J'écoute, dit d'Artagnan.

Athos se recueillit, et, à mesure qu'il se recueillait, d'Artagnan le voyait pâlir ; il en était à cette période de l'ivresse où les buveurs vulgaires tombent et dorment. Lui rêvait tout haut sans dormir. Ce somnambulisme de l'ivresse avait quelque chose d'effrayant.

— Vous le voulez absolument? demanda-t-il.

— Je vous en prie, dit d'Artagnan.

— Qu'il soit donc fait comme vous le désirez. Un de mes amis, un de mes amis, entendez-vous bien, pas moi, dit Athos en s'interrompant avec un sourire sombre, un des comtes de ma province, c'est-à-dire du Berry, noble comme un d'Andelot ou un Montmorency, devint amoureux à vingt-cinq ans d'une jeune fille de seize ans, belle comme les amours. A travers la naïveté de son âge perçait un esprit ardent, non pas de femme, mais de poëte ; elle ne plaisait pas, elle enivrait ; elle vivait dans un petit bourg, près de son frère, qui était curé. Tous deux étaient arrivés dans le pays. Ils venaient on ne sait d'où ; mais, en la voyant si belle et en voyant son frère si pieux, on ne songeait pas à leur demander d'où ils venaient. Du reste, on les disait de bonne extraction. Mon ami, qui était le seigneur du pays, aurait pu la séduire ou la prendre de force, à son gré ; il était le maître. Qui serait venu à l'aide de deux étrangers, de deux inconnus? Malheureusement il était honnête homme, il l'épousa ! le sot, le niais, l'imbécile !

— Mais pourquoi cela, puisqu'il l'aimait? demanda d'Artagnan.

— Attendez donc, dit Athos. Il l'emmena dans son château et en fit la première dame de la province ; et, il faut lui rendre justice, elle tenait parfaitement son rang.

— Eh bien? demanda d'Artagnan.

— Eh bien ! un jour qu'elle était à la chasse avec son mari, continua Athos à voix basse et en parlant fort vite, elle tomba de cheval et s'évanouit ; le comte s'élança à son secours, puis, comme elle étouffait dans ses habits, il les fendit avec son poignard et lui découvrit l'épaule. Devinez ce qu'elle avait sur l'épaule, d'Artagnan, dit Athos avec un grand éclat de rire.

— Puis-je le savoir? demanda d'Artagnan.

— Une fleur de lis, dit Athos. Elle était marquée.

Et Athos vida d'un seul trait le verre qu'il tenait à la main.

— Horreur ! s'écria d'Artagnan, que me dites-vous là?

— La vérité, mon cher. L'ange était un démon ; la pauvre jeune fille avait volé les vases sacrés d'une église.

— Et que fit le comte?

— Le comte était un grand seigneur, il avait sur ses terres droit de justice basse et haute, il acheva de déchirer les habits de la comtesse, il lui lia les mains derrière le dos et la pendit à un arbre.

— Ciel ! Athos, un meurtre? s'écria d'Artagnan.

— Pas davantage, dit Athos pâle comme la mort ; mais on me laisse manquer de vin, ce me semble?

Et Athos saisit au goulot la dernière bouteille qui restait, l'approcha de sa bouche et la vida d'un trait comme il eût fait d'un verre ordinaire.

Puis il laissa tomber sa tête sur ses deux mains ; d'Artagnan demeura devant lui saisi d'épouvante.

— Cela m'a guéri des femmes, belles, poétiques et amoureuses, dit Athos en se relevant et sans songer à continuer l'apologue du comte. Dieu vous en accorde autant. — Buvons !

— Ainsi elle est morte? balbutia d'Artagnan.

— Parbleu ! dit Athos. Mais tendez donc votre verre. Du jambon, drôle ! cria Athos, nous ne pouvons plus boire.

— Mais son frère? ajouta timidement d'Artagnan

— Son frère? reprit Athos.

— Oui, le prêtre?

— Ah ! je m'en informai pour le faire pendre à son tour ; mais il avait pris les devants, il avait quitté sa cure depuis la veille.

— Et a-t-on su ce que c'était que ce misérable?

— C'était le premier amant et le complice de la belle. Un digne homme qui avait fait semblant d'être curé pour marier sa maîtresse et lui assurer un sort. Il aura été écartelé, je l'espère.

— Oh ! mon Dieu ! mon Dieu ! fit d'Artagnan, tout étourdi de cette horrible aventure.

— Mangez donc de ce jambon, d'Artagnan, il est exquis, dit Athos en coupant une tranche qu'il mit sur l'assiette du jeune homme. Quel malheur qu'il n'y en ait pas eu seulement quatre comme celui-là dans la cave ! j'aurais bu cinquante bouteilles de plus.

D'Artagnan ne pouvait plus supporter cette conversation, qui l'eût rendu fou ; il laissa tomber sa tête sur ses deux mains et fit semblant de s'endormir.

— Les jeunes gens ne savent plus boire, dit Athos en le regardant en pitié ; et pourtant celui-là est des meilleurs !...

CHAPITRE XXVIII.

RETOUR.

D'Artagnan était resté étourdi de la terrible confidence d'Athos. Bien des choses lui paraissaient encore obscures dans cette demi-révélation. D'abord, elle avait été faite par un homme tout à fait ivre à un homme qui l'était à moitié; et cependant, malgré ce vague que fait monter au cerveau la fumée de deux ou trois bouteilles de bourgogne, d'Artagnan, en se réveillant le lendemain matin, avait chaque parole d'Athos aussi présente à son esprit que si, à mesure qu'elles étaient tombées de la bouche de l'un, elles s'étaient imprimées dans l'esprit de l'autre. Tout ce doute ne lui donna qu'un plus vif désir d'arriver à une certitude, et il passa chez son ami avec l'intention bien arrêtée de renouer

J. A. BEAUCÉ

— J'étais bien ivre hier, mon cher d'Artagnan.

sa conversation de la veille; mais il trouva Athos de sens tout à fait rassis, c'est-à-dire le plus fin et le plus impénétrable des hommes.

Au reste, le mousquetaire, après avoir échangé avec lui un sourire et une poignée de main, alla le premier au-devant de sa pensée :

— J'étais bien ivre hier, mon cher d'Artagnan, s'écriait-il; j'ai senti cela ce matin à ma langue, qui était encore fort épaisse, et à mon pouls, qui était encore fort agité. Je parie que j'ai débité mille extravagances.

Et, en disant ces mots, il regarda son ami avec une fixité qui l'embarrassa.

— Mais non pas, répliqua d'Artagnan, et, si je me le rappelle bien, vous n'avez rien dit que de fort ordinaire.

— Ah! vous m'étonnez; je croyais vous avoir raconté une histoire des plus lamentables.

Et il regarda le jeune homme comme s'il eût voulu lire au plus profond de son âme.

— Ma foi, dit d'Artagnan, il paraît que j'étais encore plus ivre que vous, puisque je ne me souviens de rien.

Athos ne se paya point de cette parole, et il reprit :

— Vous n'êtes pas sans avoir remarqué, mon cher ami, que chacun a son genre d'ivresse, triste ou gaie. Moi, j'ai l'ivresse triste, et, quand une fois je suis gris, ma manie est de raconter toutes les histoires lugubres que ma sotte nourrice m'a inculquées dans la tête. C'est mon défaut, défaut capital, j'en conviens ; mais, à cela près, je suis bon buveur.

Athos disait cela d'une façon si naturelle, que d'Artagnan fut ébranlé dans sa conviction.

— Oh ! c'est donc cela, en effet, reprit le jeune homme en essayant de ressaisir la vérité, c'est donc cela que je me souviens, comme au reste on se souvient d'un rêve, que nous avons parlé de pendus.

— Ah ! vous voyez bien, dit Athos en pâlissant, mais en

J. A BEAUCÉ.

— Pardieu, mon gentilhomme, moi aussi j'ai un cheval à vendre. — **Page 122.**

essayant de rire ; j'en étais sûr ; les pendus sont mon cauchemar, à moi.

— Oui, oui, reprit d'Artagnan, et voici la mémoire qui me revient, oui, il s'agissait... attendez donc, il s'agissait d'une femme.

— Voyez, répondit Athos en devenant presque livide, c'est ma grande histoire de la femme blonde, et, quand je raconte celle-là, c'est que je suis ivre mort.

— Oui, c'est cela, dit d'Artagnan, l'histoire de la femme blonde, grande et belle, aux yeux bleus.

— Oui, et pendue.

— Par son mari, qui était un seigneur de votre connaissance, continua d'Artagnan en regardant fixement Athos.

— Eh bien ! voyez, cependant, comme on compromettrait un homme quand on ne sait plus ce que l'on dit, reprit

Athos en haussant les épaules comme s'il se fût pris lui-même en pitié. Décidément, je ne veux plus me griser, d'Artagnan, c'est une trop mauvaise habitude.

D'Artagnan garda le silence ; et alors, changeant tout à coup de conversation :

— A propos, dit Athos, je vous remercie du cheval que vous m'avez amené.

— Est-il de votre goût ?

— Oui, mais ce n'était pas un cheval de fatigue.

— Vous vous trompez, j'ai fait avec lui dix lieues en moins d'une heure et demie, et il n'y paraissait pas plus que s'il eût fait le tour de la place Saint-Sulpice.

— Ah çà ! mais vous allez me donner des regrets.

— Des regrets ?

— Oui, je m'en suis défait.

— Comment cela ?

— Voici le fait : ce matin je me suis réveillé à six heures, vous dormiez comme un sourd et je ne savais que faire ; j'étais encore tout hébété de notre débauche d'hier ; je suis descendu dans la grande salle, et j'ai avisé un de nos Anglais qui marchandait un cheval à un maquignon, le sien étant mort hier d'un coup de sang. Je m'approche de lui, et comme je vois qu'il offre cent pistoles d'un alezan brûlé : Pardieu, lui dis-je, mon gentilhomme, moi aussi j'ai un cheval à vendre.

— Et très-beau même, dit-il, je l'ai vu hier, le valet de votre ami le tenait en main.

— Trouvez-vous qu'il vaille cent pistoles ?

— Oui. Et vous voulez me le donner pour ce prix-là ?

— Non ; mais je vous le joue.

— A quoi ?

— Aux dés.

Ce qui fut dit fut fait, et j'ai perdu le cheval. Ah ! mais par exemple, continua Athos, j'ai regagné le caparaçon.

D'Artagnan fit une mine assez maussade.

— Cela vous contrarie ? dit Athos.

— Mais oui, je vous l'avoue, répliqua d'Artagnan ; ce cheval devait servir à nous faire reconnaître un jour de bataille ; c'était un gage, un souvenir. Athos, vous avez eu tort.

— Eh ! mon cher ami, mettez-vous à ma place, reprit le mousquetaire ; je m'ennuyais à périr, moi ; et puis, d'honneur, je n'aime pas les chevaux anglais. Voyons, s'il ne s'agit que d'être reconnu par quelqu'un, eh bien ! la selle suffira ; elle est assez remarquable. Quant au cheval, nous trouverons quelque excuse pour motiver sa disparition. Que diable ! un cheval est mortel ; mettons que le mien a eu la morve ou le farcin.

D'Artagnan ne se déridait pas.

— Cela me contrarie, continua Athos, que vous paraissiez tant tenir à ces animaux, car je ne suis pas au bout de mon histoire.

— Qu'avez-vous donc fait encore ?

— Après avoir perdu mon cheval, neuf contre dix (voyez le coup !), l'idée me vint de jouer le vôtre.

— Oui ; mais vous vous en tintes, j'espère, à l'idée ?

— Non pas, je la mis à exécution à l'instant même.

— Ah ! par exemple ! s'écria d'Artagnan inquiet.

— Je jouai et je perdis.

— Mon cheval ?

— Votre cheval, sept contre huit ; faute d'un point... vous connaissez le proverbe ?...

— Athos, vous n'êtes pas dans votre bon sens, je vous jure.

— Mon cher, c'était hier, quand je vous contais mes sottes histoires, qu'il fallait me dire cela, et non pas ce matin. Je le perdis donc avec tous les équipages et harnais possibles.

— Mais c'est affreux !

— Attendez donc, vous n'y êtes point ; je serais un joueur excellent, si je ne m'entêtais pas ; mais je m'entête ; c'est comme quand je bois. Je m'entêtai donc.

— Mais que pûtes-vous jouer ? il ne vous restait plus rien.

— Si fait, si fait, mon ami ; il vous restait ce diamant qui brille à votre doigt et que j'avais remarqué hier.

— Ce diamant, s'écria d'Artagnan en portant vivement la main à sa bague.

— Et, comme je suis connaisseur, en ayant eu quelques-uns pour mon propre compte, je l'avais estimé mille pistoles.

— J'espère, dit sérieusement d'Artagnan à demi mort de frayeur, que vous n'avez aucunement fait mention de mon diamant ?

— Au contraire, cher ami ; vous comprenez, ce diamant devenait notre seule ressource ; avec lui je pouvais regagner nos harnais et nos chevaux, et même l'argent pour faire la route.

— Athos, vous me faites frémir ! s'écria d'Artagnan.

— Je parlai donc de votre diamant à mon partenaire, lequel l'avait aussi remarqué. Que diable ! mon cher, vous portez à votre doigt une étoile du ciel, et vous ne voulez pas qu'on y fasse attention ? Impossible.

— Achevez, mon cher, achevez, dit d'Artagnan, car, d'honneur, avec votre sang-froid, vous me faites mourir.

— Nous divisâmes donc ce diamant en dix parts de cent pistoles chacune.

— Ah ! vous voulez rire et m'éprouver, dit d'Artagnan que la colère commençait à prendre aux cheveux comme Minerve prend Achille dans l'Iliade.

— Non, je ne plaisante pas, mordieu ! J'aurais bien voulu vous y voir, vous ! Il y avait quinze jours que je n'avais envisagé face humaine, et que j'étais là à m'abrutir en m'abouchant avec des bouteilles.

— Ce n'est point une raison pour jouer mon diamant, cela répondit d'Artagnan en serrant sa main avec une crispation nerveuse.

— Ecoutez donc la fin. Dix parts de cent pistoles chacune en dix coups, sans revanche. En treize coups, je perdis tout. En treize coups ! Le nombre treize m'a toujours été fatal ; c'était le treize du mois de juillet que...

— Ventrebleu ! s'écria d'Artagnan en se levant de table, l'histoire du jour lui faisant oublier celle de la veille.

— Patience ! dit Athos. J'avais un plan ; l'Anglais était un original ; je l'avais vu le matin causer avec Grimaud, et Grimaud m'avait averti qu'il lui avait fait des propositions pour entrer à son service. Je lui joue Grimaud, le silencieux Grimaud, divisé en dix portions.

— Ah ! pour le coup ! dit d'Artagnan en éclatant de rire.

— Grimaud lui-même, entendez-vous cela ? et, avec les dix parts de Grimaud, qui ne vaut pas tout entier un ducaton, je regagne le diamant. Dites-moi maintenant que la persistance n'est pas une vertu.

— Ma foi, c'est très-drôle, s'écria d'Artagnan consolé et se tenant les côtes de rire.

— Vous comprenez que, me sentant en veine, je me remis aussitôt à jouer sur le diamant.

— Ah diable ! fit d'Artagnan, assombri de nouveau.

— J'ai regagné vos harnais, puis votre cheval ; puis mes harnais, puis mon cheval, puis reperdu. Bref, j'ai rattrapé votre harnais, puis le mien. Voilà où nous en sommes. C'est un coup superbe ; aussi, je m'en suis tenu là.

D'Artagnan respira, comme si on lui eût enlevé l'hôtellerie de dessus la poitrine.

— Enfin le diamant me reste, dit-il timidement.

— Intact, cher ami. Plus les harnais de votre bucéphale et du mien.

— Mais que ferons-nous de nos harnais sans chevaux ?

— J'ai une idée sur eux.

— Athos, vous me faites frémir.

— Ecoutez. Vous n'avez pas joué depuis longtemps, vous, d'Artagnan?

— Et n'ai point l'envie de jouer.

— Ne jurons de rien. Vous n'avez pas joué depuis longtemps, disais-je, vous devez donc avoir la main bonne.

— Eh bien! après?

— Eh bien! l'Anglais et son compagnon sont encore là. J'ai remarqué qu'ils regrettent beaucoup les harnais; vous, vous paraissez tenir à votre cheval; à votre place, je jouerais votre harnais contre votre cheval.

— Mais il ne voudra pas d'un seul harnais.

— Jouez les deux, pardieu; je ne suis point un égoïste comme vous, moi!

— Vous feriez cela? dit d'Artagnan indécis, tant la confiance d'Athos commençait à le gagner à son insu.

— Parole d'honneur, en un seul coup.

— Mais c'est qu'ayant perdu les chevaux, je tenais énormément à conserver du moins les harnais.

— Jouez votre diamant, alors.

— Oh! ceci, c'est autre chose; jamais! jamais!

— Diable! dit Athos, je vous proposerais bien de jouer Planchet, mais, comme cela a déjà été fait, l'Anglais ne voudrait peut-être plus.

— Décidément, mon cher Athos, dit d'Artagnan, j'aime mieux ne rien risquer.

— C'est dommage, dit froidement Athos, l'Anglais est cousu de pistoles. Eh! mon Dieu! essayez un coup; un coup est bientôt joué.

— Et si je perds?

— Vous gagnerez.

— Mais si je perds?

— Eh bien! vous donnerez les harnais.

— Va pour un coup, dit d'Artagnan.

Athos se mit en quête de l'Anglais et le trouva dans l'écurie, où il examinait les harnais d'un œil de convoitise. L'occasion était bonne. Il fit ses conditions: les deux harnais contre un cheval ou cent pistoles, à choisir. L'Anglais calcula vite: les deux harnais valaient bien trois cents pistoles à eux deux; il topa.

D'Artagnan jeta les dés en tremblant et amena le nombre trois; sa pâleur effraya Athos, qui se contenta de dire:

— Voilà un triste coup, compagnon; vous aurez les chevaux tout harnachés, monsieur.

L'Anglais triomphant ne se donna même pas la peine de rouler les dés, il les jeta sur la table sans regarder, tant il était sûr de la victoire. D'Artagnan s'était détourné pour cacher sa mauvaise humeur.

— Tiens, tiens, tiens! dit Athos avec sa voix tranquille, ce coup de dé est extraordinaire, et je ne l'ai vu que quatre fois dans ma vie: deux as!

L'Anglais regarda et fut saisi d'étonnement; d'Artagnan regarda et rougit de plaisir.

— Oui, continua Athos, quatre fois seulement: une fois chez M. de Créquy; une autre fois chez moi, à la campagne, dans mon château de ***, quand j'avais un château; une troisième fois chez M. de Tréville, où il nous surprit tous; enfin une quatrième fois au cabaret, où il échut à moi, et où je perdis sur lui cent louis et un souper.

— Monsieur reprend son cheval? dit l'Anglais.

— Certes! dit d'Artagnan.

— Alors, il n'y a pas de revanche?

— Nos conditions disaient: Pas de revanche; vous vous le rappelez.

— C'est vrai; le cheval va être rendu à votre valet, monsieur.

— Un moment, dit Athos. Avec votre permission, monsieur, je demande à dire un mot à mon ami.

— Dites.

Athos tira d'Artagnan à part.

— Eh bien! lui dit d'Artagnan, que me veux-tu encore, tentateur? tu veux que je joue, n'est-ce pas?

— Non, je veux que vous réfléchissiez.

— A quoi?

— Vous allez reprendre le cheval?

— Sans doute.

— Vous avez tort, je prendrais les cent pistoles; vous savez que vous avez joué les harnais contre le cheval, ou cent pistoles, à votre choix.

— Oui.

— Je prendrais les cent pistoles.

— Eh bien! moi, je prends le cheval.

— Et vous avez tort, je vous le répète. Que ferons-nous d'un cheval pour nous deux? Je ne puis pas monter en croupe; nous aurions l'air de deux fils Aymon qui ont perdu leurs frères; vous ne pouvez pas m'humilier en chevauchant près de moi sur ce magnifique destrier. Moi, sans balancer un seul instant, je prendrais les cent pistoles, nous avons besoin d'argent pour revenir à Paris.

— Je tiens à ce cheval, Athos.

— Et vous avez tort, mon ami; un cheval prend un écart, mon ami, un cheval butte et se couronne, un cheval mange dans un râtelier où a mangé un cheval morveux, voilà un cheval ou plutôt cent pistoles perdues; puis il faut que le maître nourrisse son cheval, tandis qu'au contraire cent pistoles nourrissent leur maître.

— Mais comment reviendrons-nous?

— Sur les chevaux de nos laquais, pardieu! On verra toujours bien à l'air de nos figures que nous sommes gens de condition.

— La belle mine que nous aurons sur des bidets, tandis qu'Aramis et Porthos caracoleront sur leurs chevaux!

— Aramis! Porthos! s'écria Athos; et il se mit à rire.

— Quoi? demanda d'Artagnan, qui ne comprenait rien à l'hilarité de son ami.

— Rien, rien. Continuez, dit Athos.

— Ainsi, votre avis?

— Est de prendre les cent pistoles, d'Artagnan; avec les cent pistoles nous allons festiner jusqu'à la fin du mois; nous avons essuyé des fatigues, voyez-vous, et il sera bon de nous reposer un peu.

— Me reposer? oh! non, Athos; aussitôt à Paris, je me mets à la recherche de cette pauvre femme.

— Eh bien! croyez-vous que votre cheval vous sera aussi utile pour cela que de bons louis d'or? Prenez les cent pistoles, mon ami, prenez les cent pistoles.

D'Artagnan n'avait besoin que d'une raison pour se rendre; celle-là lui parut excellente. D'ailleurs, en résistant plus longtemps, il craignait de paraître égoïste aux yeux d'Athos. Il accepta donc, et choisit les cent pistoles, que l'Anglais lui compta sur-le-champ.

Puis l'on ne songea plus qu'à partir. La paix signée avec l'aubergiste, outre le vieux cheval d'Athos, coûta six pistoles. D'Artagnan et Athos prirent les chevaux de Planchet et de Grimaud; les deux valets se mirent en route à pied, portant les selles sur leurs têtes.

Si mal montés que fussent les deux amis, ils prirent bientôt les devants sur leurs laquais et arrivèrent à Crèvecœur. De loin ils aperçurent Aramis, mélancoliquement appuyé sur sa fenêtre et regardant, comme ma sœur Anne, poudroyer le soleil et verdoyer l'horizon.

— Holà! eh! Aramis! que diable faites-vous donc là? crièrent les deux amis.

— Ah! c'est vous, d'Artagnan? c'est vous, Athos? dit le jeune homme. Je songeais avec quelle rapidité s'en vont les biens de ce monde: mon cheval anglais, qui s'éloignait et qui vient de disparaître au milieu d'un tourbillon de poussière, m'était une vivante image de la fragilité des choses de la terre. La vie elle-même peut se résoudre en trois mots: *Erit, est, fuit.*

— Cela veut dire au fond ?... demanda d'Artagnan, qui commençait à se douter de la vérité

— Cela veut dire que je viens de faire un marché de dupe. Soixante louis un cheval qui, à la manière dont il file, peut faire au trot cinq lieues à l'heure.

D'Artagnan et Athos éclatèrent de rire.

— Mon cher d'Artagnan, dit Aramis, ne m'en veuillez pas trop, je vous prie : nécessité n'a pas de loi. D'ailleurs, je suis le premier puni, puisque cet infâme maquignon m'a volé de cinquante louis au moins. Ah ! vous êtes bons ménagers, vous autres, vous venez sur les chevaux de vos laquais, et vous faites mener vos chevaux de luxe en main, doucement et à petites journées.

Au même instant, un fourgon, qui depuis quelques instants pointait sur la route d'Amiens, s'arrêta, et l'on en

J.A. BEAUCE.   POUGET.

— Ah çà ! mes amis, nous retournons à Paris, n'est-ce pas ? — Page 125.

vit sortir Grimaud et Planchet leurs selles sur la tête. Le fourgon retournait à vide à Paris, et les deux laquais s'étaient engagés, moyennant leur transport, à désaltérer le voiturier tout le long de la route.

— Qu'est-ce que cela ? dit Aramis en voyant ce qui se passait. Rien que les selles ?

— Comprenez-vous maintenant ? dit Athos.

— Mes amis, c'est exactement comme moi. J'ai conservé le harnais par instinct. Holà, Bazin, portez mon harnais neuf près de ceux de ces messieurs.

— Et qu'avez-vous fait de vos docteurs ? demanda d'Artagnan.

— Mon cher, je les ai invités à dîner le lendemain, dit Aramis ; il y a ici du vin exquis, cela soit dit en passant ;

je les ai grisés de mon mieux ; alors le curé m'a défendu de quitter la casaque, et le jésuite m'a prié de le faire recevoir mousquetaire !

— Sans thèse ? cria d'Artagnan, sans thèse ? je demande la suppression de la thèse, moi !

— Depuis lors, continua Aramis, je vis agréablement. J'ai commencé un poëme en vers d'une syllabe ; c'est assez difficile, mais le mérite en toute chose est dans la diffi-

culté. La matière en est galante ; je vous lirai le premier chant ; il a quatre cents vers et dure une minute.

— Ma foi, mon cher Aramis, dit d'Artagnan, qui détestait presque autant les vers que le latin, ajoutez au mérite de la difficulté celui de la brièveté, et vous êtes sûr au moins que votre poëme aura deux mérites.

— Puis, continua Aramis, il respire des passions honnêtes, vous verrez. Ah çà ! mes amis, nous retournons à Pa-

— Vous vous trompez tous, messieurs, répondit gravement Athos ; vous mangez du cheval. — Page 126.

ris, n'est-ce pas ? Bravo, je suis prêt ! Nous allons donc retrouver ce bon Porthos ? tant mieux ! Vous ne croyez pas qu'il me manquait, ce grand niais-là. J'aime à le voir content de lui, cela me raccommode avec moi. Ce n'est pas lui qui aurait vendu son cheval, fût-ce contre un royaume ; je voudrais déjà le voir sur sa bête et sur sa selle. Il aura, j'en suis sûr, l'air du grand Mogol.

— On fit une halte d'une heure pour faire souffler les chevaux ; Aramis solda son compte, plaça Bazin dans le

fourgon avec ses camarades, et l'on se mit en route pour aller rejoindre Porthos.

On le trouva à peu près guéri et par conséquent moins pâle que ne l'avait vu d'Artagnan à sa première visite, et assis devant une table, où, quoiqu'il fût seul, figurait un dîner de quatre personnes. Ce dîner se composait de viandes galamment troussées, de vins choisis et de fruits superbes.

— Ah ! pardieu, dit-il en se levant, vous arrivez à merveille, messieurs; j'en étais justement au potage, et vous allez dîner avec moi.

— Oh! oh! fit d'Artagnan, ce n'est pas Mousqueton qui a pris au lasso de pareilles bouteilles; puis voilà un fricandeau piqué et un filet de bœuf...

— Je me refais, dit Porthos, je me refais. Rien n'affaiblit comme ces diables de foulures. Avez-vous eu des foulures, Athos?

— Jamais; seulement, je me rappelle que, dans notre échauffourée de la rue Férou, je reçus un coup d'épée qui au bout de quinze ou dix-huit jours m'avait produit exactement le même effet que votre foulure, Porthos.

— Mais ce dîner n'était pas pour vous seul, mon cher Porthos? demanda Aramis.

— Non, dit Porthos, j'attendais quelques gentilshommes du voisinage qui m'ont fait prévenir tout à l'heure qu'ils ne viendraient pas; vous les remplacerez, et je ne perdrai pas au change. Holà! Mousqueton! des sièges! et que l'on double les bouteilles.

— Savez-vous ce que nous mangeons ici? dit Athos, au bout de dix minutes.

— Pardieu! répondit d'Artagnan, moi je mange du veau piqué au cardon et à la moelle.

— Et moi des filets d'agneau, dit Porthos.

— Et moi un blanc de volaille, dit Aramis.

— Vous vous trompez tous, messieurs, répondit gravement Athos; vous mangez du cheval.

— Allons donc! dit d'Artagnan.

— Du cheval! fit Aramis avec une grimace de dégoût.

Porthos seul ne répondit point.

— Oui, du cheval; n'est-ce pas, Porthos, que nous mangeons du cheval? peut-être même les caparaçons avec!

— Non, messieurs, j'ai gardé le harnais, dit Porthos.

— Ma foi, nous nous valons tous, dit Aramis, on dirait que nous nous sommes donné le mot.

— Que voulez-vous! dit Porthos, ce cheval faisait honte à mes visiteurs, et je n'ai pas voulu les humilier.

— Puis, votre duchesse est toujours aux eaux, n'est-ce pas? reprit d'Artagnan.

— Toujours, répondit Porthos. Or, ma foi, le gouverneur de la province, un des gentilshommes que j'attendais aujourd'hui à dîner, m'a paru désirer si fort, que je le lui ai donné.

— Donné! s'écria d'Artagnan.

— Oh! mon Dieu, oui, donné, c'est le mot, dit Porthos, car il valait certainement cent cinquante louis, et le ladre n'a voulu me le payer que quatre-vingts.

— Sans la selle? dit Aramis.

— Oui, sans la selle.

— Vous remarquerez, messieurs, dit Athos, que c'est encore Porthos qui a fait le meilleur marché de nous tous.

Ce fut alors un hourra de rires dont le pauvre Porthos fut tout saisi; mais on lui expliqua bientôt la raison de cette hilarité, qu'il partagea bruyamment, selon sa coutume.

— De sorte que nous sommes tous en fonds, dit d'Artagnan.

— Mais pas pour mon compte, dit Athos. J'ai trouvé le vin d'Espagne d'Aramis si bon, que j'en ai fait charger une soixantaine de bouteilles dans le fourgon des laquais, ce qui m'a fort désargenté.

— Et moi, dit Aramis, imaginez donc que j'avais donné jusqu'à mon dernier sou à l'église de Montdidier et aux jésuites d'Amiens, que j'avais pris en outre des engagements qu'il m'a fallu tenir: des messes commandées pour moi et pour vous, messieurs, que l'on dira, et dont je ne doute pas que nous ne nous trouvions à merveille.

— Et moi, dit Porthos, ma foulure, croyez-vous qu'elle m'ait rien coûté? Sans compter la blessure de Mousque-

ton, pour laquelle j'ai été obligé de faire venir le chirurgien deux fois par jour.

— Allons, allons, dit Athos en échangeant un sourire avec d'Artagnan et Aramis, je vois que vous vous êtes conduit grandement à l'égard du pauvre garçon. C'est d'un bon maître.

— Bref, continua Porthos, ma dépense payée, il me restera bien une trentaine d'écus.

— Et à moi une dizaine de pistoles, dit Aramis.

— Il paraît, dit Athos, que nous sommes les Crésus de la société. Combien vous reste-t-il sur vos cent pistoles, d'Artagnan?

— Sur mes cent pistoles? D'abord, je vous en ai donné cinquante.

— Vous croyez?

— Pardieu!

— Ah! c'est vrai, je me le rappelle.

— Puis, j'en ai payé six à l'hôte.

— Quel animal que cet hôte! Pourquoi lui avez-vous donné six pistoles?

— C'est vous qui m'avez dit de les lui donner.

— D'honneur! je suis trop bon. Bref, en reliquat?

— Vingt-cinq pistoles, dit d'Artagnan.

— Et moi, dit Athos en tirant quelque menue monnaie de sa poche, voici.

— Vous, rien?

— Ma foi, ou si peu de chose, que ce n'est pas la peine de rapporter à la masse.

— Maintenant, calculons combien nous possédons: Porthos?

— Trente écus.

— Aramis?

— Dix pistoles.

— Et vous, d'Artagnan?

— Vingt-cinq.

— Cela fait en tout? dit Athos.

— Quatre cent soixante-quinze livres, dit d'Artagnan, qui comptait comme Archimède.

— Arrivés à Paris, nous en aurons bien encore quatre cents, dit Porthos, plus les harnais.

— Mais nos chevaux d'escadron? dit Aramis.

— Eh bien! des quatre chevaux de nos laquais nous en ferons deux de maîtres que nous tirerons au sort; avec les quatre cents livres, on en fera un demi pour un des démontés, puis nous donnerons les grattures de nos poches à d'Artagnan, qui a la main bonne, et qui ira les jouer dans le premier tripot venu. Voilà!

— Dînons donc, dit Porthos, car le second service refroidit.

Et les quatre amis, plus tranquilles désormais sur leur avenir, firent honneur au repas, dont les restes furent abandonnés à MM. Mousqueton, Bazin, Planchet et Grimaud.

En arrivant à Paris, d'Artagnan trouva une lettre de M. de Tréville, qui le prévenait que l'intention bien arrêtée de Sa Majesté étant d'ouvrir la campagne le 1er mai, il eût à préparer incontinent ses équipages.

Il courut aussitôt chez ses camarades, qu'il venait de quitter il y avait une demi-heure, et qu'il trouva fort tristes ou plutôt fort préoccupés. Ils étaient en conseil chez Athos, ce qui indiquait toujours des circonstances d'une certaine gravité.

En effet, ils venaient de recevoir, chacun à son domicile, une lettre pareille de M. de Tréville.

Les quatre philosophes se regardèrent tout ébahis: M. de Tréville ne plaisantait pas sous le rapport de la discipline. C'étaient surtout les équipages qui les embarrassaient.

— Et à combien estimez-vous ces équipages? dit d'Artagnan.

— Oh ! il n'y a pas à dire, reprit Aramis, nous venons de faire nos comptes avec une lésinerie de Spartiates, et il nous faut à chacun quinze cents livres.

— Quatre fois quinze font soixante, soit six mille livres, dit Athos.

— Moi, dit d'Artagnan, il me semble que mille livres suffiraient à chacun. Il est vrai que je ne parle pas en Spartiate, mais en procureur...

Ce mot de procureur réveilla Porthos

— Tiens ! j'ai une idée, dit-il.

— C'est déjà quelque chose ; moi, je n'en ai pas même l'ombre, dit froidement Athos ; mais quant à d'Artagnan, messieurs, il est véritablement fou. Mille livres ! Je déclare que, pour mon équipage à moi seul, il m'en faut deux mille.

— Quatre fois deux font huit, dit alors Aramis ; c'est donc huit mille livres qu'il nous faut pour nos équipages, sur lesquels, il est vrai, nous avons déjà les selles.

CHAPITRE XXIX.

LA CHASSE A L'ÉQUIPEMENT

Le plus préoccupé des quatre amis était bien certainement d'Artagnan, quoique d'Artagnan, en sa qualité de garde, fût bien plus facile à équiper que MM. les mousquetaires, qui étaient des seigneurs ; mais notre cadet de Gascogne était, comme on a pu le voir, d'un caractère prévoyant et presque avare, et avec cela (expliquez les contraires) glorieux presque à rendre des points à Porthos. A cette préoccupation de sa vanité, d'Artagnan joignait en ce moment une inquiétude moins égoïste. Quelques informations qu'il eût pu prendre sur madame Bonacieux, il ne lui en était venu aucune nouvelle : M. de Tréville en avait parlé à la reine ; la reine ignorait où était la jeune mercière et avait promis de la faire chercher. Mais cette promesse était bien vague et ne rassurait guère d'Artagnan.

Athos ne sortait pas de sa chambre ; il était résolu à ne pas risquer une enjambée pour s'équiper.

— Il nous reste quinze jours, disait-il à ses amis. Eh bien ! si au bout de ces quinze jours je n'ai rien trouvé, ou plutôt si rien n'est venu me trouver, comme je suis trop bon catholique pour me casser la tête d'un coup de pistolet, je chercherai une bonne querelle à quatre gardes de Son Éminence ou à huit Anglais, et je me battrai jusqu'à ce qu'il y en ait un qui me tue ; ce qui, sur la quantité, ne peut manquer de m'arriver. On dira alors que je suis mort pour le service du roi ; de sorte que j'aurai fait mon service sans avoir eu besoin de m'équiper.

Porthos continuait à se promener les mains derrière le dos en hochant la tête de haut en bas et en disant :

— Je poursuivrai mon idée.

Aramis, soucieux et mal frisé, ne disait rien.

On peut voir par ces détails désastreux que la désolation régnait dans la communauté.

Les laquais, de leur côté, comme les coursiers d'Hippolyte, partageaient la triste pensée de leurs maîtres. Mousqueton faisait des provisions de croûtes ; Bazin, qui avait toujours donné dans la dévotion, ne quittait plus les églises ; Planchet regardait voler les mouches, et Grimaud, que la détresse générale ne pouvait déterminer à rompre le silence imposé par son maître, poussait des soupirs à attendrir des pierres.

Les trois amis, car, ainsi que nous l'avons dit, Athos avait juré de ne pas faire un pas pour s'équiper, les trois amis sortaient donc de grand matin et rentraient lort tard. Ils erraient par les rues, regardant sur chaque pavé pour savoir si les personnes qui y étaient passées avant eux n'y avaient pas laissé quelque bourse. On eût dit qu'ils suivaient des pistes, tant ils étaient attentifs partout où ils allaient. Quand ils se rencontraient, ils avaient des regards désolés qui voulaient dire : As-tu trouvé quelque chose ?

Cependant, comme Porthos avait trouvé le premier son idée et comme il l'avait poursuivie avec persistance, il fut le premier à agir. C'était un homme d'exécution que ce digne Porthos. D'Artagnan l'aperçut un jour qu'il s'acheminait vers l'église de Saint-Leu, et le suivit instinctivement : il entra au lieu saint après avoir relevé sa moustache et al-

Buckingham.

longé sa royale, ce qui annonçait toujours de sa part les intentions les plus conquérantes. Comme d'Artagnan prenait quelques précautions pour se dissimuler, Porthos crut n'avoir point été vu. D'Artagnan entra derrière lui. Porthos alla s'adosser au côté d'un pilier ; d'Artagnan, toujours inaperçu, s'appuya de l'autre.

Justement il y avait un sermon, ce qui faisait que l'église était fort peuplée. Porthos profita de la circonstance pour lorgner les femmes. Grâce aux bons soins de Mousqueton, l'extérieur était loin d'annoncer la détresse de l'intérieur ; son feutre était bien un peu râpé, sa plume était bien un peu déteinte, ses broderies étaient bien un peu ternies, ses dentelles étaient bien un peu éraillées ; mais, dans la demi-teinte, toutes ces bagatelles disparaissaient, et Porthos était toujours le beau Porthos.

D'Artagnan remarqua, sur le banc le plus rapproché du pilier où Porthos et lui étaient adossés, une espèce de beauté mûre, un peu jeune, un peu sèche, mais roide et hautaine sous ses coiffes noires. Les yeux de Porthos s'abaissaient furtivement sur cette dame, puis papillonnaient au large dans la nef.

De son côté la dame, qui de temps en temps rougissait, lançait avec la rapidité de l'éclair un coup d'œil sur le volage Porthos, et aussitôt les yeux de Porthos de papillonner avec fureur. Il était clair que c'était un manège qui piquait au vif la dame aux coiffes noires, car elle se mordait les lèvres jusqu'au sang, se grattait le bout du nez et se démenait désespérément sur son siége.

Ce que voyant Porthos, il retroussa de nouveau sa moustache, allongea une seconde fois sa royale, et se mit à faire des signaux à une belle dame qui était près du chœur, et qui non-seulement était une belle dame, mais encore une grande dame sans doute, car elle avait derrière elle un negrillon qui avait apporté le coussin sur lequel elle était

AI LOUIS.   J. A. BEAUCE.

La belle dévote toucha de sa main effilée la grosse main de Porthos. — Page 130.

agenouillée, et une suivante qui tenait le sac armorié dans lequel on renfermait le livre où elle disait sa messe.

La dame aux coiffes noires suivit à travers tous ses détours le regard de Porthos, et reconnut qu'il s'arrêtait sur la dame au coussin de velours, au négrillon et à la suivante.

Pendant ce temps, Porthos jouait serré : c'étaient des clignements d'yeux, des doigts posés sur les lèvres, de petits sourires assassins qui réellement assassinaient la belle dédaignée.

Aussi poussa-t-elle, en forme de *med culpâ* et en se frappant la poitrine, un hum! tellement vigoureux, que tout le monde, même la dame au coussin rouge, se retourna de son côté. Porthos tint bon; il avait bien compris, mais il fit le sourd.

La dame au coussin rouge produisit un grand effet, car

elle était fort belle : un grand effet sur la dame aux coiffes noires, qui vit en elle une rivale véritablement à craindre ; un grand effet sur Porthos, qui la trouva beaucoup plus jeune et beaucoup plus jolie que la dame aux coiffes noires ; un grand effet sur d'Artagnan, qui reconnut la dame de Meung, de Calais et de Douvres, que son persécuteur, l'homme à la cicatrice, avait saluée du nom de milady.

D'Artagnan, sans perdre de vue la dame au coussin rouge, continua de suivre le manége de Porthos, qui l'amusait fort ; il crut deviner que la dame aux coiffes noires était la procureuse de la rue aux Ours, d'autant mieux que l'église de Saint-Leu n'était pas très-éloignée de ladite rue.

Il devina alors par induction que Porthos cherchait à prendre sa revanche de sa défaite de Chantilly, alors que la procureuse s'était montrée si récalcitrante à l'endroit de la bourse.

Mais au milieu de tout cela d'Artagnan remarqua aussi que pas une figure ne correspondait aux galanteries de Porthos. Ce n'étaient que chimères et illusions ; mais pour un amour réel, pour une jalousie véritable, y a-t-il d'autre réalité que les illusions et les chimères ?

Le sermon fini, la procureuse s'avança vers le bénitier ; Porthos l'y devança et, au lieu d'un doigt, y mit toute la main. La procureuse sourit, croyant que c'était pour elle que Porthos se mettait en frais ; mais elle fut promptement et cruellement détrompée ; lorsqu'elle ne fut plus qu'à trois pas de lui, il détourna la tête, fixant invariablement les yeux sur la dame au coussin rouge, qui s'était levée et qui s'approchait, suivie de son négrillon et de sa fille de chambre.

Lorsque la dame au coussin rouge fut près de Porthos, Porthos tira sa main toute ruisselante du bénitier ; la belle dévote toucha de sa main effilée la grosse main de Porthos, fit en souriant le signe de la croix et sortit de l'église.

C'en fut trop pour la procureuse : elle ne douta plus que cette dame et Porthos fussent en galanterie. Si elle eût été une grande dame, elle se serait évanouie ; mais, comme elle n'était qu'une procureuse, elle se contenta de dire au mousquetaire avec une fureur concentrée :

— Eh ! monsieur Porthos, vous ne m'en offrez pas, à moi, de l'eau bénite ?

Porthos fit, au son de cette voix, un soubresaut comme ferait un homme qui se réveillerait après un somme de cent ans.

— Ma... madame ! s'écria-t-il, est-ce bien vous ? Comment se porte votre mari, ce cher M. Coquenard ? Est-il toujours aussi ladre qu'il était ? Où avais-je donc les yeux que je ne vous ai pas même aperçue pendant les deux heures qu'a duré ce sermon ?

— J'étais à deux pas de vous, monsieur, répondit la procureuse, mais vous ne m'avez pas aperçue, parce que vous n'aviez d'yeux que pour la belle dame à qui vous venez de donner de l'eau bénite !

Porthos feignit d'être embarrassé

— Ah ! dit-il, vous avez remarqué...

— Il eût fallu être aveugle pour ne pas le voir.

— Oui, dit négligemment Porthos, c'est une duchesse de mes amies, avec laquelle j'ai grand'peine à me rencontrer, à cause de la jalousie de son mari et qui m'avait fait prévenir qu'elle viendrait aujourd'hui rien que pour me voir, dans cette chétive église, au fond de ce quartier perdu.

— Monsieur Porthos, dit la procureuse, auriez-vous la bonté de m'offrir le bras pendant cinq minutes ? je causerais volontiers avec vous.

— Comment donc ! madame, dit Porthos en se clignant de l'œil à lui-même, comme un joueur qui rit de la dupe qu'il va faire.

Dans ce moment d'Artagnan passait, poursuivant milady ; il jeta un regard de côté sur Porthos et vit ce coup d'œil triomphant.

— Eh ! eh ! se dit-il à lui-même, en raisonnant dans le sens de la morale étrangement facile de cette époque galante, en voici un qui pourrait bien être équipé pour le terme voulu.

Porthos, cédant à la pression du bras de sa procureuse comme une barque cède au gouvernail, arriva au cloître Saint-Magloire, passage peu fréquenté, fermé par un tourniquet à ses deux bouts. On n'y voyait, le jour, que mendiants qui mangeaient ou enfants qui jouaient.

— Ah ! monsieur Porthos, s'écria la procureuse quand elle se fut assurée qu'aucune personne étrangère à la population habituelle de la localité ne pouvait les voir ni les entendre ; ah ! monsieur Porthos, vous êtes un grand vainqueur à ce qu'il paraît !

— Moi, madame ? dit Porthos en se rengorgeant ; et pourquoi cela ?

— Et les signes de tantôt, et l'eau bénite ? Mais c'est une princesse, pour le moins, que cette dame avec son négrillon et sa fille de chambre !

— Vous vous trompez ; mon Dieu non, répondit Porthos, c'est tout bonnement une duchesse.

— Et ce coureur qui attendait à la porte, et ce carrosse avec un cocher à grande livrée qui attendait sur son siége ?

Porthos n'avait vu ni le coureur ni le carrosse, mais, de son regard de femme jalouse, madame Coquenard avait tout vu.

Porthos regretta de n'avoir pas, du premier coup, fait la dame au coussin rouge princesse.

— Ah ! vous êtes l'enfant chéri des belles, monsieur Porthos ! reprit en soupirant la procureuse.

— Mais, répondit Porthos, vous comprenez qu'avec un physique comme celui dont la nature m'a doué, je ne manque pas de bonnes fortunes.

— Mon Dieu ! comme les hommes oublient vite ! s'écria la procureuse en levant les yeux au ciel.

— Moins vite encore que les femmes, ce me semble, répondit Porthos, car enfin moi, madame. je puis dire que j'ai été votre victime, lorsque blessé, mourant, je me suis vu abandonné des chirurgiens ; moi, le rejeton d'une famille illustre, qui m'étais fié à votre amitié, j'ai manqué mourir de mes blessures d'abord, et de faim ensuite, dans une mauvaise auberge de Chantilly, et cela sans que vous ayez daigné répondre une seule fois aux lettres brûlantes que je vous ai écrites.

— Mais, monsieur Porthos, murmura la procureuse, qui sentait qu'à en juger par la conduite des plus grandes dames de ce temps-là, elle était dans son tort.

— Moi qui avais sacrifié pour vous la baronne de...

— Je le sais bien.

— La comtesse de...

— Monsieur Porthos, ne m'accablez pas.

— La duchesse de...

— Monsieur Porthos, soyez généreux !

— Vous avez raison, madame, et je n'achèverai pas.

— Mais c'est mon mari qui ne veut pas entendre parler de prêter.

— Madame Coquenard, dit Porthos, rappelez-vous la première lettre que vous m'avez écrite et que je conserve gravée dans ma mémoire.

La procureuse poussa un gémissement.

— Mais c'est qu'aussi, dit-elle, la somme que vous demandiez à emprunter était un peu bien forte.

— Madame Coquenard, je vous donnais la préférence. Je n'ai eu qu'à écrire à la duchesse de... Je ne veux pas dire son nom, car je ne sais pas ce que c'est que de compromettre une femme ; mais ce que je sais, c'est que je n'ai eu qu'à lui écrire pour qu'elle m'en envoyât quinze cents.

La procureuse versa une larme.

— Monsieur Porthos, dit-elle, je vous jure que vous m'avez grandement punie, et que si dans l'avenir vous vous

...ouviez en pareille passe vous n'auriez qu'à vous adresser à moi.

— Fi donc, madame! dit Porthos comme révolté, ne parlons pas argent, s'il vous plaît, c'est humiliant.

— Ainsi, vous ne m'aimez plus! dit lentement et tristement la procureuse.

Porthos garda un majestueux silence.

— C'est ainsi que vous me répondez? Hélas! je comprends

— Songez à l'offense que vous m'avez faite, madame: elle est restée là, dit Porthos en posant la main à son cœur et en l'y appuyant avec force.

— Je la réparerai; voyons, mon cher Porthos!

— D'ailleurs que vous demandais-je, moi? reprit Porthos avec un mouvement d'épaules plein de bonhomie; un prêt, pas autre chose. Après tout, je ne suis pas un homme déraisonnable. Je sais que vous n'êtes pas riche, madame Coquenard, et que votre mari est obligé de sangsurer les pauvres plaideurs pour en tirer quelques pauvres écus. Oh! si vous étiez comtesse, marquise ou duchesse, ce serait autre chose et vous seriez impardonnable

La procureuse fut piquée.

— Apprenez, monsieur Porthos, dit-elle, que mon coffre-fort, tout coffre-fort de procureuse qu'il est, est peut-être mieux garni que celui de toutes vos mijaurées ruinées.

— Double offense que vous m'avez faite alors, dit Porthos en dégageant le bras de la procureuse de dessous le sien; car si vous êtes riche, madame Coquenard, alors votre refus n'a plus d'excuse.

— Quand je dis riche, reprit la procureuse, qui vit qu'elle s'était laissé entraîner trop loin, il ne faut pas prendre le mot au pied de la lettre. Je ne suis pas précisément riche, je suis à mon aise.

— Tenez, madame, dit Porthos, ne parlons plus de tout cela, je vous prie. Vous m'avez méconnu; toute sympathie est éteinte entre nous.

— Ingrat que vous êtes!

— Ah! je vous conseille de vous plaindre! dit Porthos.

— Allez donc avec votre belle duchesse! je ne vous retiens plus.

— Eh! elle n'est déjà point si déchirée, que je crois!

— Voyons, monsieur Porthos, encore une fois, c'est la dernière: m'aimez-vous encore?

— Hélas! madame, dit Porthos du ton le plus mélancolique qu'il put prendre, quand nous allons entrer en campagne, dans une campagne où mes pressentiments me disent que je serai tué..

— Oh! ne dites pas de pareilles choses! s'écria la procureuse en éclatant en sanglots

— Quelque chose me le dit, continua Porthos en mélancolisant de plus en plus.

— Dites plutôt que vous avez un nouvel amour.

— Non pas, je vous parle franc. Nul objet nouveau ne me touche, et même je sens là, au fond de mon cœur, quelque chose qui parle pour vous. Mais, dans quinze jours, comme vous le savez ou comme vous ne le savez pas, cette fatale campagne s'ouvre; je vais être affreusement préoccupé de mon équipement. Puis, je vais faire un voyage dans ma famille, au fond de la Bretagne, pour réaliser la somme nécessaire à mon départ.

Porthos remarqua un dernier combat entre l'amour et l'avarice.

— Et comme, continua-t-il, la duchesse que vous venez de voir à l'église a ses terres près des miennes, nous ferons le voyage ensemble. Les voyages, vous le savez, paraissent beaucoup moins longs quand on les fait à deux.

— Vous n'avez donc point d'amis à Paris, monsieur Porthos? dit la procureuse.

— J'ai cru en avoir, dit Porthos en prenant son air mélancolique, mais j'ai bien vu que je me trompais.

— Vous en avez, monsieur Porthos, vous en avez, reprit la procureuse dans un transport qui la surprit elle-même; revenez demain à la maison. Vous êtes le fils de ma tante, mon cousin par conséquent; vous venez de Noyon en Picardie, vous avez plusieurs procès à Paris, et pas de procureur. Retiendrez-vous bien tout cela

— Parfaitement, madame.

— Venez à l'heure du dîner.

— Fort bien.

— Et tenez ferme devant mon mari, qui est retors, malgré ses soixante-seize ans.

— Soixante-seize ans! peste! le bel âge! reprit Porthos.

— Le grand âge, vous voulez dire, monsieur Porthos. Aussi le pauvre cher homme peut me laisser veuve d'un moment à l'autre, continua la procureuse en jetant un regard significatif à Porthos. Heureusement que par contrat de mariage nous nous sommes tout passé au dernier vivant.

— Tout? dit Porthos.

— Tout.

— Vous êtes femme de précaution, je le vois, ma chère madame Coquenard, dit Porthos en serrant tendrement la main de la procureuse.

— Nous voilà donc réconciliés, cher monsieur Porthos, dit-elle en minaudant.

— Pour la vie, répliqua Porthos sur le même air.

— Au revoir donc, mon traître.

— Au revoir, mon oublieuse.

— A demain, mon ange.

— A demain, flamme de ma vie!

CHAPITRE XXX

MILADY.

D'Artagnan avait suivi milady sans être aperçu par elle : il la vit monter dans son carrosse, et il l'entendit donner à son cocher l'ordre d'aller à Saint-Germain.

Il était inutile d'essayer de suivre à pied une voiture emportée au trot de deux vigoureux chevaux, D'Artagnan revint donc rue Férou.

Dans la rue de Seine, il rencontra Planchet, qui s'était arrêté auprès de la boutique d'un pâtissier, et qui semblait en extase devant une brioche de la forme la plus appétissante.

— Il lui donna l'ordre d'aller seller deux chevaux dans les écuries de M. de Tréville, un pour lui d'Artagnan, l'autre pour lui Planchet, et de venir le joindre chez Athos,

D'Artagnan rencontra Planchet, qui s'était arrêté auprès de la boutique d un pâtissier.

M. de Tréville, une fois pour toutes, ayant mis ses écuries au service de d'Artagnan.

Planchet s'achemina vers la rue du Colombier, et d'Artagnan vers la rue Férou. Athos était chez lui, vidant tristement une des bouteilles de ce fameux vin d'Espagne qu'il avait rapporté de son voyage en Picardie. Il fit signe à Grimaud d'apporter un verre pour d'Artagnan, et Grimaud obéit silencieux comme d'habitude.

D'Artagnan raconta alors à Athos tout ce qui s'était passé à l'église entre Porthos et la procureuse, et comment leur camarade était probablement, à cette heure, en voie de s'équiper.

— Quant à moi, répondit Athos à tout ce récit, je suis bien tranquille, ce ne seront pas les femmes qui feront les frais de mon harnais.

— Et cependant, beau, poli, grand seigneur comme vous

l'êtes, mon cher Athos, il n'y aurait ni princesses ni reines à l'abri de vos traits amoureux.

— Que ce d'Artagnan est jeune ! dit Athos en haussant les épaules. Et il fit signe à Grimaud d'apporter une seconde bouteille.

En ce moment, Planchet passa modestement la tête par la porte entre-bâillée, et annonça à son maître que les deux chevaux étaient là.

— Quels chevaux? demanda Athos.

— Deux chevaux que M. de Tréville me prête pour la promenade, et avec lesquels je vais aller faire un tour à Saint-Germain.

— Et qu'allez-vous faire à Saint-Germain? demanda encore Athos.

Alors d'Artagnan lui raconta la rencontre qu'il avait faite dans l'église, et comment il avait retrouvé cette femme qui,

— Nous verrons, mon cher monsieur, si vous maniez aussi adroitement la rapière que le cornet. — Page 135

avec le seigneur au manteau noir et à la cicatrice près de la tempe, était sa préoccupation éternelle.

— C'est-à-dire que vous êtes amoureux de celle-là, comme vous l'étiez de madame Bonacieux, dit Athos en haussant dédaigneusement les épaules, comme s'il eût pris en pitié la faiblesse humaine.

— Moi, point du tout ! s'écria d'Artagnan. Je suis seulement curieux d'éclaircir le mystère auquel elle se rattache.

Je ne sais pourquoi, je me figure que cette femme, tout in connue qu'elle m'est et tout inconnu que je lui suis, a une action sur ma vie.

— Au fait, vous avez raison, dit Athos, je ne connais pas une femme qui vaille la peine qu'on la cherche quand elle est perdue. Madame Bonacieux est perdue, tant pis pour elle, qu'elle se retrouve.

— Non, Athos, non, vous vous trompez, dit d'Artagnan;

j'aime ma pauvre Constance plus que jamais, et, si je savais le lieu où elle est, fût-elle au bout du monde, je partirais pour la tirer des mains de ses ennemis; mais je l'ignore, toutes mes recherches ont été inutiles. Que voulez-vous, il faut bien se distraire.

— Distrayez-vous donc avec milady, mon cher d'Artagnan; je le souhaite de tout mon cœur, si cela peut vous amuser.

— Ecoutez, Athos, dit d'Artagnan, au lieu de vous tenir renfermé ici comme si vous étiez aux arrêts, montez à cheval et venez vous promener avec moi à Saint-Germain.

— Mon cher, répliqua Athos, je monte mes chevaux quand j'en ai, sinon je vais à pied.

— Eh bien! moi, reprit d'Artagnan en souriant de la misanthropie d'Athos, qui, dans un autre, l'eût certainement blessé; moi, je suis moins fier que vous, je monte ce que je trouve. Ainsi, au revoir, mon cher Athos.

— Au revoir, dit le mousquetaire en faisant signe à Grimaud de déboucher la bouteille qu'il venait d'apporter.

D'Artagnan et Planchet se mirent en selle et prirent le chemin de Saint-Germain.

Tout le long de la route, ce qu'Athos avait dit au jeune homme de madame Bonacieux lui revenait à l'esprit.

Quoique d'Artagnan ne fût pas d'un caractère fort sentimental, la jolie mercière avait fait une impression réelle sur son cœur; comme il le disait, il était prêt à aller au bout du monde pour la chercher.

Mais le monde a bien des bouts, par cela même qu'il est rond; de sorte qu'il ne savait de quel côté se tourner.

En attendant, il allait tâcher de savoir ce que c'était que milady.

Milady avait parlé à l'homme au manteau noir, donc elle le connaissait.

Or, dans l'esprit de d'Artagnan, c'était certes l'homme au manteau noir qui avait enlevé madame Bonacieux une seconde fois comme il l'avait enlevée une première.

D'Artagnan ne mentait donc qu'à moitié, ce qui est bien peu mentir, quand il disait qu'en se mettant à la recherche de milady il se mettait en même temps à la recherche de Constance.

Tout en songeant ainsi et en donnant de temps en temps un coup d'éperon à son cheval, d'Artagnan avait fait la route et était arrivé à Saint-Germain.

Il venait de longer le pavillon où dix ans plus tard devait naître Louis XIV.

Il traversait une rue fort déserte, regardant à droite et à gauche s'il ne reconnaîtrait pas quelque vestige de sa belle Anglaise, lorsqu'au rez-de-chaussée d'une jolie maison qui, selon l'usage du temps, n'avait aucune fenêtre sur la rue, il vit apparaître une figure de connaissance.

Cette figure se promenait sur une sorte de terrasse garnie de fleurs.

Planchet la reconnut le premier.

— Eh! monsieur, dit-il, s'adressant à d'Artagnan, ne remettez-vous point ce visage qui baye aux corneilles?

— Non, dit d'Artagnan; et cependant je suis certain que ce n'est pas la première fois que je le vois, ce visage.

— Je le crois pardieu bien, dit Planchet : c'est ce pauvre Lubin, le laquais du comte de Wardes, celui que vous avez si bien accommodé il y a un mois, à Calais, sur la route de la maison de campagne du gouverneur.

— Ah! oui, bien, dit d'Artagnan, et je le reconnais à cette heure. Crois-tu qu'il te reconnaisse, toi?

— Ma foi, monsieur, il était si fort troublé, que je doute qu'il ait gardé de moi une mémoire bien nette.

— Eh bien! va donc causer avec ce garçon, dit d'Artagnan, et informe-toi dans la conversation si son maître est mort.

Planchet descendit de cheval, marcha droit à Lubin, qui, en effet, ne le reconnut pas, et les deux laquais se mirent à causer dans la meilleure intelligence du monde, tandis

que d'Artagnan poussait les deux chevaux dans une ruelle, et, faisant le tour d'une maison, s'en revenait assister à la conférence derrière une haie de coudriers.

Au bout d'un instant d'observation derrière la haie, il entendit le bruit d'une voiture, et il vit s'arrêter en face de lui le carrosse de milady.

Il n'y avait pas à s'y tromper, milady était dedans.

D'Artagnan se coucha sur le cou de son cheval afin de tout voir sans être vu.

Milady sortit sa charmante tête blonde par la portière, et donna des ordres à sa femme de chambre.

Cette dernière, jolie fille de vingt à vingt-deux ans, alerte et vive, véritable soubrette de grande dame, sauta en bas du marchepied, sur lequel elle était assise, selon l'usage du temps, et se dirigea vers la terrasse où d'Artagnan avait aperçu Lubin.

D'Artagnan suivit la soubrette des yeux, et la vit s'acheminer vers la terrasse.

Mais, par hasard, un ordre de l'intérieur avait rappelé Lubin, de sorte que Planchet était resté seul, regardant de tous côtés par quel chemin avait disparu d'Artagnan.

La femme de chambre s'approcha de Planchet, qu'elle prit pour Lubin, et lui tendant un petit billet :

— Pour votre maître, dit-elle.

— Pour mon maître? reprit Planchet étonné.

— Oui, et très-pressé. Prenez donc vite.

Là-dessus elle s'enfuit vers le carrosse, retourné à l'avance du côté par lequel il était venu; elle s'élança sur le marchepied, et le carrosse repartit.

Planchet tourna et retourna le billet, puis, accoutumé à l'obéissance passive, il sauta à bas de la terrasse, enfila la ruelle et rencontra au bout de vingt pas d'Artagnan, qui, ayant tout vu, allait au-devant de lui.

— Pour vous, monsieur, dit Planchet, présentant le billet au jeune homme.

— Pour moi? dit d'Artagnan; en es-tu bien sûr?

— Pardieu! si j'en suis sûr; la soubrette a dit : « Pour ton maître. » Je n'ai d'autre maître que vous; ainsi... Un joli brin de fille, ma foi, que cette soubrette!

D'Artagnan ouvrit la lettre et lut ces mots :

« Une personne qui s'intéresse à vous plus qu'elle ne peut le dire, voudrait savoir quel jour vous serez en état de vous promener dans la forêt.

« Demain, à l'hôtel du Champ-du-Drap-d'Or, un laquais noir et rouge attendra votre réponse. »

— Oh! oh! se dit d'Artagnan, voilà qui est un peu vif. Il paraît que milady et moi sommes en peine de la santé de la même personne. Eh bien! Planchet, comment se porte ce bon M. de Wardes? il n'est donc pas mort?

— Non, monsieur, il va aussi bien qu'on peut aller avec quatre coups d'épée dans le corps, car vous lui en avez, sans reproche, allongé quatre, à ce cher gentilhomme, et il est encore bien faible, ayant perdu presque tout son sang. Comme je l'avais dit à monsieur, Lubin ne m'a pas reconnu, et m'a raconté d'un bout à l'autre notre aventure.

— Fort bien, Planchet, tu es le roi des laquais; maintenant, remonte à cheval et rattrapons le carrosse.

Ce ne fut pas long; au bout de cinq minutes on aperçut le carrosse arrêté sur le revers de la route; un cavalier richement vêtu se tenait à la portière.

La conversation entre milady et le cavalier était tellement animée, que d'Artagnan s'arrêta de l'autre côté du carrosse sans que personne autre que la jolie soubrette s'aperçût de sa présence.

La conversation avait lieu en anglais, langue que d'Artagnan ne comprenait pas; mais, à l'accent, le jeune homme crut deviner que la belle Anglaise était fort en colère; elle termina par un geste qui ne lui laissa point de doute sur la nature de cette conversation : c'était un coup d'éventail appliqué de telle force, que le petit meuble féminin vola en mille morceaux.

Le cavalier poussa un éclat de rire qui parut exaspérer milady.

D'Artagnan pensa que c'était le moment d'intervenir; il s'approcha de l'autre portière, et se découvrant respectueusement :

— Madame, dit-il, me permettrez-vous de vous offrir mes services? il me semble que ce cavalier vous a mise en colère. Dites un mot, madame, et je me charge de le punir de son manque de courtoisie.

Aux premières paroles, milady s'était retournée, regardant le jeune homme avec étonnement, et lorsqu'il eut fini :

— Monsieur, dit-elle en très-bon français, ce serait de grand cœur que je me mettrais sous votre protection si la personne qui me querelle n'était point mon frère.

— Ah! excusez-moi, alors, dit d'Artagnan; vous comprenez que j'ignorais cela, madame.

— De quoi donc se mêle cet étourneau! s'écria, en s'abaissant à la hauteur de la portière, le cavalier que milady avait désigné comme son parent, et pourquoi ne passe-t-il pas son chemin?

— Etourneau vous-même! dit d'Artagnan en se baissant à son tour sur le cou de son cheval, et en répondant de son côté par la portière; je ne passe pas mon chemin parce qu'il me plaît de m'arrêter ici

Le cavalier adressa quelques mots en anglais à sa sœur.

— Je vous parle français, moi, dit d'Artagnan; faites-moi donc, je vous prie, le plaisir de me répondre dans la même langue. Vous êtes le frère de madame, soit, mais vous n'êtes pas le mien, heureusement.

On eût peu croire que milady, craintive comme l'est ordinairement une femme, allait s'interposer dans ce commencement de provocation, afin d'empêcher que la querelle n'allât plus loin; mais, tout au contraire, elle se rejeta au fond de son carrosse, et cria froidement au cocher :

— Touche à l'hôtel!

La jolie soubrette jeta un regard d'inquiétude sur d'Artagnan, dont la bonne mine paraissait avoir produit son effet sur elle.

Le carrosse partit et laissa les deux hommes en face l'un de l'autre, aucun obstacle matériel ne les séparant plus.

Le cavalier fit un mouvement pour suivre la voiture; mais d'Artagnan, dont la colère déjà bouillonnante s'était encore augmentée en reconnaissant en lui l'Anglais qui, à Amiens, lui avait gagné son cheval et avait failli gagner à Athos son diamant, sauta à la bride et l'arrêta.

— Eh! monsieur, dit-il, vous me semblez encore plus étourneau que moi, car vous me faites l'effet d'oublier qu'il y a entre nous une petite querelle engagée.

— Ah! ah! dit l'Anglais, c'est vous, mon maitre. Il faut donc toujours que vous jouiez un jeu ou un autre?

— Oui, et cela me rappelle que j'ai une revanche à prendre. Nous verrons, mon cher monsieur, si vous maniez aussi adroitement la rapière que le cornet.

— Vous voyez bien que je n'ai pas d'épée, dit l'Anglais; voulez-vous faire le brave contre un homme sans armes?

— J'espère bien que vous en avez chez vous, répliqua d'Artagnan. En tout cas, j'en ai deux, et, si vous le voulez, je vous en jouerai une.

— Inutile, dit l'Anglais, je suis muni suffisamment de ces sortes d'ustensiles.

— Eh bien! mon digne gentilhomme, reprit d'Artagnan, choisissez la plus longue et venez me la montrer ce soir.

— Où cela, s'il vous plait?

— Derrière le Luxembourg, c'est un charmant quartier pour les promenades dans le genre de celles que je vous propose.

— C'est bien, on y sera.

— Votre heure?

— Six heures.

— A propos, vous avez aussi probablement un ou deux amis?

— Mais j'en ai trois qui seront fort honorés de jouer la même partie que moi.

— Trois? à merveille! comme cela se rencontre! dit d'Artagnan, c'est juste mon compte.

— Maintenant, qui êtes-vous? demanda l'Anglais.

— Je suis monsieur d'Artagnan, gentilhomme gascon, servant aux gardes, compagnie de M. des Essarts. Et vous?

— Moi, je suis lord de Winter, baron de Scheffield.

— Eh bien! je suis votre serviteur, monsieur le baron, dit d'Artagnan, quoique vous ayez des noms bien difficiles à retenir.

Et, piquant son cheval, il le mit au galop, et reprit le chemin de Paris.

Comme il avait l'habitude de le faire en pareille occasion, d'Artagnan descendit droit chez Athos.

Il trouva Athos couché sur un grand canapé, où il attendait, comme il l'avait dit, que son équipement le vint trouver.

Il raconta à Athos tout ce qui venait de se passer, moins la lettre de M. de Wardes.

Athos fut enchanté lorsqu'il sut qu'il allait se battre contre un Anglais.

Nous avons dit que c'était son rêve.

On envoya chercher à l'instant même Porthos et Aramis par les laquais, et on les mit au courant de la situation.

Porthos tira son épée hors du fourreau et se mit à espadonner contre le mur en se reculant de temps en temps et en faisant des pliés comme un danseur.

Aramis, qui travaillait toujours à son poëme, s'enferma dans le cabinet d'Athos et pria qu'on ne le dérangeât plus qu'au moment de dégainer.

Athos demanda par signes à Grimaud une autre bouteille.

Quant à d'Artagnan, il arrangea en lui-même un petit plan dont nous verrons plus tard l'exécution, et qui lui promettait quelque gracieuse aventure, comme on pouvait le voir aux sourires qui, de temps en temps, passaient sur son visage, dont ils éclairaient la rêverie.

CHAPITRE XXXI.

ANGLAIS ET FRANÇAIS.

L'heure venue, on se rendit avec les quatre laquais derrière le Luxembourg, dans un enclos abandonné aux chèvres.

Athos donna une pièce de monnaie au chevrier pour qu'il s'écartât.

Les laquais furent chargés de faire sentinelle.

Bientôt une troupe silencieuse s'approcha du même enclos, y pénétra et joignit les mousquetaires; puis, selon les habitudes d'outre-mer, les présentations eurent lieu.

Les Anglais étaient tous gens de la plus haute qualité: les noms bizarres de leurs adversaires furent donc pour eux un sujet, non-seulement de surprise, mais encore d'inquiétude.

— Je vais être obligé de vous tuer pour que mon secret ne coure pas les champs. — Page 137.

— Avec tout cela, dit lord de Winter quand les trois amis eurent été nommés, nous ne savons pas qui vous êtes, et nous ne nous battrons pas avec des noms pareils. Ce sont des noms de bergers, ces noms-là.

— Aussi, comme vous le supposez bien, milord, ce sont de faux noms, dit Athos.

— Ce qui ne nous donne qu'un plus grand désir de connaître les noms véritables, répondit l'Anglais.

— Vous avez bien joué contre nous sans les connaître, dit Athos, à telles enseignes que vous nous avez gagné nos deux chevaux.

— C'est vrai; mais nous ne risquions que nos pistoles. Cette fois nous risquons notre sang. On joue avec tout le monde : on ne se bat qu'avec ses égaux.

— C'est juste, dit Athos.

Et il prit à l'écart celui des quatre Anglais avec lequel il devait se battre, et lui dit son nom tout bas.

Porthos et Aramis en firent autant de leur côté.

— Cela vous suffit-il? dit Athos à son adversaire; et me trouvez-vous assez grand seigneur pour me faire la grâce de croiser l'épée avec moi?

— Oui, monsieur, dit l'Anglais en s'inclinant.

— Eh bien! maintenant voulez-vous que je vous dise une chose? reprit froidement Athos.

— Laquelle? demanda l'Anglais.

— C'est que vous auriez aussi bien fait de ne pas exiger que je me fisse connaître.

— Pourquoi cela?

— Parce qu'on me croit mort, que j'ai des raisons pour

— Donnons cela, lui dit-il à demi-voix, non à nos laquais, mais aux Anglais. — PAGE 138.

désirer qu'on ne sache pas que je vis, et que je vais être obligé de vous tuer pour que mon secret ne coure pas les champs.

L'Anglais regarda Athos, croyant que celui-ci plaisantait; mais Athos ne plaisantait pas du tout.

— Messieurs, dit-il en s'adressant à ses compagnons et à ses adversaires, y sommes-nous?

— Oui! répondirent tout d'une voix Anglais et Français.

— Alors en garde! dit Athos.

Et aussitôt huit épées brillèrent aux rayons du soleil couchant, et le combat commença avec un acharnement bien naturel entre gens deux fois ennemis.

Athos s'escrimait avec autant de calme et de méthode que s'il eût été dans une salle d'armes.

Porthos, corrigé sans doute de sa trop grande confiance par son aventure de Chantilly, jouait un jeu plein de finesse et de prudence.

Aramis, qui avait le troisième chant de son poëme à finir, e dépêchait en homme très-pressé.

Athos le premier tua son adversaire.

Il ne lui avait porté qu'un coup; mais, comme il l'en avait prévenu, ce coup avait été mortel, l'épée lui traversait le cœur.

Porthos, le second, étendit le sien sur l'herbe; il lui avait percé la cuisse.

Alors, comme l'Anglais, sans faire plus longue résistance, lui avait rendu son épée, Porthos le prit dans ses bras et le porta dans son carrosse.

Aramis poussa le sien si vigoureusement, qu'après l'avoir fait rompre une cinquantaine de pas seulement, il finit par le mettre hors de combat.

Quant à d'Artagnan, il avait joué purement et simplement un jeu défensif; puis, lorsqu'il avait vu son adversaire bien fatigué, il lui avait, d'une vigoureuse flanconnade, fait sauter son épée.

Le baron se voyant désarmé fit deux ou trois pas en arrière, mais dans ce mouvement son pied glissa et il tomba à la renverse.

D'Artagnan fut sur lui d'un seul bond, et, lui portant l'épée à la gorge:

— Je pourrais vous tuer, monsieur, dit-il à l'Anglais, et vous êtes bien entre mes mains; mais je vous donne la vie pour l'amour de votre sœur.

D'Artagnan était au comble de la joie; il venait de réaliser le plan qu'il avait arrêté d'avance et dont le développement avait fait éclore sur son visage les sourires dont nous avons parlé.

L'Anglais, enchanté d'avoir affaire à un gentilhomme d'aussi bonne composition, serra d'Artagnan entre ses bras, fit mille caresses aux trois mousquetaires, et, comme l'adversaire de Porthos était déjà installé dans la voiture et que celui d'Aramis avait pris la poudre d'escampette, on ne songea plus qu'au défunt.

Comme Porthos et Aramis le déshabillaient dans l'espérance que sa blessure n'était pas mortelle, une grosse bourse s'échappa de sa ceinture.

D'Artagnan la ramassa et la tendit à lord de Winter.

— Eh! que diable voulez-vous que je fasse de cela? demanda l'Anglais.

— Vous la rendrez à sa famille, dit d'Artagnan.

— Sa famille se soucie bien de cette misère! elle hérite de quinze mille louis de rente. Gardez cette bourse pour vos laquais... Et maintenant, mon jeune ami, car vous me permettrez, je l'espère, de vous donner ce nom, continua lord de Winter, dès ce soir, si vous le voulez bien, je vous présenterai à ma belle-sœur lady Clarick de Winter, car je veux qu'elle vous prenne à son tour dans ses bonnes grâces, et comme elle n'est pas tout à fait mal en cour, peut-être dans l'avenir un mot dit par elle ne vous sera-t-il point inutile.

D'Artagnan rougit de plaisir et s'inclina en signe d'assentiment.

Pendant ce temps Athos s'était approché de d'Artagnan, et lui prenant la bourse:

— Donnons cela, lui dit-il à demi-voix, non à nos laquais, mais aux Anglais.

Puis, la jetant dans la main du cocher:

— Pour vous et vos camarades, cria-t-il.

Cette grandeur de manières, dans un homme entièrement dénué, frappa Porthos lui-même, et cette générosité française, redite par lord de Winter et son ami, eut partout un grand succès, excepté auprès de MM. Grimaud, Mousqueton, Planchet et Bazin.

Lord de Winter, en quittant d'Artagnan, lui donna l'adresse de sa sœur; elle demeurait à la place Royale, qui était alors le quartier à la mode, au n° 6.

D'ailleurs, il s'engageait à le venir prendre pour le présenter.

D'Artagnan lui donna rendez-vous à huit heures chez Athos.

Cette présentation à milady occupait fort la tête de notre Gascon.

Il se rappelait de quelle façon étrange cette femme avait été mêlée jusque-là dans sa destinée.

Selon sa conviction, c'était quelque créature du cardinal, et cependant il se sentait invinciblement entraîné vers elle par un de ces sentiments dont on ne se rend pas compte.

Sa seule crainte était que milady ne reconnût en lui l'homme de Meung et de Douvres.

Car alors elle saurait qu'il était des amis de M. de Tréville, et par conséquent qu'il appartenait corps et âme au roi, ce qui, dès lors, lui ferait perdre une partie de ses avantages, puisque, connu de milady comme il la connaissait, il jouerait avec elle à jeu égal.

Quant à ce commencement d'intrigue entre elle et le comte de Wardes, notre présomptueux ne s'en préoccupait que médiocrement, bien que le marquis fût jeune, beau, riche et fort avant dans la faveur du cardinal.

Ce n'est pas pour rien que l'on a vingt ans et surtout que l'on est né à Tarbes.

D'Artagnan commença par aller faire chez lui une toilette flamboyante; ensuite il revint chez Athos, et, selon son habitude, lui raconta tout.

Athos écouta ses projets, puis il secoua la tête, et lui recommanda la prudence avec une sorte d'amertume.

— Quoi! lui dit-il, vous venez de perdre une femme que vous disiez bonne, charmante, parfaite, et voilà que vous courez déjà après une autre?

D'Artagnan sentit la vérité de ce reproche.

— J'aime madame Bonacieux avec le cœur, tandis que j'aime milady avec la tête, dit-il; et, en me faisant conduire chez elle, je cherche à m'éclairer sur le rôle qu'elle joue à la cour.

— Le rôle qu'elle joue, pardieu! il n'est pas difficile à deviner d'après tout ce que vous m'avez dit. C'est quelque émissaire du cardinal, une femme qui vous attirera dans un piége où vous laisserez votre tête tout bonnement.

— Diable! mon cher Athos, vous voyez les choses bien en noir, ce me semble.

— Mon cher, je me défie des femmes; que voulez-vous! je suis payé pour cela; et surtout des femmes blondes. Milady est blonde, m'avez-vous dit?

— Elle a les cheveux du plus beau blond qui se puisse voir.

— Ah! mon pauvre d'Artagnan, fit Athos.

— Ecoutez: je veux m'éclairer, puis, quand je saurai ce que je désire savoir, je m'éloignerai.

— Eclairez-vous, dit flegmatiquement Athos.

Lord de Winter arriva à l'heure dite; mais Athos, prévenu à temps, passa dans la seconde pièce.

Il trouva donc d'Artagnan seul, et, comme il était près de huit heures, il emmena le jeune homme.

Un élégant carrosse attendait en bas, et, comme il était attelé de deux excellents chevaux, en un instant on fut place Royale.

Milady de Winter reçut gracieusement d'Artagnan.

Son hôtel était d'une somptuosité remarquable, et, bien que la plupart des Anglais chassés par la guerre quittassent la France ou fussent sur le point de la quitter, milady venait de faire faire chez elle de nouvelles dépenses, ce qui prouvait que la mesure générale qui renvoyait les Anglais ne la regardait pas.

— Vous voyez, dit lord de Winter en présentant d'Artagnan à sa belle-sœur, un jeune gentilhomme qui a tenu ma vie entre ses mains et qui n'a point voulu abuser de ses avantages, quoique nous fussions deux fois ennemis, puisque c'est moi qui l'ai insulté, et que je suis Anglais. Remerciez-le donc, madame, si vous avez quelque amitié pour moi.

— Milady fronça légèrement le sourcil; un nuage à peine visible passa sur son front, et un sourire tellement étrange apparut sur ses lèvres, que le jeune homme, qui vit cette triple nuance, en eut comme un frisson.

Le frère ne vit rien; il s'était retourné pour jouer avec le singe favori de milady, qui l'avait tiré par son pourpoint.

— Soyez le bienvenu, monsieur, dit milady d'une voix dont la douceur singulière contrastait avec les symptômes de mauvaise humeur que venait de remarquer d'Artagnan, car vous avez acquis aujourd'hui des droits éternels à ma reconnaissance.

L'Anglais alors se retourna et raconta le combat sans omettre un détail.

Milady l'écouta avec la plus grande attention; cependant on voyait facilement, quelque effort qu'elle fît pour cacher ses impressions, que ce récit ne lui était point agréable : le sang lui montait à la tête et son petit pied s'agitait sous sa robe.

Lord de Winter ne s'aperçut de rien; puis, lorsqu'il eut fini, il s'approcha d'une table où était servie sur un plateau une bouteille de vin d'Espagne; il emplit deux verres, et d'un signe invita d'Artagnan à boire.

D'Artagnan savait que c'était fort désobliger un Anglais que de refuser de toster avec lui.

Il s'approcha donc de la table et prit le second verre.

Il n'avait point perdu de vue milady, et dans la glace il s'aperçut du changement qui venait de s'opérer sur son visage.

Maintenant qu'elle croyait n'être plus regardée, un sentiment qui ressemblait à de la férocité animait sa physionomie.

Elle mordait son mouchoir à belles dents.

Cette jolie petite soubrette que d'Artagnan avait déjà remarquée entra alors; elle dit en anglais quelques mots à lord de Winter, qui demanda aussitôt à d'Artagnan la permission de se retirer, s'excusant sur l'urgence de l'affaire qui l'appelait, et chargeant sa sœur d'obtenir son pardon.

D'Artagnan échangea une poignée de main avec lord de Winter et revint près de milady.

Le visage de cette femme, avec une mobilité surprenante, avait repris son expression gracieuse; seulement, quelques petites taches rouges disséminées sur son mouchoir indiquaient qu'elle s'était mordu les lèvres jusqu'au sang.

Ses lèvres étaient magnifiques : on eût dit du corail.

La conversation prit une tournure enjouée.

Milady paraissait s'être entièrement remise.

Elle raconta que lord de Winter n'était que son beau-frère et non son frère; elle avait épousé un cadet de famille qui l'avait laissée veuve avec un enfant.

Cet enfant était le seul héritier de lord de Winter, si lord de Winter ne se mariait point.

Tout cela laissait voir à d'Artagnan un voile qui enveloppait quelque chose; mais il ne distinguait pas encore sous ce voile.

Au reste, au bout d'une demi-heure de conversation, d'Artagnan fut convaincu que milady était sa compatriote : elle parlait le français avec une pureté et une élégance qui ne laissaient aucun doute à cet égard.

D'Artagnan se répandit en propos galants et en protestations de dévouement.

A toutes les fadaises qui échappèrent à notre Gascon, milady sourit avec bienveillance.

Enfin l'heure de se retirer arriva : d'Artagnan prit congé de milady et sortit du salon le plus heureux des hommes.

Sur l'escalier il rencontra la jolie soubrette, laquelle le frôla doucement en passant, et, tout en rougissant jusqu'aux yeux, lui demanda pardon de l'avoir touché d'une voix si douce, que le pardon lui fut accordé à l'instant même.

D'Artagnan revint le lendemain et fut reçu encore mieux que la veille.

Lord de Winter n'y était point, et ce fut milady qui lui fit cette fois tous les honneurs de la soirée.

Elle parut prendre un grand intérêt à lui, lui demanda d'où il était, quels étaient ses amis, et s'il n'avait pas pensé quelquefois à s'attacher au service de M. le cardinal.

D'Artagnan, qui, comme on le sait, était fort prudent pour un garçon de vingt ans, se souvint alors de ses soupçons sur milady.

Il lui fit un grand éloge de Son Eminence, lui dit qu'il n'aurait point manqué d'entrer dans les gardes du cardinal au lieu d'entrer dans les gardes du roi, s'il eût connu par exemple M. de Cavois au lieu de connaître M. de Tréville.

Milady changea de conversation sans affectation aucune, et demanda à d'Artagnan, de la façon la plus négligée du monde, s'il avait jamais été en Angleterre.

D'Artagnan répondit qu'il y avait été envoyé par M. de Tréville pour traiter d'une remonte de chevaux, et qu'il en avait même ramené quatre comme échantillon.

Milady, dans le cours de la conversation, se pinça deux ou trois fois les lèvres; elle avait affaire à un garçon qui jouait serré.

A la même heure que la veille, d'Artagnan se retira.

Dans le corridor, il rencontra encore la jolie Ketty, c'était le nom de la soubrette.

Celle-ci le regarda avec une expression de mystérieuse bienveillance à laquelle il n'y avait point à se tromper.

Mais d'Artagnan était si préoccupé de la maîtresse, qu'il ne remarquait absolument que ce qui venait d'elle.

D'Artagnan revint chez milady le lendemain, et le surlendemain, et chaque fois milady lui fit un accueil plus gracieux.

Chaque soir aussi, soit dans l'antichambre, soit dans le corridor, soit sur l'escalier, il rencontrait la jolie soubrette.

Mais, comme nous l'avons dit, d'Artagnan ne faisait aucune attention à cette persistance de la pauvre Ketty.

CHAPITRE XXXII.

UN DINER DE PROCUREUR.

Cependant, le duel dans lequel Porthos avait joué un rôle si brillant ne lui avait pas fait oublier le dîner auquel l'avait invité la femme du procureur.

Le lendemain, vers une heure, il se fit donner le dernier coup de brosse par Mousqueton, et s'achemina vers la rue aux Ours.

Son cœur battait, mais ce n'était pas, comme celui de d'Artagnan, d'un jeune et impatient amour.

Non, un intérêt plus matériel le conduisait : il allait enfin franchir ce seuil mystérieux, gravir cet escalier inconnu qu'avaient monté un à un les vieux écus de maître Coquenard.

Il allait voir en réalité certain bahut dont vingt fois il

Un grand clerc, enfoui sous une forêt de cheveux vierges, vint ouvrir. — Page 141.

avait vu l'image dans ses rêves; bahut de forme longue et profonde, cadenassé, verrouillé, scellé au sol; bahut dont il avait si souvent entendu parler, et que les mains de la procureuse allaient ouvrir à ses regards admirateurs.

Et puis lui, l'homme errant sur la terre, l'homme sans fortune, l'homme sans famille, le soldat habitué aux auberges, aux cabarets, aux tavernes, aux posadas, le gourmet, force la plupart du temps de s'en tenir aux lippées de rencontre, il allait tâter des repas de ménage, savourer un intérieur confortable.

Venir en qualité de cousin s'asseoir tous les jours à une bonne table, dérider le front jaune et plissé du vieux procureur, plumer quelque peu les jeunes clercs en leur apprenant la bassette, le passe-dix et le lansquenet dans leurs plus fines pratiques, et en leur gagnant, par manière d'honoraires pour la leçon qu'il leur donnerait en une heure, leurs économie d'un mois, tout cela était dans les mœurs singulières de ce temps et souriait énormément à Porthos.

Le mousquetaire se retraçait bien de ci de là les mauvais propos qui couraient dès cette époque sur les procureurs et qui leur ont survécu : la lésine, la rognure, les jours de jeûne; mais comme, après tout, sauf quelques accès d'économie que Porthos avait toujours trouvés fort intempestifs,

il avait vu la procureuse assez libérale, pour une procureuse bien entendu, il espéra rencontrer une maison montée sur un pied flatteur.

Cependant, à la porte, le mousquetaire eut quelques doutes; l'abord n'était point fait pour engager les gens : allée puante et noire, escalier mal éclairé par des barreaux au travers desquels filtrait le jour pris d'une cour voisine; au premier, une porte basse et ferrée d'énormes clous comme la porte principale du Grand-Châtelet.

Maître Coquenard.

Porthos heurta du doigt; un grand clerc, pâle et enfoui sous une forêt de cheveux vierges, vint ouvrir et salua de l'air d'un homme forcé de respecter à la fois dans un autre la haute taille, qui indique la force, l'habit militaire, qui indique l'état, et la mine vermeille, qui indique l'habitude de bien vivre.

Autre clerc plus petit derrière le premier, autre clerc plus grand derrière le second, saute-ruisseau de douze ans derrière le troisième.

En tout trois clercs et demi; ce qui, pour le temps, annonçait une étude des plus achalandées.

Quoique le mousquetaire ne dût arriver qu'à une heure, depuis midi la procureuse avait l'œil au guet, et comptait sur le cœur et peut-être aussi sur l'estomac de son adorateur pour lui faire devancer le moment convenu.

Madame Coquenard arriva donc par la porte de l'appartement presque en même temps que son convive arrivait par la porte de l'escalier, et l'apparition de la digne dame tira Porthos d'un grand embarras.

Les clercs avaient l'œil curieux, et lui, ne sachant trop que dire à cette gamme ascendante, demeurait la langue muette.

— C'est mon cousin ! s'écria la procureuse ; entrez donc, entrez donc, monsieur Porthos.

Le nom de Porthos fit son effet sur les clercs, qui se mirent à rire ; mais Porthos se retourna, et tous les visages rentrèrent dans leur gravité.

On arriva dans le cabinet du procureur après avoir traversé l'antichambre, où étaient les clercs, et l'étude où ils auraient dû être ; cette dernière chambre était une sorte de salle noire et meublée de paperasses.

En sortant de l'étude, on laissa la cuisine à droite, et l'on entra dans la salle de réception.

Toutes ces pièces qui se commandaient n'inspirèrent point à Porthos de bonnes idées ; les paroles devaient s'entendre de loin par toutes ces portes ouvertes ; puis, en passant, il avait jeté un regard rapide et investigateur sur la cuisine, et il s'avouait à lui-même, à la honte de sa procureuse et à son grand regret, à lui, qu'il n'y avait pas vu ce feu, cette animation, ce mouvement, qui, au moment d'un bon repas, règnent ordinairement dans ce sanctuaire de la gourmandise.

Le procureur avait sans doute été prévenu de cette visite, car il ne témoigna aucune surprise à la vue de Porthos, qui s'avança jusqu'à lui d'un air assez dégagé, et le salua courtoisement.

— Nous sommes cousins, à ce qu'il paraît, monsieur Porthos ? dit le procureur en se soulevant à la force des bras sur son fauteuil de cannes.

Le vieillard, enveloppé dans un grand pourpoint noir où se perdait son corps fluet, était vert et sec ; ses petits yeux gris brillaient comme des escarboucles, et semblaient, avec sa bouche grimaçante, la seule partie de son visage où la vie fût demeurée.

Malheureusement, les jambes commençaient à refuser le service à toute cette machine osseuse.

Depuis cinq ou six mois que cet affaiblissement s'était fait sentir, le digne procureur était à peu près devenu l'esclave de sa femme.

Le cousin fut accepté avec résignation, voilà tout.

Maître Coquenard ingambe eût décliné toute parenté avec M. Porthos.

— Oui, monsieur, nous sommes cousins, dit sans se déconcerter Porthos, qui d'ailleurs n'avait jamais compté être reçu par le mari avec enthousiasme.

— Par les femmes, je crois ? dit malicieusement le procureur.

Porthos ne sentit point cette raillerie, et la prit pour une naïveté dont il rit dans sa grosse moustache.

Madame Coquenard, qui savait que le procureur naïf est une variété fort rare dans l'espèce, sourit un peu et rougit beaucoup.

Maître Coquenard avait, dès l'arrivée de Porthos, jeté les yeux avec inquiétude sur une grande armoire placée en face de son bureau de chêne.

Porthos comprit que cette armoire, quoiqu'elle ne répondît point par la forme à celle qu'il avait vue dans ses songes, devait être le bienheureux bahut, et il s'applaudit de ce que la réalité avait six pieds de plus en hauteur que le rêve.

Maître Coquenard ne poussa pas plus loin ses investigations généalogiques ; mais, en ramenant son regard inquiet de l'armoire sur Porthos, il se contenta de dire :

— Monsieur notre cousin, avant son départ pour la campagne, nous fera bien la grâce de dîner une fois avec nous, n'est-ce pas, madame Coquenard ?

Cette fois, Porthos reçut le coup en plein estomac et le sentit.

Il paraît que de son côté madame Coquenard non plus n'y fut pas insensible, car elle ajouta :

— Mon cousin ne reviendra pas s'il trouve que nous le traitons mal ; mais, dans le cas contraire, il a trop peu de temps à passer à Paris, et par conséquent à nous voir, pour que nous ne lui demandions pas presque tous les instants dont il peut disposer jusqu'à son départ.

— Oh ! mes jambes, mes pauvres jambes ! murmura M. Coquenard ; et il essaya de sourire.

Ce secours, qui était arrivé à Porthos au moment où il était attaqué dans ses espérances gastronomiques, inspira au mousquetaire beaucoup de reconnaissance pour sa procureuse.

Bientôt l'heure du dîner sonna.

On passa dans la salle à manger, grande pièce noire qui était située en face de la cuisine.

Les clercs, qui, à ce qu'il paraît, avaient senti dans la maison des parfums inaccoutumés, étaient d'une exactitude militaire, et tenaient en main leurs tabourets, tout prêts qu'ils étaient à s'asseoir.

On les voyait remuer d'avance les mâchoires avec des dispositions effrayantes.

— Tudieu ! pensa Porthos en jetant un regard sur les trois affamés, car le saute-ruisseau n'était pas, comme on le pense bien, admis aux honneurs de la table magistrale, tudieu ! à votre place, mon cousin, je ne garderais pas de pareils gourmands. On dirait des naufragés qui n'ont pas mangé depuis six semaines.

M. Coquenard entra, poussé sur son fauteuil à roulette par madame Coquenard, à qui Porthos, à son tour, vint en aide pour rouler son mari jusqu'à la table.

A peine entré, il remua le nez et les mâchoires à l'exemple de ses clercs.

— Oh ! oh ! dit-il, voici un potage qui est engageant.

— Que diable sentent-ils donc d'extraordinaire dans ce potage ? dit Porthos à l'aspect d'un bouillon pâle, abondant, mais parfaitement aveugle, et sur lequel quelques croûtes nageaient rares, comme les îles d'un archipel.

Madame Coquenard sourit, et, sur un signe d'elle, tout le monde s'assit avec empressement.

M. Coquenard fut le premier servi, puis Porthos ; ensuite madame Coquenard emplit son assiette, et distribua les croûtes sans bouillon aux impatients.

En ce moment la porte de la salle à manger s'ouvrit d'elle-même en criant, et Porthos, à travers les battants entre-bâillés, aperçut le petit clerc, qui, ne pouvant prendre part au festin, mangeait son pain à la double odeur de la cuisine et de la salle à manger.

Après le potage, la servante apporta une poule bouillie, magnificence qui fit dilater les paupières des convives de telle façon qu'elles semblaient prêtes à se fendre.

— On voit que vous aimez votre famille, madame Coquenard, dit le procureur avec un sourire presque tragique ; voilà, certes, une galanterie que vous faites à votre cousin.

La pauvre poule était maigre, revêtue de ces grosses peaux hérissées que les os ne percent jamais malgré leurs efforts ; il fallait qu'on l'eût cherchée bien longtemps avant de la trouver sur le perchoir où elle s'était retirée pour mourir de vieillesse.

— Diable, pensa Porthos, voilà qui est fort triste ; je respecte la vieillesse, mais j'en fais peu de cas, bouillie ou rôtie.

Et il regarda à la ronde pour voir si son opinion était partagée ; mais, tout au contraire de lui, il ne vit que des yeux flamboyants qui dévoraient d'avance cette sublime poule, objet de ses mépris.

Madame Coquenard tira le plat à elle, détacha adroitement les deux grandes pattes noires, qu'elle plaça sur l'assiette de son mari, trancha le cou, qu'elle mit avec la tête à part pour elle-même, leva l'aile pour Porthos, et remit à la servante, qui venait de l'apporter, l'animal, qui s'en retourna presque intact, et qui avait disparu avant que le mousquetaire eût eu le temps d'examiner les variations que le désappointement amène sur les visages, selon les caractères et les tempéraments de ceux qui l'éprouvent.

Au lieu de poulet, un plat de fèves fit son entrée, plat énorme, dans lequel quelques os de mouton, qu'on eût pu au premier abord croire accompagnés de viande, faisaient semblant de se montrer.

Mais les clercs ne furent pas dupes de cette supercherie, et les mines lugubres devinrent des visages résignés.

Madame Coquenard distribua ce mets aux jeunes gens avec la modération d'une bonne ménagère.

Le tour du vin était venu. M. Coquenard versa d'une bouteille de grès fort exiguë le tiers d'un verre à chacun des jeunes gens, s'en versa à lui-même dans des proportions à peu près égales, et la bouteille passa aussitôt du côté de Porthos et de madame Coquenard.

Les jeunes gens remplissaient d'eau ce tiers de vin ; puis, lorsqu'ils avaient bu la moitié du verre, ils le remplissaient encore, et toujours ils faisaient ainsi, ce qui les amenait à la fin du repas à avaler une boisson, qui, de la couleur du rubis, était passée à celle de la topaze brûlée.

Porthos mangea timidement son aile de poulet, et frémit lorsqu'il sentit sous la table le genou de la procureuse qui venait trouver le sien.

Il but aussi un demi-verre de ce vin si fort ménagé et qu'il reconnut pour cet horrible cru de Montreuil.

Maître Coquenard le regarda engloutir ce vin pur et soupira.

— Mangerez-vous bien de ces fèves, mon cousin Porthos ? dit madame Coquenard de ce ton qui veut dire : Croyez-moi, n'en mangez pas.

— Du diable si j'en goûte ! murmura tout bas Porthos...

Puis tout haut :

— Merci, ma cousine, dit-il, je n'ai plus faim.

Il se fit un silence.

Porthos ne savait quelle contenance tenir.

Le procureur répéta plusieurs fois :

— Ah ! madame Coquenard, je vous en fais mon compliment, votre dîner était un véritable festin. Dieu ! ai-je mangé !

Porthos crut qu'on le mystifiait, et commença à relever sa moustache et à froncer le sourcil ; mais le genou de madame Coquenard vint tout doucement lui conseiller la patience.

En ce moment, sur un regard du procureur, accompagné d'un sourire de madame Coquenard, les clercs se levèrent lentement de table, plièrent leurs serviettes plus lentement encore, puis ils saluèrent et partirent.

— Allez, jeunes gens, allez faire la digestion en travaillant, dit gravement le procureur.

Les clercs partis, madame Coquenard se leva et tira d'un buffet un morceau de fromage, des confitures de coing et un gâteau qu'elle avait confectionné elle-même avec des amandes et du miel.

Maître Coquenard fronça le sourcil, parce qu'il voyait trop de mets.

— Festin, décidément. s'écria-t-il en s'agitant sur sa chaise, véritable festin ! *Epulæ epularum.* Lucullus dîne chez Lucullus !

Porthos regarda la bouteille qui était près de lui, et il espéra qu'avec du vin, du pain et du fromage il dînerait ; mais le vin manqua bientôt, la bouteille était vide : M. et madame Coquenard n'eurent point l'air de s'en apercevoir.

— C'est bien, se dit Porthos à lui-même, me voilà prévenu.

Il passa sa langue sur une petite cuillerée de confitures et s'englua les dents dans la pâte collante de madame Coquenard.

— Maintenant, dit-il, le sacrifice est consommé.

Maître Coquenard, après les délices d'un pareil repas, qu'il appelait un excès, éprouva le besoin de faire sa sieste.

Porthos espérait que la chose aurait lieu séance tenante et dans la localité même ; mais le procureur ne voulut entendre à rien ; il fallut le reconduire dans sa chambre, et il cria tant qu'il ne fut pas devant son armoire, sur le rebord de laquelle, pour plus de précaution, il posa ses pieds.

La procureuse emmena Porthos dans une chambre voisine, et l'on commença de poser les bases de la réconciliation.

— Vous pourrez venir dîner trois fois la semaine, dit madame Coquenard.

— Merci, dit Porthos, je n'aime pas à abuser. D'ailleurs, il faut que je songe à mon équipement.

— C'est vrai, dit la procureuse en gémissant ; c'est ce malheureux équipement, n'est-ce pas ?

— Hélas oui ! dit Porthos, c'est lui.

— Mais de quoi donc se compose l'équipement de votre corps, monsieur Porthos ?

— Oh ! de bien des choses, dit Porthos ; les mousquetaires, comme vous savez, sont soldats d'élite, et il leur faut beaucoup d'objets inutiles aux gardes ou aux suisses.

— Mais encore, détaillez-les-moi.

— Mais cela peut aller à... dit Porthos, qui aimait mieux discuter le total que le menu.

La procureuse attendait, frémissante.

— A combien ? dit-elle ; j'espère bien que cela ne passe point... Elle s'arrêta, la parole lui manquait.

— Oh ! non, dit Porthos, cela ne passe point deux mille cinq cents livres. Je crois même qu'en y mettant de l'économie, avec deux mille livres je m'en tirerais.

— Bon Dieu ! deux mille livres ! s'écria-t-elle ; mais c'est une fortune, et jamais mon mari ne consentira à prêter une pareille somme !

Porthos fit une grimace des plus significatives ; madame Coquenard la comprit.

— Je demandais le détail, dit-elle, parce qu'ayant beaucoup de parents et de pratiques dans le commerce, j'étais presque sûre d'obtenir les choses à cent pour cent au-dessous du prix que vous les payeriez vous-même.

— Ah ! ah ! fit Porthos, si ce n'est que cela que vous avez voulu dire...

— Oui, cher monsieur Porthos. Ainsi ne vous faut-il pas d'abord un cheval ?

— Oui, un cheval.

— Eh bien ! justement j'ai votre affaire.

— Ah ! dit Porthos rayonnant, voilà donc qui va bien quant à mon cheval ; ensuite il me faut le harnachement complet, qui se compose d'objets qu'un mousquetaire peut seul acheter, et qui ne montera pas, d'ailleurs, à plus de trois cents livres.

— Trois cents livres !... allons, mettons trois cents livres, dit la procureuse avec un soupir.

Porthos sourit.

On se souvient qu'il avait la selle qui lui venait de Buckingham ; c'était donc trois cents livres qu'il comptait mettre sournoisement dans sa poche.

— Puis, continua-t-il, il y a le cheval de mon laquais et ma valise. Quant aux armes, il est inutile que vous vous en préoccupiez, je les ai.

— Un cheval pour votre laquais ? reprit en hésitant la procureuse ; mais c'est bien grand seigneur, mon ami.

— Eh ! madame, dit fièrement Porthos, est-ce que je suis un croquant, par hasard ?

— Non. Je vous disais seulement qu'un joli mulet avait quelquefois aussi bon air qu'un cheval, et qu'il me semble qu'en vous procurant un joli mulet pour votre Mousqueton...

— Va pour un joli mulet, dit Porthos ; vous avez raison, j'ai vu de très-grands seigneurs espagnols dont toute la suite était à mulets. Mais alors, vous comprenez, madame Coquenard, il faut un mulet avec des panaches et des grelots.

— Soyez tranquille, dit la procureuse.

— Reste la valise, reprit Porthos.

— Oh ! que cela ne vous inquiète point, s'écria madame quenard, mon mari a cinq ou six valises, vous choisirez la meilleure ; il y en a une surtout qu'il affectionnait dans ses voyages et qui est grande à tenir un monde.

— Elle est donc vide, votre valise ? demanda naïvement Porthos.

— Assurément, elle est vide, répondit la procureuse.

— Ah ! mais la valise dont j'ai besoin, s'écria Porthos, est une valise bien garnie, ma chère.

Madame Coquenard poussa de nouveaux soupirs

— Mais de quoi donc se compose l'équipement de votre corps, monsieur Porthos ? — Page 143.

Molière n'avait pas encore écrit sa scène de l'avare. Madame Coquenard a donc le pas sur Harpagon.

Enfin le reste de l'équipement fut successivement débattu de la même manière, et le résultat de la séance fut que la procureuse demanderait à son mari un prêt de huit cents livres en argent et fournirait le cheval et le mulet qui auraient l'honneur de porter à la gloire Porthos et Mousqueton.

Ces conditions arrêtées et les intérêts stipulés, ainsi que l'époque du remboursement, Porthos prit congé de madame Coquenard.

Celle-ci voulait bien le retenir en lui faisant les doux yeux ; mais Porthos prétexta les exigences du service, et il fallut que la procureuse cédât le pas au roi.

Le mousquetaire rentra chez lui avec une faim de fort mauvaise humeur.

CHAPITRE XXXIII.

SOUBRETTE ET MAÎTRESSE

Cependant, comme nous l'avons dit, malgré les cris de sa conscience, malgré les sages conseils d'Athos et le tendre souvenir de madame Bonacieux, d'Artagnan devenait d'heure en heure plus amoureux de milady; aussi ne manquait-il pas, tous les jours, d'aller lui faire une cour à laquelle l'avantageux Gascon était convaincu qu'elle ne pouvait tôt ou tard manquer de répondre.

Un soir qu'il arrivait le nez au vent, léger comme un homme qui attend une pluie d'or, il rencontra la soubrette sous la porte cochère; mais cette fois la jolie Ketty ne se contenta point de lui sourire en passant, elle lui prit tout doucement la main.

— Si monsieur le chevalier voulait me suivre, dit timidement Ketty.

— Bon! fit d'Artagnan, elle est chargée de quelque message pour moi de la part de sa maîtresse; elle va m'assigner quelque rendez-vous qu'on n'aura pas osé me donner de vive voix.

Et il regarda la belle enfant de l'air le plus vainqueur qu'il put prendre.

— Je voudrais bien vous dire deux mots, monsieur le chevalier, balbutia la soubrette.

— Parle, mon enfant, parle, dit d'Artagnan, j'écoute.

— Ici, impossible; ce que j'ai à vous dire est trop long, et surtout trop secret.

— Eh bien! mais, comment faire alors?

— Si monsieur le chevalier voulait me suivre, dit timidement Ketty.

— Où tu voudras, ma belle enfant.

— Alors, venez.

19

Et Ketty, qui n'avait point lâché la main de d'Artagnan, l'entraîna par un petit escalier sombre et tournant, et, après lui avoir fait monter une quinzaine de marches, ouvrit une porte.

— Entrez, monsieur le chevalier, ici nous serons seuls, et nous pourrons causer.

— Et quelle est donc cette chambre? demanda d'Artagnan.

— C'est la mienne, monsieur le chevalier : elle communique à celle de ma maîtresse par cette porte. Mais, soyez tranquille, elle ne pourra entendre ce que nous dirons, jamais elle ne se couche qu'à minuit.

D'Artagnan jeta un coup d'œil autour de lui.

La petite chambre était charmante de goût et de propreté; mais, malgré lui, ses yeux se fixaient sur cette porte que Ketty lui avait dit conduire à la chambre de milady.

Ketty devina ce qui se passait dans l'âme du jeune homme, et poussa un soupir.

— Vous aimez donc bien ma maîtresse, monsieur le chevalier? dit-elle.

— Oh! plus que je ne puis le dire, Ketty, j'en suis fou!

Ketty poussa un second soupir.

— Hélas! monsieur, c'est bien dommage!

— Et que diable vois-tu là de si fâcheux?

— C'est que, monsieur, ma maîtresse ne vous aime pas du tout.

— Hein! fit d'Artagnan, t'aurait-elle chargée de me le dire?

— Oh! non pas, monsieur, mais c'est moi qui, par intérêt pour vous, ai pris la résolution de vous en prévenir.

— Merci, ma bonne Ketty, mais de l'intention seulement, car la confidence, tu en conviendras, n'est point agréable.

— C'est-à-dire que vous ne croyez point à ce que je vous ai dit, n'est-ce pas?

— On a toujours peine à croire de pareilles choses, ne fût-ce que par amour-propre.

— Donc, vous ne me croyez point?

— J'avoue que jusqu'à ce que tu daignes me donner quelque preuve de ce que tu avances...

— Que dites-vous de celle-ci?

Et Ketty tira de sa poitrine un petit billet sans adresse.

— Pour moi? dit d'Artagnan en s'emparant vivement de la lettre.

Et, par un mouvement rapide comme la pensée, il déchira l'enveloppe, malgré le cri que poussa Ketty en voyant ce qu'il allait faire, ou plutôt ce qu'il faisait.

— Oh! mon Dieu! monsieur le chevalier, dit-elle, que faites-vous?

— Eh pardieu! dit d'Artagnan, ne faut-il pas que je prenne connaissance de ce qui m'est adressé!

Et il lut

« Vous n'avez pas répondu à mon premier billet; êtes-vous donc souffrant, ou bien auriez-vous oublié quels yeux vous me fîtes au bal de madame de Guise?

« Voici l'occasion, comte, ne la laissez pas échapper. »

D'Artagnan pâlit; il était blessé dans son amour-propre, crut blessé dans son amour.

— Ce billet n'est pas pour moi! s'écria-t-il.

— Non, il est pour un autre; voilà ce que vous ne m'avez pas donné le temps de vous dire.

— Pour un autre! son nom! son nom! s'écria d'Artagnan furieux.

— M. le comte de Wardes.

Le souvenir de la scène de Saint-Germain se présenta aussitôt à l'esprit du présomptueux Gascon, et confirma ce que venait de lui révéler Ketty.

— Pauvre cher monsieur d'Artagnan! dit-elle d'une voix pleine de compassion et en serrant de nouveau la main du jeune homme.

— Tu me plains, bonne petite, dit d'Artagnan.

— Oh! oui, de tout mon cœur; car je sais ce que c'est que l'amour, moi.

— Tu sais ce que c'est que l'amour? dit d'Artagnan, la regardant pour la première fois avec une certaine attention.

— Hélas! oui.

— Eh bien! au lieu de me plaindre, alors, tu ferais bien mieux de m'aider à me venger de ta maîtresse.

— Et quelle sorte de vengeance voudriez-vous en tirer?

— Je voudrais triompher d'elle, supplanter mon rival.

— Je ne vous aiderai jamais à cela, monsieur le chevalier, dit vivement Ketty.

— Et pourquoi cela? demanda d'Artagnan.

— Pour deux raisons.

— Lesquelles?

— La première, c'est que jamais ma maîtresse ne vous aimera.

— Qu'en sais-tu?

— Vous l'avez blessée au cœur.

— En quoi puis-je l'avoir blessée, moi qui, depuis que je la connais, vis à ses pieds comme un esclave? Parle, je t'en prie.

— Je n'avouerai jamais cela qu'à l'homme... qui lirait jusqu'au fond de mon âme.

D'Artagnan regarda Ketty pour la seconde fois.

La jeune fille était d'une fraîcheur et d'une beauté que bien des duchesses eussent achetées de leur couronne.

— Ketty, dit-il, je lirai jusqu'au fond de ton âme; qu'à cela ne tienne, ma chère enfant.

Et il lui donna un baiser, sous lequel la pauvre enfant devint rouge comme une cerise.

— Oh! non, s'écria Ketty, vous ne m'aimez pas, c'est ma maîtresse que vous aimez; vous me l'avez dit tout à l'heure.

— Et cela t'empêche-t-il de me faire connaître la seconde raison?

— La seconde raison, monsieur le chevalier, reprit Ketty enhardie par l'expression des yeux du jeune homme, c'est qu'en amour, chacun pour soi.

Alors seulement d'Artagnan se rappela les coups d'œil languissants de Ketty, ses rencontres dans l'antichambre, sur l'escalier, dans le corridor, ses frôlements de main chaque fois qu'elle le rencontrait, et ses soupirs étouffés; mais, absorbé par le désir de plaire à la grande dame, il avait dédaigné sa soubrette : qui chasse l'aigle ne s'inquiète point du passereau.

Mais cette fois notre Gascon vit d'un seul coup d'œil tout le parti qu'on pouvait tirer de cet amour que Ketty venait d'avouer d'une façon si naïve : interception de lettres adressées au comte de Wardes, intelligences dans la place, entrées à toute heure par la chambre de Ketty, contiguë à celle de sa maîtresse.

Le perfide, comme on le voit, sacrifiait déjà en idée la pauvre fille à la grande dame.

— Eh bien! dit-il à la jolie suivante, veux-tu, ma chère Ketty, que je t'en donne une preuve, de cet amour dont tu doutes?

— De quel amour? demanda la jeune fille.

— De celui que je suis tout prêt à ressentir pour toi.

— Et quelle est cette preuve?

— Veux-tu que ce soir je passe avec toi le temps que je passe ordinairement avec ta maîtresse?

— Oh! oui, dit Ketty en battant des mains, bien volontiers!

— Eh bien! ma chère enfant, dit d'Artagnan en s'établissant dans un fauteuil, viens çà, que je te dise que tu es la plus jolie soubrette que j'aie jamais vue.

Et il le lui dit tant et si bien, que la pauvre enfant, qui ne demandait pas mieux que de le croire, le crut.

Cependant, au grand étonnement de d'Artagnan, la jolie Ketty se défendait avec une certaine résolution.

Le temps passe vite lorsqu'il se passe en attaques et en défenses.

Minuit sonna, et l'on entendit presque en même temps retentir la sonnette dans la chambre de milady.

— Grand Dieu! s'écria Ketty, voici ma maîtresse qui m'appelle; partez, partez vite.

D'Artagnan se leva, prit son chapeau comme s'il avait l'intention d'obéir; puis, ouvrant vivement la porte d'une grande armoire au lieu d'ouvrir celle de l'escalier, il se blottit dedans, au milieu des robes et des peignoirs de milady.

— Que faites-vous donc? s'écria Ketty.

D'Artagnan, qui d'avance avait pris la clef, s'enferma dans son armoire sans répondre.

— Eh bien! cria milady d'une voix aigre; dormez-vous donc, que vous ne venez pas quand je sonne?

Et d'Artagnan entendit qu'on ouvrait violemment la porte de communication.

— Me voici, milady, me voici! s'écria Ketty en s'élançant à la rencontre de sa maîtresse.

Toutes deux rentrèrent dans la chambre à coucher, et, comme la porte de communication resta ouverte, d'Artagnan put entendre quelque temps encore milady gronder sa suivante; puis enfin elle s'apaisa, et la conversation tomba sur lui, tandis que Ketty accommodait sa maîtresse.

— Eh bien! dit milady, je n'ai pas vu notre Gascon ce soir.

— Comment, madame, dit Ketty, il n'est pas venu? Serait-il volage avant d'être heureux?

— Oh! non, il faut qu'il ait été empêché par M. de Tréville ou par M. des Essarts. Je m'y connais, Ketty, et je le tiens, celui-là.

— Qu'en fera madame?

— Ce que j'en ferai? Sois tranquille, Ketty; il y a entre cet homme et moi une chose qu'il ignore. Il a manqué me faire perdre mon crédit près de Son Éminence. Oh! je me vengerai.

— Je croyais que madame l'aimait?

— Moi, l'aimer! Je le déteste. Un niais, qui tient la vie de lord de Winter entre ses mains, et qui ne le tue pas! et qui me fait perdre trois cent mille livres de rente!

— C'est vrai, dit Ketty, votre fils était le seul héritier de son oncle, et, jusqu'à sa majorité, vous auriez eu la jouissance de sa fortune.

D'Artagnan frissonna jusqu'à la moelle des os en enten-

dant cette suave créature lui reprocher, avec cette voix stridente qu'elle avait tant de peine à cacher dans la conversation, de n'avoir pas tué un homme qu'il l'avait vue combler d'amitié.

— Aussi, continua milady, je me serais déjà vengée sur lui-même, si, je ne sais pourquoi, le cardinal ne m'avait recommandé de le ménager.

— Oh! oui; mais madame n'a point ménagé cette petite femme qu'il aimait.

— Oh! la mercière de la rue des Fossoyeurs! Est-ce qu'il n'a pas déjà oublié qu'elle existait! La belle vengeance, ma foi!

Une sueur froide coulait sur le front de d'Artagnan: c'était donc un monstre que cette femme!

Il se remit à écouter; mais malheureusement la toilette était finie.

— C'est bien, dit milady, rentrez chez vous, et demain tâchez enfin d'avoir une réponse à cette lettre que je vous ai donnée.

— Pour M. de Wardes? dit Ketty.

— Sans doute, pour M. de Wardes.

— En voilà un, dit Ketty, qui m'a bien l'air d'être tout le contraire de ce pauvre M. d'Artagnan.

— Sortez, mademoiselle, dit milady, je n'aime pas les commentaires.

D'Artagnan entendit la porte qui se refermait, puis le bruit de deux verrous que mettait milady, afin de s'enfermer chez elle.

De son côté, mais le plus doucement qu'elle put, Ketty donna à la serrure un tour de clef.

Alors d'Artagnan poussa la porte de l'armoire.

— Oh! mon Dieu! dit tout bas Ketty; qu'avez-vous et comme vous êtes pâle?

— L'abominable créature! murmura d'Artagnan.

— Silence! silence! Sortez! dit Ketty; il n'y a qu'une cloison entre ma chambre et celle de milady: on entend de l'une tout ce qui se dit dans l'autre.

— C'est justement pour cela que je ne sortirai pas, dit d'Artagnan.

— Comment! fit Ketty en rougissant.

— Ou du moins que je sortirai... plus tard.

Et il attira Ketty à lui.

Il n'y avait plus moyen de résister: la résistance fait tant de bruit!

Aussi Ketty céda.

C'était un mouvement de vengeance contre milady.

D'Artagnan trouva qu'on avait raison de dire que la vengeance est le plaisir des dieux.

Aussi, avec un peu de cœur, se serait-il contenté de cette nouvelle conquête.

Mais d'Artagnan n'avait que de l'ambition et de l'orgueil.

Cependant, il faut le dire à sa louange, le premier emploi qu'il avait fait de son influence sur Ketty, avait été d'essayer de savoir d'elle ce qu'était devenue madame Bonacieux.

La pauvre fille jura sur le crucifix à d'Artagnan qu'elle l'ignorait complètement, sa maîtresse ne laissant jamais pénétrer que la moitié de ses secrets.

Seulement, elle croyait pouvoir répondre qu'elle n'était pas morte.

Quant à la cause qui avait manqué faire perdre à milady son crédit près du cardinal, Ketty n'en savait pas davantage.

Mais, cette fois, d'Artagnan était plus avancé qu'elle.

Comme il avait aperçu milady sur un bâtiment consigné, au moment où lui-même quittait l'Angleterre, il se douta qu'il était question cette fois des ferrets de diamants

Ce qu'il y avait de plus clair dans tout cela, c'est que la haine véritable, la haine profonde, la haine invétérée de milady, lui venait de ce qu'il n'avait pas tué son beau-frère.

D'Artagnan retourna le lendemain chez milady.

Elle était de fort méchante humeur.

D'Artagnan comprit que c'était le défaut de réponse de M. de Wardes qui l'agaçait ainsi.

Ketty entra; mais milady la reçut fort durement

Un coup d'œil qu'elle lança à d'Artagnan voulait dire :

— Vous voyez ce que je souffre pour vous !

Cependant, vers la fin de la soirée, la belle lionne s'adoucit.

Elle écouta en souriant les doux propos de d'Artagnan.

D'Artagnan prit congé de Milady.

Elle lui donna même sa main à baiser.

D'Artagnan sortit, ne sachant plus que penser

Mais, comme c'était un garçon à qui on ne faisait pas facilement perdre la tête, tout en faisant sa cour à milady, il avait bâti dans son esprit un petit plan.

Il trouva Ketty à la porte, et, comme la veille, il monta chez elle pour avoir des nouvelles.

Ketty avait été fort grondée; on l'avait accusée de négligence.

Milady ne comprenait rien au silence du comte de Wardes, et elle lui avait ordonné d'entrer chez elle à neuf heures du matin pour y prendre ses ordres.

D'Artagnan fit promettre à Ketty de venir chez lui le lendemain matin, pour lui apprendre de quelle nature ces ordres pourraient être.

La pauvre fille promit tout ce que voulut d'Artagnan : elle était folle.

A onze heures, il vit arriver Ketty.

Elle tenait à la main un nouveau billet de milady.

Cette fois, la pauvre enfant n'essaya pas même de le disputer à d'Artagnan, elle le laissa faire.

Elle appartenait corps et âme à son beau soldat.

D'Artagnan ouvrit ce second billet, qui ne portait non plus ni signature ni adresse, et lut ce qui suit :

« Voilà la troisième fois que je vous écris pour vous dire

que je vous aime ; prenez garde que je ne vous écrive une quatrième fois pour vous dire que je vous déteste.

« Si vous vous repentez de la façon dont vous avez agi avec moi, la jeune fille qui vous remettra ce billet vous dira de quelle manière un galant homme peut obtenir son pardon. »

D'Artagnan rougit et pâlit plusieurs fois en lisant le billet.

Ketty.

— Oh ! vous l'aimez toujours? dit Ketty, qui n'avait pas détourné un instant les yeux du visage du jeune homme.

— Non, Ketty, tu te trompes ; je ne l'aime plus ; mais je veux me venger de ses mépris.

Ketty soupira. D'Artagnan prit une plume et écrivit :

« Madame.

« Jusqu'ici j'avais douté que ce fût bien à moi que vos deux premiers billets avaient été adressés, tant je me croyais indigne d'un pareil honneur.

« Mais aujourd'hui il faut bien que je croie à l'excès de vos bontés, puisque non-seulement votre lettre, mais encore votre suivante, m'affirment que j'ai le bonheur d'être aimé de vous.

« J'irai implorer mon pardon, ce soir à onze heures.

« Tarder d'un jour serait à mes yeux, maintenant, une nouvelle offense.

« Celui que vous rendez le plus heureux des hommes.

« Comte DE WARDES. »

Ce billet était d'abord un faux, c'était ensuite une indélicatesse ; c'était même, au point de vue de nos mœurs actuelles, quelque chose comme une infamie.

Mais on se ménageait moins à cette époque qu'on ne le fait aujourd'hui.

D'ailleurs, d'Artagnan, par les propres aveux de milady, la savait coupable de trahison à des chefs plus importants, et il n'avait pour elle qu'une estime fort mince, et pourtant une passion insensée le brûlait pour cette femme.

Enfin, il avait à se venger de sa coquetterie envers lui et de sa conduite envers madame Bonacieux.

Le plan de d'Artagnan était bien simple : par la chambre de Ketty il arrivait à celle de sa maîtresse ; il profitait du premier moment de surprise pour triompher d'elle ; il confondait la perfide, il menaçait de la compromettre par un éclat, et obtenait par la terreur tous les renseignements qu'il désirait sur le sort de Constance.

Peut-être même la liberté de la jolie mercière serait-elle le résultat de cette entrevue.

— Tiens, dit le jeune homme en remettant à Ketty le billet tout cacheté, donne cette lettre à milady ; c'est la réponse de M. de Wardes.

La pauvre Ketty devint pâle comme la mort ; elle se doutait de ce que contenait le billet

— Ecoute, ma chère enfant, lui dit d'Artagnan, tu comprends qu'il faut que tout cela finisse d'une façon ou de l'autre ; milady peut découvrir que tu as remis le premier billet à mon valet, au lieu de le remettre au valet du comte ; que c'est moi qui ai décacheté les autres qui devaient être décachetés par M. de Wardes. Alors milady te chasse, et tu la connais, ce n'est pas une femme à borner là sa vengeance.

— Hélas ! dit Ketty, pour qui me suis-je exposée à tout cela ?

— Pour moi, je le sais bien, ma toute belle, dit le jeune homme ; aussi je t'en suis bien reconnaissant.

— Mais, enfin, que contient ce billet ?

— Milady te le dira.

— Ah ! vous ne m'aimez pas ! s'écria Ketty, et je suis bien malheureuse !

A ce reproche, il y a une réponse à laquelle les femmes se trompent toujours.

D'Artagnan répondit de manière que Ketty demeurât dans la plus grande erreur.

Cependant elle pleura beaucoup avant de se décider à remettre cette lettre à milady.

Mais enfin elle se décida, c'est tout ce que voulait d'Artagnan

D'ailleurs, il lui promit que le soir il sortirait de bonne heure de chez sa maîtresse, et qu'en sortant de chez sa maîtresse il monterait chez elle.

Cette promesse acheva de consoler la pauvre Ketty

CHAPITRE XXXIV.

OÙ IL EST TRAITÉ DE L'ÉQUIPEMENT D'ARAMIS ET DE PORTHOS.

Depuis que les quatre amis étaient chacun à la chasse de son équipement, il n'y avait plus entre eux de réunion arrêtée.

On dînait les uns sans les autres où l'on se trouvait, ou plutôt l'on se rencontrait où l'on pouvait.

Le service, de son côté, prenait aussi sa part de ce temps précieux, qui s'écoulait si vite.

Seulement on était convenu de se réunir une fois la semaine, vers une heure, au logis d'Athos, attendu que ce dernier, selon le serment qu'il avait fait, ne passait plus le seuil de la porte.

C'était, le jour même où Ketty était venue trouver d'Artagnan chez lui, jour de réunion.

A peine Ketty fut-elle sortie, que d'Artagnan se dirigea vers la rue Férou.

Il trouva Athos et Aramis qui philosophaient.

Aramis avait quelques velléités de revenir à la soutane.

Athos, selon ses habitudes, ne le dissuadait ni ne l'encourageait.

Athos était pour qu'on laissât à chacun son libre arbitre.

Il ne donnait jamais de conseils qu'on ne lui en demandât; encore fallait-il les lui demander deux fois.

— En général, on ne demande des conseils, disait-il, que pour ne pas les suivre, ou, si on les a suivis, que pour avoir quelqu'un à qui l'on puisse faire le reproche de les avoir donnés.

Porthos arriva un instant après d'Artagnan.

Les quatre amis se trouvaient donc au complet.

Les quatre visages exprimaient quatre sentiments différents :

Celui de Porthos la tranquillité, celui de d'Artagnan l'espoir, celui d'Aramis l'inquiétude, celui d'Athos l'insouciance.

Au bout d'un instant de conversation, dans laquelle Porthos laissa entrevoir qu'une personne très-haut placée avait bien voulu se charger de le tirer d'embarras, Mousqueton entra.

Il venait prier Porthos de passer à son logis, où, disait il d'un air fort piteux, sa présence était urgente.

— Sont-ce mes équipages? demanda Porthos

— Oui et non, répondit Mousqueton

— Mais enfin, que veux-tu dire?

— Venez, monsieur.

Porthos se leva, salua ses amis et suivit Mousqueton.

Un instant après, Bazin apparut au seuil de la porte.

— Que me voulez-vous, mon ami? dit Aramis avec cette douceur de langage que l'on remarquait en lui chaque fois que ses idées le ramenaient vers l'Église.

— Un homme attend monsieur à la maison.

— Un homme! quel homme?

— Un mendiant.

— Faites-lui l'aumône, Bazin, et dites-lui de prier pour un pauvre pécheur.

— Ce mendiant veut à toute force vous parler, et prétend que vous serez bien aise de le voir

— N'a-t-il rien de particulier pour moi?

— Si fait. Si M. Aramis, a-t-il dit, hésite à venir me trouver, vous lui annoncerez que je viens de Tours.

— De Tours? j'y vais! s'écria Aramis Messieurs, mille pardons, mais sans doute cet homme m'apporte les nouvelles que j'attendais.

Et, se levant aussitôt, il s'éloigna tout courant.

Restèrent Athos et d'Artagnan.

— Je crois que ces gaillards-là ont trouvé leur affaire. Qu'en pensez-vous, d'Artagnan? dit Athos.

— Je sais que Porthos était en bon train, dit d'Artagnan, et, quant à Aramis, à vrai dire, je n'en ai jamais été sérieusement inquiet. Mais vous, mon cher Athos, vous qui avez si généreusement distribué les pistoles de l'Anglais, qui étaient votre bien légitime, qu'allez-vous faire?

— Je suis fort content d'avoir tué ce drôle, vu qu'il avait eu la sotte curiosité de vouloir connaître mon véritable nom; mais, si j'avais empoché ses pistoles, elles me pèseraient comme un remords.

— Allons donc, mon cher Athos, vous avez véritablement des délicatesses inconcevables.

— Passons, passons! Que me disait donc M. de Tréville, qui me fit l'honneur de venir me voir hier?

que vous hantez ces Anglais suspects que protége le cardinal?

— C'est-à-dire que je rends visite à une Anglaise, celle dont je vous ai parlé.

— Ah! oui, la femme blonde, au sujet de laquelle je vous ai donné des conseils, que naturellement vous vous êtes bien gardé de suivre.

— Je vous ai donné mes raisons. J'ai acquis la certitude que cette femme était pour quelque chose dans l'enlèvement de madame Bonacieux.

— Oui, et je comprends, pour retrouver une femme, vous faites la cour à une autre. C'est le chemin le plus long, mais le plus amusant.

D'Artagnan fut sur le point de tout raconter à Athos, mais une réflexion l'arrêta.

Athos était un gentilhomme sévère sur l'article de l'honneur, et il y avait, dans tout ce petit plan que notre amoureux avait arrêté à l'endroit de milady, certaines choses qui, d'avance il en était sûr, n'obtiendraient pas l'assentiment du puritain.

Il préféra donc garder le silence, et, comme Athos était l'homme le moins curieux de la terre, les confidences de d'Artagnan en étaient restées là.

Nous quitterons donc les deux amis, qui n'avaient rien de bien important à se dire, pour suivre Aramis.

A cette nouvelle que l'homme qui voulait lui parler venait de Tours, nous avons vu avec quelle rapidité le jeune homme avait suivi ou plutôt devancé Bazin.

Il ne fit donc qu'un saut de la rue Férou à la rue de Vaugirard.

En entrant chez lui, il trouva effectivement un homme de petite taille aux yeux intelligents, mais couvert de haillons.

— C'est vous qui me demandez? dit le mousquetaire.

— C'est-à-dire que je demande M. Aramis; est-ce vous qui vous appelez ainsi?

— Moi-même, avez-vous quelque chose à me remettre?

— Oui, si vous me montrez certain mouchoir brodé.

— Le voici, dit Aramis en tirant une clef de sa poitrine et en ouvrant un petit coffret d'ébène incrusté de nacre. Le voici, tenez

— C'est bien, dit le mendiant, renvoyez votre laquais.

En effet, Bazin, curieux de savoir ce que le mendiant voulait à son maître, avait réglé son pas sur le sien, et était arrivé presque en même temps que lui.

Mais cette célérité ne lui servit pas à grand'chose.

Sur l'invitation du mendiant, son maître lui fit signe de se retirer, et force lui fut d'obéir.

Bazin parti, le mendiant jeta un regard rapide autour de lui afin d'être sûr que personne ne pouvait ni le voir ni l'entendre, et, ouvrant sa veste mal serrée par une ceinture de cuir, il se mit à découdre le haut de son pourpoint, d'où il tira une lettre.

Aramis jeta un cri de joie à la vue du cachet, baisa l'écriture, et, avec un respect presque religieux, il ouvrit l'épître qui contenait ce qui suit :

« Ami,

« Le sort veut que nous soyons séparés pour quelque « temps encore.

« Mais les beaux jours de la jeunesse ne sont pas perdus « sans retour.

« Faites votre devoir au camp, je fais le mien autre « part.

« Prenez ce que le porteur vous remettra.

« Faites la campagne en beau et bon gentilhomme, et « pensez à moi

« Adieu, ou plutôt au revoir. »

Le mendiant décousait toujours.

Il tira une à une de ses sales habits cent cinquante doubles pistoles d'Espagne, qu'il aligna sur la table.

Puis il ouvrit la porte, salua, et partit avant que le jeune homme, stupéfait, eût osé lui adresser la parole.

Aramis alors relut la lettre et s'aperçut que cette lettre avait un *post-scriptum*.

« *P. S.* Vous pouvez faire accueil au porteur, **qui est** « comte et grand d'Espagne. »

— Rêves dorés! s'écria Aramis; ô la belle vie! Oui, **nous** sommes jeunes! Oui, nous aurons encore des jours **heureux!** Oh! à toi! à toi mon amour, mon sang, mon **existence!** tout, tout, tout, ma belle maîtresse!

Il tira une à une de ses sales habits cent cinquante doubles pistoles d'Espagne, qu'il aligna sur la table.

Et il baisait la lettre avec passion, sans même regarder l'or qui étincelait sur la table.

Bazin grattait à la porte; Aramis n'avait plus de raison pour le tenir à distance, il lui permit d'entrer.

Bazin resta stupéfait à la vue de cet or, et oublia qu'il devait annoncer d'Artagnan, qui, curieux de savoir ce que c'était que le mendiant, venait chez Aramis en sortant de chez Athos.

Or, comme d'Artagnan ne se gênait pas avec Aramis,

voyant que Bazin oubliait de l'annoncer, il s'annonça lui-même.

— Ah diable! mon cher Aramis, dit d'Artagnan, si **ce** sont là les pruneaux qu'on vous envoie de Tours, vous **en** ferez mon compliment au jardinier qui les récolte.

— Vous vous trompez, mon cher, dit Aramis tout distrait; c'est mon libraire qui vient de m'envoyer le **prix** de ce poëme en vers d'une syllabe que j'avais **commencé** là-bas.

— Ah! vraiment? dit d'Artagnan. Eh bien! votre libraire est généreux, mon cher Aramis, voilà tout ce que je puis dire.

— Comment, monsieur, s'écria Bazin, un poëme se vend si cher? c'est incroyable! Oh! monsieur, vous faites tout ce que vous voulez, vous pouvez devenir l'égal de M. de Voiture et de M. de Benserade. J'aime encore cela, moi. Un poëte, c'est presque un abbé... Ah! monsieur Aramis, mettez-vous donc poëte, je vous en prie.

— Bazin, mon ami, dit Aramis, je crois que vous vous mêlez à la conversation.

Bazin comprit qu'il était dans son tort, il baissa la tête et sortit.

— Bazin, mon ami, dit Aramis, je crois que vous vous mêlez à la conversation.

— Ah! dit d'Artagnan avec un sourire, vous vendez vos productions au poids de l'or: vous êtes bien heureux, mon ami! Mais, prenez garde, vous allez perdre cette lettre qui sort de votre casaque, et qui est sans doute aussi de votre libraire.

Aramis rougit jusqu'au blanc des yeux, renfonça sa lettre et reboutonna son pourpoint.

— Mon cher d'Artagnan, dit-il, nous allons, si vous le voulez bien, aller trouver nos amis, et, puisque je suis riche, nous recommencerons aujourd'hui à dîner ensemble, en attendant que vous soyez riches à votre tour.

— Ma foi! dit d'Artagnan, avec grand plaisir. Il y a longtemps que nous n'avons fait un dîner convenable, et, comme j'ai pour mon compte une expédition quelque peu hasardeuse à faire ce soir, je ne serais pas fâché, je l'avoue, de me monter un peu la tête avec quelques bouteilles de vieux bourgogne

— Va pour le vieux bourgogne, je ne le déteste pas non plus, dit Aramis, auquel la vue de l'or avait enlevé comme avec la main ses idées de retraite.

Et, ayant mis trois ou quatre doubles pistoles dans sa poche, pour répondre aux besoins du moment, il enferma les autres dans le coffre d'ébène incrusté de nacre où était déjà le fameux mouchoir qui lui avait servi de talisman.

Les deux amis se rendirent d'abord chez Athos, qui, fidèle au serment qu'il avait fait de ne pas sortir, se chargea de faire apporter à dîner chez lui.

Comme il entendait à merveille les détails gastronomiques, d'Artagnan et Aramis ne firent aucune difficulté de lui abandonner ce soin important.

Ils se rendaient chez Porthos, lorsqu'au coin de la rue du Bac ils rencontrèrent Mousqueton, qui, d'un air piteux, chassait devant lui un mulet et un cheval.

D'Artagnan poussa un cri de surprise, qui n'était pas exempt d'un mélange de joie.

— Ah! mon cheval jaune! s'écria-t-il. Aramis, regardez ce cheval.

— Oh! l'affreux roussin! dit Aramis.

— Eh bien! mon cher, reprit d'Artagnan, c'est le cheval sur lequel je suis venu à Paris.

— Comment! monsieur connaît ce cheval? dit Mousqueton.

— Il est d'une couleur originale, fit Aramis, c'est le seul que j'aie vu de ce poil-là.

— Je crois bien! reprit d'Artagnan; aussi je l'ai vendu trois écus, et il faut bien que ce soit pour le poil, car la carcasse ne vaut certes pas dix-huit livres. Mais comment ce cheval se trouve-t-il entre tes mains, Mousqueton?

— Ah! dit le valet, ne m'en parlez pas, monsieur. C'est un affreux tour du mari de notre duchesse.

— Comment cela, Mousqueton?

— Oui, nous sommes vus de très-bon œil par une femme de qualité, la duchesse de... Mais, pardon! mon maître m'a recommandé d'être discret. Elle nous avait forcés d'accepter un petit souvenir, un magnifique genet d'Espagne et un mulet andaloux, que c'était merveilleux à voir. Le mari apprit la chose; il a confisqué au passage les deux magnifiques bêtes qu'on nous envoyait, et il leur a substitué ces deux horribles animaux.

— Que tu lui ramènes? dit d'Artagnan.

— Justement, reprit Mousqueton. Vous comprenez que nous ne pouvons point accepter de pareilles montures en échange de celles que l'on nous avait promises.

' — Non, pardieu! quoique j'eusse voulu voir Porthos sur mon Bouton-d'Or. Cela m'aurait donné une idée de ce que j'étais moi-même quand je suis venu à Paris. Mais que nous ne t'arrêtions pas, Mousqueton; va faire la commission de ton maître, va. Est-il chez lui?

— Oui, monsieur, dit Mousqueton, mais bien maussade, allez.

Et il continua son chemin vers le quai des Grands-Augustins, tandis que les deux amis allaient sonner à la porte de l'infortuné Porthos.

Celui-ci les avait vus traversant la cour, et il n'avait garde d'ouvrir.

Ils sonnèrent donc inutilement.

Cependant Mousqueton continuait sa route, et, traversant le pont Neuf, toujours chassant devant lui ses deux haridelles, il atteignit la rue aux Ours.

Arrivé là, il attacha, selon les ordres de son maître, cheval et mulet au marteau de la porte du procureur; puis, sans s'inquiéter de leur sort futur, il s'en revint trouver Porthos et lui annonça que sa commission était faite.

Au bout d'un certain temps, les deux malheureuses bêtes, qui n'avaient pas mangé depuis le matin, firent un tel bruit en soulevant et en laissant retomber le marteau, que le procureur ordonna à son saute-ruisseau d'aller s'informer dans le voisinage à qui appartenaient ce cheval et ce mulet.

Madame Coquenard reconnut son présent et ne comprit rien d'abord à cette restitution; mais bientôt la visite de Porthos l'éclaira.

Le courroux qui brillait dans les yeux du mousquetaire, malgré la contrainte qu'il s'imposait, épouvanta la sensible amante.

En effet, Mousqueton n'avait point caché à son maître qu'il avait rencontré d'Artagnan et Aramis, et que d'Artagnan, dans le cheval jaune, avait reconnu le bidet béarnais sur lequel il était venu à Paris, et qu'il avait vendu trois écus.

Porthos sortit après avoir donné rendez-vous à la procureuse dans le cloître Saint-Magloire.

Le procureur, voyant que Porthos partait, l'invita à dîner, invitation que le mousquetaire refusa avec un air plein de majesté.

Madame Coquenard se rendit toute tremblante au cloître Saint-Magloire, car elle devinait les reproches qui l'y attendaient.

Mais elle était fascinée par les grandes manières de Porthos.

Tout ce qu'un homme blessé dans son amour-propre peut laisser tomber d'imprécations et de reproches sur la tête d'une femme, Porthos le laissa tomber sur la tête courbée de la procureuse.

— Hélas! dit-elle, j'ai fait pour le mieux. Un de nos clients est marchand de chevaux; il devait de l'argent à l'étude et s'est montré récalcitrant; j'ai pris ce mulet et ce cheval pour ce qu'il nous devait. Il m'avait promis deux montures royales.

— Eh bien! madame, dit Porthos, s'il vous devait plus de cinq écus, votre maquignon est un voleur.

— Il n'est pas défendu de chercher le bon marché, monsieur Porthos, dit la procureuse, essayant de s'excuser.

— Non, madame, mais ceux qui cherchent le bon marché doivent permettre aux autres de chercher des amis plus généreux.

Et Porthos, tournant sur ses talons, fit un pas pour se retirer.

— Monsieur Porthos! monsieur Porthos! s'écria la procureuse, j'ai tort, je le reconnais : je n'aurais pas dû marchander quand il s'agissait d'équiper un cavalier comme vous.

Porthos, sans répondre, fit un second pas de retraite.

La procureuse crut le voir dans un nuage étincelant, tout entouré de duchesses et de marquises qui lui jetaient des sacs d'or sous les pieds.

— Arrêtez, au nom du ciel, monsieur Porthos, s'écria-t-elle; arrêtez et causons.

— Causer avec vous me porte malheur, dit Porthos

— Mais, dites-moi, que demandez-vous?

— Rien, car cela revient au même que si je vous demandais quelque chose.

La procureuse se pendit au bras de Porthos, et, dans l'élan de sa douleur, elle s'écria :

— Monsieur Porthos, je suis ignorante de tout cela, moi. Sais-je ce que c'est qu'un cheval! sais-je ce que c'est que des harnais!

— Il fallait vous en rapporter à moi qui m'y connais, madame; mais vous avez voulu ménager, et prêter par conséquent à usure.

— C'est un tort, monsieur Porthos, et je le réparerai sur ma parole d'honneur.

— Et comment cela? demanda le mousquetaire

— Ecoutez. Ce soir, M. Coquenard va chez M. le duc de Chaulnes, qui l'a mandé. C'est une consultation qui durera deux heures au moins. Venez, nous serons seuls et nous ferons nos comptes.

— A la bonne heure. Voilà qui est parlé, ma chère.

— Vous me pardonnerez?

— Nous verrons, dit majestueusement Porthos.

Et tous deux se séparèrent en répétant :

— A ce soir !

— Diable! pensa Porthos en s'éloignant, il me semble que je me rapproche enfin du bahut de maître Coquenard.

CHAPITRE XXXV.

LA NUIT TOUS CHATS SONT GRIS.

Ce soir si impatiemment attendu par Porthos et par d'Artagnan arriva enfin.

D'Artagnan, comme d'habitude, se présenta vers les neuf heures du soir chez milady.

Il la trouva d'une humeur charmante; jamais elle ne l'avait si bien reçu.

Notre Gascon vit du premier coup d'œil que le billet prétendu du comte de Wardes avait été remis par Ketty à sa maîtresse, et que ce billet produisait son effet.

Ketty entra pour apporter des sorbets.

Sa maîtresse lui fit une mine charmante, lui sourit de son plus gracieux sourire; mais la pauvre fille était si triste de la présence de d'Artagnan auprès de milady, qu'elle ne s'apercut pas de la bienveillance de celle-ci.

D'Artagnan regardait l'une après l'autre ces deux femmes, et il était forcé de s'avouer que la nature s'était trompée en les formant.

A la grande dame elle avait donné une âme vénale et perfide.

A la soubrette elle avait donné un cœur aimant et dévoué.

A dix heures, milady commença à paraître inquiète; d'Artagnan devina bien ce que cela voulait dire; elle regardait la pendule, se levait, se rasseyait, souriait à d'Artagnan d'un air qui voulait dire :

— Vous êtes fort aimable sans doute, mais vous seriez charmant si vous partiez.

D'Artagnan se leva et prit son chapeau; milady lui donna sa main à baiser.

Le jeune homme sentit qu'elle la lui serrait, et comprit que c'était par un sentiment, non pas de coquetterie, mais de reconnaissance à cause de son départ.

— Elle l'aime furieusement! murmura-t-il.

Puis il sortit.

Cette fois, Ketty ne l'attendait ni dans l'antichambre, ni dans le corridor, ni à la grande porte.

Il fallut que d'Artagnan trouvât tout seul l'escalier et la petite chambre.

Ketty était assise la figure cachée dans ses mains et pleurait.

Elle entendit entrer d'Artagnan, mais elle ne releva point la tête.

Le jeune homme alla à elle et lui prit les mains; alors elle éclata en sanglots.

Comme l'avait présumé d'Artagnan, milady, en recevant la lettre qu'elle croyait être la réponse du comte de Wardes, avait, dans le délire de sa joie, tout dit à sa suivante; puis, en récompense de la manière dont cette fois elle avait fait sa commission, elle lui avait donné une bourse.

Ketty, en rentrant chez elle, avait jeté la bourse dans un coin, où elle était restée tout ouverte, dégorgeant trois ou quatre pièces d'or sur le tapis.

La pauvre fille, à la voix de d'Artagnan, releva enfin la tête.

D'Artagnan fut effrayé du bouleversement de son visage; elle joignit les mains d'un air suppliant, mais sans oser dire une parole.

Si peu sensible que fût le cœur de d'Artagnan, il se sentit attendri de cette douleur muette; mais il tenait trop à ses

Elle joignit les mains d'un air suppliant, mais sans oser dire une parole.

projets, et surtout à celui-ci, pour rien changer au programme qu'il avait fait d'avance.

Il ne laissa à Ketty aucun espoir d'empêcher la téméraire entreprise qu'il avait résolue; seulement, il la lui présenta pour ce qu'elle était réellement, c'est-à-dire comme une simple vengeance contre la coquetterie de milady, et comme l'unique moyen qu'il eût, en la dominant par la peur du scandale, d'obtenir d'elle les renseignements qu'il désirait sur madame Bonacieux.

Ce plan, au reste, devenait d'autant plus facile à exécuter, que milady, pour des motifs qu'on ne pouvait s'expliquer mais qui paraissaient avoir une grande importance, avait recommandé à Ketty d'éteindre toutes les lumières dans son appartement, et même dans la chambre de la soubrette.

Avant le jour, M. de Wardes devait sortir toujours dans l'obscurité, comme il était venu.

Au bout d'un instant, on entendit milady qui rentrait dans son appartement.

D'Artagnan s'élança aussitôt dans son armoire.

A peine y était-il blotti, que la sonnette résonna.

Ketty entra chez sa maîtresse, et ne laissa point la porte ouverte.

Mais la cloison était si mince, que l'on entendait à peu près tout ce qui se disait entre les deux femmes.

Milady semblait ivre de joie; elle se faisait répéter par Ketty les moindres détails de la prétendue entrevue de la soubrette avec de Wardes, comment il avait reçu sa lettre, comment il y avait répondu, quelle était l'expression de son visage, s'il paraissait bien amoureux; et, à toutes ces questions, la pauvre Ketty, forcée de faire bonne contenance, répondait d'une voix étouffée dont sa maîtresse ne remarquait même pas l'accent douloureux, tant le bonheur est égoïste.

JA. BEAUCE.   P. POUGET.

Milady.

Enfin, comme l'heure de son entretien avec le comte s'approchait, milady fit, en effet, tout éteindre chez elle, et ordonna à Ketty de rentrer dans sa chambre et d'introduire de Wardes aussitôt qu'il se présenterait.

L'attente de Ketty ne fut pas longue.

A peine d'Artagnan eut-il vu par le trou de la serrure de son armoire que tout l'appartement était dans l'obscurité, qu'il s'élança de sa cachette au moment même où Ketty refermait la porte de communication.

— Qu'est-ce que ce bruit? demanda milady.

— C'est moi, dit d'Artagnan à demi-voix, moi, le comte de Wardes.

— Oh! mon Dieu, mon Dieu! murmura Ketty, il n'a pas même pu attendre l'heure qu'il avait fixée lui-même.

— Eh bien! dit milady d'une voix tremblante, pourquoi n'entre-t-il pas? Comte, comte, ajouta-t-elle, vous savez bien que je vous attends.

A cet appel. d'Artagnan éloigna doucement Ketty et s'é-lança dans la chambre de milady.

Si la rage et la douleur doivent torturer une âme, c'est celle de l'amant qui reçoit sous un nom qui n'est pas le sien des protestations d'amour qui s'adressent à son heureux rival.

D'Artagnan était dans une situation douloureuse qu'il n'avait pas prévue; la jalousie le mordait au cœur, et il souffrait presque autant que la pauvre Ketty, qui pleurait en ce même moment dans la chambre voisine.

— Oui, comte, disait milady de sa plus douce voix en lui serrant tendrement une de ses mains dans les siennes; oui, je suis heureuse de l'amour que vos regards et vos paroles m'ont exprimé chaque fois que nous nous sommes rencontrés. Moi aussi, je vous aime. Oh! demain, demain je veux quelque gage de vous qui me prouve que vous pensez à moi; et, comme vous pourriez m'oublier, tenez.

Et elle passa une bague de son doigt à celui de d'Artagnan.

C'était un magnifique saphir entouré de brillants.

Le premier mouvement de d'Artagnan fut de le lui rendre, mais milady ajouta.

— Non, non; gardez cette bague pour l'amour de moi. Vous me rendez d'ailleurs, en l'acceptant, ajouta-t-elle d'une voix émue, un service bien plus grand que vous ne sauriez vous l'imaginer.

— Cette femme est pleine de mystères, pensa d'Artagnan.

En ce moment, il se sentit prêt à tout révéler.

Il ouvrit la bouche pour dire à milady qui il était et dans quel but de vengeance il était venu; mais elle ajouta:

— Pauvre ange, que ce monstre de Gascon a failli tuer!

Le monstre, c'était lui.

Aussi d'Artagnan ne put s'empêcher de tressaillir.

— Oh! continua milady, est-ce que vos blessures vous font encore souffrir?

— Oui, beaucoup, dit d'Artagnan, qui ne savait trop que répondre.

— Soyez tranquille, murmura milady d'un ton de voix peu rassurant pour son auditeur, je vous vengerai, moi, et cruellement!

— Peste! se dit d'Artagnan, le moment des confidences n'est pas encore venu.

Il fallut quelque temps à d'Artagnan pour se remettre de ce petit dialogue.

Toutes les idées de vengeance qu'il avait apportées s'étaient complètement évanouies.

Cette femme exerçait sur lui une incroyable puissance; il la haïssait et l'adorait à la fois; il n'avait jamais cru que deux sentiments si contraires pussent habiter dans le même cœur, et, en se réunissant, former un amour étrange et en quelque sorte diabolique.

Cependant une heure venait de sonner; il fallut se séparer.

D'Artagnan, au moment de quitter milady, ne sentit plus qu'un vif regret de s'éloigner d'elle, et, dans l'adieu passionné qu'ils s'adressèrent réciproquement, une nouvelle entrevue fut convenue pour la semaine suivante.

La pauvre Ketty espérait pouvoir adresser quelques mots à d'Artagnan lorsqu'il passerait dans sa chambre; mais milady le conduisit elle-même dans l'obscurité et ne le quitta que sur l'escalier.

Le lendemain au matin, d'Artagnan courut chez Athos.

Il était engagé dans une si singulière aventure qu'il voulait lui demander conseil.

Il lui raconta tout.

Athos fronça plusieurs fois le sourcil.

— Votre milady, lui dit-il, me paraît une créature infâme; mais vous n'en avez pas moins eu tort de la tromper; vous voilà d'une façon ou de l'autre une ennemie terrible sur les bras.

Et, tout en lui parlant, Athos regardait avec attention le saphir entouré de diamants qui avait pris au doigt de d'Artagnan la place de la bague de la reine, soigneusement remise dans un écrin.

— Vous regardez cette bague? dit le Gascon, tout glorieux d'étaler aux regards de ses amis un si riche présent.

— Oui, dit Athos, elle me rappelle un bijou de famille.

— Elle est belle, n'est-ce pas? dit d'Artagnan.

— Magnifique! répondit Athos; je ne croyais pas qu'il existât deux saphirs d'une si belle eau. L'avez-vous donc troquée contre votre diamant?

— Non, dit d'Artagnan: c'est un cadeau de ma belle Anglaise, ou plutôt de ma belle Française; car, quoique je ne le lui aie point demandé, je suis convaincu qu'elle est née en France.

— Cette bague vous vient de milady? s'écria Athos avec une voix dans laquelle il était facile de distinguer une grande émotion.

— D'elle-même; elle me l'a donnée cette nuit.

— Montrez-moi donc cette bague, dit Athos.

— La voici, répondit d'Artagnan en la tirant de son doigt.

Athos l'examina et devint très-pâle, puis il l'essaya à l'annulaire de sa main gauche.

Elle allait à ce doigt comme si elle eût été faite pour lui.

Un nuage de colère et de vengeance passa sur le front ordinairement si calme du gentilhomme.

— Il est impossible que ce soit la même, dit-il. Comment cette bague se trouverait-elle entre les mains de milady Clarick de Winter? Et cependant il est bien difficile qu'il y ait entre deux bijoux une pareille ressemblance.

— Connaissez-vous cette bague? demanda d'Artagnan.

— J'avais cru la reconnaître, dit Athos; mais sans doute que je me trompais.

Et il la rendit à d'Artagnan, sans cesser cependant de la regarder.

— Je vous en prie, dit-il au bout d'un instant, d'Artagnan, ôtez cette bague de votre doigt ou tournez-en le chaton en dedans; elle me rappelle de si cruels souvenirs, que je n'aurais pas ma tête pour causer avec vous. Ne venez-vous pas me demander des conseils? ne me disiez-vous point que vous étiez embarrassé sur ce que vous deviez faire? Mais attendez, rendez-moi donc ce saphir; celui dont je voulais parler doit avoir une de ses faces éraillée par suite d'un accident.

D'Artagnan tira de nouveau la bague de son doigt et la rendit à Athos.

Athos tressaillit.

— Voyez, dit-il, voyez; n'est-ce pas étrange?

Et il montrait à d'Artagnan cette égratignure qu'il se rappelait devoir exister.

— Mais de qui vous venait ce saphir, Athos?

— De ma mère, qui le tenait de sa mère à elle. Comme je vous le dis, c'est un vieux bijou qui ne devait jamais sortir de la famille.

— Et vous l'avez... vendu? demanda avec hésitation d'Artagnan.

— Non, reprit Athos avec un singulier sourire.

donné pendant une heure d'amour, comme il vous a été donné à vous.

D'Artagnan resta pensif à son tour.

Il lui semblait apercevoir dans la vie de milady des abimes dont les profondeurs étaient sombres et terribles.

Il mit la bague, non pas à son doigt, mais dans sa poche.

— Ecoutez, lui dit Athos en lui prenant la main, vous savez si je vous aime, d'Artagnan; j'aurais un fils, que je ne l'aimerais pas plus que vous; eh bien! croyez-moi, renoncez à cette femme; je ne la connais pas, mais une espèce d'intuition me dit que c'est une créature perdue et qu'il y a quelque chose de fatal en elle.

— Et vous avez raison, dit d'Artagnan. Aussi, tenez, je m'en sépare. Je vous avoue que cette femme m'effraye moi-même.

— Aurez-vous ce courage? dit Athos

— Je l'aurai, répondit d'Artagnan, et à l'instant même.

— Eh bien! vrai, mon enfant, vous aurez raison, dit le gentilhomme en serrant la main du Gascon avec une affection presque paternelle. Et Dieu veuille que cette femme, qui est à peine entrée dans votre existence, n'y laisse pas une trace funeste!

Et Athos salua d'Artagnan de la tête, en homme qui veut faire comprendre qu'il n'est pas fâché de rester seul avec ses pensées.

En rentrant chez lui, d'Artagnan trouva Ketty, qui l'attendait.

Un mois de fièvre n'eût pas plus changé la pauvre enfant que ne l'avait fait une heure de jalousie et de douleur.

Elle était envoyée par sa maitresse au comte de Wardes.

Sa maitresse était folle d'amour, ivre de joie; elle voulait savoir quand le comte lui donnerait une seconde entrevue.

Et la pauvre Ketty, pâle et tremblante, attendait la réponse de d'Artagnan.

Athos avait une grande influence sur le jeune homme.

Les conseils de son ami, joints aux sentiments de son propre cœur et au souvenir de madame Bonacieux, qui ne l'abandonnait que rarement, l'avaient déterminé, maintenant que son orgueil était sauvé et sa vengeance satisfaite, à ne plus revoir milady.

Pour toute réponse, il prit donc une plume et écrivit la lettre suivante :

« Ne comptez pas sur moi, madame, pour le prochain rendez-vous; depuis ma convalescence j'ai tant d'occupations de ce genre, qu'il m'a fallu y mettre un certain ordre.

« Quand votre tour viendra, j'aurai l'honneur de vous en faire part.

« Je vous baise les mains.

« Comte DE WARDES. »

Du saphir, pas un mot.

Le Gascon voulait-il le garder jusqu'à nouvel ordre, comme une arme contre milady? ou bien, soyons franc, ne le conservait-il pas comme une dernière ressource pour l'équipement?

On aurait tort, au reste, de juger les actions d'une époque au point de vue d'une autre époque

Ce qui aujourd'hui serait regardé comme une honte pour un galant homme était dans ce temps chose toute simple et toute naturelle, et les cadets des meilleures familles se faisaient en général entretenir par leurs maitresses.

D'Artagnan passa sa lettre tout ouverte à Ketty, qui la lut d'abord sans la comprendre, et qui faillit devenir folle de joie en la relisant une seconde fois.

Ketty ne pouvait croire à ce bonheur; d'Artagnan fut forcé de lui renouveler de vive voix les assurances que la lettre lui donnait par écrit.

Quel que fût, avec le caractère emporté de milady, le danger que courût la pauvre enfant à remettre ce billet à sa maitresse, elle n'en revint pas moins place Royale de toute la vitesse de ses jambes.

Le cœur de la meilleure femme est impitoyable pour les douleurs d'une rivale.

Milady ouvrit la lettre avec un empressement égal à celui que Ketty avait mis à l'apporter.

Mais, aux premiers mots qu'elle lut, elle devint livide; puis elle froissa le papier; puis elle se retourna avec un éclair dans les yeux du côté de Ketty.

— Qu'est-ce que cette lettre? dit-elle.

— Mais c'est la réponse à celle de madame, répondit Ketty toute tremblante.

— Impossible! reprit milady; impossible qu'un gentilhomme ait écrit à une femme une pareille lettre!

Puis tout à coup elle s'écria:

— Mon Dieu! saurait-il....

Et elle s'arrêta en frémissant.

Ses dents grinçaient; elle était couleur de cendre.

Elle voulut faire un pas vers une fenêtre pour aller chercher de l'air, mais elle ne put qu'étendre les bras, la force lui manqua, et elle tomba sur un fauteuil.

Ketty crut qu'elle se trouvait mal et se précipita pour ouvrir son corsage.

Mais milady se releva vivement.

— Que voulez-vous? dit-elle, et pourquoi portez-vous la main sur moi?

— J'ai pensé que madame se trouvait mal, et j'ai voulu lui porter secours, répondit la suivante, tout épouvantée de l'expression terrible qu'avait prise la figure de sa maitresse.

— Me trouver mal, moi! Me prenez-vous pour une femmelette? Quand on m'insulte, je ne me trouve pas mal, je me venge! entendez-vous?

Et de la main elle fit signe à Ketty de sortir.

CHAPITRE XXXVI.

RÊVE DE VENGEANCE.

Le soir, milady donna l'ordre d'introduire M. d'Artagnan aussitôt qu'il viendrait selon son habitude.

Mais il ne vint pas.

Le lendemain, Ketty vint voir de nouveau le jeune homme, et lui raconta tout ce qui s'était passé la veille.

D'Artagnan sourit.

Cette jalouse colère de milady, c'était sa vengeance.

Le soir, milady fut plus impatiente encore que la veille. Elle renouvela l'ordre relatif au Gascon; mais, comme la veille, elle l'attendit inutilement.

Le lendemain, Ketty se présenta chez d'Artagnan, non

— Quand on m'insulte, je ne me trouve pas mal, je me venge! entendez-vous ? — Page 159.

joyeuse et alerte comme les deux jours précédents, mais, au contraire, triste à mourir.

D'Artagnan demanda à la pauvre fille ce qu'elle avait; mais celle-ci, pour toute réponse, tira une lettre de sa poche et la lui remit.

Cette lettre était de l'écriture de milady.

Seulement, cette fois, elle était bien destinée à d'Artagnan et non à M. de Wardes.

Il l'ouvrit et lut ce qui suit:

« Cher monsieur d'Artagnan, c'est mal de négliger ainsi ses amis, surtout au moment où on va les quitter pour si longtemps.

« Mon beau-frère et moi nous vous avons attendu hier et avant-hier inutilement.

« En sera-t-il de même ce soir?

« Votre bien reconnaissante,

« Lady de Winter. »

— C'est tout simple, dit d'Artagnan, et je m'attendais à cette lettre. Mon crédit hausse de la baisse du comte de Wardes.

— Est-ce que vous irez? demanda Ketty.

— Écoute, ma chère enfant, dit le Gascon qui cherchait à s'excuser à ses propres yeux de manquer à la promesse qu'il avait faite à Athos: tu comprends qu'il serait impoliti-que de ne pas se rendre à une invitation si positive. Mi-lady, en ne me voyant pas revenir, ne comprendrait rien à l'interruption de mes visites, elle pourrait se douter de quelque chose, et qui peut dire jusqu'où irait la vengeance d'une femme de cette trempe?

— Oh! mon Dieu! dit Ketty, vous savez présenter les choses de façon que vous avez toujours raison. Mais vous

J.A.BEAUCÉ.   J.A.T.PIOT.

Aussitôt qu'il parut, un valet courut l'annoncer

allez encore lui faire la cour, et si cette fois vous alliez lui plaire sous votre véritable nom et avec votre vrai visage, ce serait bien pis que la première fois.

L'instinct faisait deviner à la pauvre fille une partie de ce qui allait arriver.

D'Artagnan la rassura du mieux qu'il put, et lui promit de rester insensible aux séductions de milady.

Il lui fit répondre qu'il était on ne peut plus reconnais-sant de ses bontés, et qu'il se rendrait à ses ordres; mais il n'osa lui écrire, de peur de ne pouvoir, à des yeux aussi exercés que ceux de milady, déguiser suffisamment son écriture.

A neuf heures sonnant, d'Artagnan était place Royale.

Il était évident que les domestiques qui attendaient dans l'antichambre avaient été prévenus, car, aussitôt qu'il parut, avant même qu'il eût demandé si milady était visible, un d'eux courut l'annoncer.

21

— Faites entrer, dit milady d'une voix brève, mais si perçante, que d'Artagnan l'entendit dans l'antichambre.

— Je n'y suis pour personne, dit milady, entendez-vous ? pour personne.

Le laquais sortit.

D'Artagnan jeta un regard curieux sur milady : elle était pâle et avait les yeux fatigués, soit par les larmes, soit par l'insomnie.

On avait avec intention diminué le nombre habituel des lumières, et cependant la jeune femme ne pouvait arriver à cacher les traces de la fièvre qui l'avait dévorée depuis deux jours.

D'Artagnan s'approcha d'elle avec sa galanterie ordinaire; elle fit alors un effort suprême pour le recevoir, mais jamais physionomie plus bouleversée ne démentit sourire plus aimable.

Aux questions que d'Artagnan lui fit sur sa santé :

— Mauvaise, répondit-elle, très-mauvaise.

— Mais alors, dit d'Artagnan, je suis indiscret, vous avez besoin de repos sans doute, et je vais me retirer.

— Non pas, dit milady, au contraire, restez, monsieur d'Artagnan; votre aimable compagnie me distraira.

— Elle n'a jamais été si charmante, pensa d'Artagnan; défions-nous.

Milady prit l'air le plus affectueux qu'elle put prendre, et donna tout le charme possible à sa conversation.

En même temps cette fièvre, qui l'avait abandonnée un instant, revenait rendre l'éclat à ses yeux, le coloris à ses joues, le carmin à ses lèvres.

D'Artagnan retrouva la Circé qui l'avait déjà enveloppé de ses enchantements.

Milady souriait, et d'Artagnan comprit qu'il se damnerait pour ce sourire.

Il y eut un moment où il éprouva quelque chose comme un remords de ce qu'il avait fait contre elle.

Peu à peu milady devint plus communicative.

Elle demanda à d'Artagnan s'il avait un amour au cœur.

— Hélas ! dit d'Artagnan de l'air le plus sentimental qu'il put prendre, pouvez-vous être assez cruelle pour me faire une pareille question, à moi qui, depuis que je vous ai vue, ne respire et ne soupire que par vous et pour vous.

Milady sourit d'un étrange sourire.

— Ainsi vous m'aimez ? dit-elle.

— Ai-je besoin de vous le dire, et ne vous en êtes-vous point aperçue?

— Si fait; mais, vous le savez, plus les cœurs sont fiers, plus ils sont difficiles à prendre.

— Oh ! les difficultés ne m'effrayent pas, dit d'Artagnan ; il n'y a que les impossibilités qui m'épouvantent.

— Rien n'est impossible, dit milady, à un véritable amour.

— Rien, madame?

— Rien, répondit milady

— Diable ! pensa d'Artagnan, la note est changée. Deviendrait-elle amoureuse de moi, par hasard, la capricieuse? et serait-elle disposée à me donner à moi-même quelque autre saphir pareil à celui qu'elle m'a donné pour de Wardes?

— Voyons, reprit milady, que feriez-vous bien pour prouver cet amour dont vous parlez?

— Tout ce qu'on exigerait de moi. Qu'on ordonne, et je suis prêt.

— A tout?

— A tout ! s'écria d'Artagnan, qui savait d'avance qu'il n'avait pas grand chose à risquer en s'engageant ainsi.

— Eh bien ! causons un peu, dit milady en rapprochant son fauteuil de la chaise de d'Artagnan.

— Je vous écoute, madame, dit celui-ci.

Milady resta un instant soucieuse et comme indécise.

Puis, paraissant prendre une résolution :

— J'ai un ennemi, dit-elle.

— Vous, madame? s'écria d'Artagnan jouant la surprise. Est-ce possible, mon Dieu ! belle et bonne comme vous l'êtes !

— Un ennemi mortel.

— En vérité?

— Un ennemi qui m'a insultée si cruellement, que c'est entre lui et moi une guerre à mort. Puis-je compter sur vous comme auxiliaire?

D'Artagnan comprit sur-le-champ où la vindicative créature en voulait venir.

— Vous le pouvez, madame, dit-il avec emphase. Mon bras et ma vie vous appartiennent comme mon amour.

— Alors, dit milady, puisque vous êtes aussi généreux qu'amoureux...

Elle s'arrêta

— Eh bien ! demanda d'Artagnan.

— Eh bien ! reprit milady après un moment de silence, cessez dès aujourd'hui de parler d'impossibilités.

— Ne m'accablez pas de mon bonheur ! s'écria d'Artagnan en se précipitant à genoux et en couvrant de baisers les mains qu'on lui abandonnait.

— Venge-moi de cet infâme de Wardes, murmura milady entre ses dents, et je saurai bien me débarrasser de toi ensuite, double sot, lame d'épée vivante !

— Oui, dis-moi que tu m'aimes après m'avoir si effrontément trompé, hypocrite et dangereuse femme, pensait de son côté d'Artagnan, et ensuite je rirai de toi avec celui que tu veux punir par ma main.

D'Artagnan releva la tête.

— Je suis prêt, dit-il.

— Vous m'avez donc comprise, cher monsieur d'Artagnan? dit milady.

— Je devinerais un de vos regards.

— Ainsi, vous emploieriez pour moi votre bras, qui s'est déjà acquis tant de renommée?

— A l'instant même.

— Mais moi, dit milady, comment reconnaîtrai-je jamais un pareil service?

— Votre amour est la seule récompense que je désire, dit d'Artagnan, la seule qui soit digne de vous et de moi.

Et il l'attira doucement vers lui.

Elle résista à peine.

— Intéressé ! dit-elle en souriant.

— Ah ! s'écria d'Artagnan, emporté un instant par la passion que cette femme avait le don d'allumer dans son cœur; ah ! c'est que votre amour me parait invraisemblable, et, qu'ayant peur de le voir s'évanouir comme un rêve, j'ai hâte d'en recevoir l'assurance positive de votre bouche.

— Méritez-vous donc déjà un pareil aveu?

— Je suis à vos ordres, dit d'Artagnan.

— Bien sûr? fit milady avec un dernier doute.

— Nommez-moi l'infâme qui a pu faire pleurer vos beaux yeux.

— Qui vous dit que j'ai pleuré? s'écria-t-elle.

— Il me semblait...

— Les femmes comme moi ne pleurent pas, reprit milady.

— Tant mieux ! Voyons, dites-moi comment il s'appelle.

— Songez que son nom, c'est tout mon secret

— Il faut cependant que je sache son nom.

— Oui, il le faut, voyez si j'ai confiance en vous!

— Vous me comblez de joie. Comment s'appelle-t-il?

— Vous le connaissez.

— Vraiment?

— Oui.

— Ce n'est pas un de mes amis? reprit d'Artagnan en jouant l'hésitation, pour faire croire à son ignorance.

— Si c'était un de vos amis, vous hésiteriez donc? s'écria milady.

Et un éclair de menace passa dans ses yeux.

— Non, fût-ce mon frère! s'écria d'Artagnan comme emporté par l'enthousiasme.

Notre Gascon s'avançait sans risques, car il savait où il allait.

— J'aime votre dévouement, dit milady.

— Hélas! n'aimez-vous que cela en moi? demanda d'Artagnan.

— Je vous aime aussi, répondit-elle en lui prenant la main.

Et cette pression fit frissonner d'Artagnan, comme si, par le toucher, la fièvre qui brûlait milady le gagnait lui-même.

— Vous m'aimez, vous? s'écria-t-il. Oh! si cela était, ce serait à en perdre la raison!

Et il l'enveloppa de ses deux bras.

Elle n'essaya point d'écarter ses lèvres de son baiser, seulement elle ne le lui rendit pas.

Ses lèvres étaient froides; il sembla à d'Artagnan qu'il venait d'embrasser une statue ou un spectre.

D'Artagnan, ivre de joie, électrisé d'amour, croyait presque à la tendresse de milady, il croyait presque au crime de de Wardes.

Si de Wardes eût été en ce moment sous sa main, il l'eût tué.

Milady saisit l'occasion.

— Il s'appelle... dit-elle à son tour.

— De Wardes, je le sais, interrompit d'Artagnan.

— Et comment le savez-vous? demanda milady en lui saisissant les deux mains et en essayant de lire par ses yeux jusqu'au fond de son âme.

D'Artagnan sentit qu'il s'était laissé emporter et qu'il avait fait une faute.

— Dites, dites, mais dites donc! répétait milady. Comment le savez-vous?

— Comment je le sais? dit d'Artagnan.

— Oui.

— Je le sais, parce qu'hier de Wardes, dans un salon où j'étais, a montré une bague qu'il a dit tenir de vous.

— Le misérable! s'écria milady

L'épithète, comme on le comprend bien, retentit jusqu'au fond du cœur de d'Artagnan.

— Eh bien?... continua-t-elle.

— Eh bien! je vous vengerai de ce... misérable! reprit

d'Artagnan en se donnant des airs de don Japhet d'Arménie.

— Merci, mon brave ami, s'écria milady. Et quand serai-je vengée?

— Demain, tout de suite, quand vous voudrez.

Milady allait s'écrier : Tout de suite! mais elle réfléchit qu'une pareille précipitation serait peu gracieuse pour d'Artagnan.

D'ailleurs, elle avait mille précautions à prendre, mille conseils à donner à son défenseur, pour qu'il évitât les explications devant témoins avec le comte.

— Demain, reprit d'Artagnan, vous serez vengée ou je serai mort.

— Non, dit-elle, vous me vengerez, mais vous ne mourrez pas : c'est un lâche.

— Avec les femmes peut-être, mais pas avec les hommes; j'en sais quelque chose, moi.

— Mais il me semble que dans votre lutte avec lui vous n'avez pas eu à vous plaindre de la fortune.

— La fortune est une courtisane; favorable hier, elle peut me trahir demain.

— Ce qui veut dire que vous hésitez maintenant?

— Non, je n'hésite pas, Dieu m'en garde! mais serait-il juste de me laisser courir à une mort possible sans m'avoir donné au moins un peu plus que de l'espoir?

Milady répondit par un coup d'œil qui voulait dire :

— N'est-ce que cela? Prends donc.

Puis, accompagnant le coup d'œil de paroles explicatives :

— C'est trop juste, dit-elle tendrement.

— Oh! vous êtes un ange, dit le jeune homme.

— Ainsi, tout est convenu?

— Sauf ce que je vous demande, chère âme!

— Mais lorsque je vous dis que vous pouvez vous fier à ma tendresse?

— Je n'ai pas de lendemain pour attendre.

— Silence! interrompit-elle, j'entends mon frère; il est inutile qu'il vous trouve ici.

Elle sonna.

Ketty parut.

— Sortez par cette porte, dit-elle à d'Artagnan en poussant une petite porte dérobée, et revenez à onze heures, nous achèverons cet entretien. Ketty vous introduira chez moi.

La pauvre enfant pensa tomber à la renverse en entendant ces paroles.

— Eh bien! que faites-vous, mademoiselle, à demeurer là immobile comme une statue? Voyons, reconduisez le chevalier, et ce soir, à onze heures, vous avez entendu?

— Il paraît que ses rendez-vous sont à onze heures, pensa d'Artagnan; c'est une habitude prise.

Milady lui tendit une main qu'il baisa tendrement.

— Voyons, pensa-t-il en se retirant et en répondant à peine aux reproches de Ketty, voyons, ne soyons pas un sot; décidément, cette femme est une grande scélérate. Prenons garde!

CHAPITRE XXXVII.

LE SECRET DE MILADY.

Malgré les instances de Ketty, d'Artagnan était sorti de l'hôtel au lieu de monter tout de suite chez la jeune fille pour y attendre l'heure de son entretien avec milady; et cela pour deux raisons : la première, c'est que de cette façon il évitait les reproches, les récriminations et les prières de la jolie soubrette; la seconde, c'est qu'il n'était pas fâché de réfléchir et de pénétrer froidement, s'il était possible, dans la pensée de cette femme.

Ce qu'il y avait de plus clair là-dedans, c'est que d'Artagnan aimait milady comme un fou, et qu'elle, au contraire, ne l'aimait pas le moins du monde.

Un instant il comprit que ce qu'il aurait de mieux à faire, ce serait de rentrer chez lui et d'écrire à milady une longue lettre dans laquelle il lui avouerait que lui et de Wardes étaient jusqu'à présent le même personnage; que, par conséquent, il ne pouvait s'engager sous peine de suicide à tuer de Wardes, dont elle prétendait avoir à se plaindre.

Mais lui aussi était éperonné d'un féroce désir de vengeance.

Il voulait à son tour posséder cette femme sous son propre nom, et, comme cette vengeance lui paraissait avoir une certaine douceur, il n'entendait point y renoncer.

Il fit cinq ou six fois le tour de la place Royale, se retournant de dix pas en dix pas pour regarder la lumière de l'appartement de milady, qu'on apercevait à travers les jalousies : il était évident que cette fois la jeune femme était moins pressée que la première de rentrer dans sa chambre.

Enfin la lumière disparut.

Avec cette lueur s'éteignit la dernière irrésolution dans le cœur de d'Artagnan.

Il se rappela les détails de la première nuit, et, le cœur bondissant, la tête en feu, il rentra dans l'hôtel et se précipita dans la chambre de Ketty.

La jeune fille, pâle comme la mort, tremblante de tous ses membres, voulut arrêter son amant; mais milady, l'oreille au guet, avait entendu le bruit qu'avait fait d'Artagnan; elle ouvrit la porte.

— Venez, dit-elle.

Tout cela était d'une si incroyable impudence, d'une si monstrueuse effronterie, qu'à peine si d'Artagnan pouvait croire à ce qu'il voyait et à ce qu'il entendait.

Il croyait être entraîné dans quelques-unes de ces intrigues fantastiques comme on en accomplit en rêve.

Il ne s'élança pas moins vers milady, cédant à cette attraction magnétique que l'aimant exerce sur le fer.

La porte se referma derrière eux.

Ketty s'élança à son tour contre la porte.

La jalousie, la fureur, l'orgueil offensé, toutes les passions enfin qui se disputent le cœur d'une femme amoureuse, la poussaient à une révélation; mais elle était perdue si elle avouait avoir donné les mains à une pareille machination, et par-dessus tout d'Artagnan était perdu pour elle.

Cette dernière pensée d'amour lui conseilla encore ce rnier sacrifice.

D'Artagnan, de son côté, était arrivé au comble de ses vœux.

Ce n'était plus un rival qu'on aimait en lui, c'était lui-même qu'on avait l'air d'aimer.

Une voix secrète lui disait bien, au fond du cœur, qu'il n'était qu'un instrument de vengeance que l'on caressait en attendant qu'il lui donnât la mort; mais l'orgueil, mais l'amour-propre, mais la folie, faisaient taire cette voix, étouffaient sa murmure.

Puis notre Gascon, avec la dose de confiance que nous lui connaissions, se comparait à de Wardes, et se demandait pourquoi, au bout du compte, on ne l'aimerait pas lui aussi pour lui-même.

Il s'abandonna donc tout entier aux sensations du moment.

Milady ne fut plus pour lui cette femme aux intentions fatales qui l'avait un instant épouvanté, ce fut une maîtresse ardente et passionnée, se livrant tout entière à un amour qu'elle semblait éprouver elle-même.

Deux heures à peu près s'écoulèrent ainsi.

Cependant les transports des deux amants se calmèrent, milady, qui n'avait point les mêmes motifs que d'Artagnan pour oublier, revint la première à la réalité et demanda au jeune homme si les mesures qui devaient amener le lendemain entre lui et de Wardes une rencontre étaient bien arrêtées d'avance dans son esprit.

Mais d'Artagnan, dont les idées avaient pris un tout autre cours, s'oublia comme un sot, et répondit galamment que ce n'était pas auprès d'elle, quand il était tout entier au bonheur de la voir et de l'entendre, qu'il pouvait s'occuper de duels à coups d'épée.

Cette froideur pour les seuls intérêts qui l'occupassent effrayèrent milady, dont les questions devinrent plus pressantes.

Alors d'Artagnan, qui n'avait jamais sérieusement pensé à ce duel impossible, voulut détourner la conversation, mais il n'était point de force.

Milady contint l'entretien dans les limites qu'elle avait tracées d'avance avec son esprit irrésistible et sa volonté de fer.

D'Artagnan alors se crut fort spirituel en conseillant à milady de renoncer, en pardonnant à de Wardes, aux projets furieux qu'elle avait formés.

Mais, aux premiers mots qu'il dit, le visage de la jeune femme prit une expression sinistre.

— Auriez-vous peur, cher d'Artagnan ? s'écria-t-elle d'une voix aiguë et railleuse qui résonna étrangement aux oreilles du jeune homme.

— Vous ne le pensez pas, chère âme, répondit d'Artagnan; mais enfin, si ce pauvre comte de Wardes était moins coupable que vous ne le croyez?

— En tout cas, dit gravement milady, il m'a trompée, et du moment qu'il m'a trompée il a mérité la mort.

— Il mourra donc, puisque vous le condamnez, dit d'Artagnan d'un ton si ferme qu'il parut à milady l'expression d'un dévouement à toute épreuve.

Aussitôt elle se rapprocha de lui.

Nous ne pourrions dire le temps que dura la nuit pour milady; mais d'Artagnan croyait être près d'elle depuis deux heures à peine, lorsque le jour parut aux fentes des jalousies et bientôt envahit la chambre de sa lueur blafarde.

Alors milady, voyant que d'Artagnan allait la quitter, lui rappela la promesse qu'il lui avait faite de la venger de de Wardes.

— Je suis tout prêt, dit d'Artagnan; mais, auparavant, je voudrais être certain d'une chose.

— De laquelle? demanda milady.

— C'est que vous m'aimez.

— Je vous en ai donné la preuve, ce me semble, répondit-elle.

— Oui; aussi je suis à vous corps et âme. Disposez de mon bras !

— Merci, mon brave défenseur; mais, de même que je vous ai prouvé mon amour, vous me prouverez le vôtre à votre tour, n'est-ce pas?

— Certainement. Mais, si vous m'aimez comme vous me le dites, reprit d'Artagnan, ne craignez-vous pas un peu pour moi?

— Que puis-je craindre?

— Mais enfin, que je ne sois blessé dangereusement, tué même.

— Impossible, dit milady. Vous êtes un homme si vaillant et une si fine épée !

— Vous ne préféreriez donc point, reprit d'Artagnan, un moyen qui vous vengerait de même, tout en rendant inutile le combat ?

Milady regarda le jeune homme en silence : cette lueur blafarde des premiers rayons du jour donnait à ses yeux clairs une expression étrangement funeste.

— Vraiment, dit-elle, je crois que voilà que vous hésitez maintenant !

— Non, je n'hésite pas, mais c'est que ce pauvre comte de Wardes me fait vraiment peine depuis que vous ne l'aimez plus, et il me semble qu'un homme doit être si cruellement puni par la perte seule de votre amour, qu'il n'a pas besoin d'autre châtiment.

— Qui vous dit que je l'ai aimé ? demanda milady.

— Au moins puis-je croire à présent sans trop de fatuité que vous en aimez un autre, dit le jeune homme d'un ton caressant, et, je vous le répète, je m'intéresse au comte.

— Vous ? demanda milady.

— Oui, moi.

— Et pourquoi vous ?

— Parce que seul je sais..

— Quoi ?

— Qu'il est loin d'être ou plutôt d'avoir été aussi coupable envers vous qu'il le paraît.

— En vérité ! s'écria milady d'un air inquiet ; expliquez-vous, car je ne sais vraiment ce que vous voulez dire.

Et elle regardait d'Artagnan, qui la tenait embrassée, avec des yeux qui semblaient s'enflammer peu à peu d'un feu sinistre.

— Oui, je suis galant homme, moi, dit d'Artagnan décidé

en finir, et, depuis que vous m'avez prouvé votre amour, que je suis bien sûr de le posséder, car je le possède, n'est-ce pas ?

— Tout entier. Continuez.

— Eh bien ! je me sens comme transformé : un aveu me presse.

— Un aveu ?

— Si j'eusse douté de votre amour, je ne l'aurais pas fait ; mais vous m'aimez, ma belle maîtresse, n'est-il pas vrai que vous m'aimez ?

— Sans doute.

— Alors, si par excès d'amour je me suis rendu coupable envers vous, vous me pardonnerez ?

— Peut-être. Mais cet aveu, dit-elle en pâlissant, quel est cet aveu ?

— Vous aviez donné rendez-vous à de Wardes, jeudi dernier, dans cette même chambre, n'est-ce pas ?

— Moi ! non ! cela n'est pas ! dit milady d'un ton de voix si ferme et d'un visage si impassible, que, si d'Artagnan n'eût pas eu une certitude si parfaite, il aurait douté.

— Ne mentez pas, mon bel ange, dit d'Artagnan en s'efforçant de sourire ; ce serait inutile.

— Comment cela ? Parlez donc ! vous me faites mourir !

— Oh ! rassurez-vous ; vous n'êtes point coupable envers moi, et je vous ai déjà pardonné.

— Après, après ? dit milady.

— De Wardes ne peut se glorifier de rien.

— Pourquoi ? Vous m'avez dit vous-même que cette bague...

— Cette bague, cher amour, c'est moi qui l'ai. Le de Wardes de jeudi et le d'Artagnan d'aujourd'hui sont la même personne.

L'imprudent s'attendait à une surprise mêlée de pudeur, à un petit orage qui se résoudrait en larmes.

Mais il se trompait étrangement, et son erreur ne fut pas longue !

Pâle et terrible, milady se redressa, et, repoussant d'Artagnan d'un violent coup dans la poitrine, elle s'élança hors du lit.

Il faisait alors presque grand jour.

D'Artagnan la retint par son peignoir de fine toile des Indes pour implorer son pardon ; mais elle, d'un mouvement puissant et résolu, elle essaya de fuir.

Alors la batiste se déchira en laissant à nu les épaules, et, sur l'une de ces belles épaules rondes et blanches, d'Artagnan, avec un saisissement inexprimable, reconnut la fleur de lis, cette marque indélébile qu'imprime la main infamante du bourreau.

— Grand Dieu ! s'écria d'Artagnan en lâchant le peignoir.

Et il demeura muet, immobile et glacé à sa place.

Mais milady se sentait dénoncée par l'effroi même de d'Artagnan.

Sans doute il avait tout vu ; le jeune homme maintenant savait son secret, secret terrible, et que tout le monde ignorait, excepté lui !

Elle se retourna, non plus comme une femme furieuse, mais comme une panthère blessée.

— Ah ! misérable ! dit-elle, tu m'as lâchement trahie, et, de plus, tu as mon secret. Tu mourras !

Et elle courut à un coffret de marqueterie posé sur sa toilette, l'ouvrit d'une main févreuse et tremblante, en tira un petit poignard à manche d'or, à lame aiguë et mince, et revint d'un bond sur d'Artagnan, à demi nu.

Quoique le jeune homme fût brave, il fut épouvanté de cette figure bouleversée, de ces pupilles dilatées horriblement, de ces joues pâles et de ces lèvres sanglantes ; il recula jusqu'à la ruelle comme il eût fait à l'approche d'un serpent qui eût rampé vers lui, et son épée se rencontrant sous sa main mouillée de sueur, il la tira du fourreau.

Mais, sans s'inquiéter à la vue de l'épée, milady continua d'avancer vers lui pour le frapper, et elle ne s'arrêta que lorsqu'elle sentit la pointe aiguë sur sa poitrine.

Alors elle essaya de saisir cette épée avec les mains, mais d'Artagnan l'écarta toujours de ses étreintes, et, la lui présentant tantôt aux yeux, tantôt à la gorge, il se laissa glisser à bas du lit, cherchant, pour faire retraite, la porte qui conduisait chez Ketty.

Milady, pendant ce temps, se ruait sur lui avec d'horribles transports, en rugissant d'une façon formidable.

Cependant, comme cela finissait par ressembler à un duel, d'Artagnan se remit peu à peu.

— Bien, belle dame, bien, disait-il ; mais, de par Dieu ! calmez-vous, ou je vous dessine une seconde fleur de lis sur l'autre épaule.

— Infâme ! infâme ! hurlait milady.

Mais d'Artagnan, cherchant toujours la porte, se tenait sur la défensive.

Au bruit qu'ils faisaient, elle, renversant les meubles pour aller à lui, et lui, s'abritant derrière les meubles pour se garantir d'elle, Ketty ouvrit la porte.

D'Artagnan, qui avait sans cesse manœuvré pour se rapprocher de cette porte, n'en était plus qu'à trois pas.

D'un seul bond il s'élança de la chambre de milady dans celle de sa suivante et, rapide comme l'éclair, il referma la porte, contre laquelle il s'appuya de tout son poids, tandis que Ketty poussait les verrous.

Alors milady essaya de renverser l'arc-boutant qui l'enfermait dans sa chambre, avec des forces bien au-dessus de celles d'une femme ; puis, lorsqu'elle sentit que c'était chose impossible, elle cribla la porte de coups de poignard, dont quelques-uns traversèrent l'épaisseur du bois.

Chaque coup était accompagné d'une imprécation terrible.

— Vite, vite, Ketty, dit d'Artagnan à demi-voix lorsque les verrous furent mis, fais-moi sortir de l'hôtel, ou, si nous lui laissons le temps de se retourner, elle me fera tuer par les laquais.

— Mais vous ne pouvez pas sortir ainsi, dit Ketty, vous êtes tout nu.

— C'est vrai, répondit d'Artagnan, qui s'aperçut alors seulement du costume dans lequel il se trouvait, c'est vrai, habille-moi comme tu pourras, mais hâtons-nous ; comprends-tu ? il y va de la vie et de la mort !

Ketty ne comprenait que trop ; en un tour de main elle l'affubla d'une robe à fleurs, d'une large coiffe et d'un mantelet ; elle lui donna des pantoufles dans lesquelles il passa ses pieds nus ; puis elle l'entraîna par les degrés.

Il était temps : milady avait déjà sonné et réveillé tout l'hôtel ; le portier tira le cordon, à la voix de Ketty, au moment même où milady, à demi nue de son côté, criait par la fenêtre :

— N'ouvrez pas !

Le jeune homme s'enfuit, tandis qu'elle le menaçait encore d'un geste impuissant.

Au moment où elle le perdit de vue, milady tomba évanouie dans sa chambre.

FIN DU TOME PREMIER.

TABLE DES CHAPITRES

CONTENUS DANS LE PREMIER VOLUME

Paris. — Charles UNSINGER, imprimeur, 83, rue du Bac.

www.ingramcontent.com/pod-product-compliance
Lightning Source LLC
Chambersburg PA
CBHW052055090426
42739CB00010B/2194